A TRIBUTAÇÃO DOS SERVIÇOS DE COMUNICAÇÃO

CIP-BRASIL. CATALOGAÇÃO NA PUBLICAÇÃO
SINDICATO NACIONAL DOS EDITORES DE LIVROS, RJ

M743t
2. ed.

Moreira, André Mendes
A tributação dos serviços de comunicação / André Mendes Moreira. - 2. ed., rev., atual e ampl. - São Paulo : Noeses, 2016.

544 p. : il. ; 23 cm
Inclui bibliografia
ISBN: 978-85-8310-058-4

1. Direito tributário. I. Título.

16-31133
CDU: 34:351.713

André Mendes Moreira

Professor Adjunto de Direito Tributário dos cursos de graduação, mestrado e doutorado da Faculdade de Direito da UFMG; Doutor em Direito Econômico e Financeiro pela USP; Mestre em Direito Tributário pela UFMG; Diretor da Associação Brasileira de Direito Tributário e Advogado.

A TRIBUTAÇÃO DOS SERVIÇOS DE COMUNICAÇÃO

2ª edição revista, atualizada e ampliada

Fundador e Editor-chefe: Paulo de Barros Carvalho
Gerente de Produção Editorial: Rosangela Santos
Arte e Diagramação: Renato Castro
Revisão: Georgia Evelyn Franco
Designer de Capa: Aliá3 - Marcos Duarte

A TRIBUTAÇÃO DOS SERVIÇOS DE COMUNICAÇÃO
1.ª edição: 2006, São Paulo: Dialética

TODOS OS DIREITOS RESERVADOS. Proibida a reprodução total ou parcial, por qualquer meio ou processo, especialmente por sistemas gráficos, microfílmicos, fotográficos, reprográficos, fonográficos, videográficos. Vedada a memorização e/ou a recuperação total ou parcial, bem como a inclusão de qualquer parte desta obra em qualquer sistema de processamento de dados. Essas proibições aplicam-se também às características gráficas da obra e à sua editoração. A violação dos direitos autorais é punível como crime (art. 184 e parágrafos, do Código Penal), com pena de prisão e multa, conjuntamente com busca e apreensão e indenizações diversas (arts. 101 a 110 da Lei 9.610, de 19.02.1998, Lei dos Direitos Autorais).

2016

Editora Noeses Ltda.
Tel/fax: 55 11 3666 6055
www.editoranoeses.com.br

Esta edição da obra é dedicada a todos os profissionais que militam na seara das telecomunicações, contribuindo para o desenvolvimento do setor que está revolucionando o século XXI.

NOTA À SEGUNDA EDIÇÃO

Transcorrida uma década, vem a lume a segunda edição desta obra que, à época, aventurou-se por terreno arenoso no campo doutrinário e em construção na seara jurisprudencial. Passados dez anos, é com satisfação que constato que a tese central do livro – a de que o fato gerador do ICMS-comunicação exige, para sua perfectibilização, um efetivo ato comunicacional viabilizado pelo prestador do serviço – foi acolhida pela jurisprudência majoritária. Mas isso não significa que as discussões cessaram, ao revés. A constante evolução tecnológica criou novas realidades, gerando dúvidas hermenêuticas acerca de qual o imposto devido – ou mesmo se algum o é. A era da internet decretou o fim (hoje, iminente) da telefonia fixa e uma profunda mudança na utilização da tecnologia móvel. Tudo isso trouxe impactos para as operadoras e para os governos, ainda não mensurados adequadamente. Urge aprofundar os estudos e aproximar o direito da realidade das telecomunicações, buscando um correto enquadramento da norma jurídica aos fatos em questão.

Boa leitura!

O autor.

PREFÁCIO À PRIMEIRA EDIÇÃO

Vou inverter a ordem que a experiência me ditou. Primeiro o homem, depois a obra. André Mendes Moreira nasceu privilegiado. Fosse eu budista ou reencarnacionista, diria que seu carma nesse mundo está findo. Doravante é o darma, atos que atraem méritos de toda ordem. Mas deixemos a mística da transcendência da vida humana de fora. Ninguém nasce pronto, salvo algum desígnio de Deus, que ainda não alcancei. São a família, os amigos, a escola, a observação, a compreensão dos valores éticos, a visão realista do mundo, o aprendizado, que nos fazem grandes ou pequenos. Em André, não sei mais o que admirar, se a sua postura humanista e ao mesmo tempo profissional, ou seus dotes jurídicos, como acadêmico e advogado militante. O homem é este, digno de admiração. E não são muitos, diga-se de passagem. Agora a obra.

Não conheço no Direito brasileiro e quiçá nos peregrinos que nos chegam tratamento mais exaustivo que o imprimido pela sua pena ao objeto posto em análise. Como sujeito cognoscente – falo em teoria do conhecimento ou gnoseologia, que a mesma palavra grafada com "i" é o conhecimento de Deus – o enfoque foi perfeito, desde os prolegômenos até as análises pormenorizadas dos múltiplos aspectos que os serviços de comunicação sugerem ao jurista, ao justributarista, aos estudantes, às próprias empresas do setor. É certo que o respeito à jurisprudência, às vezes equivocada, o que se demonstrou ao longo do livro, não lhe toldou a crítica e a reflexão, marcas típicas do autor.

Os Estados-Membros e os Municípios, ávidos permanentemente por maiores verbas, tornam a tributação das comunicações pelo ICMS e pelo ISS uma fonte perene de conflitos de competência, gerando entre os advogados a necessidade de uma superespecialização. O nosso escritório o é e André é um dos seus baluartes, daí porque a obra em comento alia elevados padrões de dogmática jurídica à porfia diuturna da prática advocatícia. A obra merece ser lida do princípio ao fim. Vale a pena. É hora de encerrar. O prefácio deve ser simples e verdadeiro, honesto. Foi para mim um grande prazer prefaciar este livro, que vem alumiar a ciência do Direito.

Sacha Calmon Navarro Coêlho
Professor Titular de Direito Tributário da UFRJ
Doutor em Direito Público
Advogado

SUMÁRIO

NOTA À SEGUNDA EDIÇÃO.. VII

PREFÁCIO À PRIMEIRA EDIÇÃO... IX

LISTA DE SIGLAS E ABREVIATURAS UTILIZADAS...... XXI

INTRODUÇÃO.. 01

1. AS TELECOMUNICAÇÕES NO BRASIL: PANORAMA HISTÓRICO, CONSTITUCIONAL E REGULATÓRIO.. 07

1.1. Origens e desenvolvimento das telecomunicações na primeira metade do século XX............................ 07

1.2. O Código Brasileiro de Telecomunicações de 1962, a centralização do poder concedente operada pela Constituição de 1967 e a criação do Sistema Telebrás: uma nova realidade.. 12

1.3. O cenário à luz da Constituição da República de 1988.. 19

1.4. As normas jurídicas prévias à Lei Geral de Telecomunicações.. 21

1.4.1. A Emenda Constitucional nº 08/95 21

1.4.2. A Lei Mínima e as Leis nºs 8.977/95 e 8.987/95 24

1.5. A Lei Geral de Telecomunicações.............................. 26

1.6. A privatização... 35

1.7. O atual panorama do mercado de telecomunicações 40

    1.7.1. O mercado de telecomunicações em números 41

    1.7.2. A convergência tecnológica e os novos serviços de telecomunicação 45

    1.7.3. As telecomunicações e os serviços *Over-the-Top* – OTT... 49

2. OS PREDECESSORES DO ICMS-COMUNICAÇÃO: O ISSC-FEDERAL E O ISSQN SOBRE COMUNICAÇÕES INTRAMUNICIPAIS... 55

2.1. A Emenda Constitucional nº 18/65 e a Constituição de 1967-69... 55

2.2. O fato gerador do ISSC-federal no Código Tributário Nacional e a efetiva instituição do imposto pelo DL nº 2.186/84 58

2.3. O ISSQN sobre comunicações intramunicipais 61

2.4. Os conflitos impositivos entre o ISSQN e o ISSC à luz da jurisprudência do Supremo Tribunal Federal e os serviços de comunicação constantes da lista da LC nº 56/87 62

2.5. Conclusões 69

3. O NOVO IMPOSTO SOBRE SERVIÇOS DE COMUNICAÇÃO À LUZ DA CONSTITUIÇÃO DE 1988 71

3.1. Considerações iniciais sobre o ICMS 71

3.2. Os dispositivos constitucionais objetos do estudo 74

3.3. O núcleo da regra-matriz do ICMS-comunicação na Constituição de 1988: *prestação de serviço de comunicação* 77

    3.3.1. O significado da expressão *prestação de serviço* ... 77

    3.3.2. Definição de *comunicação* 86

    3.3.3. A necessidade de efetiva *prestação de serviço de comunicação* para configuração do fato gerador do ICMS 90

3.4. Serviços de comunicação internacional. Particularidades 93

    3.4.1. Serviço iniciado no exterior e completado no Brasil (tráfego entrante) 94

    3.4.2. Serviço iniciado no Brasil e completado no exterior (tráfego sainte) 96

    3.4.3. Não incidência de ICMS sobre os serviços de comunicação iniciados no exterior e completados no Brasil. Imunidade 98

    3.4.4. Autorização constitucional para tributação dos serviços de comunicação originados no Brasil e completados no exterior 99

    3.4.5. Aplicação das conclusões à telefonia celular: *roaming internacional entrante* e *sainte* 101

3.5. Os serviços de radiodifusão e a imunidade do art. 155, §2º, X, d, da CR/88 103

    3.5.1. Definição de radiodifusão 103

    3.5.2. A doutrina e os serviços de radiodifusão 104

        3.5.2.1. A distinção constitucional entre radiodifusão, serviço postal e telecomunicações não produz efeitos relativamente ao ICMS 105

        3.5.2.2. A desnecessidade, para fins de incidência do ICMS, da bidirecionalidade no serviço de comunicação 108

        3.5.2.3. A propagada necessidade de determinação do receptor da mensagem 109

        3.5.2.4. A questão da gratuidade dos serviços de radiodifusão 111

        3.5.2.5. A remuneração percebida dos anunciantes pelas emissoras de rádio e TV refere-se à prestação de serviço de veiculação de publicidade e propaganda, sendo intributável pelo ICMS 112

    3.5.3. O Supremo Tribunal Federal e a incidência de ICMS sobre os serviços de radiodifusão.... 117

    3.5.4. A *ratio* da imunidade prevista no art. 155, §2º, X, d, da CR/88 124

3.6. A materialidade da hipótese de incidência do ICMS-comunicação à luz da CR/88 e da jurisprudência do STF 125

4. AS NORMAS GERAIS DO ICMS-COMUNICAÇÃO ... 127

4.1. O papel da lei complementar em matéria tributária 127

4.2. O Convênio ICM nº 66/88 e a Lei Complementar nº 87/96 133

    4.2.1. Incidência e não incidência do imposto. Momento de ocorrência do fato gerador (aspectos material e temporal da hipótese de incidência tributária)............ 134

        4.2.1.1. Onerosidade do serviço e ampliação, pela LC nº 87/96, das atividades que perfazem o fato gerador do ICMS-comunicação............ 136

        4.2.1.2. A isenção do ICMS na prestação dos serviços de comunicação para o exterior............ 137

            4.2.1.2.1. Os dispositivos isencionais e seu fundamento constitucional 137

            4.2.1.2.2. A corrente subjetiva: a isenção somente abarca os serviços iniciados no exterior (tráfego entrante)............ 139

            4.2.1.2.3. A corrente objetiva: a isenção compreende tanto os serviços originados no exterior (tráfego entrante) como os iniciados no Brasil e completados no exterior (tráfego sainte)............ 141

            4.2.1.2.4. O nosso entendimento............ 142

4.2.1.3. A tributação antecipada dos serviços de comunicação prestados por meio de cartões telefônicos 145

4.2.2. Local de ocorrência do fato gerador (aspecto espacial).. 155

4.2.3. Contribuinte (aspecto pessoal)........................ 166

4.2.4. Dever tributário (aspectos da consequência jurídica endonormativa).................................... 166

    4.2.4.1. A quem pagar e quem deve pagar 167

    4.2.4.2. Quanto pagar (base de cálculo e alíquota)... 168

        4.2.4.2.1. A majoração da alíquota pelo adicional do ICMS para o Fundo Estadual de Combate à Pobreza 168

    4.2.4.3. Quando, como e onde pagar 174

5. A LEI GERAL DE TELECOMUNICAÇÕES E A HIPÓTESE DE INCIDÊNCIA DO ICMS..................... 177

5.1. O conceito de *telecomunicação* 177

5.2. A definição de *serviço de telecomunicação* 180

5.3. A *quaestio juris*: teria a LGT ampliado a hipótese de incidência do ICMS-comunicação?............................. 182

    5.3.1. A corrente ampliativa... 182

    5.3.2. A corrente restritiva.. 183

5.3.3. O nosso entendimento 188

5.4. Os serviços de valor adicionado 191

6. DA NÃO INCIDÊNCIA DE ICMS SOBRE OS SERVIÇOS DE VALOR ADICIONADO 199

6.1. A problemática da distinção entre SVA e serviço de telecomunicação 199

6.2. O serviço de auxílio à lista (102) 200

6.3. O serviço despertador (chamada teleprogramada) e o serviço de hora certa (130) 203

6.4. O serviço de provimento de acesso à Internet 205

    6.4.1. A Internet 206

    6.4.2. Os provedores de *backbone* e os provedores de acesso 209

    6.4.3. As posições doutrinárias sobre a questão 214

    6.4.4. O posicionamento do Superior Tribunal de Justiça 218

    6.4.5. Conclusões 223

6.5. A hospedagem de sites (*web hosting*) 226

7. DA NÃO INCIDÊNCIA DE ICMS SOBRE OUTROS SERVIÇOS CONEXOS AOS DE TELECOMUNICAÇÕES 229

7.1. Os Convênios ICMS n° 02/96 e 69/98 229

7.2. O papel dos convênios e o princípio da legalidade estrita em matéria tributária 233

7.3. Habilitação de telefones 237

7.4. A assinatura mensal 245

    7.4.1. Introito 245

    7.4.2. Natureza jurídica da assinatura: tarifa 247

    7.4.3. As razões da não incidência 252

    7.4.4. A inclusão de minutos na tarifa de assinatura. Forma de tributação 260

7.5. Os serviços suplementares e facilidades adicionais aos serviços de telecomunicações 267

7.6. O julgamento do Recurso Especial nº 1.176.753/RJ... 272

7.7. Não incidência do ICMS sobre outras atividades conexas à de telecomunicação 277

    7.7.1. Outros serviços (mudança de endereço, desligamento, substituição de número, *et caterva*) 277

    7.7.2. O transporte de sinais de telecomunicações por satélite 279

    7.7.3. Impossibilidade de responsabilização das operadoras locais pelo pagamento do ICMS devido na prestação de serviços de telefonia internacional (tráfego sainte) 282

    7.7.4. Não incidência de ICMS sobre a locação de equipamentos utilizados na prestação do serviço de comunicação 289

8. O ICMS-COMUNICAÇÃO E O ISSQN: CONFLITOS DE COMPETÊNCIA 295

8.1. As razões do estudo 295

8.2. A repartição constitucional de competências tributárias. Impossibilidade de superposição contributiva 296

    8.2.1. Definição de competência tributária 296

    8.2.2. A repartição de competências na CR/88 e a teoria dos tributos vinculados e não vinculados a uma atuação estatal 298

8.3. O ISSQN: hipótese de incidência e taxatividade da lista de serviços 303

    8.3.1. Evolução constitucional e legislativa do ISSQN   303

    8.3.2. A taxatividade da lista e a possibilidade de interpretação extensiva 306

    8.3.3. A hipótese de incidência do ISSQN 314

        8.3.3.1. Aspecto material 314

        8.3.3.2. Aspecto espacial 315

        8.3.3.3. Aspecto temporal 315

        8.3.3.4. Aspecto pessoal 315

        8.3.3.5. Base de cálculo e alíquota 316

8.4. Serviços sujeitos ao ICMS 316

    8.4.1. Radiochamada 316

    8.4.2. Serviço de comunicação audiovisual de acesso condicionado — SeAC 322

8.5. Serviços sobre os quais não incide o ICMS.............. 327

    8.5.1. Serviços de valor adicionado: advertência prévia 327

        8.5.1.1. Auxílio à lista, hora certa, despertador e 0900 328

        8.5.1.2. Provimento de acesso à Internet e hospedagem de *sites* (*web hosting*) 331

    8.5.2. Serviços suplementares, facilidades adicionais e outros serviços 334

    8.5.3. Outras atividades-meio 340

8.6. A questão das placas e painéis para "comunicação visual". ISSQN ou ICMS-circulação de mercadorias? 343

8.7. Publicidade e propaganda na internet..................... 347

9. EPÍLOGO 355

REFERÊNCIAS 361

LISTA DE SIGLAS E ABREVIATURAS UTILIZADAS

ADI — Ação Direta de Inconstitucionalidade
ADI-MC — Medida Cautelar em Ação Direta de Inconstitucionalidade
Anatel — Agência Nacional de Telecomunicações
art. — artigo
arts. — artigos
CAT — Coordenação da Administração Tributária do Estado de São Paulo
CBT — Código Brasileiro de Telecomunicações
CC/MG — Conselho de Contribuintes do Estado de Minas Gerais
CC/RJ — Conselho de Contribuintes do Estado do Rio de Janeiro
COFINS — Contribuição para Financiamento da Seguridade Social
CONFAZ — Conselho Nacional de Política Fazendária
CONTEL — Conselho Nacional de Telecomunicações
CR — Constituição da República
CTN — Código Tributário Nacional

DENTEL	—	Departamento Nacional de Telecomunicações
DJ	—	Diário da Justiça
DL	—	Decreto-lei
EC	—	Emenda Constitucional
EUA	—	Estados Unidos da América
FAPESP	—	Fundação de Amparo à Pesquisa do Estado de São Paulo
FNT	—	Fundo Nacional de Telecomunicações
ICM	—	Imposto sobre Operações de Circulação de Mercadorias
ICMS	—	Imposto sobre Operações de Circulação de Mercadorias e Prestações de Serviços de Transporte Interestadual e Intermunicipal e de Comunicação
IE	—	Imposto de Exportação
II	—	Imposto de Importação
IOF	—	Imposto sobre Operações de Crédito, Câmbio e Seguro, ou Relativas a Títulos ou Valores Mobiliários
IPTU	—	Imposto sobre a Propriedade Predial e Territorial Urbana
IPVA	—	Imposto sobre a Propriedade de Veículos Automotores
IR	—	Imposto sobre a Renda
ISSC	—	Imposto Federal sobre Serviços de Comunicação
ISTR	—	Imposto Federal sobre Serviços de Transporte
ISSQN	—	Imposto sobre Serviços de Qualquer Natureza
ITBI	—	Imposto sobre Transmissão, *Inter Vivos*, por Ato Oneroso, de Bens Imóveis e de Direitos Reais sobre Imóveis, Exceto os de Garantia, bem como Cessão de Direitos a sua Aquisição
ITCD	—	Imposto sobre Transmissão *Causa Mortis* e Doação, de Quaisquer Bens ou Direitos

ITFA	—	Internet Tax Freedom Act
ITR	—	Imposto sobre a Propriedade Territorial Rural
IVA	—	Imposto sobre Valor Agregado
j.	—	julgado em
LC	—	Lei Complementar
LGT	—	Lei Geral de Telecomunicações
p.	—	página
pp.	—	páginas
PIS	—	Programa de Integração Social
PGFN	—	Procuradoria-Geral da Fazenda Nacional
PGO	—	Plano Geral de Outorgas
RE	—	Recurso Extraordinário
REsp	—	Recurso Especial
ROMS	—	Recurso Ordinário em Mandado de Segurança
RTJ	—	Revista Trimestral de Jurisprudência do STF
SMC	—	Serviço Móvel Celular
SME	—	Serviço Móvel Especializado
SMGS	—	Serviço Móvel Global por Satélite
SMP	—	Serviço Móvel Pessoal
SNT	—	Sistema Nacional de Telecomunicações
SRTT	—	Serviço de Rede de Transporte de Telecomunicações
STF	—	Supremo Tribunal Federal
STFC	—	Serviço Telefônico Fixo Comutado
STJ	—	Superior Tribunal de Justiça
SVA	—	Serviço de Valor Adicionado
TFR	—	Tribunal Federal de Recursos
TJMG	—	Tribunal de Justiça de Minas Gerais
v.	—	volume
v.g.	—	*verbi gratia*
VoIP	—	Voice over Internet Protocol

INTRODUÇÃO

As telecomunicações figuram atualmente dentre as mais importantes fontes de receitas tributárias dos Estados. No primeiro semestre do ano de 2014, à guisa de exemplo, a prestação de serviços de comunicação foi a terceira principal atividade econômica geradora de divisas de ICMS no Estado do Rio de Janeiro[1] (respondendo por 11,7% do imposto arrecadado no período).

O processo que culminou na presente realidade iniciou-se com o advento da Constituição Federal de 1988, que transferiu aos Estados-membros a competência para instituição e cobrança do ICMS-comunicação (nas Cartas anteriores, a competência para tributação dos serviços de comunicação era da União Federal, cabendo aos Municípios, contudo, a cobrança do ISSQN nas comunicações de âmbito estritamente municipal – art. 14, II, da EC nº 18/65 e art. 21, VII, da Constituição de 1967/69).

Após essa primeira etapa – na qual houve a delegação da competência tributária aos Estados pelo Constituinte originário – adveio uma segunda, consistente na flexibilização do monopólio estatal do setor.

---

1. A arrecadação oriunda do setor de telecomunicações somente foi superada pelos setores de petróleo, combustível e gás natural (20,5% da arrecadação do primeiro semestre de 2014) e energia elétrica (12,3%), segundo dados disponibilizados no Boletim da Transparência Fiscal, elaborado pela Secretaria de Estado da Fazenda do Rio de Janeiro. Disponível em: < http://goo.gl/JCW8D7>. Acesso em: 10 mar. 2016.

A TRIBUTAÇÃO DOS SERVIÇOS DE COMUNICAÇÃO

Por meio da Emenda Constitucional nº 08/95, o governo federal foi autorizado a outorgar a grupos privados a exploração dos serviços públicos de telecomunicações, mediante concessão, autorização ou permissão.[2]

Com a Lei Mínima[3] (Lei nº 9.295/96, que permitiu a prestação, por particulares, de alguns serviços públicos de telecomunicações considerados estratégicos) e a Lei Geral de Telecomunicações (Lei nº 9.472/97, que determinou a criação da Agência Nacional de Telecomunicações e definiu as regras para a abertura do setor), pavimentou-se o caminho inicialmente aberto pela EC nº 08/95, possibilitando a privatização do Sistema Telebrás, em leilão ocorrido aos 28 de julho de 1998, na cidade do Rio de Janeiro.

A par da privatização das concessionárias da Telebrás (as denominadas "teles"), foram licitadas autorizações para exploração da telefonia fixa e celular em todo o País, originando-se as empresas-espelho, que iriam competir com as "teles" já existentes.[4]

Em julho de 1998, mês da privatização, existiam no País 20.245.000 telefones fixos e 6.500.000 celulares. Em janeiro de 2005, os números haviam saltado para 42.392.269 acessos fixos instalados e 66.621.929 telefones celulares em operação.[5] A expansão do setor se concentrou, desde então, no mercado

---

2. Saliente-se que existiam algumas poucas empresas privadas que atuavam no setor de telefonia antes da flexibilização do monopólio, a saber: as prestadoras que se encontravam em operação no País no início da década de 1960 (o Código Brasileiro de Telecomunicações, publicado em 1962, reservou, à União, a prestação dos serviços públicos de telecomunicações – sistemática essa que foi mantida até a EC nº 08/95 – mas resguardou o direito das operadoras que já atuavam antes de sua edição).

3. Segundo HELENA XAVIER, a Lei Mínima "desregulamentou e liberalizou serviços de valor adicionado, flexibilizou as condições para exploração de satélites e de serviços de telecomunicações não abertos ao público, e organizou o processo de licitação para a Banda B do Serviço Móvel Celular (SMC)". (XAVIER, Helena de Araújo Lopes. *O Regime Especial da Concorrência no Direito das Telecomunicações*. Rio de Janeiro: Forense, 2003, p. 25).

4. Posteriormente, novas autorizações e permissões foram obtidas junto à Anatel por empresas interessadas, contribuindo para o crescimento do setor.

5. Agência Nacional de Telecomunicações (www.anatel.gov.br).

móvel, que alcançou, no início de 2014, aproximadamente 271 milhões de aparelhos celulares habilitados, ao passo que a telefonia fixa atingiu 44,7 milhões de acessos instalados.

Essa nova realidade tem-se refletido na postura dos Estados-membros relativamente à tributação dos serviços de comunicação. Devido ao fato de constituírem uma das principais fontes de receitas estaduais, as tentativas de se tributar pelo ICMS atividades que não configuram serviços de comunicação têm sido frequentes e, muitas vezes, implementadas com o apoio do CONFAZ.

Outrossim, existem situações nas quais Estado e Município buscam tributar o mesmo serviço: o primeiro, ao argumento de que se trata de serviço de comunicação (logo, alcançado pelo ICMS); o segundo, sustentando que a atividade está prevista na lista do ISSQN. Há casos em que a razão assiste ao Estado, outros ao Município, mas há também serviços que não se sujeitam à imposição tributária de nenhum dos entes federados.

É com vistas a expor as nuanças dessas relações jurídico-tributárias que o presente trabalho foi concebido. Sem descurar da análise da doutrina e da jurisprudência dos Tribunais (mormente do STF e do STJ), serão propostas soluções para as altercações existentes sobre a tributação dos serviços de comunicação.

Para tanto, o texto foi estruturado da seguinte forma:

- No primeiro capítulo, é delineado um panorama setorial das telecomunicações no Brasil, de modo a situar o leitor dentro da realidade em que os problemas impositivos têm surgido. É feita uma análise histórico-evolutiva dos serviços de telecomunicações, aliada a um escorço constitucional e regulatório dessas atividades, com especial ênfase na Lei Geral de Telecomunicações;

- O segundo capítulo cuida dos impostos que antecederam o ICMS-comunicação (a saber: o ISSC-federal e o ISSQN-municipal incidente sobre serviços de comunicação locais). A jurisprudência do Supremo Tribunal Federal sobre o tema, no período anterior à Constituição de 1988, é também analisada com vagar, preparando as conclusões que advirão no capítulo seguinte;

- No capítulo 3, a hipótese de incidência[6] do ICMS-comunicação é traçada de forma detalhada. São analisados os dispositivos que a conformam no texto da Constituição de 1988, inclusive aqueles relativos às imunidades;

- O capítulo 4 aprofunda-se no estudo da lei de normas gerais do ICMS (Lei Complementar nº 87/96 e seu antecessor, o Convênio ICM nº 66/88), definindo, em todos os aspectos (material, pessoal, espacial e temporal), a hipótese de incidência do ICMS-comunicação (e, ainda, a sua consequência endonormativa, que mensura e minudencia o dever tributário);

- O capítulo 5 trata da Lei Geral de Telecomunicações, sob dois enfoques. No primeiro, o conceito de "serviço de telecomunicação" trazido pela LGT (que é diverso daquele posto na CR/88 e na LC nº 87/96) é analisado, demonstrando-se que a Lei Geral não tem o condão de alterar o fato gerador do ICMS. No segundo, é delineado o conceito de serviço de valor adicionado (SVA), também previsto na LGT, cuja tributação tem sido objeto de diversos questionamentos;

- Uma vez fixados o fato gerador do ICMS-comunicação (à luz da CR/88 e das normas gerais do ICMS) e as definições de "serviço de telecomunicação" e "serviço de valor adicionado" na Lei Geral de Telecomunicações, são analisados os SVAs em espécie (capítulo 6) e outros serviços conexos aos de telecomunicações (capítulo 7), para demonstrar a intributabilidade destes pelo ICMS, por não envolverem uma relação comunicativa;

---

6. No presente trabalho, os termos hipótese de incidência, fato gerador e fato imponível são utilizados como sinônimos.

- O capítulo 8 trata dos conflitos de competência entre ICMS-comunicação e ISSQN, e propõe soluções para os principais casos nos quais tem ocorrido essa dupla exigência tributária.

Ao cabo, são apresentadas as conclusões, permeadas por uma síntese dos temas abordados em cada um dos capítulos.

1. AS TELECOMUNICAÇÕES NO BRASIL: PANORAMA HISTÓRICO, CONSTITUCIONAL E REGULATÓRIO

1.1. Origens e desenvolvimento das telecomunicações na primeira metade do século XX[7]

O início das telecomunicações no Brasil remonta a 1852, data na qual foi criada, pelo Imperador, a Repartição dos Telégrafos Elétricos.[8] Em 1855, a primeira linha telegráfica do

---

7. Os dados históricos para elaboração deste capítulo foram obtidos nas seguintes obras:
1. AZULAY NETO, Messod e LIMA, Antonio Pires de. *O Novo Cenário das Telecomunicações no Direito Brasileiro*. Rio de Janeiro: Lumen Juris, 2000. 2. DIAS, Lia Ribeiro e CORNILS, Patrícia. *Alencastro: o General das Telecomunicações*. São Paulo: Plano Editorial, 2004. 3. DODD, Annabel Z. *The Essential Guide to Telecommunications*, 3ª ed. Upper Saddle River: Prentice Hall PTR, 2002. 4. ESCOBAR, J. C. Mariense. *O Novo Direito de Telecomunicações*. Porto Alegre: Livraria do Advogado, 1999. 5. FARACO, Alexandre Ditzel. *Regulação e Direito Concorrencial – as Telecomunicações*. São Paulo: Livraria Paulista, 2003. 6. FIORATI, Jete Jane. *As Telecomunicações nos Direitos Interno e Internacional: o Direito Brasileiro e as Regras da OMC*. Rio de Janeiro: Renovar, 2004. 7. HERRERA, Alejandra. *Introdução ao Estudo da Lei Geral de Telecomunicações do Brasil*. São Paulo: Singular, 2001. 8. Ministério das Comunicações. *Diretrizes Gerais para a Abertura do Mercado de Telecomunicações*, vol. I. Brasília, 1997. 9. SILVEIRA, Raquel Dias da. *O Regime Jurídico dos Serviços de Telefonia Fixa no Brasil, Após a Lei nº 9.472/97*. Dissertação de Mestrado. Belo Horizonte: UFMG, 2002.

8. Falar-se hoje em telégrafos soa um tanto anacrônico. Contudo, até o segundo

País foi instalada, conectando as cidades do Rio de Janeiro e Petrópolis, tendo o desenvolvimento prosseguido nos anos subsequentes.[9] Em 1872, foi editado o Decreto Imperial nº 5.058, que autorizou o Barão de Mauá[10] a construir e explorar o cabo telegráfico que ligaria o Império do Brasil ao Reino de Portugal. A empreitada – um colosso para a época – findou com êxito dois anos depois, com a inauguração da linha telegráfica Brasil-Portugal, que passou a trazer da Europa, praticamente em tempo real, as notícias que antes tardavam meses para chegar de navio.[11]

Já a telefonia foi trazida ao País em 1877 por D. Pedro II,[12] que, em janeiro daquele ano, instalou um telefone no Palácio de São Cristóvão (Quinta da Boa Vista, Rio de Janeiro), ligando a Casa Imperial às residências dos ministros.

Visando a efetivamente implementar e difundir a telefonia no Brasil, o Imperador outorgou à Bell Telephone Company,[13] em 1879, a concessão para exploração dessa atividade nas cidades do Rio de Janeiro e Niterói. Contudo, a outorga foi revogada no ano seguinte, em face da inércia da Bell, que não efetivou a exploração do serviço. A concessão foi,

---

quartel do século XX, a telegrafia era mais importante que a telefonia, desempenhando o papel de principal meio de telecomunicação no Brasil. O Diretor da Repartição dos Telégrafos Elétricos entre 1852 e 1889 foi Guilherme Schuch de Capanema (mais conhecido como Barão de Capanema), cuja atuação foi decisiva para o sucesso dessa atividade no País.

9. Em 1866, o telégrafo passou a operar em Porto Alegre; em 1874, em Recife e São Luís e, em 1886, em Belém do Pará.

10. Devido a dificuldades financeiras, o Barão de Mauá não chegou a terminar o projeto, que acabou sendo executado por uma companhia inglesa.

11. A evolução dos telégrafos prosseguiu, posteriormente, com a associação do Brasil à União Telegráfica Internacional, em 1877, o que auxiliou na consolidação da tecnologia no País. Em 1932, os telégrafos uniram-se aos correios, originando o que se tornou a atual ECT – Empresa Brasileira de Correios e Telégrafos (criada em 1969).

12. O Imperador se interessou pela inovação tecnológica após conhecê-la em uma feira na Filadélfia, EUA.

13. A empresa era representada no Brasil pelo norte-americano Charles Paul Mackie. A concessão foi outorgada pelo Decreto nº 7.539, de 15 de novembro de 1879.

então, conferida a um grupo de empresários de Nova Iorque que, em 13 de outubro de 1880, criou a Brazilian Telephone Company.[14] Em menos de um ano, a companhia já operava nas cidades do Rio de Janeiro e Niterói, com relativo êxito para os padrões da época.

Em 1883, foi editado o "Regulamento para a Concessão e Colocação de Linhas Telefônicas".[15] Apesar do nome, o Regulamento tratava também dos telégrafos e, segundo suas disposições, somente o poder central poderia conceder a terceiros o direito de explorar a telefonia e a telegrafia no País. Tal medida centralizadora visava a proporcionar um crescimento harmônico e uniforme das redes de telecomunicações brasileiras.

Entretanto, a Constituição de 1891 – adotando orientação oposta à do citado Regulamento – concedeu aos Estados o direito de exploração dos telégrafos em áreas não servidas pela União[16] (as quais, no final do século XIX, compreendiam a maior parte do território nacional). Como era de se esperar, essa novel determinação em nada contribuiu para a universalização das telecomunicações no País, pois a exploração dos serviços de forma autônoma pelos Estados e pela União (diretamente ou mediante concessão a terceiros) carecia de regras uniformizadoras, o que gerou incompatibilidades entre as diferentes redes instaladas.

Não bastassem as disposições da CR/1891, em 1911, os Estados foram autorizados a competir com a União Federal nas áreas por esta exploradas, prejudicando ainda mais o progresso sustentável da telefonia e da telegrafia nacionais.

A situação, entretanto, foi modificada em 1917, quando o Decreto nº 3.296 determinou que a exploração e outorga dos serviços telegráficos e telefônicos voltassem a ser de

---

14. A Brazilian Telephone Company foi a primeira empresa de telefonia do País.

15. Decreto nº 8.935, de 21 de abril de 1883.

16. Art. 9º, §4º, da CR/1891.

competência exclusiva da União. A esse ato centralizador seguiu-se, quatro anos depois, a proibição da atuação de empresas estrangeiras na prestação dos serviços telegráficos e telefônicos no País.[17]

Como se pode inferir, o início das telecomunicações no Brasil foi marcado pela edição de regras contraditórias, ano após ano. Desde o início das operações da primeira empresa de telefonia (a Brazilian Telephone Company), em 1881, o setor se desenvolveu sob uma verdadeira algaravia normativa, até a determinação – advinda em 1917 – de que somente a União Federal poderia explorar os serviços, diretamente ou mediante concessão a particulares. Com a posterior proibição de participação de empresas estrangeiras, o setor perdeu competitividade, mas ganhou capacidade organizacional (visto que a padronização das redes utilizadas – essencial para a interconexão[18] – seria mais facilmente alcançada com a atuação apenas de empresas brasileiras, face à ausência de um marco regulatório para o setor).

Após todas essas modificações, o modelo brasileiro de exploração de serviços de telecomunicações passou a assemelhar-se, no início da década de 1920, ao dos demais países latino-americanos à época: concessões feitas exclusivamente pelo poder central e exploração dos serviços restrita às companhias nacionais.[19]

Com o advento da Constituição da República de 1934,[20] a competência exclusiva da União para exploração e outorga de concessões relativas aos serviços de telecomunicações foi

---

17. A vedação foi veiculada pelo Decreto nº 4.262, de 13 de janeiro de 1921.

18. Interconexão é a conectividade entre as redes pertencentes a titulares distintos, que possibilita a prestação do serviço em âmbito nacional e internacional.

19. FIORATI, Jete Jane. *As Telecomunicações nos Direitos Interno e Internacional: o Direito Brasileiro e as Regras da OMC*. Rio de Janeiro: Renovar, 2004, p. 128.

20. As mudanças na sociedade trazidas pela Revolução de 1930 pavimentaram o caminho para o desenvolvimento, nas décadas seguintes, do setor de telecomunicações no País. A economia brasileira, até então eminentemente agrária, iniciou um processo de transformação em busca do progresso industrial.

mantida. Entretanto, a novel Carta permitiu que os Estados explorassem serviços de radiocomunicação próprios, para atendimento de suas atividades administrativas, assegurando também, aos governos estaduais a preferência quando da outorga de concessões pela União para exploração dos telégrafos[21] (a CR/1934 não fazia referência expressa aos serviços telefônicos, visto que, na época, a telegrafia ainda predominava como principal meio de telecomunicação).

Já a Constituição do Estado Novo, de 1937, possibilitou a delegação, por lei, da competência da União para legislar sobre a exploração e concessão dos serviços telegráficos[22] (sem mencionar, novamente, os serviços de telefonia).[23]

Foi na Constituição de 1946 que os serviços telefônicos receberam, pela primeira vez, tratamento constitucional.[24] A CR/1946 operou uma descentralização do poder concedente: outorgou à União a competência para exploração e concessão dos serviços telefônicos interestaduais e internacionais; aos Estados, a competência sobre serviços intermunicipais, dentro de seus territórios, e, aos Municípios, a competência relativa aos serviços telefônicos de âmbito local.[25]

A realidade posta pela Carta de 1946 trouxe diversas dificuldades para o desenvolvimento do setor. Primeiramente, a incompatibilidade das redes: em face da inexistência de um padrão a ser seguido, cada ente federado se tornou livre para outorgar a exploração dos serviços telefônicos em sua área

---

21. Art. 5º, VIII, §§ 2º e 3º da CR/1934.

22. Art. 15, VII, art. 16, X e XI e art. 17 da CR/1937.

23. Posteriormente à CR/1937, as telecomunicações brasileiras sofreram um revés, em face da eclosão da Segunda Guerra Mundial. Houve brusca redução no fornecimento de peças e aparelhos (em sua maioria importados) essenciais para a continuidade da prestação do serviço. Tais fatos retardaram o desenvolvimento do setor à época.

24. Até então, como visto, as Constituições se limitavam a dispor sobre serviços telegráficos e de radiocomunicação.

25. Art. 5º, XII, art. 18, §1º e art. 28 da CR/1946.

de concessão da forma que melhor lhe aprouvesse. Com isso, a interconexão restou seriamente prejudicada. Outrossim, a fixação de tarifas diferenciadas pelos entes federados confundia e prejudicava o consumidor, desestimulando a utilização dos serviços de telefonia.[26]

Em que pesem as dificuldades enfrentadas, na década de 40 e na que se seguiu, as telecomunicações experimentaram algum crescimento no País. Nesse período, vale ressaltar a criação da TV Tupi[27] e a discussão do Projeto do Código Brasileiro de Telecomunicações.[28]

A progressão das telecomunicações no Brasil, porém, era ainda muito incipiente, especialmente se comparada com a de outros países do mundo em semelhante estágio de desenvolvimento. Fazia-se necessária uma completa mudança nos rumos do setor, que foi obtida com a edição do Código Brasileiro de Telecomunicações e a implantação de uma política governamental centralizadora, como se verá a seguir.

1.2. O Código Brasileiro de Telecomunicações de 1962, a centralização do poder concedente operada pela Constituição de 1967 e a criação do Sistema Telebrás: uma nova realidade

No início da década de 1960, o cenário da telefonia no Brasil era desalentador: havia mais de mil companhias operando, a maioria de âmbito municipal e com redes de alcance restrito. Inexistia uma homogeneidade nos equipamentos e padrões utilizados que permitisse a adequada interconexão das redes telefônicas, o que gerou, por vezes, situações nas

---

26. SILVEIRA, Raquel Dias da. *O Regime Jurídico dos Serviços de Telefonia Fixa no Brasil, Após a Lei nº 9.472/97*. Dissertação de mestrado. Belo Horizonte: UFMG, 2002, p. 115.

27. A TV Tupi foi criada por Assis Chateaubriand, proprietário dos Diários Associados.

28. FIORATI, Jete Jane. *As Telecomunicações nos Direitos Interno e Internacional: o Direito Brasileiro e as Regras da OMC*. Rio de Janeiro: Renovar, 2004, p. 130.

quais a operadora atuante em um Município não conseguia conectar-se com nenhuma outra, isolando a localidade do restante do País. A oferta também não acompanhava o ritmo de desenvolvimento urbano e a precariedade do sistema nacional de telecomunicações impedia um maior desenvolvimento do setor. Os um milhão e duzentos mil terminais instalados à época, além de insuficientes para atender à demanda, não operavam adequadamente na longa distância (tanto nacional como internacional – esta última dependia de um único cabo submarino instalado em 1874, que operava com tecnologia há muito superada).[29]

O fato de a exploração dos serviços telefônicos ser efetuada de forma descoordenada, pelas três esferas de entes federados, trazia, ainda, um insolúvel problema tarifário, gerando distorções incompreensíveis (e, não raro, injustificáveis) nos preços pagos pelos consumidores, já que competia a cada empresa fixá-los, sem que houvesse qualquer parâmetro a ser observado.

Dentre as inúmeras operadoras, destacavam-se seis, todas controladas por multinacionais. A maior delas era a Companhia Telefônica Brasileira (antiga Brazilian Telephone Company),[30] que respondia por cerca de 80% do tráfego lo-

---

29. CATROPA, A. P. *O ambiente das telecomunicações no Brasil: da sociedade industrial à sociedade de informação*. Dissertação de mestrado. São Paulo: PUC, 1986, p. 25, apud SILVEIRA, Raquel Dias da. *O Regime Jurídico dos Serviços de Telefonia Fixa no Brasil, Após a Lei nº 9.472/97*. Dissertação de mestrado. Belo Horizonte: UFMG, 2002, p. 117.

30. A evolução da Brazilian Telephone Company foi assim relatada por AZULAY NETO e LIMA:
"(...) em 1879, deu-se a concessão a Charles Paul Mackie para montar uma rede telefônica na capital. Como nada foi feito, a concessão foi, em 1880, dada a um grupo de empresários de Nova Iorque, que criaram a Telephone Company of Brazil. Devido ao pouco sucesso, o serviço foi retomado pelo governo e repassado, em 1889, à Brasilianische Elektricitats Gesellschaft, com sede em Berlim, que em 1907 foi comprada pela The Rio de Janeiro Telephone Company. Em 1912, a companhia foi adquirida pela Brazilian Traction Light and Power, do Canadá, que, tendo estendido suas linhas para São Paulo, passou a chamar-se, em 1916, The Rio de Janeiro and São Paulo Telephone Company, incorporando ainda várias companhias que operavam no então Distrito Federal e nos Estados do Rio de Janeiro e São Paulo.

cal e interurbano, mormente nas capitais dos Estados de São Paulo, Rio de Janeiro, Minas Gerais e Espírito Santo. Sua controladora (com 99,99% das ações) era a canadense Brazilian Traction, Light and Power Company (que hoje ainda está presente no Rio de Janeiro, atuando no setor de energia elétrica e sendo denominada Light Serviços de Eletricidade S/A). Existia, também, a Companhia Telefônica Nacional (controlada pela norte-americana IT&T – International Telegraph and Telephone), que atendia alguns Estados do Nordeste, o Paraná e o Rio Grande do Sul. Outrossim, atuavam nas ligações interurbanas e internacionais quatro empresas multinacionais (duas de propriedade norte-americana – Radional e Radiobrás – uma inglesa – Western Telegraph – e uma italiana – Italcable).[31]

Contudo, consoante asseverado, a descentralização do poder de outorga de concessões para exploração do serviço de telefonia (que competia tanto à União como aos Estados e Municípios), aliada à inexistência de uma política nacional para o setor, consistiam nos dois principais entraves ao seu desenvolvimento no Brasil.

Em face disso, buscou-se, por meio da edição do Código Brasileiro de Telecomunicações (CBT – Lei n° 4.117, de 27 de agosto de 1962), centralizar a exploração das telecomunicações e unificar a política de expansão das redes. O CBT previu a criação:

Finalmente, em 1923, passou a chamar-se Brazilian Telephone Company, facultado o uso do nome em português, Companhia Telefônica Brasileira – CTB, que foi a única companhia a conseguir algum sucesso, até o advento da Telebrás, em 1972.
A CTB, em 1929, já havia instalado cem mil telefones e foi, gradativamente, conseguindo um atendimento razoável da demanda, tanto que, em 1939, por exemplo, só na cidade do Rio de Janeiro, possuía instalados cerca de cem mil telefones, o que, para uma população de 1,7 milhão de habitantes, perfazia uma densidade de 5,8 telefones por 100 habitantes, índice bastante bom para a época. No resto do Brasil, no entanto, a situação era diferente, e a falta de serviços era generalizada." (AZULAY NETO, Messod e LIMA, Antonio Pires de. *O Novo Cenário das Telecomunicações no Direito Brasileiro*. Rio de Janeiro: Lumen Juris, 2000, p. 196).

31. FIORATI, Jete Jane. *As Telecomunicações nos Direitos Interno e Internacional: o Direito Brasileiro e as Regras da OMC*. Rio de Janeiro: Renovar, 2004, p. 131.

(a) do SNT (Sistema Nacional de Telecomunicações), formado por troncos e redes contínuas para integração dos serviços telefônicos em nível nacional;

(b) do CONTEL (Conselho Nacional de Telecomunicações), órgão diretamente subordinado à Presidência da República, responsável pela efetivação da política unificada de telecomunicações. Sua secretaria executiva era o DENTEL (Departamento Nacional de Telecomunicações);

(c) de uma empresa pública federal, que deveria explorar a telefonia de longa distância nacional e internacional;

(d) do FNT (Fundo Nacional de Telecomunicações), que iria captar recursos para o desenvolvimento do setor, advindos, dentre outros, da cobrança de uma sobretarifa nas contas telefônicas.

De acordo com o CBT, à União competia explorar diretamente a telefonia interestadual e a internacional, bem como fiscalizar os serviços de comunicação outorgados por todos os entes federados. Os Estados e Municípios conservaram a competência para exploração da telefonia e outorga de concessões dentro de suas áreas de abrangência (afinal, isso lhes era assegurado pela Constituição de 1946, como visto alhures, e não poderia ser restringido pelo CBT, que era lei ordinária). Entretanto, com vistas à integração dos diversos sistemas existentes, a prestação de serviços telefônicos pelos Estados e Municípios (diretamente ou mediante concessão) foi condicionada à observância das regras editadas pelo CONTEL.[32]

---

32. Lei nº 4.117/62:
"Art. 11. Compete, também, à União: fiscalizar os serviços de telecomunicações concedidos, permitidos ou autorizados pelos Estados ou Municípios, em tudo que disser respeito a observância das normas gerais estabelecidas nesta lei e a integração desses serviços no Sistema Nacional de Telecomunicações.
(...)
Art. 13. Dentro dos seus limites respectivos, os Estados e Municípios poderão organizar, regular e executar serviços de telefones, diretamente ou mediante concessão, obedecidas as normas gerais fixadas pelo Conselho Nacional de Telecomunicações."
O CONTEL, por meio de sua secretaria executiva (DENTEL), foi também

A TRIBUTAÇÃO DOS SERVIÇOS DE COMUNICAÇÃO

Três anos após o advento do CBT, em 16 de setembro de 1965, a empresa pública federal destinada a operar a telefonia interestadual e internacional[33] foi criada, sendo denominada Embratel – Empresa Brasileira de Telecomunicações. Poucos meses após sua criação, a Embratel já interligava todas as capitais e as principais cidades do País. Financiada com recursos do FNT,[34] a empresa posteriormente comprou a Companhia Telefônica Brasileira e, dando seguimento à sua rota de expansão, passou a assumir as concessões de serviços internacionais das multinacionais que operavam no Brasil, na medida em que os prazos das outorgas foram vencendo.

A política centralizadora que pautou a edição do CBT foi reforçada com o advento da Constituição de 1967, que outorgou à União o direito *exclusivo* de exploração, direta ou mediante concessão, dos serviços de telecomunicações em todo o País.[35] Logo após a edição da CR/1967, foi criado o Ministério das Comunicações,[36] ao qual passou a subordinar-se o CONTEL.

---

incumbido de elaborar o Plano Nacional de Telecomunicações, fixando normas e tarifas uniformes em todo o território nacional.

33. Lei nº 4.117/62:
"Art. 42. É o Poder Executivo autorizado a constituir uma entidade autônoma, sob a forma de empresa pública, de cujo capital participem exclusivamente pessoas jurídicas de direito público interno, bancos e empresas governamentais, com o fim de explorar industrialmente serviços de telecomunicações postos, nos termos da presente lei, sob o regime de exploração direta da União.
§ 1º. A entidade a que se refere este artigo ampliará progressivamente seus encargos, de acordo com as diretrizes elaboradas pelo Conselho Nacional de Telecomunicações, mediante:
a) transferência, por decreto do Poder Executivo, de serviços hoje executados pelo Departamento dos Correios e Telégrafos;
b) incorporação de serviços hoje explorados mediante concessão ou autorização, à medida que estas sejam extintas;
c) desapropriação de serviços existentes, na forma da legislação vigente."

34. A principal fonte de receita do FNT era uma sobretarifa cobrada nas contas telefônicas, nos percentuais de 20% para ligações locais e 30% para ligações interurbanas e internacionais.

35. Art. 8º, XV, *a* da CR/1967, regulamentado pelo DL nº 162, de 13.02.1967.

36. O Ministério das Comunicações foi criado pelo DL nº 200, de 20 de fevereiro de 1967.

No início da década de 1970, a telefonia de longa distância – operada pela Embratel – já apresentava bom nível de qualidade, tendo superado as dificuldades que existiam nos idos de 1960. Entretanto, a telefonia urbana ainda era preocupantemente falha e deficitária.

Visando a aprimorar a telefonia local e efetivamente implementar o Sistema Nacional de Telecomunicações previsto no CBT, em 1972 foi criada a *holding* Telecomunicações Brasileiras S/A – Telebrás.[37]

A Telebrás – instituída como sociedade de economia mista[38] – criou uma empresa-polo[39] em cada um dos Estados e territórios brasileiros. Essas empresas passaram a incorporar as operadoras locais e regionais, até que restasse uma única companhia (a "tele" estatal) atuando em cada Unidade da Federação. Algumas companhias, contudo, se mantiveram independentes do Sistema Telebrás: as Centrais Telefônicas

---

37. Lei n° 5.792, de 11 de julho de 1972, regulamentada pelos Decretos n°s 70.913/72 e 74.379/74.

38. A União detinha o controle acionário da Telebrás, com 52% das ações ordinárias. As demais eram de titularidade privada – 30% pertenciam a estrangeiros e o restante era pulverizado entre 5,8 milhões de acionistas.

39. As empresas-polo eram as denominadas "teles", a saber: Teleacre – Telecomunicações do Acre S/A; Telasa – Telecomunicações de Alagoas S/A; Teleamapá – Telecomunicações do Amapá S/A; Telamazon – Telecomunicações do Amazonas S/A; Telebahia – Telecomunicações da Bahia S/A; Telebrasília – Telecomunicações de Brasília S/A; Teleceará – Telecomunicações do Ceará S/A; Telest – Telecomunicações do Espírito Santo S/A; Telegoiás – Telecomunicações de Goiás S/A; Telma – Telecomunicações do Maranhão S/A; Telemat – Telecomunicações do Mato Grosso S/A; Telems – Telecomunicações do Mato Grosso do Sul S/A; Telemig – Telecomunicações de Minas Gerais S/A; Telepará – Telecomunicações do Pará S/A; Telpa – Telecomunicações da Paraíba S/A; Teleparaná – Telecomunicações do Paraná S/A; Telpe – Telecomunicações de Pernambuco S/A; Telepisa – Telecomunicações do Piauí S/A; Telerj – Telecomunicações do Rio de Janeiro S/A; Telern – Telecomunicações do Rio Grande do Norte S/A; Teleron – Telecomunicações de Rondônia S/A; Telaima – Telecomunicações de Roraima S/A; Telesc – Telecomunicações de Santa Catarina S/A; Telesp – Telecomunicações de São Paulo S/A; Telergipe – Telecomunicações de Sergipe S/A.
Não havia "tele" no Rio Grande do Sul, pois neste Estado operava a empresa estadual CRT – Companhia Riograndense de Telecomunicações, que foi mantida como empresa autônoma do Sistema Telebrás.

de Ribeirão Preto – Ceterp;[40] a Sercomtel;[41] a Companhia Riograndense de Telecomunicações – CRT[42] e a CTBC Telecom.[43] Como estas operavam com exclusividade em suas áreas de atuação, não conflitavam com as operadoras da Telebrás.

Já a Embratel – que operava o telex, a transmissão de dados e a telefonia de longa distância – foi integrada à nova *holding*.[44]

Os maciços investimentos feitos a partir da década de 1970 propiciaram um verdadeiro salto tecnológico nas telecomunicações brasileiras. De um regime no qual União, Estados e Municípios podiam instituir empresas próprias ou outorgar concessões a terceiros, sem qualquer regra de padronização, passou-se a um sistema no qual somente a União controlava 90% da infraestrutura nacional de telecomunicações. Impulsionado por vultosas inversões de recursos (que advinham, principalmente, do Fundo Nacional de

---

40. De titularidade do Município de Ribeirão Preto/SP e com atuação no território municipal, a Ceterp foi posteriormente privatizada e incorporada pela Telesp.

41. Empresa pertencente ao Município de Londrina/PR, no qual opera até hoje, com serviço de telefonia fixa e celular.

42. A CRT atuava no Rio Grande do Sul e foi controlada pelo Governo do Estado até junho de 1998, data de sua aquisição por uma *holding* integrada pela Telefônica espanhola e pelo grupo Rede Brasil Sul de Comunicação – RBS.

43. Controlada pelo grupo Algar, com atuação na região do triângulo mineiro e em municípios de estados vizinhos, era a única empresa independente privada, visto que das outras três, duas eram controladas por municípios e uma pelo Estado do Rio Grande do Sul. Permanece em operação até os dias de hoje, sob o nome Algar Telecom, tendo expandido sua atuação para a telefonia móvel celular e para o serviço de TV por assinatura, atendendo mais de 350 municípios.

44. PASTORIZA salienta que o objetivo da Telebrás era "criar um sistema nacional de telecomunicações que permitisse unificar e compatibilizar tecnicamente a rede, uma vez que a fragmentação da indústria havia produzido grande heterogeneidade de equipamentos, prejudicando a interligação entre as diversas regiões do país e elevando o custo de operação do sistema." (PASTORIZA, Florinda Antelo. *Privatização na indústria de telecomunicações: antecedentes e lições para o caso brasileiro*. Texto para discussão 43. Rio de Janeiro: BNDES, 1996, p. 49, *apud* FARACO, Alexandre Ditzel. *Regulação e Direito Concorrencial – as Telecomunicações*. São Paulo: Livraria Paulista, 2003, p. 34).

Telecomunicações), o Sistema Telebrás aumentou em 350%, no espaço de uma década, o número de telefones fixos instalados, além de ter obtido sensível melhora na qualidade das ligações. De um patamar, em 1974, de quase 2 milhões de terminais instalados operando em 2.600 localidades e gerando um faturamento anual de US$ 585,7 milhões, passou-se, em 1984, a 7 milhões de terminais atendendo 8.500 localidades, com uma receita operacional de US$ 2,44 bilhões. Em estudo publicado à época, o Banco Mundial classificou o Sistema Telebrás como sendo "de longe, o maior sistema de telecomunicações entre países em desenvolvimento e o décimo maior do mundo".[45]

De fato, as condições adquiridas com as mudanças ocorridas desde a edição do CBT, em 1962, permitiram ao Brasil adentrar os anos 80 com "um sistema de telecomunicações modelar para uma nação não desenvolvida".[46]

1.3. O cenário à luz da Constituição da República de 1988

Com o advento da CR/88, a exploração dos serviços de telecomunicações – que pela Carta pretérita podia ser outorgada a particulares – passou a ser restrita às empresas sob controle acionário da União Federal.[47] Tal mudança, contudo,

---

[45]. DIAS, Lia Ribeiro e CORNILS, Patrícia. *Alencastro: o General das Telecomunicações*. São Paulo: Plano Editorial, 2004, p. 75.

[46]. AZULAY NETO, Messod e LIMA, Antonio Pires de. *O Novo Cenário das Telecomunicações no Direito Brasileiro*. Rio de Janeiro: Lumen Juris, 2000, p. 197.

[47]. CR/88 (redação original):
"Art. 21. Compete à União:
(...)
XI – explorar, diretamente ou mediante concessão a empresas sob controle acionário estatal, os serviços telefônicos, telegráficos, de transmissão de dados e demais serviços públicos de telecomunicações, assegurada a prestação de serviços de informações por entidades de direito privado através da rede pública de telecomunicações explorada pela União;
XII – explorar, diretamente ou mediante autorização, concessão ou permissão:
a) os serviços de radiodifusão sonora e de sons e imagens e demais serviços de

apenas consolidou – no plano jurídico-constitucional – a realidade existente desde a criação do Sistema Telebrás (o monopólio de fato tornou-se monopólio de direito). No entanto, as quatro empresas independentes (uma privada, duas municipais e uma estadual) tiveram suas concessões preservadas pelo Ato das Disposições Constitucionais Transitórias.[48] Outrossim, a par da exclusividade na exploração dos serviços, a CR/88 também assegurou à União a competência privativa para legislar em matéria de telecomunicações.[49]

Nessa época e no início da década de 90, contudo, a situação das telecomunicações brasileiras não era a mesma do final dos anos 70, quando o País despontava entre seus pares como um dos líderes nesse setor.

A qualidade dos serviços foi prejudicada devido à ausência de investimentos (que se tornou especialmente sensível a partir da segunda metade da década de 1980) e ao aumento da demanda sem a contrapartida necessária no incremento das plantas de operação. A escassez na oferta gerou um mercado paralelo de telefonia: como a aquisição de uma linha nos planos de expansão estatais submetia o interessado a uma espera de anos, a solução se tornava o aluguel ou a compra da linha de outro particular.

Em face dessa realidade, ter telefone em casa havia se tornado privilégio das famílias de classes média e alta, que concentravam 80% dos terminais disponíveis no País. O serviço praticamente inexistia nas áreas rurais, pois 98% dos telefones operavam em zonas urbanas.[50] E, mesmo para os felizardos que possuíam uma linha, havia o problema dos

---

telecomunicações;"

48. ADCT da CR/88:
"Art. 66. São mantidas as concessões de serviços públicos de telecomunicações atualmente em vigor, nos termos da lei."

49. Art. 22, IV, da CR/88.

50. HERRERA, Alejandra. *Introdução ao Estudo da Lei Geral de Telecomunicações do Brasil*. São Paulo: Singular, 2001, p. 37.

altos custos das tarifas e da notória ineficiência da rede então existente.[51]

Em meados da década de 1990, passou-se a discutir a flexibilização do monopólio estatal das telecomunicações, apontado por alguns como o motivo da ineficiência do setor. De fato, ao cabo dos debates, a exploração dos serviços pela iniciativa privada foi mesmo a solução indicada. Contudo, para que isso se tornasse possível, fazia-se mister – inicialmente – a reforma da própria Constituição da República. É o que foi feito, como se pode conferir adiante.

1.4. As normas jurídicas prévias à Lei Geral de Telecomunicações

1.4.1. A Emenda Constitucional n° 08/95

Aos 15 de agosto de 1995, o Congresso Nacional aprovou a Emenda n° 08 à Constituição de 1988, que modificou a redação do art. 21, XI e a alínea a do inciso XII da Carta Magna.[52]

Com o novo texto constitucional, a União passou a ter poder de outorga de concessões, autorizações e permissões para a exploração dos serviços de telecomunicações no Brasil. A norma, contudo, era de eficácia limitada, visto que carecia de lei para ser implementada (o legislador ordinário deveria dispor sobre a organização em geral dos serviços de

---

51. SILVEIRA, Raquel Dias da. *O Regime Jurídico dos Serviços de Telefonia Fixa no Brasil, Após a Lei n° 9.472/97*. Dissertação de mestrado. Belo Horizonte: UFMG, 2002, p. 127.

52. Nova redação do art. 21, XI e XII da CR/88:
"Art. 21. Compete à União:
(...)
XI – explorar, diretamente ou mediante autorização, concessão ou permissão, os serviços de telecomunicações, nos termos da lei, que disporá sobre a organização dos serviços, a criação de um órgão regulador e outros aspectos institucionais;
XII – explorar, diretamente ou mediante autorização, concessão ou permissão:
a) os serviços de radiodifusão sonora e de sons e imagens; (...)."

telecomunicações, bem como sobre a criação de um órgão regulador).[53]

A EC nº 08/95 também procedeu à separação entre os serviços de telecomunicações e os de radiodifusão sonora e de sons e imagens. De acordo com a redação anterior do art. 21, XII, *a*, a União podia explorar, diretamente ou mediante concessão, autorização ou permissão, a radiodifusão e demais serviços de telecomunicações. Com a EC nº 08/95, a expressão "e demais serviços de telecomunicações" foi retirada do art. 21, XII, *a*, segregando, em definitivo, os serviços de telecomunicações (que seriam integralmente subordinados à agência regulatória a ser criada) dos serviços de radiodifusão (que permaneceriam diretamente vinculados ao Poder Executivo para fins de outorga de concessões). Vale conferir a mudança, em um quadro comparativo:

Redação original da CR/88	Redação da CR/88 com as modificações da EC nº 08/95
"Art. 21. Compete à União: (...) XII – explorar, diretamente ou mediante autorização, concessão ou permissão: a) os serviços de radiodifusão sonora e de sons e imagens *e demais serviços de telecomunicações;*"	"Art. 21. Compete à União: (...) XII – explorar, diretamente ou mediante autorização, concessão ou permissão: a) os serviços de radiodifusão sonora e de sons e imagens;"

A segregação foi salutar, visto que os serviços de radiodifusão[54] guardam diferenças significativas relativamente aos demais serviços de telecomunicações, especialmente nos

---

53. Anote-se, ainda, que o art. 2º da EC nº 08/95 vedou a edição de medida provisória para regulamentar o novel art. 21, XI, da CR/88.

54. Os serviços de radiodifusão são definidos pelo Código Brasileiro de Telecomunicações como aqueles destinados a ser recebidos "direta e livremente pelo público em geral, compreendendo radiodifusão sonora e televisão" (art. 6º, *d*, da Lei nº 4.117/62).

aspectos pertinentes às regras de concessão.[55]

No que tange aos demais serviços de telecomunicações (é dizer: todos aqueles que não configuram serviços de radiodifusão), a nova redação conferida ao art. 21, XI, da CR/88 pela EC nº 08/95 possibilitou à União outorgar sua exploração a particulares mediante concessões, autorizações ou permissões, na forma da lei. É ver:

Redação original da CR/88	Redação da CR/88 com as modificações da EC nº 08/95
"Art. 21. Compete à União: (...) XI – explorar, diretamente ou mediante concessão a empresas sob controle acionário estatal, os serviços telefônicos, telegráficos, de transmissão de dados e demais serviços públicos de telecomunicações, assegurada a prestação de serviços de informações por entidades de direito privado através da rede pública de telecomunicações explorada pela União."	"Art. 21. Compete à União: (...) XI – explorar, diretamente ou mediante autorização, concessão ou permissão, os serviços de telecomunicações, nos termos da lei, que disporá sobre a organização dos serviços, a criação de um órgão regulador e outros aspectos institucionais;"

---

55. As concessões e permissões para exploração dos serviços de radiodifusão por particulares (lembrando-se também que a União pode explorá-los diretamente, a teor do art. 21, XII, a, da CR/88) têm validade de 10 anos para as emissoras de rádio e 15 anos para as de televisão, somente podendo ser canceladas antes desse prazo por decisão judicial (art. 223, §§ 4º e 5º da CR/88).
O art. 222 da CR/88, em sua redação original, permitia somente a brasileiros natos ou naturalizados, há mais de 10 anos, serem proprietários de emissoras de rádio e TV, vedando a participação de pessoas jurídicas na sociedade (exceto a de partidos políticos e de empresas que fossem de exclusiva propriedade de brasileiros – mesmo assim, os partidos e empresas não tinham direito a voto, tendo sua participação limitada a 30% do capital social).
Com o advento da Emenda Constitucional nº 36, de 28 de maio de 2002, que modificou o citado art. 222, a participação de pessoas jurídicas nas emissoras de rádio e televisão, inclusive as de capital estrangeiro, foi flexibilizada, nos termos da lei (que ainda não foi editada). Não obstante, a Constituição exige que pelo menos 70% do capital votante das emissoras deverá pertencer, direta ou indiretamente, a brasileiros natos ou naturalizados há mais de 10 anos (estes são ainda os únicos responsáveis pela gestão das atividades das emissoras, bem como pela definição do conteúdo da programação).

A versão original do art. 21, XI, da CR/88, como se vê, impunha a atuação direta da União ou de empresas sob seu controle para prestação dos serviços telefônicos, telegráficos, de transmissão de dados e demais serviços públicos de telecomunicações.[56]

Dessarte, a nova redação conferida ao citado dispositivo constitucional possibilitou a exploração, por particulares, de todos os serviços de telecomunicações, mediante permissão, concessão ou autorização da União.

Coube ao legislador definir a forma (concessão, permissão ou autorização) e, consequentemente, o regime (público ou privado) de prestação dos diversos serviços de telecomunicações, à luz da novel dicção da Carta Federal.

1.4.2. A Lei Mínima e as Leis nºs 8.977/95 e 8.987/95

Anteriormente à edição da lei referida no art. 21, XI, da CR/88 (que regulamentaria todo o setor e disporia sobre a criação de uma agência reguladora), foram publicadas, em 1995 e 1996, três leis que antecederam a efetiva quebra do monopólio estatal nas telecomunicações: a Lei nº 8.977, de 06 de janeiro de 1995, que autorizou a prestação, por particulares, do serviço de TV a cabo; a Lei nº 8.987, de 13 de fevereiro de 1995, que dispôs sobre o regime de concessão e permissão na prestação de serviços públicos (regulamentando o art. 175 da CR/88);[57] e a Lei

---

56. Antes da modificação da Constituição, portanto, somente os serviços previstos no art. 21, XII, a (serviços de radiodifusão sonora e de sons e imagens e serviços de telecomunicações não previstos no art. 21, XI da CR/88) podiam ser explorados por particulares.

57. CR/88:
"Art. 175. Incumbe ao Poder Público, na forma da lei, diretamente ou sob regime de concessão ou permissão, sempre através de licitação, a prestação de serviços públicos:
Parágrafo único. A lei disporá sobre:
I – o regime das empresas concessionárias e permissionárias de serviços públicos, o caráter especial de seu contrato e de sua prorrogação, bem como as condições de caducidade, fiscalização e rescisão da concessão ou permissão;

nº 9.295, de 19 de julho de 1996, denominada Lei Mínima das Telecomunicações.

A principal função da Lei Mínima foi permitir a exploração, pela iniciativa privada, de alguns serviços considerados estratégicos, a saber: Serviço Móvel Celular (SMC),[58] Serviço Limitado,[59] Serviço de Transporte de Sinais de Telecomunicações por Satélite[60] e Serviço de Valor Adicionado (SVA).[61]

Especificamente no que tange à telefonia celular, a Lei Mínima transformou em concessões as antigas permissões que as operadoras do Sistema Telebrás possuíam para exploração do serviço. Foi determinado, ainda, que essas operadoras constituíssem empresas específicas para exploração do SMC,[62] o que

---

II – os direitos dos usuários;
III – política tarifária;
IV – a obrigação de manter serviço adequado."

58. Definido pela Lei nº 9.295/96 (art. 2º, §1º) como o "serviço de telecomunicações móvel terrestre, aberto à correspondência pública, que utiliza sistema de radiocomunicações com técnica celular, conforme definido na regulamentação, interconectado à rede pública de telecomunicações, e acessado por meio de terminais portáteis, transportáveis ou veiculares, de uso individual". [Revogado pela Lei nº 9.472/97].

59. "Serviço de telecomunicações destinado ao uso próprio do executante ou à prestação a terceiros, desde que sejam estes uma mesma pessoa, ou grupo de pessoas naturais ou jurídicas, caracterizado pela realização de atividade específica" (art. 2º, §2º da Lei nº 9.295/96). [Revogado pela Lei nº 9.472/97].

60. "Serviço de telecomunicações que, mediante o uso de satélites, realiza a recepção e emissão de sinais de telecomunicações, utilizando radiofrequências predeterminadas" (art. 2º, §3º da Lei nº 9.295/96). [Revogado pela Lei nº 9.472/97].

61. O SVA não é serviço de telecomunicação. De acordo com a Lei Mínima (art. 10º, parágrafo único), Serviço de Valor Adicionado é "a atividade caracterizada pelo acréscimo de recursos a um serviço de telecomunicações que lhe dá suporte, criando novas utilidades relacionadas ao acesso, armazenamento, apresentação, movimentação e recuperação de informações, não caracterizando exploração de serviço de telecomunicações". [Revogado pela Lei nº 9.472/97].

62. Lei nº 9.295/96:
"Art. 4º. O Poder Executivo transformará em concessões de serviço Móvel Celular as permissões do serviço de Radiocomunicação Móvel Terrestre Público-Restrito outorgadas anteriormente à vigência desta Lei, em condições similares às dos demais contratos de concessão de Serviço Móvel Celular, respeitados os respectivos prazos remanescentes.

gerou a criação de subsidiárias das "teles" estaduais, denominadas "tele... celular",[63] as quais passaram a utilizar a frequência denominada "Banda A". Para as novas concessões, licitadas após o advento da Lei Mínima, reservou-se a frequência denominada "Banda B". Outrossim, foi assegurado às concessionárias (tanto da Banda A como da Banda B) que até 31.12.1999 não haveria outorga de outras concessões ou autorizações para prestação de serviços de igual natureza[64] (as Bandas C, D e E, licitadas após 31.12.1999, já seguiram o novo modelo de exploração do serviço de telefonia celular, atualmente em vigor: o Serviço Móvel Pessoal – SMP).[65]

Nessa fase, como ainda inexistia a Anatel, o Ministério das Comunicações atuava como Poder Concedente e como órgão regulador, editando regulamentos, fiscalizando a exploração dos serviços e promovendo licitações para as novas concessões[66] (Banda B).

1.5. A Lei Geral de Telecomunicações

Aos 16 de julho de 1997, foi editada a lei referida no art. 21, XI da CR/88, sendo denominada Lei Geral de Telecomunicações

---

Parágrafo único. As entidades que, de acordo com o disposto neste artigo, se tornem concessionárias do Serviço Móvel Celular deverão constituir, isoladamente ou em associação, no prazo de até vinte e quatro meses, a contar da vigência desta Lei, empresas que as sucederão na exploração do Serviço."

63. Essas empresas foram posteriormente cindidas e vendidas no leilão de privatização do Sistema Telebrás.

64. FARACO, Alexandre Ditzel. *Regulação e Direito Concorrencial – as Telecomunicações*. São Paulo: Livraria Paulista, 2003, pp. 134-5.

65. Enquanto o SMC era prestado mediante concessão – submetendo-se às regras de direito público para exploração do serviço de telecomunicações – o SMP submete-se ao regime de direito privado, sendo prestado mediante *autorização*. No SMP privilegia-se a livre iniciativa, em detrimento do dirigismo estatal. Hoje, mesmo as antigas concessionárias do SMC se submetem às regras do SMP, que se tornou o padrão regulatório para os serviços de telefonia celular.

66. FIORATI, Jete Jane. *As Telecomunicações nos Direitos Interno e Internacional: o Direito Brasileiro e as Regras da OMC*. Rio de Janeiro: Renovar, 2004, p. 148.

(LGT – Lei n° 9.472).

Cumprindo sua função constitucional, a LGT previu a criação da Agência Nacional de Telecomunicações – Anatel, regulamentou a sistemática de outorga de concessões, autorizações e permissões e revogou, em sua maior parte, a Lei Mínima.

A Anatel foi efetivamente criada pelo Decreto n° 2.338, de 07 de outubro de 1997, como autarquia sob regime especial integrante da Administração Pública Federal indireta e vinculada ao Ministério das Comunicações. Por estar sujeita a regime autárquico especial, a agência possui certo grau de autonomia, dado que seus diretores não são demissíveis *ad nutum*, detendo mandatos com prazos de duração previstos em lei.

A par de prever as atribuições e competências do órgão regulador, a LGT também regulamentou a forma de licitação dos serviços de telecomunicações e os regimes jurídicos aos quais eles se submetem.[67] De acordo com o art. 62 da LGT, os serviços de telecomunicações podem ser de interesse coletivo ou de interesse restrito, conforme seu grau de importância para a sociedade. Os serviços de interesse restrito são regulados de forma a evitar que sua exploração prejudique a coletividade. Já os de interesse coletivo estão sujeitos a uma regulação mais pormenorizada, com estipulação de deveres de observância obrigatória por parte dos prestadores, visando a garantir um serviço eficaz para os usuários.

Outrossim, os serviços de telecomunicações podem – nos termos do art. 63 da LGT – ser prestados sob regime de direito público ou de direito privado.

A outorga do serviço submetido ao regime de direito público é feita por meio de concessão (preferencialmente) ou permissão, sendo deveres do concessionário/permissionário a universalização e a continuidade do serviço (sendo esta última

---

[67]. A LGT criou regimes jurídicos específicos que afastam a legislação geral sobre licitações e contratos com a Administração Pública (Leis n° 8.666/93 e 8.987/95).

assegurada pelo Poder Público). Os serviços que comportam prestação no regime de direito público são apenas os de interesse coletivo (a LGT define expressamente o Serviço Telefônico Fixo Comutado – STFC como de interesse coletivo).[68]

O regime de direito privado, a seu turno, é obrigatório para os serviços de interesse restrito, que são explorados com base nos princípios constitucionais do livre exercício da atividade econômica.[69] A LGT estipula, ainda, que a Anatel intervirá o mínimo possível nessas atividades (a regra no serviço submetido ao regime de direito privado é a liberdade, constituindo exceções: as restrições, proibições e interferências do Poder Público).[70] O direito de exploração do serviço privado é obtido mediante *autorização* da agência reguladora[71] (não há que se falar, dessarte, em *concessão* ou *permissão* para essa modalidade de serviço).

Nos termos do art. 65 da LGT, a prestação dos serviços de telecomunicações pode se dar:

(a) exclusivamente no regime público;

(b) exclusivamente no regime privado; ou

---

68. Lei nº 9.472/97:
"Art. 64. Comportarão prestação no regime público as modalidades de serviço de telecomunicações de interesse coletivo, cuja existência, universalização e continuidade a própria União comprometa-se a assegurar.
Parágrafo único. Incluem-se neste caso as diversas modalidades do serviço telefônico fixo comutado, de qualquer âmbito, destinado ao uso do público em geral."

69. Lei nº 9.472/97:
"Art. 126. A exploração de serviço de telecomunicações no regime privado será baseada nos princípios constitucionais da atividade econômica."

70. Art. 128 da Lei nº 9.472/97.

71. Lei nº 9.472/97:
"Art. 131. A exploração de serviço no regime privado dependerá de prévia autorização da Agência, que acarretará direito de uso das radiofrequências necessárias.
§ 1º. Autorização de serviço de telecomunicações é o ato administrativo vinculado que faculta a exploração, no regime privado, de modalidade de serviço de telecomunicações, quando preenchidas as condições objetivas e subjetivas necessárias."

(c) concomitantemente nos regimes público e privado.

Ou seja: é possível que um mesmo serviço seja prestado por empresas distintas, estando uma sujeita às regras de direito público e outra às do direito privado.

A definição dos regimes a que se submeteria cada modalidade de serviço ficou a cargo do Poder Executivo[72] que, por meio do Decreto nº 2.534, de 02 de abril de 1998[73] (posteriormente revogado pelo Decreto nº 6.654, de 20 de novembro de 2008), determinou que o Serviço Telefônico Fixo Comutado seria prestado nos regimes jurídicos público e privado, concomitantemente,[74] e os demais serviços de telecomunicações, exclusivamente, no regime de direito privado.[75]

As principais diferenças entre a prestação do serviço de telecomunicações no regime jurídico público e no regime de direito privado foram sintetizadas por HERRERA,[76] em sistemática que adotamos para elaboração do quadro a seguir:

---

72. Lei nº 9.472/97:
"Art. 18. Cabe ao Poder Executivo, observadas as disposições desta Lei, por meio de decreto:
I – instituir ou eliminar a prestação de modalidade de serviço no regime público, concomitantemente ou não com sua prestação no regime privado; (...)"

73. O Decreto nº 2.534/98 editou o denominado Plano Geral de Outorgas, que dividiu o País em quatro regiões para exploração do STFC, pavimentando o caminho para a privatização.

74. O art. 1º do Decreto nº 2.534/98 dispõe que "o serviço telefônico fixo comutado destinado ao uso do público em geral será prestado nos regimes público e privado, nos termos dos arts. 18, inciso I, 64 e 65, inciso III, da Lei nº 9.472, de 16 de julho de 1997, e do disposto neste Plano Geral de Outorgas". Em essência, a redação foi mantida no art. 1º do Decreto nº 6.654/08.
O STFC é atualmente explorado em regime de direito público pelas concessionárias que adquiriram em leilão as empresas do Sistema Telebrás e em regime de direito privado pelas empresas-espelho criadas para competir com as concessionárias.

75. De acordo com o art. 3º do Decreto nº 2.534/98 (e com o art. 3º do Decreto nº 6.654/08: "Aos demais serviços de telecomunicações, não mencionados no art. 1º, aplica-se o regime jurídico previsto no Livro III, Título III, da Lei nº 9.472, de 1997."

76. HERRERA, Alejandra. *Introdução ao Estudo da Lei Geral de Telecomunicações do Brasil*. São Paulo: Singular, 2001, pp. 87-90.

A TRIBUTAÇÃO DOS SERVIÇOS DE COMUNICAÇÃO

	Regime de direito público	**Regime de direito privado**
Interesse tutelável[77]	Coletivo[78]	Coletivo ou restrito[79]
Forma de ingresso das prestadoras no mercado – instrumentos de outorga	Concessões, outorgadas mediante licitações e limitadas ao número previsto no Plano Geral de Outorgas do STFC. Excepcionalmente, poderão ser expedidas permissões para exploração do serviço no regime de direito público, que terão caráter transitório[80] e estarão sujeitas a procedimento licitatório simplificado, ressalvados os casos legais de dispensa de licitação.[81]	Autorizações, emitidas pela Anatel, sem limitação de número (exceto por razões de ordem técnica ou quando o excesso de competidores puder comprometer a prestação de um serviço de interesse coletivo). A empresa que atender às condições previstas na LGT não poderá ter sua autorização negada, exceto por motivos relevantes. Há ainda serviços que independem de autorização (necessariamente de interesse restrito), previamente definidos pela Anatel.
Preços e tarifas	As tarifas e seus mecanismos de reajuste são fixados no contrato de concessão, definindo o teto máximo de preços que a concessionária poderá praticar.[82]	A liberdade tarifária é a regra, aplicando-se as disposições gerais do Código de Defesa do Consumidor (Lei nº 8.078/90) e da Lei que estrutura o Sistema Brasileiro de Defesa da Concorrência (Lei nº 12.529/2011).[83]
Metas de universalização, qualidade e continuidade	As concessionárias devem cumprir metas de: (a) universalização dos serviços, definidas em seus contratos de concessão e no Decreto nº 2.592/98 (que aprovou o Plano Geral de Metas para Universalização do STFC prestado no regime público);[84] (b) qualidade dos serviços, definidas na Resolução Anatel nº 30/98[85] (Plano Geral de Metas de Qualidade para o STFC); (c) continuidade dos serviços prestados, assegurada pela reversibilidade dos bens essenciais à prestação do serviço. O descumprimento das metas de universalização e continuidade poderá acarretar intervenção na concessionária.[86]	As autorizatárias sujeitam-se às metas de qualidade do serviço previstas na Resolução Anatel nº 31/98, mas são desobrigadas do cumprimento de metas de universalização, inexistindo ainda a obrigatoriedade de manter a continuidade do serviço (não há possibilidade de reversão dos bens à União).[87]

Prazos e formas de extinção da licença de exploração do serviço	O prazo máximo da concessão é de 20 anos, podendo ser renovado por igual período.[88] A concessão extingue-se pelo advento do termo contratual, por encampação,[89] por caducidade,[90] por rescisão[91] ou por anulação[92] (arts. 112 a 116 da LGT). A permissão, por ser transitória, extingue-se com o advento do termo final (se persistir a situação excepcional que a motivou, pode ser mantida mesmo após o advento do termo extintivo). Antes do prazo de vencimento, pode ser revogada por razões de conveniência e oportunidade supervenientes à outorga, sem direito de indenização ao permissionário.[93]	A autorização não possui termo final, extinguindo-se por cassação,[94] caducidade,[95] decaimento,[96] renúncia[97] ou anulação[98] (arts. 138 a 143 da LGT).

---

77. Lei nº 9.472/97:
"Art. 62. Quanto à abrangência dos interesses a que atendem, os serviços de telecomunicações classificam-se em serviços de interesse coletivo e serviços de interesse restrito.
Parágrafo único. Os serviços de interesse restrito estarão sujeitos aos condicionamentos necessários para que sua exploração não prejudique o interesse coletivo." (Destaques nossos)

78. Lei nº 9.472/97:
"Art. 64. Comportarão prestação no regime público as modalidades de serviço de telecomunicações de interesse coletivo, cuja existência, universalização e continuidade a própria União comprometa-se a assegurar.
Parágrafo único. Incluem-se neste caso as diversas modalidades do serviço telefônico fixo comutado, de qualquer âmbito, destinado ao uso do público em geral."

79. Lei nº 9.472/97:
"Art. 67. Não comportarão prestação no regime público os serviços de telecomunicações de interesse restrito."

80. As permissões somente podem ser outorgadas para evitar o comprometimento do funcionamento do serviço em face de uma situação extraordinária, desde que o mesmo resultado não possa ser obtido mediante intervenção na concessionária ou outorga de nova concessão. É o que dispõe o art. 118 da Lei nº 9.472/97:
"Art. 118. Será outorgada permissão, pela Agência, para prestação de serviço de telecomunicações em face de situação excepcional comprometedora do funcionamento do serviço que, em virtude de suas peculiaridades, não possa ser atendida, de forma conveniente ou em prazo adequado, mediante intervenção na empresa concessionária ou mediante outorga de nova concessão.
Parágrafo único. Permissão de serviço de telecomunicações é o ato administrativo pelo qual se atribui a alguém o dever de prestar serviço de telecomunicações no regime público e em caráter transitório, até que seja normalizada a situação excepcional que a tenha ensejado."

81. Conforme previsão do art. 119 da Lei nº 9.472/97.

82. Quando verificada a existência de efetiva concorrência entre as prestadoras do STFC (que é o único serviço de telecomunicação submetido ao regime de direito público), a Anatel poderá autorizar a fixação livre das tarifas, nos termos do art. 104 da LGT. No geral, essa condição, entretanto, ainda não se implementou. No entanto, em 10 de outubro de 2011, a Anatel editou a Resolução nº 573, que prevê o plano para a implantação e acompanhamento de liberdade tarifária no Serviço Telefônico Fixo Comutado destinado ao uso público em geral, modalidade longa distância internacional. A norma estabelece que, a partir de 1º de janeiro de 2016, a Agência poderá submeter o referido serviço à liberdade tarifária, contanto que, durante o período de transição (compreendido entre a entrada em vigor da Resolução e o encerramento do exercício de 2015), mantenha-se a efetiva concorrência entre as empresas prestadoras.

83. Excepcionalmente, poderá ser fixado um teto de preços no regime de direito privado, como salienta HERRERA:
"No regime jurídico privado, a liberdade de preços é a regra (...). A exceção, na qual um teto de preços pode ser colocado a uma empresa autorizada, acontece quando tiver sido limitado o número de autorizações de serviço, selecionado as prestadoras mediante licitação e a tarifa tiver sido definida como condição de prestação do serviço ou como um dos fatores de julgamento no processo de seleção." (HERRERA, Alejandra. Introdução ao Estudo da Lei Geral de Telecomunicações do Brasil. São Paulo: Singular, 2001, p. 88).

84. A título de exemplo, o Decreto nº 2.592, de 15 de maio de 1998, previa que até 31 de dezembro de 2005 as concessionárias do STFC deverão disponibilizar o serviço a todos os municípios com mais de 300 habitantes em suas respectivas áreas de atuação (art. 4º, II, c). Outrossim, desde 31 de dezembro de 2004, o prazo máximo para atendimento de solicitações de instalação de acessos individuais é de 1 semana (art. 4º, III, d).

85. Uma das metas de qualidade previstas na Resolução Anatel nº 30/98 é a relativa à agilidade no atendimento por telefone: a partir de 31 de dezembro de 2005, as chamadas destinadas aos serviços que utilizarem autoatendimento ou necessitarem da intervenção de telefonistas deverão ser atendidas em até 10 segundos em 95% dos casos (art. 16, d).

86. Dispõe a Lei nº 9.472/97:
"Art. 82. O descumprimento das obrigações relacionadas à universalização e à continuidade ensejará a aplicação de sanções de multa, caducidade ou decretação de intervenção, conforme o caso."

87. Em caráter excepcional, a Anatel poderá condicionar a expedição de autorização à assunção de compromissos de interesse da coletividade. É ver a seguinte disposição da LGT:
"Art. 135. A Agência poderá, excepcionalmente, em face de relevantes razões de caráter coletivo, condicionar a expedição de autorização à aceitação, pelo interessado, de compromissos de interesse da coletividade.
Parágrafo único. Os compromissos a que se refere o caput serão objeto de regulamentação, pela Agência, observados os princípios da razoabilidade, proporcionalidade e igualdade."

88. Reza a Lei nº 9.472/97:
"Art. 99. O prazo máximo da concessão será de vinte anos, podendo ser prorrogado, uma única vez, por igual período, desde que a concessionária tenha cumprido as condições da concessão e manifeste expresso interesse na prorrogação, pelo menos, trinta meses antes de sua expiração. (...)"
No entanto, para as prestadoras do STFC que atuavam no mercado quando da edição da Lei nº 9.472/97, foi outorgada uma concessão para prestação do serviço até 31 de dezembro de 2005 (a título gratuito), com direito a uma única prorrogação pelo prazo de 20 anos (o preço foi previamente estabelecido no contrato de concessão).

89. A encampação somente deve ocorrer quando existirem razões de interesse público para justificar a medida, devendo o concessionário ser indenizado.

90. A caducidade é decretada quando há descumprimento de obrigações pela concessionária. É apurada em processo administrativo instaurado pela Anatel, no qual devem ser assegurados o contraditório e a ampla defesa.

91. A rescisão é de iniciativa do concessionário. Pode ocorrer quando a atuação do Poder Público tornar o contrato excessivamente oneroso, gerando desequilíbrio econômico-financeiro.

92. A anulação somente ocorre na hipótese de existir vício insanável no procedimento de outorga da concessão, tornando-a inválida. É decretada pela Anatel.

93. Há discussão acerca da validade do dispositivo da LGT que determina o não pagamento de indenização ao permissionário em caso de revogação da permissão. SILVEIRA faz as seguintes considerações sobre a questão, com as quais concordamos: "Ocorre que, em um Estado Democrático de Direito, todo dano, desde que comprovado, é passível de indenização. Logo, para se proceder à revogação de uma permissão, a Administração deverá efetivamente justificar a oportunidade e a conveniência do ato, por força do princípio da motivação. Logo, se a revogação ultrapassou os limites da discricionariedade e foi arbitrária ou, então, ainda que tenha sido legítima, se ocasionou danos ao permissionário ou a terceiros, a Administração é responsável e deverá ser condenada à reparação." (SILVEIRA, Raquel Dias da. O Regime Jurídico dos Serviços de Telefonia Fixa no Brasil, Após a Lei nº 9.472/97. Dissertação de mestrado. Belo Horizonte: UFMG, 2002, p. 170).

94. A cassação ocorre quando a Anatel constatar a perda das condições indispensáveis à expedição ou manutenção da autorização.

95. A caducidade é decretada pela Anatel em casos de prática de infrações graves, transferência irregular da autorização ou descumprimento reiterado de compromissos assumidos.

96. O decaimento é decretado pela Anatel se as normas supervenientes à outorga vierem a vedar o tipo de atividade objeto da autorização ou a suprimir a exploração no regime privado, desde que a preservação da autorização já expedida conflite com o interesse público. Uma vez decretado, contudo, a prestadora poderá manter suas atividades ainda por 05 anos (salvo em caso de desapropriação).

97. Renúncia é o ato formal unilateral, irrevogável e irretratável, pelo qual a prestadora manifesta seu desinteresse pela autorização, não podendo ser punida por isso (mas preservando suas obrigações perante terceiros).

98. A anulação da autorização é decretada – judicial ou administrativamente – em caso de nulidade insanável do ato que a expediu.

A TRIBUTAÇÃO DOS SERVIÇOS DE COMUNICAÇÃO

Como visto, a LGT trouxe um novo marco para as telecomunicações no Brasil, inovando na própria definição legal dos regimes de direito público e de direito privado.[99]

No que tange aos serviços de radiodifusão, a LGT previu – na linha do disposto na CR/88 – que a outorga permaneceria sob a tutela direta do Poder Executivo (cumprindo à Anatel apenas fiscalizar os aspectos técnicos concernentes às outorgas efetuadas).[100] Dessarte, essa atividade continuou a ser regida pela Lei nº 4.117/62 (Código Brasileiro de Telecomunicações).

A atividade de TV a cabo, que fora regulamentada pela Lei nº 8.977/95, permaneceu submetida às disposições deste diploma, mas foram transferidos à Anatel os poderes que haviam sido conferidos ao Executivo pela aludida lei, inclusive aqueles relativos à outorga de concessões.[101]

---

99. Acerca da nova forma de regulação do setor, FARACO assevera que:
"É inegável, portanto, que o próprio regime de serviço público foi adaptado aos influxos que marcam a nova forma de regular o setor. Isso verifica-se tanto no âmbito das relações entre as operadoras, onde claramente pretende-se privilegiar o desenvolvimento de mecanismos de mercado, como nas próprias regras que disciplinam a relação entre o poder público e as concessionárias. Nestas, há uma flexibilização no tocante ao que tradicionalmente caracteriza o regime dos agentes privados que atuam sob a forma de serviço público." (FARACO, Alexandre Ditzel. *Regulação e Direito Concorrencial – as Telecomunicações*. São Paulo: Livraria Paulista, 2003, p. 132).
Mais à frente, o autor exemplifica, salientando que o fato de a garantia contra o desequilíbrio econômico-financeiro no contrato de concessão do STFC não abarcar a perda de receita em razão da concorrência de outras operadoras (que irão atuar submetidas ao regime de direito privado) constitui uma mitigação desse tradicional instituto de direito público. (FARACO, Alexandre Ditzel. *Regulação e Direito Concorrencial – as Telecomunicações*. São Paulo: Livraria Paulista, 2003, p. 133).

100. Lei nº 9.472/97:
"Art. 211. A outorga dos serviços de radiodifusão sonora e de sons e imagens fica excluída da jurisdição da Agência, permanecendo no âmbito de competências do Poder Executivo, devendo a Agência elaborar e manter os respectivos planos de distribuição de canais, levando em conta, inclusive, os aspectos concernentes à evolução tecnológica.
Parágrafo único. Caberá à Agência a fiscalização, quanto aos aspectos técnicos, das respectivas estações."

101. Ressalte-se que a TV a cabo não é serviço de radiodifusão – que se caracteriza pela veiculação de sons e/ou imagens a toda a coletividade, de forma indistinta –

Já os serviços previstos na Lei Mínima, nas poucas partes não revogadas pela LGT,[102] continuaram por aquela regidos até sua regulamentação pela Anatel (é o caso do Serviço Móvel Celular, que cedeu espaço ao atual Serviço Móvel Pessoal,[103] bem como do Serviço de Transporte de Sinais de Telecomunicações por Satélite, que deixou de se submeter ao regime de concessões previsto na Lei Mínima após sua regulamentação pela Resolução n° 220/00 da Anatel).

Outrossim, a LGT determinou, em seus arts. 186 e seguintes, a reestruturação e a desestatização das empresas federais de telecomunicações, como forma de atender aos objetivos de universalização e melhoramento do sistema nacional de telecomunicações. Dessarte, a privatização do Sistema Telebrás deixou de ser apenas uma orientação política, tornando-se uma obrigação legal.

1.6. A privatização

Uma vez instalada a Anatel, a edição do Plano Geral de Outorgas do Serviço de Telefonia Fixa Comutada (feita por meio do Decreto n° 2.534/98, revogado pelo Decreto n° 6.654/08) foi o passo seguinte para a privatização.

O PGO, visando a regulamentar as concessões e definir as regras de admissão de novas operadoras do STFC, dividiu o território brasileiro em quatro regiões, a saber:

---

logo submete-se à Agência Nacional de Telecomunicações.

102. Os únicos dispositivos da Lei Mínima não revogados pela LGT são aqueles relativos à exploração do Serviço Móvel Celular, do Serviço de Transporte de Sinais de Telecomunicações por Satélite, o que prevê a atuação do Ministério das Comunicações como órgão regulador *ad hoc* e o que mantém o Fistel – Fundo de Fiscalização das Telecomunicações, na forma da Lei n° 5.070/66 (que o instituiu).

103. O SMC previa a prestação do serviço de telefonia celular por concessionárias submetidas ao regime de direito público. Com o advento da LGT, foi criado o SMP, que prevê a prestação do aludido serviço no regime de direito privado, mediante autorizações. A Anatel conferiu, aos concessionários do SMC, a faculdade de migrar para o SMP, por meio da Resolução n° 318/02 (modificada pela Resolução n° 326/02).

- Região I (16 Estados): Rio de Janeiro, Minas Gerais, Espírito Santo, Bahia, Sergipe, Alagoas, Pernambuco, Paraíba, Rio Grande do Norte, Ceará, Piauí, Maranhão, Pará, Amapá, Amazonas e Roraima;

- Região II (9 Estados e o Distrito Federal): Rio Grande do Sul, Santa Catarina, Paraná, Mato Grosso do Sul, Mato Grosso, Goiás, Tocantins, Rondônia, Acre e o Distrito Federal;

- Região III: Estado de São Paulo;

- Região IV: todo o território nacional.

As regiões foram subdivididas em trinta e quatro setores,[104] delimitados pela área de atuação das operadoras do Sistema Telebrás e de cada uma das empresas independentes.

Em cumprimento ao art. 207 da LGT, as operadoras atuantes em cada setor tiveram que pleitear, junto à Anatel, a outorga de concessões para explorar em suas respectivas áreas os serviços de telecomunicações que já prestavam. Assim, as "teles" das Regiões I, II e III obtiveram concessões para prestar serviços locais e de longa distância no âmbito de suas Regiões,[105] ao passo que a Embratel (atuante na Região IV, que abarcava todo o território nacional) foi habilitada a prestar serviços de longa distância nacional e internacional em todo o País.

Posteriormente, foi editado o Decreto nº 2.546, de 14 de abril de 1998, que aprovou o modelo de reestruturação e desestatização das empresas do Sistema Telebrás (tanto das

---

104. Os setores eram definidos conforme a área de atuação das empresas. Havia vinte e sete operadoras do Sistema Telebrás – uma em cada Estado da Federação – e quatro independentes. Contudo, como uma das empresas independentes – a CTBC Telecom – atuava em quatro Estados distintos, e como cada setor não podia abarcar mais de um Estado, a área de atuação da CTBC foi dividida em quatro, totalizando os trinta e quatro setores.

105. A CTBC Telecom, devido à particularidade de estar presente em quatro Estados pertencentes a regiões distintas, foi a única operadora das Regiões I, II e III que obteve concessão para prestar serviços de longa distância intrarregional, dentro de sua área de atuação.

empresas de telefonia fixa, mencionadas no art. 187 da LGT, como daquelas resultantes da cisão delas, que exploravam o Serviço Móvel Celular).[106] A Telebrás foi então cindida em 12 *holdings*, que abrigavam todas as empresas do grupo:[107] quatro para a telefonia fixa (controladoras das operadoras do STFC das Regiões I, II, III e IV) e oito para a telefonia celular, a saber:

- *Holdings* de telefonia fixa:

    1. Tele Norte Leste Participações S/A: controladora da telefonia fixa na Região I (16 Estados). Era a maior *holding* da Telebrás;

    2. Tele Centro Sul Participações S/A: controladora da telefonia fixa na Região II (9 Estados, além do Distrito Federal);

    3. Telesp Participações S/A: controladora da telefonia fixa na Região III (Estado de São Paulo);

    4. Embratel: *holding* controladora da companhia de longa distância nacional e internacional, com atuação em todo o país (Região IV).

- *Holdings* de telefonia celular:

---

106. A Lei Mínima havia determinado a cisão das empresas do Sistema Telebrás, para constituição de operadoras autônomas que prestassem exclusivamente o serviço de telefonia móvel. É ver:
"Art. 4º. O Poder Executivo transformará em concessões de Serviço Móvel Celular as permissões do Serviço de Radiocomunicação Móvel Terrestre Público-Restrito outorgadas anteriormente à vigência desta Lei, em condições similares as dos demais contratos de concessão de Serviço Móvel Celular, respeitados os respectivos prazos remanescentes.
Parágrafo único. As entidades que, de acordo com o disposto neste artigo, se tornem concessionárias do Serviço Móvel Celular deverão constituir, isoladamente ou em associação, no prazo de até vinte e quatro meses, a contar da vigência desta Lei, empresas que as sucederão na exploração do Serviço.
Art. 5º. É a Telecomunicações Brasileiras S/A – TELEBRÁS autorizada, com o fim de dar cumprimento ao disposto no parágrafo único do artigo anterior, a constituir, diretamente ou através de suas sociedades controladas, empresas subsidiárias ou associadas para assumir a exploração do Serviço Móvel Celular."
107. Além das doze *holdings*, a própria Telebrás continuou existindo, com pouco mais de 1% de seu patrimônio original.

1. Telesp Celular Participações S/A: *holding* da Telesp Celular;

2. Tele Sudeste Celular Participações S/A: *holding* da Telerj Celular e Telest Celular;

3. Telemig Celular Participações S/A: *holding* da Telemig Celular;

4. Tele Celular Sul Participações S/A: *holding* da Telepar Celular, Telesc Celular e CTMR Celular (esta última com atuação em Pelotas/RS e proximidades);

5. Tele Nordeste Celular Participações S/A: *holding* da Telasa Celular, Telpe Celular, Telern Celular, Telpa Celular, Teleceará Celular e Telepisa Celular;

6. Tele Leste Celular Participações S/A: *holding* da Telebahia Celular e Telergipe Celular;

7. Tele Centro Oeste Celular Participações S/A: *holding* da Telebrasília Celular, Telems Celular, Telegoiás Celular, Telemat Celular, Teleron Celular e Teleacre Celular;

8. Tele Norte Celular Participações S/A: *holding* da Telamazon Celular, Telaima Celular, Telepará Celular, Teleamapá Celular e Telma Celular.

Por fim, foi publicado o Decreto nº 2.617, de 05 de junho de 1998, que permitiu a participação de empresas estrangeiras na prestação dos serviços de telecomunicações no Brasil, desde que constituíssem companhias sob a égide das leis brasileiras, com sede e administração no País (art. 2º).

Completada a fase de edição de atos normativos e ultimada a reestruturação societária prévia à desestatização, foi realizado, em 28 de julho de 1998, na cidade do Rio de Janeiro, o leilão de privatização das empresas do Sistema Telebrás. Foram alienadas 64.405.151.125 ações ordinárias, que respondiam por 19,20% do capital social e 51,79% do capital votante da Telebrás. O leilão rendeu ao governo federal

R$ 22.580.000.000,00 (vinte e dois bilhões, quinhentos e oitenta milhões de reais), em valores da época, o que representou um ágio médio de 63,74% sobre o preço de avaliação das empresas.[108]

Foram também leiloadas autorizações para exploração da telefonia em todo o País, visando a criar concorrência para as empresas privatizadas.[109]

Posteriormente, com o cumprimento das metas de universalização pelas empresas de telefonia fixa e móvel, a ANATEL emitiu a Resolução nº 283, de 29 de novembro de 2001, que viabilizou a outorga de autorizações de STFC para qualquer empresa, desde que constituída segundo as leis brasileiras, com sede e administração no país e atendidas as condições previstas no art. 11 do ato normativo.[110] A outorga é por prazo indeterminado (art. 4º), não havendo limite "ao número de autorizações de STFC, salvo os casos de impossibilidade técnica ou, excepcionalmente, quando o excesso de competidores puder comprometer a prestação do STFC em regime público" (art. 6º).

---

108. ESCOBAR, J. C. Mariense. *O Novo Direito de Telecomunicações*. Porto Alegre: Livraria do Advogado, 1999, p. 132.

109. No STFC, foram leiloadas autorizações para criação de empresas-espelho em cada uma das quatro regiões previstas no Plano Geral de Outorgas. Na telefonia móvel, foram criadas as bandas B, C, D e E (as empresas do antigo Sistema Telebrás operavam na denominada Banda A), cujas autorizações foram paulatinamente conferidas a terceiros interessados.

110. De acordo com o preceptivo, são condições para a obtenção de autorização pela empresa: (i) não estar proibida de licitar ou contratar com o Poder Público, não ter sido declarada inidônea ou não ter sido punida, nos dois anos anteriores, com a decretação de caducidade de concessão, permissão ou autorização de serviço de telecomunicações, ou da caducidade de direito de uso de radiofrequências; (ii) dispor de habilitação jurídica, qualificação técnica, qualificação econômico-financeira, regularidade fiscal e com a Seguridade Social, comprovados na forma do Anexo II da Resolução.

1.7. O atual panorama do mercado de telecomunicações

Atualmente, são concessionárias de telefonia fixa no Brasil – resultantes da privatização – a Oi S/A,[111] a Telefónica,[112] e a Claro S/A.[113]

Outrossim, continuam existindo empresas de telefonia fixa criadas anteriormente à instituição do monopólio estatal da União e que tiveram autorização legal para continuar em funcionamento, a saber: Algar Telecom (antiga CTBC, criada em 1954)[114] e Sercomtel (criada em 1964).[115]

Além das descritas concessões, essas empresas acumulam autorizações para a prestação do STFC em regiões além das que lhes foram concedidas, expandindo, assim, as suas respectivas áreas de prestação.

No Serviço Móvel Pessoal – SMP, o quadro é hoje similar ao das concessionárias de STFC, acrescendo-se apenas a TIM – Telecom Italia Mobile, presente em todos os Estados da Federação e no Distrito Federal, e a Nextel. Todas as empresas citadas prestam, igualmente, o Serviço de Comunicação Multimídia – SCM, para transporte de dados, sendo que algumas delas também se dedicam ao SeAC – Serviço de Acesso Condicionado.[116]

A publicação da primeira edição desta obra encontrou o setor de telecomunicações ainda em processo de consolidação, passados dez anos da privatização do sistema Telebrás.

---

111. Nova denominação da Telemar Norte Leste S/A, compradora da Tele Norte Leste, a maior *holding* da Telebrás, atuante em 16 Estados da Federação (Região I) e posterior adquirente da Brasil Telecom S/A, que havia adquirido a Tele Centro Sul Participações S/A (Região II).

112. Compradora da Telesp Participações. Atualmente, utiliza a marca "VIVO" na prestação de seus serviços.

113. A Embratel era a empresa do sistema Telebrás responsável pelas ligações de longa distância nacional e internacional. Foi comprada, na privatização, pela MCI International e posteriormente vendida, em 2004, para a Telmex (México). Em 2011, foi adquirida pela América Móvil, que também controla a NET e a Claro. Ao final do ano de 2015, foi incorporada pela Claro.

114. Atua eminentemente nos Estados de MG, SP, GO, MS, RJ, PR e DF.

115. Empresa pública com atuação no Estado do Paraná.

116. Para maior detalhamento sobre SCM e SeAC, vide parte final do item 1.7.2, *infra*.

Desde então, superada mais uma década, percebe-se que grande parte dos desafios enfrentados pelas empresas prestadoras dos serviços de telecomunicação são os mesmos de outrora, especialmente as lacunas regulatórias e a complexa e elevada tributação. No entanto, esses dilemas não impediram o considerável crescimento do setor, tanto na receita quanto nos acessos disponibilizados. Vejamos.

1.7.1. O mercado de telecomunicações em números

A significativa expansão do setor de telecomunicações entre os anos de 2005 e 2014 pode ser visualizada sob diferentes prismas, cujas conclusões se somam na formação de um quadro abrangente sobre os impactos desse mercado na economia e na sociedade brasileiras.[117] De pronto, verifica-se o aumento do número de acessos dos principais serviços de telecomunicação (STFC, SMP, SCM e SeAC):

Gráfico 1 – Expansão no acesso a telecomunicações na última década
Fonte: ANATEL, Relatório Anual – 2014.

---

117. Os dados utilizados nessa seção foram retirados das seguintes fontes: TELEBRASIL. *O Desempenho do Setor de Telecomunicações no Brasil Séries Temporais 2015*. Rio de Janeiro: Telebrasil, agosto de 2015. Disponível em: <http://goo.gl/ECfVp7>. Acesso em: 02 mar. 2016;; ANATEL. *Relatório Anual – 2014*. Brasília: ANATEL, 2015. Disponível em: < https://goo.gl/NPJ6s8>. Acesso em 02 mar. 2016; ASSOCIAÇÃO BRASILEIRA DE TELEVISÃO POR ASSINATURA – ABTA. *Dados do setor*. Disponível em: <http://goo.gl/ll5Hol>. Acesso em: 02 mar. 2016.

A predominância da comunicação móvel é clara, constituindo, indubitavelmente, o setor mais dinâmico das telecomunicações ao redor do globo. De acordo com estudo da União Internacional das Telecomunicações,[118] a densidade média da banda larga móvel no mundo é 46,1 por cada 100 habitantes, ao passo que a banda larga fixa não passa de 10,8. Em números absolutos, o acesso à rede móvel quadruplicou entre os anos de 2010 e 2015, apresentando elevado potencial de crescimento nos países em desenvolvimento.

Apesar de alcançarem quase a totalidade dos municípios brasileiros, os serviços de telecomunicação – com exceção do SMP – ainda apresentam baixo percentual de densidade por número de habitantes:

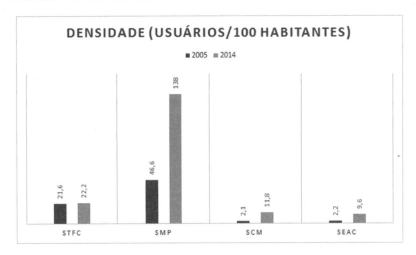

Gráfico 2 – Densidade (usuários/100 habitantes).
Fonte: TELEBRASIL, Desempenho do Setor de Telecomunicações no Brasil Séries Temporais 2015.

---

118. União Internacional das Telecomunicações. *ICT facts and figures: the world in 2015.* Genebra: União Internacional das Telecomunicações, 2015, 6 p. Disponível em: <https://goo.gl/bEoTHK>. Acesso em: 02 mar. 2016.

Entre os anos de 2005 e 2014, praticamente dobrou a receita bruta total dos serviços de telecomunicações, passando de aproximadamente R$ 116 bilhões para R$ 204 bilhões.[119] O aumento na arrecadação pode ser melhor visualizado no gráfico abaixo:

Gráfico 3 – Receita Bruta dos Serviços de Telecomunicação.
Fonte: TELEBRASIL, *Desempenho do Setor de Telecomunicações no Brasil Séries Temporais 2015* **e ABTA,** *Dados do Setor.*

A retração das receitas do STFC é o resultado da estagnação no número de linhas aliado à diminuição do tráfego de minutos na rede fixa: entre os anos de 2009 e 2012, os minutos faturados pelas operadoras passaram de 121,6 bilhões para 82,88 bilhões, ou seja, uma redução de 35,9%. Some-se a isso, a atualização monetária deficitária das tarifas de telefonia fixa, como pode ser visualizado abaixo:

---

119. TELEBRASIL. *O Desempenho do Setor de Telecomunicações no Brasil Séries Temporais 2015*. Rio de Janeiro: Telebrasil, agosto de 2015. Disponível em: <http://goo.gl/ECfVp7>. Acesso em: 02 mar. 2016.

A TRIBUTAÇÃO DOS SERVIÇOS DE COMUNICAÇÃO

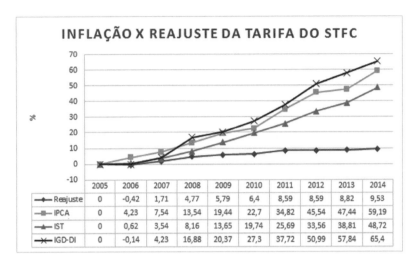

Gráfico 4 – Inflação x Reajuste das Tarifas do STFC.
Fonte: ANATEL, Relatório Anual – 2014.

Em que pese o aumento geral apresentado, as receitas de telecomunicações, proporcionalmente ao PIB, decresceram nos últimos dez anos na ordem de 1,6%.

Importante destacar, ainda, a relação entre a receita líquida das operadoras de telecomunicação e os tributos recolhidos:

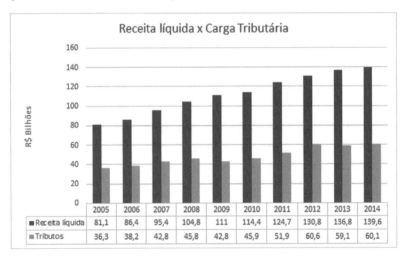

Gráfico 5 – Receita líquida x Carga Tributária.
Fonte: TELEBRASIL, Desempenho do Setor de Telecomunicações no Brasil Séries Temporais 2015.

A carga tributária sobre as operadoras de telecomunicação alcança, portanto, mais de 40% da receita líquida, o que atesta o elevado comprometimento das tarifas com a arrecadação dos três níveis da federação. Paralelamente, acumulam-se as obrigações instrumentais suportadas pelas empresas do setor, que se convertem em vultosos custos financeiros e demandam extensos períodos para seu atendimento.

No entanto, a excessiva tributação não é o único desafio enfrentado pelas teles, como se verá a seguir.

1.7.2. A convergência tecnológica e os novos serviços de telecomunicação

A evolução experimentada pelo setor de telecomunicações nas últimas duas décadas aponta para a multiplicação das utilidades ofertadas aos usuários em conjunto com a simplificação da estrutura prestacional. A convergência é a tônica do desenvolvimento das telecomunicações, desdobrando-se em diferentes escopos, impulsionada sobretudo pela inovação tecnológica. Os serviços de comunicação tendem, portanto, à elaboração de redes multisserviços, capazes de prover diferentes comodidades por meio da mesma tecnologia e sob o mesmo regime jurídico.

A convergência no mercado de telecomunicações já foi objeto de análise por diferentes agentes e sob prismas diversos. Analisando o tema em 1997, a Comissão Europeia definiu a convergência como "a habilidade de distintas plataformas de rede carrearem espécies de serviços essencialmente similares".[120] Interessante também é a qualificação dada em estudo encomendado pelo Deutsche Bank: "o processo de modificação qualitativa que conecta dois ou mais mercados

---

120. UNIÃO EUROPEIA. Comissão Europeia. *Green Paper on the Convergence of the Telecommunications, Media and Information Technology Sectors, and the Implications for Regulation.* Bruxelas: Comissão Europeia, 1997. 34 p. Disponível em: <http://goo.gl/F0Txl7>. Acesso em: 02 mar. 2016.

anteriormente distintos".[121]

A multiplicidade de definições é produto do caráter multifacetado do fenômeno, que se faz sentir nas mais diversas esferas, sobretudo na tecnológica e na regulatória. Como destacado anteriormente, a convergência tende a uma arquitetura tecnológica uniforme em telecomunicações, impelida por uma clara demanda por integração, bem como pelo objetivo de redução de custos na prestação de serviços de comunicação. Desse modo, as mesmas estruturas e protocolos são empregados para a difusão de diferentes espécies de conteúdo.

A força motriz desse processo reside, especialmente, na digitalização da informação e no crescimento do acesso à internet, especialmente a serviços de banda larga. Como já apontava Nicholas Negroponte no início da década de 90,[122] o bit substituiu o átomo como principal instrumento de veiculação de informação, permitindo o aumento da velocidade e a redução de custos na economia. Em paralelo, o mundo testemunhou um crescimento vertiginoso dos acessos à rede mundial de computadores, passando de 400 milhões de usuários a 3,2 bilhões entre os anos de 2000 e 2015, de acordo com dados da União Internacional das Telecomunicações.[123]

A realidade da convergência tecnológica é evidente na atualidade, com o compartilhamento de estruturas (cabo e satélite, *v.g.*) e terminais (smartphones, smartTVs e outros) para a disponibilização dos mais variados conteúdos. No entanto, os efeitos da convergência não são sentidos somente sobre as técnicas e os instrumentos para a prestação ou tomada do

---

121. STOBBE, A.; JUST, T. "IT, Telecoms and New Media: The dawn of technological convergence". *Deutsche Bank Research*, n. 56, p. 3. Disponível em: <http://goo.gl/DJzBuI>. Acesso em: 02 mar. 2016. .

122. NEGROPONTE, Nicholas. *Being Digital*. Londres: Hodder and Stoughton, 1995.

123. UNIÃO INTERNACIONAL DAS TELECOMUNICAÇÕES. *ICT facts and figures: the world in 2015*. Genebra: União Internacional das Telecomunicações, 2015, 6 p. Disponível em: < https://goo.gl/bEoTHK>. Acesso em: 02 mar. 2016.

serviço de telecomunicação, desdobrando-se, igualmente, sobre a regulamentação do mercado.

Decerto, "é bem conhecida a habilidade do desenvolvimento tecnológico subverter classificações legais",[124] de tal forma que complexa é a tarefa de qualificar as espécies de serviços de telecomunicação. De fato, deparamo-nos com alargado rol de serviços telecomunicativos, cujos limites são de difícil precisão, contribuindo, assim, para a confusão terminológica e regulatória. Resta clara a ineficiência na conceituação de figuras cujas características se sobrepõem e se imiscuem, devendo as autoridades regulatórias buscar meios mais seguros e rigorosos para apontar os serviços que pretendem discriminar. Essa asserção torna-se ainda mais verdadeira diante da convergência tecnológica em telecomunicações, na qual o desenvolvimento técnico volta-se à utilização de uma única infraestrutura para o oferecimento de diferentes comodidades.

A demanda por maior velocidade e capacidade na transmissão de informação contribui para a inovação tecnológica, a qual se pauta pela criação de redes multisserviços adaptadas à infraestrutura existente. Nesse contexto, leviana é a regulamentação dos serviços tomando como critério de classificação a tecnologia ou o meio empregado, uma vez que a infraestrutura se altera – diversificando-se ou singularizando-se – de modo cada vez mais célere.

Por isso, a tendência é a qualificação de um serviço de telecomunicações, tendo em vista as comodidades e utilidades oferecidas, independentemente dos meios e tecnologias empregadas. Tem-se, assim, um sistema regulatório orientado pelas demandas que as prestações pretendem satisfazer, e não mais pelos instrumentos utilizados pelo prestador. No contexto nacional, destaca-se a regulamentação de

---

124. MUELLER, Milton. "Convergence: a reality check". GÉRADIN, D.; LUFF, D. *The WTO and Global Convergence in Telecommunications and Audio-visual Services*. Nova York: Cambridge University Press, 2004, p. 311.

duas modalidades de serviços convergentes: o Serviço de Comunicação Multimídia – SCM e o Serviço Audiovisual de Acesso Condicionado – SeAC.

Criado por força da Resolução Anatel nº 272/01 (e atualmente regulado pelo Anexo I da Resolução ANATEL nº 614/13), o SCM é identificado como um serviço fixo de telecomunicações de interesse coletivo, prestado em âmbito nacional e internacional, no regime privado, que possibilita a oferta de capacidade de transmissão, emissão e recepção de informações multimídia, utilizando quaisquer meios, a assinantes dentro de uma área de prestação de serviço. Decerto, a expressão "utilizando quaisquer meios" revela a intenção da Agência em abranger diferentes modalidades de tecnologias, como as de cabo ou radiofrequência.

Inaugurado pela Lei nº 12.485, de 12 de setembro de 2011, e regulamentado pelo Anexo I à Resolução Anatel nº 581/12, o SeAC também não se especializa pelo meio de transmissão empregado, e sim pelas utilidades ofertadas, como se pode depreender do conceito fixado no art. 2º, XXIII, do mencionado diploma legal:

> Serviço de Acesso Condicionado: serviço de telecomunicações de interesse coletivo prestado no regime privado, cuja recepção é condicionada à contratação remunerada por assinantes e destinado à distribuição de conteúdos audiovisuais na forma de pacotes, de canais nas modalidades avulsa de programação e avulsa de conteúdo programado e de canais de distribuição obrigatória, por meio de tecnologias, processos, meios eletrônicos e protocolos de comunicação quaisquer.

É seguro concluir, portanto, que "a convergência tecnológica impõe transformações que não se restringem aos diferentes mercados, atingindo, também, os modelos regulatórios nacionais".[125] As experiências brasileiras nesse

---

125. AGÊNCIA NACIONAL DE TELECOMUNICAÇÕES – ANATEL. *Estudo Comparativo de Modelos Regulatórios Nacionais*. Brasília: ANATEL, 2007, p. 3. Disponível em: < http://goo.gl/gd13ER>. Acesso em: 02 mar. 2016.

campo se espelham nos sistemas estrangeiros, alguns deles já adeptos de autorizações gerais para a prestação de serviços de telecomunicação, como já ocorre no Reino Unido e na França.

1.7.3. As telecomunicações e os serviços *Over-the-Top* – OTT

A última década presenciou a expansão da banda larga (mormente a móvel) e a contínua redução da importância da telefonia (sobretudo a fixa). Trata-se de uma tendência que se verifica ao redor do globo e que é indissociável da consolidação dos serviços prestados no âmbito da rede mundial de computadores. Antes de adentramos no conceito e características dos serviços *over-the-top* – OTT, vale comentar os fatores que impulsionaram a ascensão desse mercado: a difusão da banda larga e a crescente demanda por serviços móveis de telecomunicação.

O crescimento do acesso à banda larga já foi analisado nas últimas páginas, mas somente sob o seu viés quantitativo. Observando o fenômeno qualitativamente, notam-se as suas repercussões para o mercado de provimento de conteúdo pela internet e sobre as demandas dos usuários dos serviços de telecomunicação. Atualmente, o volume e a velocidade do tráfego de dados permitem que sejam solicitados, prestados, fruídos e pagos quaisquer serviços, especialmente os atinentes à informação e ao entretenimento, fomentando, assim, uma transformação profunda nos hábitos dos consumidores e – consequentemente – nas características desse mercado.

Em paralelo, a evolução das tecnologias para a comunicação móvel, com a criação de terminais convergentes, como smartphones, impulsionou o desenvolvimento de plataformas específicas para a prestação de serviços pela internet (aplicativos, *v.g.*). Desse modo, facilitou-se e difundiu-se o consumo desses produtos e atividades, em detrimento de prestações semelhantes ofertadas pelas operadoras de telecomunicação. Presentemente, como se verá, as receitas das companhias de telecomunicação sofrem progressivos reveses nos serviços de voz e mensagens de textos (SMS) em virtude da concorrência de empresas de serviços OTT.

Feitas essas breves digressões, torna-se mais claro o conceito de serviços *over-the-top*: são as prestações acessíveis por meio da internet e que, portanto, utilizam-se da rede mantida pelas operadoras de telecomunicação. Essas prestações excluem a mediação da operadora de telecomunicação na transação, de forma que o consumidor final contrata diretamente com o fornecedor do serviço. Os produtos e serviços que podem ser ofertados dessa maneira são dos mais variados: chamadas por voz, mensagens de texto e vídeos, por exemplo, podem ser prestados por meio da internet, driblando os servidores comuns.

De fato, essas prestações não são exatamente uma inovação, traduzindo, na verdade, exemplos de serviços de valor adicionado, conforme a definição do art. 61 da LGT.[126] No entanto, o novo termo é apropriado para marcar a mudança no modelo de negócio dos SVA em face da difusão da banda larga móvel, pois, além expandirem o mercado em tamanho e receitas, os serviços OTT tornaram-se, em diversos âmbitos, concorrentes das próprias empresas de telecomunicação.

Plataformas como o Skype, Viber, Netflix e WhatsApp permitem aos seus usuários fazer ligações ou assistir a vídeos utilizando da rede de internet, sem intermédio da operadora: o serviço prestado por tais empresas utiliza-se da internet disponibilizada pelas operadoras de telecom. A inexistência dos gastos com infraestrutura da rede acaba por diminuir drasticamente os custos do serviço, importando em um preço mais acessível ao consumidor e, ainda assim, a uma margem maior de lucro. Ainda: tem-se que as OTTs se utilizam das redes das operadoras para fornecer um serviço substituto àquele por elas ofertado aos clientes, agravando ainda mais a situação das empresas de telecomunicações.

---

[126] O conceito de serviços de valor adicionado – SVA é analisado nos capítulos 5 e 6.

Em síntese, os dilemas das teles com as empresas OTT podem ser resumidos em dois pontos: (i) o aumento súbito no tráfego de dados no serviço de banda larga, o que obriga as operadoras a investir continuamente no incremento da infraestrutura de rede; e (ii) a criação e expansão de serviços OTT voltados à comunicação em voz e texto, bem como relacionados à disponibilização de vídeos, os quais concorrem com serviços de telecomunicação já estabelecidos.

A crescente popularidade dos serviços de streaming de vídeo e de músicas gera uma pressão considerável na capacidade de transmissão das redes de telecomunicação, que são sobrecarregadas pelo volume de dados necessário para a correta prestação desses SVA. A situação se agrava porque não há contrapartidas razoáveis à expansão da demanda por banda, uma vez que se trata de serviço de telecomunicação não medido, cobrado de acordo com a velocidade de tráfego, e não com a sua quantidade. Desse modo, o sucesso de empresas de OTT (como a Netflix)[127] implica a maior onerosidade das atividades das operadoras de telecomunicações, o que só tende a se intensificar nos próximos anos.

Dentre as soluções aventadas pelas empresas de telecomunicação, destacou-se a cobrança diferenciada de acordo com a espécie de conteúdo transmitido, o que implicaria tarifas mais elevadas para serviços que demandam excessiva banda. No entanto, a reação a essa proposta foi imediata, opondo o plano ao princípio da neutralidade de redes, o qual impõe às operadoras de telecomunicações tratar igualmente quaisquer pacotes de dados veiculados na rede. A norma acaba por vedar práticas que promovam qualquer discriminação quanto ao conteúdo, o que pode se expressar, por exemplo, na

---

127. Segundo levantamento da consultoria americana Sandvine, a Netflix é responsável por mais de um terço de todo o tráfego em banda larga fixa nos Estados Unidos. O estudo ainda revela que o Youtube e o Facebook geram, também, grandes impactos na rede, tanto móvel quanto fixa. (SANDVINE. *Global Internet Phenomena. Latin America & North America*. Waterloo: Sandvine. Disponível em: <https://goo.gl/CQenVq>. Acesso em: 02 mar. 2016).

cobrança de um preço diferenciado pelo acesso a determinado conteúdo ou na redução da velocidade de tráfego.

Recentemente, a neutralidade de redes foi positivada pelo legislador brasileiro no art. 9º, *caput*, da Lei 12.965/14 ("Marco Civil da Internet"), que aduz: *"O responsável pela transmissão, comutação ou roteamento tem o dever de tratar de forma isonômica quaisquer pacotes de dados, sem distinção por conteúdo, origem e destino, serviço, terminal ou aplicação"*.[128] Portanto, as empresas de telecomunicação são obrigadas a cobrar o mesmo valor de tráfego para todos os usuários, independentemente do tipo de conteúdo, o que, por um lado, garante maior liberdade na internet, mas por outro favorece as empresas e os usuários que demandam maior banda.

Atualmente, as operadoras estudam diversas outras medidas (por exemplo, tornar a banda larga fixa um serviço medido, aos moldes da banda larga móvel), pressionando a Anatel para regular os serviços OTT, a fim de repartir os custos da rede de telecomunicação com essas novas prestadoras. Uma resposta interessante para o dilema consiste em direcionar, para as empresas de OTT, a responsabilidade pelo recolhimento das contribuições para o Fundo para Universalização dos Serviços de Telecomunicação – FUST e para o Fundo para o Desenvolvimento Tecnológico das Telecomunicações – FUNTTEL.

As disparidades nos custos derivadas da obrigação de manutenção da rede de telecomunicações fomentam outro

---

128. Nos EUA, a neutralidade da rede, em termos de regulação, é mais recente do que no cenário pátrio. O marco regulatório acerca do assunto foi promovido pela *Federal Communications Commission — FCC, no ano de 2015, ficando conhecido como Open Internet Rules. A inovação consiste, tecnicamente, na reclassificação dos broadband providers sob o Título II do Communications Act, ou seja, como empresas de telecomunicação. A normatização da FCC culmina em três principais vedações aos servidores de internet: (i) bloqueio de conteúdo, (ii) redução da velocidade da internet com base no conteúdo acessado e (iii) priorização de conteúdos ou serviços mediante qualquer remuneração (proibição das "fast lanes"). Em suma, a regulação se resume em: "no blocking, no throttling or 'fast lanes' for the internet", tripé conceitual da inovação estadunidense.*

desafio no relacionamento entre as teles e as empresas OTT: a concorrência entre serviços superpostos por elas prestados. A oferta de serviços *over-the-top* com finalidades e públicos-alvo semelhantes aos de serviços de telecomunicação é uma realidade muito presente no mercado atual, tendo as receitas de telecom sido impactadas por essa competição em alguns de seus produtos.

Tome-se o exemplo das *Short Message Services* – SMS e dos *Multimedia Messaging Services* – MMS, os quais foram, no Brasil, progressivamente substituídos por aplicativos de mensagens instantâneas, como o Whatsapp e o Messenger do Facebook. Do mesmo modo, pode-se apontar a plataforma Skype e outros serviços de VoIP como alternativas aos serviços de telefonia. Ainda, mais clara é a concorrência por usuários entre serviços de vídeo on demand – VoD, como a Netflix, com as operadoras do Serviço Audiovisual de Acesso Condicionado – SeAC.

O quadro desenhado revela que áreas atualmente exploradas por operadoras de telecomunicação passaram a ser alvo também das empresas OTT, as quais partem de uma posição mais vantajosa, porquanto não submetidas à restritiva regulamentação do setor de telecom. Do mesmo modo, os serviços *over-the-top* não suportam os mesmos patamares de tributação impostos aos serviços de telecomunicação, sobretudo em razão do ICMS.

Nesse ponto, sobressai-se a importância e a atualidade do estudo da hipótese de incidência desse imposto estadual, mormente no que se refere aos serviços de comunicação, tema do qual nos ocuparemos nos capítulos seguintes.

2. OS PREDECESSORES DO ICMS-COMUNICAÇÃO: O ISSC-FEDERAL E O ISSQN SOBRE COMUNICAÇÕES INTRAMUNICIPAIS

2.1. A Emenda Constitucional nº 18/65 e a Constituição de 1967-69

A primeira autorização expressa para tributação dos serviços de comunicação no Brasil adveio com a Emenda Constitucional nº 18, de 1º de dezembro de 1965,[129] que

---

129. Pela redação original da CR/46, a União e os Estados possuíam competência residual e concorrente para instituição de impostos cujos fatos geradores não fossem previstos na Lei Maior, o que possibilitava – em tese – a criação de imposto sobre os serviços de comunicação. Havia, ainda, o imposto de indústrias e profissões, de competência dos Municípios e incidente sobre o exercício de atividade lucrativa, abrangendo toda e qualquer prestação de serviço (que também dava ensejo, teoricamente, à tributação dos serviços de comunicação).
Entretanto, nenhum dos entes federados utilizou-se da competência tributária que lhes fora atribuída de forma ampla pela CR/46 para instituição de imposto sobre a prestação de serviços de comunicação. Foi somente após a EC nº 18/65 que essas atividades passaram a ser tributadas, inicialmente pelos Municípios (ISSQN nas comunicações intramunicipais) e posteriormente (em 1984) pelo ISSC-federal.
Ressalte-se que a EC nº 18/65 extinguiu a competência residual da União e dos Estados para instituição de impostos não previstos na Constituição (exceto nos casos de guerra externa ou sua iminência, pela União), bem como o imposto de indústrias e profissões (que deu lugar ao ISSQN e aos impostos federais sobre serviços de

modificou o sistema tributário da CR/1946 (iniciando a reforma que resultou, quase um ano depois, na edição do Código Tributário Nacional).

Em sua Seção IV, denominada "Impostos sobre a Produção e a Circulação",[130] a EC nº 18/65 delegou à União a competência para instituição:

(a) do imposto sobre produtos industrializados (IPI – que sucedeu o antigo imposto sobre consumo);

(b) do imposto sobre operações de crédito, câmbio, seguro e relativas a títulos e valores mobiliários (IOF); e

(c) dos impostos sobre serviços de transportes (ISTR) e comunicações (ISSC), exceto os de natureza estritamente municipal.

Aos Estados, a Seção IV da EC nº 18/65 atribuiu competência para instituição e cobrança do imposto sobre operações de circulação de mercadorias (ICM).[131]

---

transportes e comunicações).

130. Analisando o ISSQN à luz da EC nº 18/65, HENRY assinala – em conclusões também aplicáveis ao ISSC-federal – que a inclusão dessa exação no rol de impostos sobre a produção e a circulação não foi a mais adequada, visto que se trata de imposto de consumo, incidente sobre serviços. Confira-se:
"Sem embargo da circunstância de o tributo estar inserido no quadro dos impostos sobre a produção e a circulação, na Emenda Constitucional nº 18 (Capítulo II, Seção IV), é incontroverso que o ISS não se destina a taxar qualquer produto ou etapa de circulação de mercadorias, já que um ou outra escapam à competência tributária dos Municípios. Tem o ISS a natureza jurídico-econômica de imposto de consumo (*lato sensu*) e, restritamente, de serviços (*stricto sensu*)." (HENRY, Eduardo Y. *Do Imposto sobre Serviços de Qualquer Natureza*. São Paulo: Saraiva, 1972, p. 2).

131. O ICM, cujas notas essenciais eram a não cumulatividade e a plurifasia, veio substituir o cumulativo IVC – Imposto sobre Vendas e Consignações – tributo "avelhantado, 'em cascata', propiciador de inflação, verticalizador da atividade econômica, impeditivo do desenvolvimento da Federação e tecnicamente incorreto". (COÊLHO, Sacha Calmon Navarro. *Curso de Direito Tributário Brasileiro*, 7ª ed. Rio de Janeiro: Forense, 2004, p. 384).
De fato, um dos objetivos da reforma tributária de 1965 foi justamente o de eliminar o IVC, substituindo-o pela tributação sobre o valor acrescido, como relata RIBEIRO DE MORAES:
"No 'Programa de Ação Econômica do Governo, 1964-1966', elaborado pelo

Já aos Municípios foi destinada a competência residual para instituição de imposto sobre serviços[132] não compreendidos na competência tributária da União ou dos Estados, o que possibilitava a cobrança do ISSQN sobre as comunicações intramunicipais.

A Constituição de 1967, emendada em 1969, não modificou a sistemática da EC nº 18/65 relativamente aos serviços de comunicação, mantendo a competência da União para tributação dessas prestações,[133] à exceção das de âmbito estritamente municipal, que permaneceram submetidas ao ISSQN.

Entretanto, a CR/67-69 exigiu a definição, em lei complementar, dos serviços passíveis de tributação pelo ISSQN,[134]

Ministério do Planejamento e Coordenação Econômica, já estava prevista uma reformulação do sistema tributário, assim consignada:
'A Reforma Tributária deverá (...), apoiada por uma reforma constitucional, pôr em prática um sistema de coordenação das políticas tributárias dos Estados e Municípios com o Governo Federal, particularmente no que tange ao Imposto de Vendas e Consignações, o qual deverá ser revisto de acordo com o critério do valor adicionado'.
Em agosto de 1964, a convite do nosso Governo, esteve no Brasil o Prof. Carl Shoup, da Universidade de Columbia, o qual, após examinar nosso sistema tributário, concluiu pela necessidade da adoção da técnica da tributação do valor acrescido. A ideia da substituição do IVC, do tipo em cascata, por um imposto sobre o valor acrescido, ganhava corpo." (MORAES, Bernardo Ribeiro de. *Doutrina e Prática do ISS*. São Paulo: Revista dos Tribunais, 1984, p. 45).

132. Além do ISSQN, a EC nº 18/65 previra, inicialmente (em seu art. 13), a possibilidade de cobrança do ICM também por parte dos Municípios, limitado a 30% do valor do imposto estadual. Entretanto, antes mesmo que essa norma entrasse em vigor – o que geraria uma nada salutar superposição tributária, com a cobrança de dois impostos, por entes distintos, sobre um mesmo fato gerador – o Ato Complementar nº 31, de 28 de dezembro de 1966, a revogou. O ICM, portanto, passou a ser de competência exclusiva dos Estados que, a seu turno, ficaram obrigados a distribuir aos Municípios 20% da arrecadação local do imposto.

133. CR/67-69.
"Art. 21. Compete à União instituir imposto sobre:
(...)
VII – serviços de transporte e comunicações, salvo os de natureza estritamente municipal."

134. Confira-se a dicção constitucional:
"Art. 24. Compete aos municípios instituir imposto sobre:
(...)
II – *serviços de qualquer natureza* **não compreendidos na competência tributária**

restringindo a competência municipal, que passou a subordinar-se à lista editada pelo legislador complementar (que foi inicialmente veiculada pelo DL nº 406/68 e posteriormente modificada pelo DL nº 834/69 e pela LC nº 56/87).[135] A modificação da norma atributiva de competência para instituição do ISSQN foi sensível neste ponto, uma vez que, na EC nº 18/65, a lei complementar era necessária tão somente para distinguir[136] os serviços tributáveis pelo ISSQN das operações submetidas ao ICM estadual.

Vejamos, com maiores detalhes, as hipóteses de incidência do ISSC-federal e do ISSQN sobre serviços de comunicação.

2.2. O fato gerador do ISSC-federal no Código Tributário Nacional e a efetiva instituição do imposto pelo DL nº 2.186/84

A EC nº 18/65 e a CR/67-69 não definiram o conceito de

---

da União ou dos Estados, *definidos em lei complementar.*" (Destaques nossos).

135. RIBEIRO DE MORAES lembra que, à época da CR/67-69, existiam dois modelos mundiais para definição da hipótese de incidência do imposto sobre prestação de serviços:
"a) conceituar, pela lei, o que seja prestação de serviços, deixando um campo de incidência ilimitado, abrangendo todo e qualquer serviço. (...);
b) adotar, pela lei, uma lista contendo os serviços que devem ser alcançados pelo imposto".
A primeira alternativa era adotada, na Europa, pela legislação de Luxemburgo e da Holanda. Já a segunda foi a escolhida, dentre outros, pela Bélgica, Dinamarca, Suécia, Itália e pelo Brasil. (MORAES, Bernardo Ribeiro de. *Doutrina e Prática do ISS.* São Paulo: Revista dos Tribunais, 1984, p. 43).

136. Eis os termos da EC nº 18/65:
"Art. 15. Compete aos Municípios o imposto sobre serviços de qualquer natureza, não compreendidos na competência tributária da União e dos Estados.
Parágrafo único. Lei complementar *estabelecerá critérios para distinguir as atividades a que se refere este artigo das previstas no art. 12.*" (Destaques nossos)
O art. 12 tratava do ICM, de competência estadual. Como se dessume, a função da lei complementar do ISSQN na EC nº 18/65 não era a de definir os serviços tributáveis pelo imposto, mas sim – e tão somente – a de estabelecer pontos de distinção entre os serviços sujeitos ao ISSQN e aqueles eventualmente tributados pelo ICM por serem prestados em uma operação na qual prepondera o fornecimento da mercadoria (e não a prestação do serviço).

serviço de comunicação. Foi o Código Tributário Nacional (Lei nº 5.172, de 25 de outubro de 1966) que o fez, ao delinear o fato gerador do ISSC. Confira-se:

> Art. 68. O imposto, de competência da União, sobre serviços de transportes e comunicações tem como fato gerador:
>
> (...)
>
> II – *a prestação do serviço de comunicações, assim se entendendo a transmissão e o recebimento*, por qualquer processo, *de mensagens escritas, faladas ou visuais*, salvo quando os pontos de transmissão e de recebimento se situem no território de um mesmo Município e a mensagem em curso não possa ser captada fora desse território.[137] (destaques nossos)

Dessarte, desde que houvesse[138]

(a) transmissão ou recepção de mensagem por qualquer processo técnico de emissão de sons, imagens, sinais etc., e

(b) prestação remunerada do serviço

estar-se-ia diante de serviço tributável pelo ISSC, exceto quando as fontes transmissora e receptora da comunicação estivessem situadas dentro de um mesmo município e a mensagem não pudesse ser captada fora dele (hipótese em que incidiria o ISSQN).

A efetiva cobrança do ISSC, contudo, somente teve início em 1985 (dezenove anos após a edição do Código Tributário Nacional), com a publicação, em 28 de dezembro de 1984, do DL nº 2.186, que o instituiu. A alíquota do imposto era de 25%, incidindo sobre a prestação de serviços de telecomunicações destinados ao uso do público (note-se que apenas os serviços de *telecomunicações* foram sujeitos à cobrança do

---

137. Mais adiante, em seus arts. 69 e 70, o CTN estipulou que a base de cálculo do imposto seria o preço do serviço, sendo contribuinte do tributo o prestador.

138. BALEEIRO, Aliomar. *Direito Tributário Brasileiro*, 11ª ed, atualizado por MISABEL ABREU MACHADO DERZI. Rio de Janeiro: Forense, 2001, p. 479.

A TRIBUTAÇÃO DOS SERVIÇOS DE COMUNICAÇÃO

ISSC-federal, em que pesem a CR/67-69 e o Código Tributário Nacional autorizarem a tributação dos serviços de *comunicação em geral*).[139] O contribuinte do ISSC era o prestador do serviço de telecomunicação.

A instituição do aludido imposto federal somente em 1984 justifica-se, pois, até essa data, a União cobrava uma sobretarifa nas contas telefônicas destinada à formação do FNT – Fundo Nacional de Telecomunicações,[140] cujas alíquotas variavam de 20% (ligações locais) a 30% (ligações interurbanas e internacionais). Com a criação do imposto federal, foram revogados os dispositivos que autorizavam a cobrança da sobretarifa do FNT.[141]

---

139. Saliente-se ainda que o DL nº 2.186/84 isentou do ISSC:
(a) os serviços de telefonia, quando prestados em chamadas locais originadas de telefones públicos e semipúblicos ou em localidades servidas unicamente por posto de serviço público ou por centrais locais de até quinhentos terminais; e
(b) os serviços de televisão e radiodifusão sonora.

140. O FNT (que angariava recursos para o desenvolvimento do Sistema Telebrás) foi posteriormente declarado inconstitucional no período entre 1974 e 1984, pois a Lei nº 6.093/74 desviou a finalidade dos valores arrecadados com a sobretarifa, destinando-os a um denominado Fundo Nacional do Desenvolvimento Integrado (que financiava ações em setores considerados prioritários para o desenvolvimento do país, ainda que não relacionados com as telecomunicações). Posteriormente, os Decretos-lei nº 1.754/79 e 1.859/81 extinguiram o Fundo de Desenvolvimento Integrado e tredestinaram os recursos do FNT para a conta única do Tesouro Nacional.
Tais modificações transmudaram a natureza da sobretarifa, que de preço público passou a ser imposto, mas sem previsão legal de seu fato gerador, base de cálculo e alíquota (a sua instituição se dava por Resoluções e Decisões do CONTEL e Portarias do Ministério das Comunicações).
Nesse sentido, confira-se: STF, Tribunal Pleno, Recurso Extraordinário nº 117.315/RS, Relator Ministro MOREIRA ALVES, DJ 22.06.1990, p. 5870; TFR, Tribunal Pleno, Arguição de Inconstitucionalidade na REO nº 107.572/PB, Relator Ministro PEDRO ACIOLI, DJ 29.10.1987. Para outras informações sobre a inconstitucionalidade do FNT, sugerimos: COÊLHO, Sacha Calmon Navarro. Fatos e Fundamentos sobre a Ilegalidade do FNT. *Revista da Amagis*, v. 6. Belo Horizonte, 1985, pp. 81-93.

141. O art. 51 do Código Brasileiro de Telecomunicações previa a instituição do FNT e a cobrança dos recursos destinados à sua formação – dentre os quais figurava a sobretarifa – por um período de 10 anos, posteriormente prorrogado por prazo indeterminado pela Lei nº 6.127/74. Tais dispositivos foram revogados pelo DL nº 2.186/84.

A disciplina do imposto federal sobre comunicações posta no CTN e no DL nº 2.186/84 permaneceu em vigor até o advento da Constituição de 1988, quando a competência para tributação das comunicações foi transferida aos Estados-membros.

2.3. O ISSQN sobre comunicações intramunicipais

A cobrança do imposto municipal sobre serviços de qualquer natureza foi inicialmente regulamentada pelo Código Tributário Nacional, em seus arts. 71 a 73 (posteriormente revogados pelo DL nº 406/68).[142]

Posteriormente, o DL nº 406, de 31 de dezembro de 1968, revogou os aludidos dispositivos do CTN e, por meio de uma lista, estipulou as atividades passíveis de tributação pelo ISSQN. Essa primeira relação, contudo, não autorizava a cobrança do imposto municipal sobre a prestação de serviços de comunicação. No entanto, a lista foi modificada em 1969, pelo DL nº 834, que nela incluiu as comunicações de natureza estritamente municipal (item 27).

A diferença entre a hipótese de incidência do imposto federal (prevista no CTN) e a do imposto municipal sobre as comunicações (constante da lista veiculada no DL nº 834/69) residia, eminentemente, no aspecto espacial, visto que coincidiam em todos os demais (material, pessoal e temporal).[143]

---

142. CTN:
"Art. 71. O imposto, de competência dos Municípios, sobre serviços de qualquer natureza tem como fato gerador a prestação, por empresa ou profissional autônomo, com ou sem estabelecimento fixo, de serviço que não configure, por si só, fato gerador de imposto de competência da União ou dos Estados.
§ 1º Para os efeitos deste artigo, *considera-se serviço*:
I – *o fornecimento de trabalho*, com ou sem utilização de máquinas, ferramentas ou veículos, *a usuários ou consumidores finais;*
(...)
Art. 72. A base de cálculo do imposto é o preço do serviço (...).
(...)
Art. 73. Contribuinte do imposto é o prestador do serviço." (destaques nossos)

143. A diferença entre o *quantum debeatur* de cada um dos impostos devia-se unicamente à utilização de alíquotas diversas. Contudo, a alíquota não faz parte da

Dessarte, para os Municípios, a comunicação que pudesse ser captada fora de seus limites territoriais era juridicamente irrelevante,[144] pois se situava no campo de imposição da União.

2.4. Os conflitos impositivos entre o ISSQN e o ISSC à luz da jurisprudência do Supremo Tribunal Federal e os serviços de comunicação constantes da lista da LC nº 56/87

Apesar da clara repartição de competências tributárias operada pela EC nº 18/65 e pela CR/67-69, não tardaram a surgir conflitos relativos à cobrança dos dois impostos (federal e municipal) sobre os serviços de comunicação.

A demora da União em instituir o ISSC (que somente foi criado em 1984) oportunizou a tentativa de tributação, por parte dos Municípios, de serviços de comunicação cuja prestação ultrapassasse seus âmbitos territoriais.[145]

---

hipótese de incidência da norma, e sim de seu mandamento (consequência), o que nos permite concluir pela identidade entre as hipóteses de incidência do ISSQN-comunicação (à luz do DL nº 834/69) e do ISSC-federal (à luz do CTN), exceto no que tange aos seus aspectos espaciais.

144. Vale lembrar a lição de ATALIBA sobre a importância do aspecto espacial da hipótese de incidência:
"Um determinado fato, ainda que revista todos os caracteres previstos na hipótese de incidência, se não se der em lugar nela previsto (...) não será fato imponível. Vale dizer: não determinará o nascimento de nenhuma obrigação tributária.
Será um fato juridicamente irrelevante." (ATALIBA, Geraldo. *Hipótese de Incidência Tributária*, 6ª ed. São Paulo: Malheiros, 2001, p. 105).

145. FANUCCHI traz a seguinte passagem sobre os conflitos de competência entre o ISSQN e o ISSC-federal (que ainda não havia sido instituído quando o texto abaixo foi escrito):
"Como o imposto de comunicações deverá incidir sobre mensagens escritas (em jornais, por exemplo), faladas (rádio e altifalantes, por exemplo) ou visuais (televisão, por exemplo) e a única diferença com certos fatos geradores do imposto municipal sobre serviços de qualquer natureza reside no detalhe de aquelas mensagens poderem ultrapassar o âmbito territorial do Município, ou não, torna-se imperioso o exame de cada acontecimento para se saber se a competência tributária que se pode exercer é da União ou dos Municípios. Faltando lei ordinária federal relativa ao imposto sobre comunicações, já vimos Municípios tentando tributar emissoras

O Supremo Tribunal Federal manifestou-se, em mais de uma oportunidade, em litígios que envolviam os excessos tributários cometidos pelos Municípios à época em que vigoravam o art. 68, II, do CTN e a lista de serviços do DL n° 834/69.

Relativamente aos serviços de radiodifusão, a Primeira Turma do STF entendeu, em 1979,[146] que a propaganda ou publicidade transmitida por emissora de televisão que ultrapassasse o território de um município estaria sujeita ao imposto federal sobre comunicações.[147] A incidência do ISSQN, dessarte, somente seria possível se o sinal da emissora de TV não pudesse ser captado fora dos limites do Município. No ano seguinte, a Segunda Turma do STF decidiu no mesmo sentido, em processo no qual era parte uma emissora de rádio.[148]

Em ambos os precedentes citados, o STF aplicou com perfeição o mandamento constitucional vigente à época: serviços intramunicipais de comunicação sujeitam-se ao ISSQN; serviços que abarcam mais de um Município são tributáveis pelo ISSC-federal.[149]

Entretanto, outra decisão do STF retirou dos Municípios a competência para cobrança do ISSQN sobre as comunicações *telefônicas* intramunicipais. Ao julgar o Recurso

---

de rádio e de televisão que, sem dúvida, tinham suas transmissões captadas fora de território estritamente municipal (caso do Município de Curitiba, que pretendeu essa imposição contra emissoras locais)." (FANUCCHI, Fábio. *Curso de Direito Tributário Brasileiro*, v. II, 3ª ed. São Paulo: Resenha Tributária, 1975, p. 181).

146. STF, Primeira Turma, Recurso Extraordinário n° 90.749/BA, relator Ministro CUNHA PEIXOTO, DJ 03.07.1979, p. 5.154.

147. Ressalte-se que o ISSC ainda não havia sido instituído à época, mas, quando o foi pelo DL n° 2.186/84, a radiodifusão foi expressamente isentada do imposto.

148. STF, Segunda Turma, Recurso Extraordinário n° 91.813/SC, relator Ministro CORDEIRO GUERRA, DJ 17.10.1980, p. 8.293.

149. Discordamos de ambas as decisões apenas no ponto em que determinam a incidência do ISSC sobre os valores recebidos pelas emissoras de rádio e TV para veiculação de anúncios. Temos que se trata de serviço que atrai a incidência do ISSQN – item 35 da lista do DL n° 834/69, que se refere à "propaganda e publicidade". Este assunto será retomado no próximo capítulo.

Extraordinário nº 83.600/SP,[150] o Tribunal Pleno assentou (por seis votos a cinco) que a prestação de serviço *telefônico*, ainda que dentro de um mesmo município, não estaria sujeita à exigência do ISSQN se a operadora fosse titular de concessão que possibilitasse sua prestação em âmbito intermunicipal, interestadual ou internacional. Como à época, praticamente todo o sistema de telefonia nacional era federalizado e integrado, essa decisão, na prática, retirou dos Municípios a competência que lhes havia sido atribuída de forma ampla pela Constituição. O *decisum* foi assentado nas seguintes premissas:[151]

(a) o Código Tributário Nacional, que dispôs sobre o fato gerador do ISSC-federal e do ISSQN[152] foi editado em 1966, ano no qual ainda havia a possibilidade de exploração dos serviços de telecomunicações pelas três esferas de entes federados (à União competiam os serviços interestaduais e internacionais, aos Estados os intermunicipais, dentro de seus territórios, e aos Municípios os estritamente municipais, nos termos da CR/46);

(b) no entanto, a Constituição de 1967/69 centralizou na União o direito de exploração do serviço de telecomunicações (bem como a outorga de concessões/autorizações);

(c) com a criação do Sistema Telebrás, em 1972, que possibilitou a unificação da rede de telecomunicações do país, o serviço que antes poderia ter caráter estritamente local (pois em muitos Municípios era impossível completar-se ligações telefônicas para fora dos limites de seu território, por absoluta incompatibilidade de redes) passou a ter caráter nacional e até mesmo

---

150. STF, Pleno, Recurso Extraordinário nº 83.600/SP, relator Ministro MOREIRA ALVES, DJ 10.08.1979, p. 5.845.

151. Os fundamentos constam do voto do relator designado para o acórdão, Ministro LEITÃO DE ABREU, cujas razões foram acompanhadas pelos Ministros BILAC PINTO, RODRIGUES ALCKMIN, THOMPSON FLORES, SOARES MUÑOZ e CUNHA PEIXOTO.

152. Note-se que os dispositivos do CTN que tratavam do ISSQN foram revogados em 1968 pelo DL nº 406/68.

internacional. Outrossim, a concessão para prestação do mesmo passara a ser federal, eliminando qualquer possibilidade de se falar em serviço telefônico municipal (o caráter municipal do serviço decorreria, na visão que predominou no STF, da abrangência e da titularidade da concessão outorgada ao prestador, e não do fato de o serviço ser iniciado e completado dentro de um mesmo Município);

(d) em conclusão, o STF assentou que "o serviço de telefonia, que se interligue aos sistemas regionais e nacionais, é sempre de natureza federal. Não se pode ter, conseguintemente, como estritamente municipal esse serviço, ainda quando se refira a ligações efetuadas no âmbito local, isto é, sem extravasar as fronteiras municipais".[153]

Em que pese a posição prevalente neste julgamento, temos que a razão assistia aos cinco Ministros que restaram vencidos, por terem votado pela possibilidade de cobrança do ISSQN sobre a telefonia intramunicipal.[154]

Afinal, como foi visto anteriormente, a hipótese de incidência do ISSC-federal prevista no CTN se igualava à do ISSQN-comunicação (item 27 do DL nº 834/69), diferenciando-se apenas no aspecto espacial. Logo, se havia a prestação de serviço destinado a levar uma mensagem de um ponto a outro dentro de um mesmo Município, tinha-se a ocorrência do fato gerador do ISSQN.[155] A abrangência da concessão do

---

153. Trecho do voto do Ministro LEITÃO DE ABREU, relator designado para o Recurso Extraordinário nº 83.600/SP.

154. Além do Ministro MOREIRA ALVES, que era o relator originário do processo, restaram vencidos os Ministros CORDEIRO GUERRA, XAVIER DE ALBUQUERQUE, DJACI FALCÃO e ANTONIO NEDER.

155. Nesse sentido, vale conferir a doutrina de RIBEIRO DE MORAES:
"Serviço de comunicação de natureza estritamente municipal é aquele que tem seus pontos de transmissão e de recepção situados dentro do território de um mesmo município, sem haver possibilidade da respectiva mensagem ser captada além da fronteira. São os serviços de comunicações que não ultrapassam o território de um mesmo município. Constituem exemplos os serviços de telefonia a 'curta distância' (...)." (MORAES, Bernardo Ribeiro de. *Doutrina e Prática do ISS*. São Paulo: Revista dos Tribunais, 1984, p. 284).

prestador não transmudava a natureza da atividade, que continuava a ser de comunicação intramunicipal.

O Ministro MOREIRA ALVES, que era o relator originário do RE nº 83.600/SP (tendo sido vencido) averbou, nessa linha de entendimento, que

> o critério para a determinação do que vem a ser serviço de comunicações de natureza estritamente municipal é meramente geográfico, tomando por elementos objetivos o ponto de transmissão (no caso, o telefone que emite), o ponto de recebimento (na espécie, o telefone que recebe), o âmbito territorial em que ambos se encontram (o território de um mesmo Município) e a impossibilidade de captação da mensagem em curso fora do território desse Município.

As conclusões de MOREIRA ALVES são irretocáveis, corroborando o que expusemos linhas atrás: a única diferença entre a hipótese de incidência dos serviços de comunicação sujeitos ao imposto federal e ao ISSQN – nos termos do Código Tributário Nacional e do DL nº 834/69 – era o seu aspecto espacial, e nada mais.

Contudo, apesar dos argutos fundamentos delineados pelo Ministro MOREIRA ALVES e seguidos por outros quatro membros do STF, a tese que prevaleceu foi a da impossibilidade de cobrança do ISSQN sobre as ligações intramunicipais. *Roma locuta, tollitur quaestio.*

Assim, o posicionamento adotado pela maioria do STF nos autos do RE nº 83.600/SP foi seguido por nossas Cortes e passou a ser observado nas decisões posteriores do próprio Supremo Tribunal Federal, como se infere das seguintes ementas de acórdãos (ambos unânimes), publicados em 1985 e 1992, respectivamente:

> TRIBUTÁRIO. IMPOSTO SOBRE SERVIÇOS. INCIDÊNCIA, OU NÃO, SOBRE SERVIÇOS TELEFÔNICOS LOCAIS.

> Inseparabilidade entre o estritamente municipal e o que, sob a mesma classificação de serviço local, transpõe os limites municipais.
>
> Embargos não conhecidos, por falta de divergência entre os arestos confrontados.[156]
>
> IMPOSTO SOBRE SERVIÇOS DE COMUNICAÇÃO. ISSC. SERVIÇO TELEFÔNICO. DECRETO-LEI Nº 2.186, DE 1984.
>
> Alegada ofensa ao art. 21, VII, parte final, da Constituição Federal de 1969.
>
> Inconstitucionalidade inexistente, já que se trata de serviço que não pode ser conceituado como de natureza estritamente municipal.
>
> Recurso não conhecido.[157]

A consagração desse entendimento gera duas consequências: a primeira consiste na limitação da competência tributária dos Municípios, que restaram impedidos de tributar as ligações telefônicas locais; a segunda se traduz na ampliação da base imponível do ISSC-federal, na qual passaram a ser incluídas as ligações de âmbito local.

Dessa forma, causou espécie quando o legislador complementar editou nova lista de serviços tributáveis pelo ISSQN (LC nº 56, de 15 de dezembro de 1987) e nela fez constar como sujeitas ao imposto as "comunicações telefônicas, de um para outro aparelho, dentro do mesmo município" (item 98), restringindo a competência municipal, que era mais ampla à luz da lista anterior (o DL nº 834/69 previa a incidência do ISSQN sobre as "comunicações de natureza estritamente municipal", sem limitá-las às telefônicas – item 27).

---

156. STF, Pleno, Embargos no Recurso Extraordinário nº 92.003/RS, relator Ministro DÉCIO MIRANDA, DJ 28.06.1985, p. 10.680.

157. STF, Primeira Turma, Recurso Extraordinário nº 140.886/RJ, relator Ministro ILMAR GALVÃO, DJ 02.10.1992, p. 16.487.

Ora, a autorização para tributação das comunicações *telefônicas* intramunicipais contrariava a jurisprudência do STF. Assim, apesar do teor do item 98 da lista de serviços da LC nº 56/87, nossas Cortes mantiveram o posicionamento segundo o qual o detentor de concessão federal para prestação de serviço telefônico não é contribuinte do ISSQN, uma vez que suas atividades são de abrangência nacional (mesmo quando a operadora se limite a completar chamadas dentro de um único Município).

A ementa a seguir, extraída de um acórdão do Superior Tribunal de Justiça no qual se debatia a possibilidade de cobrança do ISSQN pelo Município de Mogi-Guaçu/SP sobre os serviços de âmbito local prestados pela Telesp S/A, já sob a égide da LC nº 56/87, fala por si:

> TRIBUTÁRIO. ISSQN. LIGAÇÕES TELEFÔNICAS LOCAIS. NÃO INCIDÊNCIA DO IMPOSTO MUNICIPAL. PRECEDENTES DO STF.
>
> 1. Consoante orientação traçada pelo Egrégio STF, o imposto sobre serviços de qualquer natureza não incide sobre as ligações realizadas no âmbito do Município, por não se tratar de serviço estritamente municipal.
>
> 2. Recurso especial conhecido e provido.[158]

A conclusão a que se chega, com fulcro nas razões já expostas, é singela: com o advento da LC nº 56/87, que revogou a lista de serviços editada pelo DL nº 834/69, os Municípios deixaram de ter competência para cobrança do ISSQN sobre serviços de comunicação.

De fato, quando a LC nº 56/87 autorizou a incidência do ISSQN somente sobre as comunicações *telefônicas*, foi retirada qualquer possibilidade de cobrança do imposto sobre outros serviços de comunicação, dado o caráter taxativo da

---

158. STJ, Segunda Turma, Recurso Especial nº 169.651/SP, relator Ministro PEÇANHA MARTINS, DJ 08.05.2000, p. 80.

lista.[159] Por outro lado, como o STF já havia firmado posição no sentido da não incidência do ISSQN sobre serviços telefônicos intramunicipais, a tributação deles com fulcro no item 98 da lista da LC n° 56/87[160] foi rechaçada pelos Tribunais.[161]

2.5. Conclusões

No período anterior à Constituição de 1988, a tributação dos serviços de comunicação era de competência da União, que instituiu, em 1984, o ISSC-federal, incidente sobre os serviços de telecomunicações.[162]

---

159. O STF e o STJ pacificaram o entendimento de que a lista de serviços tributáveis pelo ISSQN é taxativa, inadmitindo a analogia, mas permitindo – nos itens que se referem a "congêneres" ou assemelhados – a interpretação extensiva.
O entendimento vai ao encontro da doutrina de ALBERTO XAVIER, para quem "a previsão de novas situações tributárias, para além das encerradas no catálogo legal, quer fundadas na analogia, quer com base na livre valoração dos órgãos de aplicação do direito são (...) estritamente proibidas numa tipologia taxativa, como a tributária". (XAVIER, Alberto Pinheiro). *Os princípios da legalidade e da tipicidade da tributação*. São Paulo: Revista dos Tribunais, 1998, pp. 87-9).
De todo modo, a questão da taxatividade da lista de serviços tributáveis será tratada de forma mais detalhada no capítulo 8.

160. A LC n° 56/87 foi posteriormente revogada pela LC n° 116/03.

161. Ressalte-se a opinião contrária de CARRAZZA, para quem o ISSQN sobre comunicações intramunicipais (de qualquer espécie, telefônicas ou não) poderia ser cobrado sob a égide da LC n° 56/87, inclusive após a edição da CR/88. De acordo com o citado autor, o exemplo a seguir seria o de um serviço de comunicação tributável pelo ISSQN com fulcro na LC n° 56/87:
"Empresa é contratada por partido político, para preparar o local em que será realizado um comício. Instala, para isso, palanque, microfones, caixas de som, holofotes, cordões de isolamento e tudo o mais que é necessário para que se estabeleça a *relação comunicativa*. Sendo o serviço estritamente local, o tributo devido, em tese, é o ISS." (CARRAZZA, Roque Antonio. *ICMS*, 9ª ed. São Paulo: Malheiros, 2002, p. 173).
Com o máximo respeito pelas lições do autor, divergimos de suas conclusões neste ponto. Como visto, a LC n° 56/87 (posteriormente revogada pela LC n° 116/03) somente autorizava a tributação da *telefonia* intramunicipal. Sistemas de som instalados em palanques políticos não se amoldam ao aspecto material do ISSQN previsto no item 98 da lista de serviços editada pela LC n° 56/87 (item de resto inócuo à luz da jurisprudência do STF, como já notamos). Outrossim, a comunicação tributável deve necessariamente ser onerosa. Nesse caso, a comunicação em si é gratuita (apenas o serviço preparatório é cobrado).

162. Vale lembrar que o ISSC não incidia, por expressa disposição do DL n° 2.186/84, sobre as ligações telefônicas locais originadas de telefones públicos e semipúblicos,

A TRIBUTAÇÃO DOS SERVIÇOS DE COMUNICAÇÃO

Os municípios possuíam autorização para tributar os serviços de comunicação estritamente municipais (não alcançados pelo imposto federal), consoante previsão do item 27 da lista do DL nº 834/69. A partir da edição da Lei Complementar nº 56/87, a competência municipal foi restringida, autorizando-se tão somente a tributação das *comunicações telefônicas* intramunicipais. Contudo, como o STF havia assentado pela não incidência do ISSQN sobre os serviços telefônicos, que, a seu ver, subsumiam-se à hipótese de incidência do ISSC-federal (pois a telefonia, desde a CR/67-69, era federalizada, possuindo abrangência nacional); os Municípios restaram impossibilitados de tributar qualquer serviço de comunicação após o advento da LC nº 56/87 (posteriormente revogada pela LC nº 116/03).

Este cenário, no entanto, foi profundamente modificado com a nova ordem instaurada pela Constituição da República de 1988.

---

sobre as originadas em localidades servidas unicamente por posto de serviço público ou por centrais de até quinhentos terminais, bem como sobre os serviços de radiodifusão sonora e de sons e imagens.

3. O NOVO IMPOSTO SOBRE SERVIÇOS DE COMUNICAÇÃO À LUZ DA CONSTITUIÇÃO DE 1988

3.1. Considerações iniciais sobre o ICMS

Com o advento da Carta Política de 1988, o imposto federal e o municipal sobre serviços de comunicação passaram para a competência dos Estados-membros, integrando o núcleo do Imposto sobre Operações de Circulação de Mercadorias e Prestações de Serviços de Transporte Interestadual e Intermunicipal e de Comunicação (ICMS).

Como relata SACHA CALMON,[163] os juristas nacionais, à época da Assembleia Constituinte de 1987, pretendiam implantar no Brasil um imposto sobre valor agregado semelhante ao IVA Europeu, no qual o antigo ICM englobaria o ISSQN.

O IVA é exemplo modelar de imposto sobre valor agregado, sendo adotado na Europa e em diversos países de outros continentes (inclusive da América do Sul). Seu escopo é atingir todo o consumo, tanto de bens materiais como de serviços,

---
163. COÊLHO, Sacha Calmon Navarro. *Curso de Direito Tributário Brasileiro*, 7ª ed. Rio de Janeiro: Forense, 2004, p. 387.

em um regime plurifásico e caracterizado pela neutralidade fiscal.[164] As vantagens de se adotar um IVA no Brasil, em substituição aos impostos incidentes sobre o consumo, seriam várias, sendo uma delas a eliminação dos conflitos impositivos entre os distintos entes federados (pois haveria um único imposto a tributar o consumo de bens e serviços).

Entretanto, como já averbou MISABEL DERZI,[165] as necessidades políticas da Federação impediram esse passo à frente quando da edição da Carta Política de 1988. A jurista apontou "a forma federal de Estado e a unidade político-econômica do território nacional" como "os principais obstáculos à instituição de um IVA, no Brasil, à moda europeia".[166]

De fato, a pretensão de instituição de um IVA contrariava o querer dos Municípios (que não pretendiam se desfazer do ISSQN) e dos próprios Estados-membros, que queriam ampliar ao máximo o espectro do ICM, abarcando a competência para tributar a energia elétrica, os combustíveis, os lubrificantes líquidos e gasosos e os minerais (o que acarretaria a extinção dos impostos únicos federais sobre essas mercadorias). Outrossim, os Estados almejavam, também, tributar a prestação de serviços de transporte e de comunicações. Ao fim, prevaleceu o *lobby* estadual, criando-se o ICMS, que reuniu os fatos geradores:

---

164. MARTÍNEZ leciona, desde Portugal:
"O (...) IVA visou *(sic)* tributar todo o consumo, tanto em bens materiais, corpóreos, como em serviços, abrangendo as diversas fases do circuito econômico, desde o produtor ao retalhista, incidindo a tributação, em cada fase, sobre o 'valor acrescentado' aos bens. Por isso o imposto se diz 'plurifásico'. (...). A matéria colectável no IVA é constituída pelo 'valor tributável' das transmissões de bens e das prestações de serviços, efectuadas no território nacional, a título oneroso, pelas importações de bens e pelas 'operações intracomunitárias'." (MARTÍNEZ, Soares. *Direito Fiscal*, 9ª ed. Almedina: Coimbra, 1997, pp. 618-20).

165. BALEEIRO, Aliomar. *Direito Tributário Brasileiro*, 11ª ed, atualizado por MISABEL ABREU MACHADO DERZI. Rio de Janeiro: Forense, 2001, p 369.

166. DERZI, Misabel Abreu Machado. *A Necessidade da Instituição do IVA no Sistema Constitucional Tributário Brasileiro*. BALTHAZAR, Ubaldo César (org.). Reforma Tributária e Mercosul – a Instituição do IVA no Direito Brasileiro. Belo Horizonte: Del Rey, 1999, p. 22.

(a) do ICM, de competência dos próprios Estados-membros, que tributava operações de circulação de mercadorias realizadas por comerciantes, industriais ou produtores;

(b) dos impostos únicos federais, de competência da União, que incidiam sobre energia elétrica, combustíveis e lubrificantes líquidos e gasosos e minerais;

(c) dos impostos federais sobre prestações de serviços de transporte (ISTR) e de comunicações (ISSC);

(d) do ISSQN, de competência dos Municípios, na parte relativa à tributação dos serviços locais de comunicação.

A aglutinação de diferentes impostos em um só tributo tem contribuído para o surgimento de dissensões doutrinárias e jurisprudenciais, pois os diversos fatos geradores unidos sob o rótulo de ICMS possuem regimes jurídicos próprios, cada qual com suas notas distintivas.[167]

Outrossim, ao passo que com relação ao ICMS-circulação de mercadorias tem-se jurisprudência e doutrina há muito consolidadas (haja vista que o ICM existe desde 1965), o mesmo não ocorre com o ICMS-comunicação. O antigo imposto federal sobre serviços de comunicação – ISSC – somente foi instituído em 1984, tendo vigorado por apenas quatro anos (de 1º de janeiro de 1985 até a Constituição de 1988). A par desse fato, a evolução tecnológica do setor nas últimas décadas trouxe discussões até pouco tempo impensáveis sobre o campo de incidência do ICMS-comunicação (cite-se, a título de ilustração, a intrincada questão dos serviços prestados pelos provedores de acesso à Internet).

---

[167]. Na lição de CARRAZZA:
"A fórmula adotada pela Constituição de 1988, ao aglutinar impostos diferentes debaixo do mesmo rótulo (ICMS), além de não ser das mais louváveis, sob o aspecto científico, está, na prática, causando grandes confusões. De fato, o legislador ordinário, nem sempre afeito à melhor técnica, tem, com frequência, dispensado o mesmo tratamento jurídico aos distintos fatos econômicos que o ICMS pode alcançar." (CARRAZZA, Roque Antonio. *ICMS*, 9ª ed. São Paulo: Malheiros, 2002, p. 35).

O ponto de partida para a compreensão do ICMS-comunicação é, certamente, a Constituição de 1988, a partir da qual se pode delinear sua hipótese de incidência e, com isso, apontar as soluções para as questões jurídicas existentes sobre o tema.

3.2. Os dispositivos constitucionais objetos do estudo

Reza o art. 155, II, da CR/88:

> Art. 155. *Compete aos Estados e ao Distrito Federal instituir impostos sobre*:
>
> (...)
>
> II – operações relativas à circulação de mercadorias e sobre *prestações de serviços* de transporte interestadual e intermunicipal e *de comunicação, ainda que* as operações e *as prestações se iniciem no exterior;* (...). (redação dada pela EC nº 03/93, destaques nossos)

O artigo traz o núcleo da *fattispecie* do ICMS em análise:[168] a prestação de serviços de comunicação, ainda que iniciados no exterior. Em complementação, o art. 155, §2º, IX, *a*, estipula que o ICMS incidirá sobre os serviços prestados no exterior, devendo o imposto, nessa hipótese, ser recolhido ao Estado brasileiro onde se situa o domicílio ou estabelecimento do destinatário:

> Art. 155. (...).
>
> (...)
>
> § 2º. *O imposto previsto no inciso II atenderá ao seguinte*:
>
> (...)
>
> IX – *incidirá também*:
>
> (...)

---

168. Como visto, o ICMS não consiste em apenas um, mas sim em vários impostos, sendo o ICMS-comunicação aquele que interessa ao presente estudo.

a) sobre a entrada de bem ou mercadoria importados do exterior por pessoa física ou jurídica, ainda que não seja contribuinte habitual do imposto, qualquer que seja a sua finalidade, assim como *sobre o serviço prestado no exterior, cabendo o imposto ao Estado onde estiver situado o domicílio ou o estabelecimento do destinatário* da mercadoria, bem ou serviço; (...) (redação dada pela EC nº 33/01, destaques nossos)

A CR/88 estipula, ainda, regras de não incidência (imunidade) relativas ao ICMS-comunicação. A Emenda Constitucional nº 42, de 19 de dezembro de 2003, dispôs que o imposto estadual não poderá ser cobrado quando o serviço de comunicação for prestado para *destinatário situado no exterior* (note-se que *destinatário* é o *tomador* do serviço, ou seja, aquele que realiza a ligação telefônica, não se confundindo com o destinatário da comunicação efetuada, que apenas recebe a chamada telefônica):[169]

> Art. 155. (...).
>
> § 2º. O imposto previsto no inciso II atenderá ao seguinte:
>
> (...)
>
> X – não incidirá:
>
> (...)
>
> a) sobre operações que destinem mercadorias para o exterior, *nem sobre serviços prestados a destinatários no exterior*, assegurada a manutenção e o aproveitamento do montante do imposto cobrado nas operações e prestações anteriores; (...). (redação dada pela EC nº 42/03, destaques nossos)

A EC nº 42/03 trouxe ainda outra regra imunizante, específica para a radiodifusão sonora e de sons e imagens.[170] É ver:

---

169. O alerta para a distinção entre destinatário do serviço e destinatário da comunicação é também feito por BRITO MACHADO, segundo o qual "destinatário do serviço não se confunde com destinatário (...) da comunicação efetuada". (MACHADO, Hugo de Brito. *Aspectos fundamentais do ICMS*. São Paulo: Dialética, 1997, p. 63).

170. A imunização dos serviços de radiodifusão se fez necessária em decorrência de

A TRIBUTAÇÃO DOS SERVIÇOS DE COMUNICAÇÃO

> Art. 155. (...).
>
> § 2º. O imposto previsto no inciso II atenderá ao seguinte:
>
> (...)
>
> X – não incidirá:
>
> (...)
>
> d) nas prestações de serviço de comunicação nas modalidades de radiodifusão sonora e de sons e imagens de recepção livre e gratuita; (...). (incluído pela EC nº 42/03)

A terceira (e última) imunidade específica do ICMS-comunicação é a veiculada pelo art. 155, §3º, da CR/88:

> Art. 155. (...)
>
> (...)
>
> § 3º. *À exceção dos impostos de que tratam o inciso II do caput deste artigo e o art.* 153, I e II, *nenhum outro imposto poderá incidir sobre operações relativas a* energia elétrica, *serviços de telecomunicações*, derivados de petróleo, combustíveis e minerais do País. (redação dada pela EC nº 33/01, destaques nossos)

Originariamente, o dispositivo citado vedava a instituição de qualquer outro *tributo* (além do ICMS, II e IPI) sobre as atividades nele mencionadas. A EC nº 33/01 restringiu o alcance da norma, passando a impedir a incidência de qualquer outro *imposto* (ao invés de *tributo*).[171] Note-se, ainda, que tal imunidade é objetiva, ou seja, não abarca o imposto sobre a renda das empresas.[172]

---

decisões do STF que assentaram pela possibilidade de cobrança do ICMS sobre os valores pagos às emissoras de rádio e TV pela veiculação de anúncios publicitários.

171. O art. 155, §3º, da CR/88 também autoriza a cobrança de Imposto de Importação e Imposto de Exportação sobre as operações nele mencionadas (relativas à energia elétrica, às telecomunicações, aos derivados de petróleo, aos combustíveis e aos minerais). Contudo, o II e o IE incidem sobre importação e exportação de *mercadorias*, o que repele a cobrança deles sobre as telecomunicações (que são o resultado imaterial de uma prestação de serviço).

172. No período anterior à EC nº 33/01, quando o art. 155, §3º vedava a exigência de outros *tributos* (e não de outros *impostos*) sobre as operações nele especificadas,

Analisemos, então, os dispositivos citados.

3.3. O núcleo da regra-matriz do ICMS-comunicação na Constituição de 1988: *prestação de serviço de comunicação*

3.3.1. O significado da expressão *prestação de serviço*

Ao permitir a cobrança do ICMS sobre a prestação de serviços de comunicação, o art. 155, II, da CR/88 não autoriza a tributação da comunicação pura e simples. Tanto que faz preceder o termo "comunicação" da expressão "prestação de serviço". Portanto, os vocábulos prestação, serviço e comunicação devem ser analisados em conjunto para apreender-se o

---

muito se discutiu na doutrina acerca da aplicação da regra imunizante ao PIS e à COFINS.
Pela imunidade das aludidas contribuições, podemos citar SACHA CALMON (COÊLHO, Sacha Calmon Navarro. *Direito Tributário Interdisciplinar*. Rio de Janeiro: Forense, 1999, pp. 251-85), MISABEL DERZI (BALEEIRO, Aliomar. *Direito Tributário Brasileiro*, 11ª ed, atualizado por MISABEL ABREU MACHADO DERZI. Rio de Janeiro: Forense, 2001, pp. 533-5), IVES GANDRA (MARTINS, Ives Gandra da Silva. *Sistema Tributário na Constituição de 1988*. São Paulo: Saraiva, 1990, p. 245), BRITO MACHADO (MACHADO, Hugo de Brito. A Imunidade Tributária do art. 155, §3º da Constituição Federal e os Conceitos de Operação e de Faturamento. *Revista Dialética de Direito Tributário*, nº 36. São Paulo: Dialética, set.1998, p. 59) e CARRAZZA (CARRAZZA, Roque Antonio. ICMS, 9ª ed. São Paulo: Malheiros, 2002, p. 403).
Pela incidência dos tributos, ICHIHARA (ICHIHARA, Yoshiaki. *Imunidades Tributárias*. São Paulo: Atlas, 2000, p. 349) e COSTA (COSTA, Regina Helena. *Imunidades Tributárias* – Teoria e Análise da Jurisprudência do STF. São Paulo: Malheiros, 2001, pp. 202-4).
Ao decidir a questão, o Supremo Tribunal Federal adotou a corrente restritiva da imunidade, pugnando pela possibilidade de cobrança do PIS/COFINS das empresas de telecomunicações, energia elétrica, petróleo, combustíveis e das mineradoras, ao argumento de que a incidência dessas contribuições sobre a receita bruta não viola a regra prevista no art. 155, §3º, da CR/88, que se refere às operações em si, e não aos ingressos no caixa das companhias (STF, Pleno, Recurso Extraordinário nº 230.337/RN, relator Ministro CARLOS VELLOSO, DJ 28.06.2002, p. 93; Súmula nº 659/STF: "é legítima a cobrança da COFINS, do PIS e do FINSOCIAL sobre as operações relativas a energia elétrica, serviços de telecomunicações, derivados de petróleo, combustíveis e minerais do País").

sentido da norma constitucional em comento.[173]

Para logo, podemos asseverar que serviço é sinônimo de bem imaterial, resultado de um esforço humano.[174] Já por prestação de serviço deve-se entender uma obrigação de cunho negocial, na qual há a participação de um terceiro que levará a cabo uma obrigação de fazer previamente contratada, mediante remuneração.

Das lições de MISABEL DERZI[175] – que analisou o conceito de prestação de serviço para fins de incidência do ISSQN – podemos extrair as seguintes conclusões, aplicáveis ao ICMS-comunicação:

(a) a prestação de serviços configura uma utilidade, executada mediante obrigação de fazer (e não de dar);

(b) o serviço deve ser prestado a terceiro (não há incidência do imposto sobre serviço prestado pelo contribuinte a si mesmo).

SACHA CALMON[176] adota posicionamento semelhante. Para o jurista, a existência do serviço de comunicação está condicionada à atuação de um prestador "cujo interesse único é prestar o serviço que possibilita a comunicação", opinião que é também compartilhada por BARROS CARVALHO.[177]

Assim, para que haja prestação de serviço de comunicação deverá haver fornecimento, por terceiro, dos meios para

---

173. OLIVEIRA, Júlio Maria de. *Internet e Competência Tributária*. São Paulo: Dialética, 2001, pp. 76-90.

174. MORAES, Bernardo Ribeiro de. Doutrina e Prática do ISS. São Paulo: Revista dos Tribunais, 1984, pp. 41-2.

175. BALEEIRO, Aliomar. *Direito Tributário Brasileiro*, 11ª ed, atualizado por MISABEL ABREU MACHADO DERZI. Rio de Janeiro: Forense, 2001, p. 491.

176. COÊLHO, Sacha Calmon Navarro. "Tributação na Internet". MARTINS, Ives Gandra da Silva (org.). *Tributação na Internet*. São Paulo: Revista dos Tribunais, 2001, p. 102.

177. CARVALHO, Paulo de Barros. "Não incidência do ICMS na Atividade dos Provedores de Acesso à Internet". TÔRRES, Heleno Taveira (org.). *Direito Tributário das Telecomunicações*. São Paulo: IOB Thomson: Abetel, 2004, pp. 491-2.

que a comunicação se efetive.[178] Trata-se de uma relação negocial (entre prestador e tomador) que possibilitará – em momento posterior – a efetivação da comunicação.[179]

Outrossim, o serviço prestado deve ser oneroso, visando a produzir utilidade "economicamente apreciável" para outrem.[180] O ICMS, dessarte, não incide sobre serviços prestados de forma graciosa ou a si próprio[181] (autosserviço), face à gratuidade da atividade.

De fato, ao analisar o conceito de prestação de serviço à luz da CR/67-69 – mais especificamente, a possibilidade de tributação do serviço de transporte prestado por uma empresa a si mesma – o Pleno do Tribunal Federal de Recursos decidiu que o conceito de serviço utilizado pelo Constituinte para

---

178. CARRAZZA define a relação comunicativa (que enseja a imposição do ICMS) como "a atividade de alguém, em caráter negocial, fornecer a terceiros condições materiais para que a comunicação entre eles ocorra." (CARRAZZA, Roque Antonio. *ICMS*, 9ª ed. São Paulo: Malheiros, 2002, p. 154).

179. O entendimento é corroborado, dentre outros, por SOARES DE MELO, para quem "a materialidade (fato gerador) do imposto não ocorre pelo simples ato que torna possível a comunicação (disponibilização de informações), sendo necessária a *prestação de serviços de comunicação*, em que os sujeitos desta relação negocial (prestador e tomador – devidamente qualificados) tenham uma efetiva participação". (MELO, José Eduardo Soares de. *ICMS – Teoria e Prática*, 4ª ed. São Paulo: Dialética, 2000, p. 109).
CHIESA também assevera que "o termo 'comunicação' não pode ser dissociado da expressão 'prestar serviço', pois, senão, haveria uma distorção da hipótese prevista constitucionalmente", concluindo que "o imposto (...) incide nos negócios jurídicos que têm por objeto uma obrigação de fazer, consistente em realizar a comunicação ou oferecer condições para que ela se efetive". (CHIESA, Clélio. *ICMS – Sistema Constitucional Tributário – Algumas Inconstitucionalidades da LC 87/96*. São Paulo: LTr, 1997, p. 97)

180. ATALIBA, Geraldo e BARRETO, Aires. *Serviço Tributável – Curso de Especialização de Direito Tributário*. São Paulo: Resenha Tributária, 1983, p. 158, *apud* MELO, José Eduardo Soares de. *Imposto sobre Serviço de Comunicação*, 2ª ed. São Paulo: Malheiros, 2003, p. 64.

181. Leciona GRECO:
"(...) O prestador do serviço de comunicação é um 'terceiro' em relação à própria comunicação (formada pelas mensagens). Assim, aquele que tiver um meio próprio e transmitir mensagens próprias, também não estará prestando serviço de comunicação." (GRECO, Marco Aurélio. *Internet e Direito*. São Paulo: Dialética, 2000, p. 125).

definição da competência tributária é aquele formulado no direito privado. E, no direito privado, o de prestação de serviços pressupõe um contrato entre duas pessoas (o prestador e o tomador) e uma retribuição. Logo, o serviço prestado a si mesmo não seria tributável, por faltar-lhe o caráter oneroso.[182] Essa orientação foi a que prevaleceu nos demais julgados do TFR à época.[183]

---

182. O seguinte trecho do voto do relator, Ministro CARLOS VELLOSO, elucida seu raciocínio e denota a aplicabilidade do mesmo ao ICMS-comunicação (o qual, assim como o ISTR – analisado no julgado do TFR – tem a onerosidade como elemento integrante de seu fato gerador):
"A Constituição, definindo, no particular, a competência tributária da União, estabeleceu que poderia esta instituir imposto sobre serviço de transporte. O conceito de serviço, então, há de ser o existente no direito privado, mais exatamente no Direito Civil, art. 1.216, que estabeleceu: 'Art. 1.216. Toda a espécie de serviço ou trabalho lícito, material ou imaterial, pode ser contratada mediante retribuição.'
Destarte, em tal contrato, que seria de locação de serviços, há de ter um locatário, um locador do serviço e uma retribuição.
Sem se desviar do estabelecido na Constituição, o CTN, ao definir o fato gerador do imposto sobre serviço de transporte, fiel, está-se a ver, ao estabelecido no seu art. 110, estabeleceu que o fato gerador do imposto sobre serviços de transporte seria a prestação do serviço de transporte, por qualquer via, de pessoas, bens, mercadorias ou valores (CTN, art. 68, I) e que a base de cálculo do imposto é o preço do serviço e contribuinte o prestador do serviço (CTN, arts. 69 e 70).
A propósito, escreve HUGO DE BRITO MACHADO, que 'não há fato gerador desse imposto se não houver prestação de serviços, a terceiros, como atividade remunerada, como se conclui do art. 69 do CTN.' Disso, aliás, não discrepa BALEEIRO: 'Mas o fato gerador pressupõe prestação de serviço a terceiros como negócio ou profissão, em atividade remunerada, pois isso se deduz o art. 73.'
Perfeito raciocínio.
É que, conforme já falamos, a Constituição, ao definir a competência da União para instituir o imposto em causa, falou em serviços de transporte. Buscando, no Código Civil, art. 1.216, o conceito de serviços haveremos de convir que o mesmo pressupõe um contrato entre duas pessoas, o locatário e o locador e, ainda, uma retribuição.
O CTN, então, ao disciplinar a questão, não poderia fugir desse conceito. E o CTN, fiel à Constituição e fiel, também, a si próprio (art. 110), estabeleceu as coordenadas que foram apontadas tanto por BALEEIRO como por HUGO DE BRITO MACHADO, conforme acima transcrito." (TFR, Pleno, Arguição de Inconstitucionalidade na AMS nº 89.825/RS, Relator Ministro CARLOS VELLOSO, j. 09.12.1982, apud DERZI, Misabel Abreu Machado (org.). Construindo o Direito Tributário na Constituição – Uma Análise da Obra do Ministro Carlos Mário Velloso. Belo Horizonte: Del Rey, 2004, pp. 538-9).

183. MACHADO, Hugo de Brito. Curso de Direito Tributário, 20ª ed. São Paulo: Malheiros, 2002, pp. 318-9.

BEVILÁQUA,[184] um dos autores do Código Civil de 1916, já anotava a existência de um elemento negocial (caracterizado pela remuneração) na então denominada "locação de serviço" (art. 1.216 do CC/1916). O atual Código Civil (Lei nº 10.406/02), a seu turno, estipula que toda espécie de serviço ou trabalho lícito, material ou imaterial, pode ser contratado mediante retribuição (art. 594), pressupondo, portanto, a onerosidade da prestação de serviço, que é definida pela doutrina civilista como um "contrato sinalagmático, em virtude do qual um dos contratantes, o prestador ou locador, compromete-se a prestar certos serviços, que o outro, denominado locatário, se obriga a remunerar".[185]

O Supremo Tribunal Federal também já assentou, nos autos do Recurso Extraordinário nº 101.339/SP[186] (no qual tratou do antigo ISTR) que o sentido da expressão "serviço" é o de atividade que se realiza para terceiro, e não para si próprio. Em seu voto, o relator sustentou que a prestação do serviço *em favor de terceiro* é uma "restrição" para a incidência do imposto. Com isso, quis dizer que não é qualquer transporte que se pode tributar, mas somente aquele efetuado em favor de outrem. A decisão foi unânime. Em outro julgado do STF, o Ministro CUNHA PEIXOTO[187] averbou que "o prestador de

---

184. Leciona BEVILÁQUA:
"Sob a denominação genérica de *locação de serviços* (*locatio operarum*), compreende o Código Civil uma grande variedade de prestações de trabalho humano. É o contrato pelo qual uma pessoa se obriga a prestar certos serviços a uma outra, mediante remuneração." (BEVILÁQUA, Clóvis. *Código Civil dos Estados Unidos do Brasil Commentado*, v. IV, 3ª ed. Rio de Janeiro: Livraria Francisco Alves, 1930).

185. MONTEIRO, Washington de Barros. *Curso de Direito Civil* – Direito das Obrigações, 2ª parte, 34ª ed. Atualizado por CARLOS ALBERTO DABUS MALUF e REGINA BEATRIZ TAVARES DA SILVA. São Paulo: Saraiva, 2003, p. 214.

186. STF, Pleno, Recurso Extraordinário nº 101.339/SP, relator Ministro MOREIRA ALVES, DJ 08.06.1984, p. 9.261.

187. No caso, discutia-se se o serviço prestado pela administradora do edifício da Bayer S/A no Rio de Janeiro era ou não gratuito, para fins de incidência do ISSQN. Ao final, decidiu-se – por três votos a dois, sendo vencidos os Ministros CUNHA PEIXOTO e SOARES MUÑOZ – que o mesmo não era gratuito (pois era remunerado de forma indireta). Contudo, o entendimento do STF foi uníssono no sentido da

serviço tem sempre direito à remuneração".

Trazendo para o ICMS-comunicação as conclusões do TFR e do STF[188] acima citadas, podemos concluir que, para a ocorrência de seu fato gerador, é necessária a existência de um terceiro que viabilize a relação comunicativa,[189] mediante remuneração. Afinal, o imposto incide sobre a *prestação de serviço* de comunicação e não sobre a comunicação isoladamente considerada (pois esta pode ocorrer sem que haja intervenção de terceiros).

Assim, pode-se concluir, tanto à vista da doutrina como da jurisprudência dos Tribunais Superiores, que a comunicação, para fins de tributação pelo ICMS, corresponde ao resultado final de um serviço oneroso prestado por terceiro.

A conclusão pela onerosidade como nota essencial da prestação de serviço submetida à incidência do ICMS-comunicação – com esforço tão somente na redação do art. 155, II, da CR/88[190] – é também partilhada, dentre outros,

---

necessidade de remuneração do prestador do serviço para fins de incidência tributária. (STF, Primeira Turma, Recurso Extraordinário n° 79.230/SP, relator Ministro ANTONIO NEDER, DJ 03.07.1981, p. 6.647).

188. GRECO, ao analisar a mesma decisão do STF de que ora cuidamos, concluiu que "quem transmite em meio próprio mensagens próprias não presta serviço de comunicação, apenas se comunica". (GRECO, Marco Aurélio. *Internet e Direito*. São Paulo: Dialética, 2000, p. 125).

189. Em sentido contrário, posiciona-se MENDRONI. O autor prega que a decisão do STF prolatada nos autos do RE n° 101.339/SP não pode ser utilizada em prol da tese de que o serviço de comunicação deve ser prestado por um terceiro. A seu ver, as diferenças ontológicas entre o serviço de transporte (tratado no RE 101.339/SP) e o de comunicação não autorizariam essa assertiva. Ao final, conclui que "a prestação de serviço de comunicação pode ocorrer de uma miríade de maneiras, e (...) duas pessoas apenas são necessárias para que ela ocorra, sem prejuízo da sua ocorrência mediante a intervenção de terceiro, que é a única forma aceita pela doutrina". (MENDRONI, Fernando Batlouni. A Prestação de Serviço de Comunicação como Hipótese de Incidência do ICMS. *Revista Tributária e de Finanças Públicas*, n° 38. São Paulo: Revista dos Tribunais, mai.-jun.2001, p. 68).

190. Como se verá no capítulo a seguir, a Lei Complementar n° 87/96 traz expressamente a onerosidade como um dos componentes do aspecto material da hipótese de incidência do ICMS-comunicação. Entretanto, ainda que essa norma não existisse, a remuneração pela prestação do serviço continuaria sendo elemento essen-

por SACHA CALMON,[191] MISABEL DERZI,[192] BARROS CARVALHO[193] e BRITO MACHADO.[194]

Portanto, a onerosidade da prestação do serviço de telecomunicação é um pressuposto para a incidência do ICMS não somente porque deflui do princípio da capacidade contributiva, mas também por estar inserta na hipótese de incidência do tributo. Esse raciocínio é reforçado pela Lei Complementar n° 87/96, cujo art. 2°, III, impõe a tributação sobre as "prestações onerosas de serviços de comunicação". No entanto, ainda remanescem dúvidas a respeito da extensão e do conteúdo dessa característica, o que pode ser observado na controvérsia a respeito do direito à compensação pelo ICMS recolhido no bojo de contratos inadimplidos de prestação de serviços de telefonia.[195]

Defrontando-se com o tema, o STJ[196] negou a referida

---

cial do tributo, por força do disposto no art. 155, II, da CR/88.

191. O autor sustenta que "a prestação do serviço de comunicação (possibilitando o diálogo) há de ser onerosa, mediante contrato, escrito ou verbal (há negócio jurídico subjacente)". (COÊLHO, Sacha Calmon Navarro. "Tributação na Internet". MARTINS, Ives Gandra da Silva (org.). *Tributação na Internet*. São Paulo: Revista dos Tribunais, 2001, p. 105).

192. BALEEIRO, Aliomar. *Direito Tributário Brasileiro*, 11ª ed, atualizado por MISABEL ABREU MACHADO DERZI. Rio de Janeiro: Forense, 2001, pp. 479-80.

193. CARVALHO, Paulo de Barros. "Não incidência do ICMS na Atividade dos Provedores de Acesso à Internet". TÔRRES, Heleno Taveira (org.). *Direito Tributário das Telecomunicações*. São Paulo: IOB Thomson: Abetel, 2004, p. 493.

194. MACHADO, Hugo de Brito. "Tributação na Internet". MARTINS, Ives Gandra da Silva (org.). *Tributação na Internet*. São Paulo: Revista dos Tribunais, 2001, pp. 87-8.

195. Sobre o tema cf. MOREIRA, André Mendes; MIRANDA, Tiago Câmara. "Direito à compensação do PIS/Cofins incidentes sobre receitas não auferidas por inadimplência definitiva - uma releitura do RE n° 586.482/RS". *Revista Dialética de Direito Tributário, n° 223*. São Paulo: Dialética, abr.2014, pp. 25-37. Cf., também, ÁVILA, Humberto. "*ICMS como imposto sobre o consumo. Inocorrência de prestação onerosa de serviço de comunicação no caso de inadimplemento do consumidor*". *Revista Dialética de Direito Tributário, n° 186. São Paulo: Dialética, mar.2011, pp. 110-125.*

196. STJ, Segunda Turma, REsp n° 1.189.924/MG, Rel. Min. HUMBERTO MARTINS, j. 25/05/2010, DJe 07/06/2010.

compensação, sob o fundamento de que o fato gerador do ICMS se aperfeiçoa com a prestação do serviço de telecomunicação, sendo o inadimplemento do usuário dado irrelevante para a exigibilidade do tributo, ao teor do art. 118 do CTN.[197] Malgrado os argumentos expostos na jurisprudência do Tribunal, não podemos concordar com as suas conclusões, uma vez que entendemos que a incidência do imposto sobre valores jamais recebidos (e que jamais serão recebidos, haja vista a inadimplência definitiva do consumidor) agride os princípios constitucionais da capacidade contributiva,[198] da não cumulatividade[199] e do não confisco.[200]

---

197. CTN:
"Art. 118. A definição legal do fato gerador é interpretada abstraindo-se:
I – da validade jurídica dos atos efetivamente praticados pelos contribuintes, responsáveis, ou terceiros, bem como da natureza do seu objeto ou dos seus efeitos;
II – dos efeitos dos fatos efetivamente ocorridos."

198. A inadimplência definitiva do usuário, com a consequente resolução do contrato, cancela o substrato econômico que autoriza a incidência tributária. De fato, não havendo manifestação de riqueza, por impossibilidade de recebimento do valor contratualmente estabelecido, há de se reconhecer a ilegitimidade da exação tributária, fundada em evento que não se caracteriza como fato gerador do ICMS. Importante destacar que a onerosidade é um dado intrínseco à estrutura do mencionado tributo – representando pressuposto jurídico *inafastável* ao fato gerador –, figurando elemento estruturante e obrigatório para a cobrança do tributo, que jamais pode ser ignorado.

199. O ICMS é uma espécie tributária criada para repercutir juridicamente, ou seja, um tributo indireto, de modo que o tributo deve ser transportado na cadeia (débito/crédito) até chegar ao seu destinatário final: o detentor da capacidade contributiva cujo signo presuntivo de poder econômico manifesta-se quando do consumo. No entanto, há situações em que, muito embora o serviço já tenha sido prestado (fato de exteriorização), o caráter oneroso da atividade não se satisfaz, como na ocasião da inadimplência absoluta do usuário (pressuposto jurídico da exação), isto é, nos casos em que o adimplemento da obrigação se tornou objetivamente impossível, inexigível ou mesmo incapaz de realizar os interesses objetivos do prestador que, em razão disso, deixa de manter o contrato e de contabilizar o seu crédito, optando por resolvê-lo e por contabilizar definitivamente a perda dele decorrente. Nesse sentido, rompe-se a cadeia de translação do ônus econômico do imposto, arcando o contribuinte de direito (operadora) com o custo do tributo, em prejuízo à sistemática não cumulativa do ICMS.

200. Além de suportar o prejuízo decorrente do inadimplemento do usuário, a operadora ainda arca com o ônus tributário da operação, o que revela a desproporcionalidade da exação, que atinge o já defasado patrimônio do contribuinte de direito.

Atualmente, a controvérsia se encontra sob análise do STF no ARE nº 668.974,[201] de Relatoria do Min. MARCO AURÉLIO, tendo sido reconhecida a repercussão geral da matéria.

Em suma: quando a CR/88 prevê como fato gerador do ICMS a *prestação de serviço* de comunicação, está a dizer que:

(a) o serviço de comunicação deve ser prestado por um terceiro;

(b) a prestação deve ser onerosa, posto que efetivada em caráter negocial.

Note-se que existe o problema da simulação da gratuidade, que pode ocorrer, *v.g.*, quando no bojo de um contrato de prestação de serviço de comunicação sejam estipulados pagamentos a outros títulos (manutenção, assistência técnica, *et caterva*), reduzindo ou anulando os valores devidos a título de ICMS-comunicação (o custo do serviço de comunicação será repassado para as outras rubricas, que não sofrem incidência do imposto estadual). Nesses casos, desde que faça prova nesse sentido, o Fisco poderá e deverá exigir o ICMS sobre o verdadeiro valor do serviço de comunicação, arbitrando-o[202] (consoante autorizado pelo art. 148 do CTN) se necessário.

Restando aclarado o significado da expressão "prestação de serviços", faz-se mister analisar o conceito de comunicação,

---

201. Disponível em: <http://goo.gl/GQVNIi>. Acesso em: 22 fev. 2016.

202. Sobre o arbitramento, lecionam SACHA CALMON e MISABEL DERZI:
"O arbitramento é remédio que viabiliza o lançamento, em face da inexistência de documentos ou da imprestabilidade dos documentos e dados fornecidos pelo próprio contribuinte ou por terceiro legalmente obrigado a informar. Não é critério alternativo de presunção de fatos jurídicos ou de bases de cálculo, que possa ser utilizado quando o contribuinte mantenha escrita (mesmo falha ou imperfeita, porém retificável) ou documentação e seja correto em suas informações. Ao contrário. A Constituição Federal, no art. 145, §1º, obriga à tributação de acordo com a capacidade econômica do sujeito passivo, segundo o princípio da realidade.
Portanto, o art. 148 do CTN somente autoriza a utilização do arbitramento em face das omissões ou atos de falsidade e desonestidade perpetrados pelo contribuinte ou terceiro que tornem imprestáveis os dados registrados em sua escrita." (COÊLHO, Sacha Calmon Navarro e DERZI, Misabel Abreu Machado. *Direito Tributário Aplicado: Estudos e Pareceres*. Belo Horizonte: Del Rey, 1997, p. 354).

também essencial para a apreensão da materialidade da hipótese de incidência do ICMS em tela.

3.3.2. Definição de *comunicação*

O vocábulo comunicação deriva do latim *comunicatio*, relativo a *communicare* (tornar comum), correspondendo à transmissão de fato que se precise tornar do conhecimento comum, ou seja, de mais de uma pessoa além daquela que emite a mensagem.[203]

O dicionário AURÉLIO[204] da língua portuguesa define comunicação como "ato ou efeito de emitir, transmitir e receber mensagens por meio de métodos e/ou processos convencionados", que se pode dar através da linguagem falada, escrita, de quaisquer outros sinais ou da utilização de equipamento técnico especializado.

A seu turno, o Glossário de Telecomunicações do NATIONAL COMMUNICATIONS SYSTEM[205] (órgão ligado ao Departamento de Defesa dos EUA) traz a seguinte acepção do termo:

> Comunicações. 1. Transferência de informação, entre usuários ou processos, de acordo com convenções preestabelecidas. 2. O ramo da tecnologia relacionado com a representação, transferência, interpretação e processamento de dados entre pessoas, lugares e máquinas. Nota: o sentido conferido aos dados deve ser preservado durante essas operações.

---

203. SILVA, De Plácido e. *Vocabulário Jurídico*, 15ª ed. Rio de Janeiro: Forense, 1998, p. 190.

204. FERREIRA, Aurélio Buarque de Holanda. *Dicionário Eletrônico, Século XXI*, versão 3.0. Rio de Janeiro: Nova Fronteira, 1999.

205. Tradução livre do original em inglês. (NATIONAL COMMUNICATIONS SYSTEM – TECHNOLOGY AND STANDARDS DIVISION. *Telecommunications: Glossary of Telecommunication Terms*. Disponível em: <http://goo.gl/cD2fDL>. Acesso em: 10 mar. 2016.

Já para o *Diccionario de Tecnología de las Comunicaciones*,[206] comunicação é o "transporte de informação entre dois pontos sem alteração da estrutura ou do conteúdo da mensagem".

Das definições dicionarizadas citadas, pode-se inferir que o conceito de comunicação está relacionado à transmissão de uma mensagem, de um ponto a outro, com a preservação do sentido da mesma. É dizer: a comunicação é uma atividade por meio da qual o emissor faz chegar ao receptor, por meio de um código (fala, escrita, sinais, *et caterva*), uma proposição (que se convencionou denominar "mensagem").

Na ciência das comunicações, as definições do termo em análise são inúmeras. Em obra que se tornou referência para o tema, LOPES[207] analisa os sentidos que diversos especialistas conferem ao vocábulo. A acepção dos estudiosos está um passo adiante daquela constante dos dicionários especializados,

---

206. Tradução livre do original em espanhol. (HELD, Gilbert. *Diccionario de Tecnología de las Comunicaciones*. Madrid: Paraninfo, 1997, p. 128, apud OLIVEIRA, Júlio Maria de. *Internet e Competência Tributária*. São Paulo: Dialética, 2001, p. 89).

207. As seguintes acepções de comunicação são colacionadas por LOPES:
"'Comunicação é a resposta discriminativa de um organismo a um estímulo. (...). A mensagem que não tem resposta não é comunicação.' (S. Stevens)
'Faculdade de tornar comum aos outros não somente as coisas externas a ele (o homem), mas também ele próprio e as ações mais íntimas da consciência – ideias, volições, estados d'alma.' (E. Baragli)
'A comunicação é o processo por meio do qual o indivíduo (o comunicador) transmite estímulos (geralmente símbolos verbais) para modificar o comportamento de outros indivíduos (receptores).' (C. Howland)
'Comunicação não se refere somente à transmissão verbal, explícita e intencional de mensagens. (...). O conceito de comunicação inclui todos esses processos por meio dos quais as pessoas influenciam outras pessoas (...).' (J. Ruesch e G. Bateson)
'Comunicação inclui todos os procedimentos por meio dos quais uma mensagem pode afetar outra mente. Isto, obviamente, envolve não somente a linguagem escrita e oral, como também música, artes pictóricas, teatro, balé e, na verdade, todo comportamento humano.' (W. Weaver)."' (LOPES, Vera Maria de Oliveira Nusdeo. *O Direito à Informação e as Concessões de Rádio e Televisão*. São Paulo: Revista dos Tribunais, 1998, pp. 26-7).
Note-se que a definição de S. Stevens, trazida por LOPES, exige a bidirecionalidade na relação comunicativa, ao propor que "a mensagem que não tem resposta não é comunicação". Contudo, entendemos que o fato de a mensagem ser unidirecional (impossibilitando a resposta do receptor pelo mesmo meio) não desnatura a existência da relação comunicativa. Esta questão será esmiuçada mais à frente.

pois inclui a *intenção do emissor de afetar o comportamento do receptor*.[208] Ao cabo, a autora traz sua própria concepção de comunicação:

> um processo interligado, que se pode processar por inúmeros meios, unindo uma ou várias pessoas, seja como emissor seja como receptor, e que busca influenciar ou modificar o comportamento e/ou o pensamento de outra pessoa ou grupo de pessoas.[209]

BARROS CARVALHO,[210] a seu turno, leciona que o processo comunicacional é formado por cinco elementos (emissor – canal – mensagem – código – receptor), que são assim definidos:

1. Emissor: fonte da mensagem.

2. Canal: meio pelo qual os sinais são transmitidos (frequência de rádio, *v.g.*).

3. Mensagem: informação que é transmitida.

4. Código: conjunto de signos e regras de combinações próprias a um sistema de sinais.

5. Receptor: destinatário da informação.

Encampando elementos comuns aos conceitos anteriormente citados, o autor sustenta que "o processo comunicativo, segundo teóricos das comunicações e linguistas, consiste

---

208. OLIVEIRA define comunicação de modo semelhante:
"Por mais amplo que possa parecer o conceito de comunicação (...), é de se considerar que algo deva ser levado de um lugar a outro para que se efetive o liame comunicacional. Este *tráfego de informação* tenciona provocar alterações ou exercer influência no lugar de destino." (OLIVEIRA, Júlio Maria de. *Internet e Competência Tributária*. São Paulo: Dialética, 2001, p. 84, destaques nossos).

209. LOPES, Vera Maria de Oliveira Nusdeo. *O Direito à Informação e as Concessões de Rádio e Televisão*. São Paulo: Revista dos Tribunais, 1998, p. 28.

210. CARVALHO, Paulo de Barros. "Não incidência do ICMS na Atividade dos Provedores de Acesso à Internet." TÔRRES, Heleno Taveira (org.). *Direito Tributário das Telecomunicações*. São Paulo: IOB Thomson: Abetel, 2004, pp. 490-1.

na transmissão, de uma pessoa para outra, de informação codificada".

Dessarte, pode-se concluir que para a existência do processo de comunicação são necessários: um emissor, que envia a mensagem ao receptor; um canal, que consiste no meio físico pelo qual a mensagem será transmitida; a própria mensagem e um código por meio do qual emissor e receptor se comunicarão.

Assim, quando duas pessoas se encontram e iniciam uma conversação, forma-se a relação comunicativa, fazendo-se presentes os seus elementos caracterizadores (emissor: sujeito A; receptor: sujeito B; mensagem: o conteúdo da conversa; código: idioma escolhido pelas partes; meio de transmissão: ar).

Para que haja comunicação, entretanto, não é essencial que o destinatário compreenda a mensagem (o código pode ser conhecido por apenas uma das partes).[211] Haverá, decerto, um prejuízo para a interação entre emissor e receptor, mas todos os elementos necessários à existência da relação comunicativa estarão presentes.

Do exposto, dessume-se que, por mais amplo que seja o conceito de comunicação (e de fato o é), tem-se sempre um núcleo imutável, que pode ser enunciado como *o processo de levar uma mensagem do emissor ao receptor*.

Contudo, como fato jurígeno tributário o vocábulo não pode nem deve ser tomado em sentido tão abrangente, sob pena de submetermos o imposto ao ato de conversar ou às comunicações mediúnicas, como adverte SACHA CALMON.[212]

---

211. Nesse sendeiro, SOARES DE MELO pontifica que "(...) na comunicação torna-se necessária a participação de elementos específicos (emissor, mensagem, canal e receptor), podendo ocorrer *(ou não)* a compreensão pelo destinatário (...)". (MELO, José Eduardo Soares de. *Imposto sobre Serviço de Comunicação*, 2ª ed. São Paulo: Malheiros, 2003, pp. 67-8, destaques nossos).

212. COÊLHO, Sacha Calmon Navarro. "Tributação na Internet". MARTINS, Ives Gandra da Silva (org.). *Tributação na Internet*. São Paulo: Revista dos Tribunais,

Cumpre-nos, portanto, analisar o conceito constitucional – agora já balizado pelas definições que vimos de ver – de *prestação de serviço de comunicação*.

3.3.3. A necessidade de efetiva *prestação de serviço de comunicação* para configuração do fato gerador do ICMS

A atividade de comunicar-se ocorre apenas entre emissor e receptor, não havendo participação do prestador do serviço no ato de comunicação em si.[213] O serviço visa apenas a proporcionar o meio físico para que a mensagem efetivamente chegue ao destinatário[214] (e, por conseguinte, seja instaurada a relação comunicativa).

2001, p. 105.

213. Sobre o tema, leciona CELSO BASTOS:
"Faz-se necessário aqui traçar uma distinção entre a atividade de comunicar-se e o serviço de comunicação. A primeira é aquela que ocorre diretamente entre os interlocutores, seja através da troca de informações, de ideias ou da transmissão de uma mensagem. Nesse sentido a atividade de comunicar-se está relacionada à livre manifestação do pensamento, bem como à procura, ao recebimento e à difusão de informações ou ideias, por qualquer meio. Já o serviço de comunicação visa apenas proporcionar o meio, o ambiente para que esta comunicação possa ocorrer. É sobre este serviço que incide o ICMS. Ele é o fato gerador do referido imposto." (BASTOS, Celso Ribeiro. "Tributação na Internet". MARTINS, Ives Gandra da Silva (org.). *Tributação na Internet*. São Paulo: Revista dos Tribunais, 2001, p. 73).

214. GRECO e LORENZO pontuam:
"Presta serviço de comunicação não aquele que participa da própria relação comunicativa, mas sim aquele que realiza uma atividade consistente em dar condições materiais para que uma relação comunicativa (transmissão de mensagens entre interlocutores) se instaure. Assim, presta o serviço aquele que cuida de fornecer a infraestrutura mecânica, eletrônica e técnica para a comunicação, instalando equipamentos e sistemas que permitam tal relação. É o caso, dentre outros, dos serviços de telefonia e telegrafia.
(...)
Os partícipes da relação comunicativa não 'prestam serviço' um para o outro, nem para terceiros. Eles apenas se comunicam. Presta o serviço, isto sim, a empresa que mantém em funcionamento o sistema de comunicações consistente em terminais, centrais, linhas de transmissão, satélites etc." (GRECO, Marco Aurélio e LORENZO, Anna Paola Zonari de. "ICMS – Materialidade e Princípios Constitucionais". MARTINS, Ives Gandra da Silva (org.). *Curso de Direito Tributário*, 2ª ed., v. 2. Belém: Cejup, 1993, p. 155).

É sobre o serviço de comunicação – e não sobre a comunicação isoladamente considerada – que incide o ICMS.[215]

Entretanto, não basta, para a cobrança do imposto estadual, a mera colocação à disposição do usuário dos meios necessários ao estabelecimento da relação comunicativa. É imprescindível que o serviço de comunicação seja efetivamente prestado.[216] Em outras palavras, para ocorrência *in concreto* da hipótese de incidência do ICMS-comunicação, não basta a prática de meros atos preparatórios que possibilitarão a fruição do serviço de comunicação. É essencial – sob pena de não subsunção do fato à norma tributária – que haja a efetiva prestação do serviço, com o envio de mensagem pelo emissor ao receptor (que deverá possuir condições de recebê-la).

A lição de MISABEL DERZI[217] se apropõsita neste ponto: para a jurista, o fato gerador do ICMS-comunicação não é o contrato de prestação do serviço, mas sim o seu ato de execução. Dessarte, para cobrança do imposto é essencial que a comunicação se complete, pois não existe tributação sobre serviço potencial.[218]

---

215. BRITO MACHADO chega à mesma conclusão, após sustentar que "uma coisa é o comunicar-se e outra é oferecer instrumento para a comunicação de outrem". (MACHADO, Hugo de Brito. "Tributação na Internet". MARTINS, Ives Gandra da Silva (org.). *Tributação na Internet*. São Paulo: Revista dos Tribunais, 2001, p. 87).

216. Para CHIESA, como a Constituição não fez qualquer restrição ao vocábulo comunicação – tomando-o em sentido amplo – qualquer atividade que estiver relacionada aos meios necessários para que a comunicação se realize pode ser eleita pelo legislador infraconstitucional como integrante da hipótese de incidência do ICMS-comunicação. Como essa conclusão preliminar pode induzir o leitor a concluir que atividades preparatórias ao processo comunicativo seriam abarcadas pelo ICMS-comunicação, o próprio autor esclarece que "não se está sustentando que o simples fato de alguém instalar determinado equipamento para que a comunicação se realize possa ser eleito pelo legislador infraconstitucional para integrar a hipótese de incidência do ICMS (...). *A autorização constitucional cinge-se aos fatos em que efetivamente ocorra a comunicação*". (CHIESA, Clélio. *ICMS – Sistema Constitucional Tributário – Algumas Inconstitucionalidades da LC 87/96*. São Paulo: LTr, 1997, pp. 99-102, destaques nossos).

217. BALEEIRO, Aliomar. *Direito Tributário Brasileiro*, 11ª ed, atualizado por MISABEL ABREU MACHADO DERZI. Rio de Janeiro: Forense, 2001, pp. 479-80.

218. Na linha das razões expostas, CARRAZZA assevera que "o que se tributa é a

A TRIBUTAÇÃO DOS SERVIÇOS DE COMUNICAÇÃO

A Primeira Seção do Superior Tribunal de Justiça já assentou – em acórdão prolatado à unanimidade – que a mera disponibilização de meios para assegurar ao usuário a possibilidade de fruição do serviço de telecomunicações não se confunde com a sua efetiva prestação, sobre a qual há a incidência do ICMS.[219] A decisão uniformizou o entendimento daquela Corte acerca da não incidência do ICMS sobre a habilitação de telefones celulares (procedimento que consiste em programar o telefone para que ele passe a funcionar). Em seu voto condutor, o relator afirmou que na habilitação de telefones não ocorre "qualquer serviço efetivo de telecomunicação, senão de disponibilização do serviço, de modo a assegurar ao usuário a possibilidade de usufruir do serviço de telecomunicações".

Em outro caso, no qual analisou-se a temática específica da não incidência do ICMS sobre a assinatura mensal do telefone celular (valor pago pelo usuário apenas para manutenção da linha em funcionamento), o STJ assentou pela sua intributabilidade,[220] demonstrando que aquela Corte se inclina, cada vez mais, pela impossibilidade de incidência do ICMS-comunicação sobre fatos que não correspondam à efetiva prestação do serviço.

Ao cabo, pode-se concluir que não há fato gerador do ICMS-comunicação sem que o serviço seja ultimado. Meras atividades preparatórias à sua execução não são aptas a ensejar a cobrança do imposto estadual, cuja hipótese de incidência somente restará configurada quando o emissor efetivamente enviar uma mensagem para o receptor, utilizando-se dos meios disponibilizados por um terceiro e mediante remuneração.

---

execução do serviço [de comunicação], e não, simplesmente, sua estipulação". (CARRAZZA, Roque Antonio. *ICMS*, 9ª ed. São Paulo: Malheiros, 2002, pp. 154-5).

219. STJ, Primeira Seção, Recurso Ordinário em Mandado de Segurança nº 11.368/MT, relator Ministro FRANCISCO FALCÃO, DJ 09.02.2005, p. 182, unânime.

220. STJ, Primeira Turma, Recurso Especial nº 402.047/MG, relator Ministro GOMES DE BARROS, DJ 09.12.2003, p. 214.

3.4. Serviços de comunicação internacional. Particularidades

O Constituinte de 1988 autorizou a incidência do ICMS sobre as prestações de serviço de comunicação, *ainda que iniciadas no exterior*. Por outro lado, a EC nº 42/03 trouxe regra imunizante, segundo a qual o ICMS não incidirá sobre os serviços *prestados a destinatários no exterior*. Vale revisitar a redação dos dispositivos:

> Art. 155. Compete aos Estados e ao Distrito Federal instituir impostos sobre:
>
> (...)
>
> II – operações relativas à circulação de mercadorias e sobre *prestações de serviços* de transporte interestadual e intermunicipal e *de comunicação, ainda que* as operações e *as prestações se iniciem no exterior;*" (redação dada pela EC nº 03/93, destaques nossos)
>
> Art. 155. (...).
>
> (...)
>
> §2º. *O imposto previsto no inciso II*:
>
> (...)
>
> X – *não incidirá*:
>
> a) sobre operações que destinem mercadorias para o exterior, nem *sobre serviços prestados a destinatários no exterior*, assegurada a manutenção e o aproveitamento do montante do imposto cobrado nas operações e prestações anteriores; (...). (redação dada pela EC nº 42/03, destaques nossos)

Outrossim, o art. 155, §2º, IX, *a*, determina a incidência do imposto sobre serviço de comunicação *prestado no exterior*, cujo destinatário esteja situado no Brasil, cabendo o ICMS ao Estado onde estiver o domicílio ou estabelecimento do destinatário. É ver:

> Art. 155. (...).
>
> (...)

§ 2º. *O imposto previsto no inciso II atenderá ao seguinte:*

(...)

IX – *incidirá também*:

(...)

a) sobre a entrada de bem ou mercadoria importados do exterior por pessoa física ou jurídica, ainda que não seja contribuinte habitual do imposto, qualquer que seja a sua finalidade, assim como *sobre o serviço prestado no exterior, cabendo o imposto ao Estado onde estiver situado o domicílio ou o estabelecimento do destinatário* da mercadoria, bem ou serviço; (...). (redação dada pela EC nº 33/01, destaques nossos)

Para a adequada apreensão do alcance das citadas regras constitucionais, faz-se mister uma breve incursão no *modus operandi* da prestação do serviço de comunicação internacional.

Desde já, adiante-se que o destinatário do serviço de comunicação não se confunde com o destinatário da ligação telefônica. Destinatário do serviço é aquele que solicita a prestação do mesmo, e não aquele que passivamente recebe a ligação (essa distinção é de suma importância para os conceitos que serão delineados a seguir).

3.4.1. Serviço iniciado no exterior e completado no Brasil (tráfego entrante)

A ligação telefônica originada no exterior e destinada ao Brasil se completa em duas fases distintas.

Na primeira, o usuário situado em um terceiro país realiza a chamada para o Brasil. Para tanto, utiliza-se dos serviços de uma operadora estrangeira, que irá transportar os pulsos telefônicos até os limites de sua rede instalada.

Em um segundo momento, a empresa estrangeira precisará, necessariamente, que uma operadora atuante no

Brasil[221] disponibilize sua rede[222] para que os pulsos cheguem ao seu destino final em nosso País (ou seja, a operadora nacional será contratada, pela estrangeira, para prestar-lhe serviço de comunicação).

Como, nessa hipótese, o serviço de comunicação é prestado pela operadora brasileira em razão da *entrada*, em sua rede, de pulsos oriundos do exterior, está-se diante do denominado "tráfego entrante" (que corresponde, portanto, à prestação de serviço por empresa brasileira para operadora estrangeira).[223]

O exemplo[224] a seguir clarifica o que estamos a expor:

> Um sujeito "A", residente em Nova Iorque, liga para um sujeito "B", residente em São Paulo. Para tanto, "A" utiliza-se dos serviços da MCI (empresa norte-americana). A MCI, para fazer com que a ligação chegue até São Paulo, precisa utilizar a rede da Embratel, visto que suas redes próprias não adentram o território brasileiro.
>
> São partícipes dessa relação comunicativa:
>
> Sujeito "A": tomador do serviço da MCI.
>
> Sujeito "B": destinatário da ligação telefônica.[225]
>
> MCI: empresa prestadora do serviço de ligações internacionais nos EUA e tomadora dos serviços da Embratel.
>
> Embratel: titular da rede de telecomunicações que transporta os pulsos telefônicos, dentro do território nacional, até a cidade de São Paulo.
>
> Quando a Embratel cede sua rede para o transporte de pulsos da MCI, está completando serviço de comunicação originado no exterior, restando configurado o "tráfego entrante".

---

221. A operadora deverá estar autorizada, pela Anatel, a prestar o serviço de telefonia internacional.

222. A interconexão de redes, tanto em nível nacional como internacional, é obrigatória por força do art. 146, II, da Lei n° 9.472/97 (LGT).

223. Há, portanto, prestação de serviço de comunicação para destinatário situado no exterior (no caso, a operadora estrangeira), que é abrigada pela imunidade prevista no art. 155, §2°, X, *a* da CR/88.

224. Adotaremos, como base para a presente exposição, a realidade fática do serviço de telefonia fixa.

225. Repise-se que o destinatário da ligação telefônica não se confunde com o destinatário do serviço.

O tráfego entrante corresponde, portanto, a uma exportação de serviços pela operadora brasileira. Esta executa atividade em prol de destinatário situado no exterior (operadora estrangeira), mediante remuneração, possibilitando que a ligação telefônica originada em outro país atinja seu destino final no Brasil.[226]

3.4.2. Serviço iniciado no Brasil e completado no exterior (tráfego sainte)

A ligação telefônica originada no Brasil com destino ao exterior é também ultimada em duas etapas.

Na primeira, um usuário brasileiro realiza uma ligação telefônica destinada a outro país. Ele se utiliza, para tanto, dos serviços de uma operadora nacional.

Para fazer com que a ligação chegue ao seu destino final, a empresa brasileira precisará utilizar a rede de uma operadora estrangeira. Advém, portanto, a segunda etapa do serviço de comunicação internacional, na qual os pulsos telefônicos deixam a rede da empresa brasileira para entrar na da estrangeira, possibilitando, com isso, que a ligação telefônica seja completada. Como os pulsos saem da rede da empresa brasileira para adentrar na da estrangeira, convencionou-se denominar essa operação de "tráfego sainte".

Nesse caso, como o serviço é prestado por empresa brasileira a usuário aqui situado, este último é o tomador (destinatário) do serviço. A pessoa que irá receber a ligação no exterior é a destinatária da *chamada telefônica* – mas não é a

---

226. UTUMI assim define o tráfego entrante:
"No tocante ao tráfego entrante, trata-se de *exportação de serviços* pela operadora de telefonia brasileira, visto que esta presta serviços de terminação de ligação telefônica iniciada no exterior para a operadora de telefonia estrangeira, da qual se originou dita ligação telefônica." (UTUMI, Ana Cláudia Akie. *A Tributação dos Serviços Internacionais de Telecomunicações*. BORGES, Eduardo de Carvalho (org.). Tributação nas Telecomunicações. São Paulo: Quartier Latin, 2005, p. 24).

destinatária do *serviço*.[227]

Confira-se o exemplo:

> Um sujeito "B", residente em São Paulo, liga para um sujeito "A", residente em Nova Iorque, utilizando-se dos serviços da Embratel. Esta, para fazer com que a ligação chegue até Nova Iorque, precisa utilizar a rede da MCI em solo norte-americano.
>
> Os partícipes da relação comunicativa são:
>
> Sujeito "B": tomador (destinatário) do serviço da Embratel.
>
> Sujeito "A": destinatário da ligação telefônica.
>
> Embratel: empresa prestadora do serviço de ligações internacionais no Brasil, que contrata empresa estrangeira para completar a chamada destinada ao exterior.
>
> MCI: titular da rede de telecomunicações que transporta os pulsos telefônicos, dentro dos EUA, até a cidade de Nova Iorque.
>
> Quando a Embratel contrata a MCI para completar ligação telefônica originada no Brasil e destinada ao exterior, está importando serviços da operadora norte-americana, restando configurado o "tráfego sainte".

Dessarte, a ligação telefônica iniciada no Brasil e completada no exterior constitui serviço de comunicação internacional prestado a destinatário situado no País.

Não há, na hipótese, exportação de serviço. Ao contrário: quando a Embratel, no exemplo dado, contrata a MCI para que esta última complete a ligação em solo norte-americano, está havendo *importação* de serviços de comunicação.[228]

---

227. Assim, está-se diante de serviço telefônico internacional prestado a destinatário situado no Brasil. Logo, há incidência do ICMS, por força do art. 155, §2º, IX, *a*, da CR/88.

228. Confira-se a seguinte definição de tráfego sainte:
"Tráfego sainte: consiste na contratação de empresa localizada no exterior para prestação de serviço de finalização de ligação telefônica iniciada no Brasil. Esta

3.4.3. Não incidência de ICMS sobre os serviços de comunicação iniciados no exterior e completados no Brasil. Imunidade

Como visto, quando a ligação telefônica é originada em outro país e completada no Brasil, a operadora brasileira presta serviço de transporte de pulsos telefônicos (dentro do território nacional) para a empresa estrangeira (que é, portanto, tomadora do serviço de telecomunicações aqui prestado).

Trata-se de situação na qual se tem o tráfego entrante, ou seja: os pulsos oriundos do exterior ingressam na rede da operadora brasileira, que os conduz ao destinatário da ligação (o qual, repise-se novamente, não se confunde com o destinatário/tomador do serviço, que é a empresa estrangeira).[229]

O caso, portanto, é de incidência da regra imunizante prevista no art. 155, §2º, X, *a* da CR/88, que impede a tributação dos serviços prestados a destinatários no exterior.

No período anterior à EC nº 42/03, não havia, no corpo da Lei Maior, regra impeditiva da tributação do tráfego entrante pelo ICMS. Entretanto, a Lei Complementar nº 87, de 13 de setembro de 1996,[230] isentava essa prestação de serviço do imposto estadual.

A EC nº 42/03, portanto, constitucionalizou regra contida na LC nº 87/96 ao modificar o art. 155, §2º, X, *a* da CR/88,

---

operação nada mais é do que uma simples importação de serviço de comunicação por uma empresa localizada no Brasil, contratando um terceiro que assumirá a responsabilidade de transmitir o sinal por meio da própria rede." (FERNANDES, Fábio Tadeu Ramos. *As Operações Internacionais de Comunicação e o ICMS (Tráfegos "Sainte" e "Entrante")*. BORGES, Eduardo de Carvalho (org.). Tributação nas Telecomunicações. São Paulo: Quartier Latin, 2005, p. 187).

229. Veja-se, nesse sentido: MACHADO, Hugo de Brito. *Aspectos fundamentais do ICMS*. São Paulo: Dialética, 1997, p. 63.

230. LC nº 87/96:
"Art. 3º. O imposto não incide sobre:
(...)
II – operações e prestações que destinem ao exterior mercadorias, inclusive produtos primários e produtos industrializados semielaborados, ou serviços;"

elevando ao plano da imunidade a anterior isenção de ICMS sobre os serviços de comunicação *prestados a destinatários situados no exterior*.

3.4.4. Autorização constitucional para tributação dos serviços de comunicação originados no Brasil e completados no exterior

Quando a ligação telefônica é iniciada no Brasil e completada no exterior, é certo dizer-se que há *prestação de serviço internacional* (afinal, a ligação é completada em outro país). Contudo, o destinatário do serviço (tomador) está situado no Brasil. Assim, está-se diante de *serviço prestado no exterior a destinatário situado no Brasil* (tráfego sainte), ao qual se refere o art. 155, §2º, IX, *a* da CR/88. O dispositivo autoriza a incidência do ICMS sobre essa modalidade de serviço de comunicação internacional, determinando ainda que o imposto seja recolhido ao Estado no qual esteja situado o domicílio ou estabelecimento do tomador (*rectius*: destinatário) do serviço.[231]

---

231. Anote-se a opinião em contrário de IVES GANDRA, para quem a CR/88 não permite a tributação de serviços de comunicação iniciados no Brasil e ultimados no exterior:
"O legislador maior limitou a competência impositiva dos Estados sobre serviços a apenas dois deles, a saber: o de comunicações e o de transportes intermunicipais ou interestaduais. E apenas permitiu que tal competência fosse exercida quanto a serviços de telecomunicações, em relação aos prestados no âmbito interno no país ou, quanto aos internacionais, em relação àqueles que, iniciados no exterior, fossem destinados a usuário localizado no território nacional.
Reza o Artigo 155, inciso II, da lei suprema que:
'Art. 155. Compete aos Estados e ao Distrito Federal instituir impostos sobre:
II. operações relativas à circulação de mercadorias e sobre prestações de serviço de transporte interestadual e intermunicipal e de comunicação, ainda que as operações e prestações se iniciem no exterior.'
Como se percebe, tanto as operações relativas à circulação de mercadorias, como as prestações de serviços iniciados no exterior são tributadas pelo imposto estadual. *A contrario sensu, as operações iniciadas no país não são tributadas se o destinatário do serviço estiver no exterior.*
E qual a razão? É que, nos serviços iniciados no exterior, o prestador de serviços presta-os para o usuário final no país, enquanto na prestação de serviços iniciados no Brasil para o exterior, a utilidade do serviço é auferida por alguém que está fora do território nacional." (MARTINS, Ives Gandra da Silva. *Serviços de*

A TRIBUTAÇÃO DOS SERVIÇOS DE COMUNICAÇÃO

A lei tributária, em regra, não possui eficácia extraterritorial. Contudo, nada impede que o Constituinte ou mesmo o legislador determine a incidência de tributos sobre fatos consumados em território estrangeiro, desde que haja um elemento que permita a vinculação entre o pagante e o Estado brasileiro.

Na hipótese em tela, o Constituinte excepcionou em parte o princípio da territorialidade da lei tributária, quando dispôs que o ICMS incide, também, sobre serviço prestado no exterior, desde que o estabelecimento tomador do serviço esteja situado no País (critério de vinculação). Nesse caso, temos que não há como elidir-se a cobrança do ICMS, face à existência de norma constitucional válida,[232] com a devida *vênia* das opiniões em contrário.[233]

Telecomunicações iniciados no Brasil e Concluídos no Exterior. Hipótese de Não Imposição do ICMS. Temas Atuais de Direito Tributário. São Paulo: Elevação, 2001, p. 110, destaques nossos).
Com o máximo respeito pelas lições do eminente jurista, ousamos divergir. O destinatário do serviço telefônico iniciado no País e completado no exterior é o usuário brasileiro (e não a pessoa que recebe a chamada no exterior, que é tão somente a destinatária da mensagem, e não do serviço). Logo, trata-se de caso no qual o serviço será *prestado no exterior para destinatário situado no País*, atraindo a incidência do tributo nos termos do art. 155, §2º, IX, *a* da CR/88.

232. Vem, a propósito, a lição de SOARES DE MELO:
"As prestações de serviços realizadas (parcial ou integralmente) no exterior constituem exceções ao princípio da territorialidade, uma vez que somente os fatos, atos e negócios realizados dentro do país é que poderiam ser objeto de tributação, em razão dos limites da soberania nacional, e pelo fato de a riqueza estar sendo gerada fora do território nacional.
Entretanto, como a CF previu a incidência do ISSC sobre as prestações de serviços de comunicação, 'ainda que se iniciem no exterior' (art. 155, II), e, ainda, 'prestado no exterior' (art. 155, IX, *a*), há que se observar a diretriz constitucional. Assim, terá direito ao imposto, o Estado onde se situar o estabelecimento ou o domicílio do destinatário." (MELO, José Eduardo Soares de. *Imposto sobre Serviço de Comunicação*, 2ª ed. São Paulo: Malheiros, 2003, p. 119).

233. EDUARDO BOTTALLO (BOTTALLO, Eduardo D. *ICMS e Serviços de Comunicação Internacional*. Revista Dialética de Direito Tributário, nº 61. São Paulo: Dialética, out. 2000, p. 24) e CARRAZZA (CARRAZZA, Roque Antonio. *ICMS*, 9ª ed. São Paulo: Malheiros, 2002, pp. 168-9) arrimam-se no princípio da territorialidade para sustentar a intributabilidade das ligações telefônicas iniciadas no Brasil e completadas no exterior. Segundo os citados autores, a lei tributária somente tem validade sobre fatos ocorridos no território da pessoa que a editou.

De todo modo, essa possibilidade de se mitigar a territorialidade em matéria tributária deve ser compreendida com reservas. A regra geral é a de que os fatos tributáveis são aqueles ocorridos no território do ente tributante. Em casos como o presente, contudo, no qual o fato ocorre parte no território nacional e parte no território estrangeiro, autoriza-se a tributação do serviço, posto que prestador e tomador se situam no Brasil. O caráter internacional da atividade refere-se à ubicação, no exterior, do destinatário da ligação telefônica, o qual, contudo, não é destinatário do serviço. O legislador, portanto, não é livre para desconhecer o princípio da territorialidade e, com base em um frágil critério de vinculação, tributar fatos ocorridos no estrangeiro. A questão é que, na hipótese em análise, prestador e tomador situam-se no País, o que autoriza a cobrança do ICMS sobre as ligações internacionais aqui originadas.

Deve-se notar, ainda, que a LC nº 87/96 não isentou de ICMS o tráfego sainte. Como este configura importação de serviço, e a *ratio* da lei é isentar as exportações, a regra isencional não aproveita os serviços prestados no exterior para *destinatários situados no Brasil* (esta questão será tratada com maior vagar no próximo capítulo).

3.4.5. Aplicação das conclusões à telefonia celular: *roaming internacional entrante* e *sainte*

A análise da incidência do ICMS sobre os serviços de comunicação internacionais, até o momento, foi feita com base no modelo de operação da telefonia fixa, tendo-se chegado às seguintes conclusões:

(a) tráfego entrante (ligações telefônicas iniciadas no exterior e completadas no Brasil): não incide o ICMS, por força de imunidade (art. 155, §2º, X, *a*, da CR/88). Antes da imunidade, vigorava a isenção prevista no art. 3º, II da LC nº 87/96;[234]

---

234. A legislação infraconstitucional será analisada no capítulo seguinte.

(b) tráfego sainte (ligações iniciadas no Brasil e completadas no exterior): há autorização constitucional para incidência do ICMS (art. 155, §2º, IX, *a* da CR/88). Não há isenção do imposto estadual na LC nº 87/96.[235]

As regras do tráfego entrante aplicam-se, na telefonia celular, ao denominado *roaming* internacional entrante (ou receptivo),[236] que ocorre quando um usuário de operadora de telefonia celular estrangeira vem ao Brasil e efetua ligações em nosso País. Nessa hipótese, para que a ligação seja completada, é necessário que uma operadora brasileira disponibilize sua rede, por meio da qual o serviço será prestado. O usuário estrangeiro pagará à operadora de seu país os valores relativos à utilização do celular no Brasil. A operadora estrangeira, por sua vez, irá remunerar a operadora brasileira pela "cessão" da rede desta última. Logo, trata-se de uma exportação de serviço de comunicação (o serviço é prestado pela operadora brasileira à operadora estrangeira), abarcada pela imunidade constitucional do ICMS prevista no art. 155, §2º, X, *a* da CR/88 (bem como pela anterior isenção constante do art. 3º, II, da LC nº 87/96).

Da mesma forma, as conclusões apontadas para o tráfego sainte aplicam-se integralmente ao *roaming* internacional sainte, que se caracteriza quando o usuário de telefone celular brasileiro viaja para outro país e realiza ligações telefônicas. Para que as chamadas sejam completadas, será imprescindível a utilização da rede da operadora local (empresa estrangeira). Esta fará jus a uma remuneração, a ser paga pela empresa brasileira (haverá, dessarte, importação de serviço: contratação, por empresa nacional, de serviço prestado

---

235. Vide nota anterior.

236. Sobre o tema, vide: UTUMI, Ana Cláudia Akie. *A Tributação dos Serviços Internacionais de Telecomunicações*. BORGES, Eduardo de Carvalho (org.). Tributação nas Telecomunicações. São Paulo: Quartier Latin, 2005, pp. 23-45 e MATOS, Tácito Ribeiro de. *Aspectos Tributários do Roaming, em Especial do Roaming Internacional*. TÔRRES, Heleno Taveira (org.). Direito Tributário das Telecomunicações. São Paulo: IOB Thomson: Abetel, 2004, pp. 443-61.

no exterior). O usuário, a seu turno, pagará, no Brasil, todos os valores relativos à utilização de seu telefone celular no exterior. Na hipótese do *roaming* sainte incide, portanto, a regra que possibilita a tributação do serviço iniciado no Brasil e completado no exterior (art. 155, §2º, IX, *a* da CR/88).

3.5. Os serviços de radiodifusão e a imunidade do art. 155, §2º, X, *d*, da CR/88

3.5.1. Definição de radiodifusão

A radiodifusão é a transmissão, por frequência radioelétrica e sem utilização de fios ou cabos, de sons (rádio) e de sons e imagens (televisão).[237]

O art. 211 da LGT excluiu a radiodifusão do âmbito de competência da Anatel, atribuindo à Agência tão somente o poder de fiscalizar as emissoras de rádio e TV, no que tange aos seus aspectos técnicos, bem como o dever de organizar a distribuição dos canais. As concessões são outorgadas diretamente pelo Poder Executivo (Ministério das Comunicações).

A radiodifusão tem como características ser livre e gratuita. Os sons e as imagens são veiculados para todos aqueles que, possuindo aparelhos de rádio ou TV, desejem sintonizá-los.

O lucro das emissoras advém da remuneração por elas percebida para divulgar anúncios publicitários em sua programação. Assim, em última análise, quem paga a transmissão livre e gratuita de sons e imagens são os anunciantes, que desejam fazer chegar à população os comerciais de seus produtos e serviços.

A questão a ser analisada, portanto, é a possibilidade de cobrança do ICMS-comunicação sobre os valores percebidos

---

237. ESCOBAR, J. C. Mariense. *O Novo Direito de Telecomunicações*. Porto Alegre: Livraria do Advogado, 1999, p. 194.

pelas emissoras de rádio e TV de seus anunciantes, para fins de compreensão da *ratio* da imunidade prevista no art. 155, §2º, X, *a* (seria a regra exonerativa desnecessária, uma vez que os serviços de radiodifusão são intributáveis pelo ICMS, ou há efetivamente razão para que a imunidade tenha sido posta na CR/88 pela EC nº 42/03?).

Vejamos.

3.5.2. A doutrina e os serviços de radiodifusão

Muito já se discutiu acerca da natureza dos serviços de radiodifusão para fins de sua subsunção (ou não) ao ICMS-comunicação.

Existe uma corrente que, arrimada na diferenciação que o Constituinte faz entre radiodifusão, telecomunicação e serviço postal, prega ser possível a cobrança do ICMS apenas sobre os serviços de *telecomunicações*, não havendo, portanto, incidência do imposto sobre a radiodifusão (e tampouco sobre os serviços postais).

Outrossim, argumenta-se que a radiodifusão não configura serviço de comunicação, por não contar com a bidirecionalidade (possibilidade de o receptor responder à mensagem pelo mesmo meio em que a recebeu), bem como por ser dirigida a destinatários indeterminados.

De todo modo, mesmo que o serviço de radiodifusão fosse considerado tributável pelo ICMS, a doutrina entende que faltaria base de cálculo para imposição do tributo, pois os destinatários da mensagem nada pagam para recebê-la (a radiodifusão é livre e gratuita).

Por fim, sustenta-se que a remuneração percebida pelas emissoras de rádio e TV seria oriunda da prestação de um serviço publicitário (tributável, em tese, pelo ISSQN) e não de um serviço de comunicação.

Esses diversos entendimentos doutrinários serão

analisados a seguir. No entanto, desde já, adiantamos que nossa posição é pela impossibilidade de cobrança do ICMS sobre o serviço de radiodifusão (mesmo antes da regra imunizante posta pela EC nº 42/03), mas arrimando-nos unicamente no fato de que as receitas das emissoras derivam da veiculação de publicidade, podendo ser alcançadas pelo ISSQN (e não pelo ICMS-comunicação).

Confira-se.

3.5.2.1. A distinção constitucional entre radiodifusão, serviço postal e telecomunicações não produz efeitos relativamente ao ICMS

Parte da doutrina prega que a segregação constitucional – na parte relativa à atribuição de competência para legislar e explorar os serviços – entre as telecomunicações, a radiodifusão e o serviço postal (operada pelos arts. 21, X a XII, 22, IV e V, e 48, XII, da CR/1988)[238] importou em limitação do campo de incidência do ICMS-comunicação, do qual teriam sido excluídos – por força dessa separação – os serviços de radiodifusão e os postais.[239]

---

238. CR/1988:
"Art. 21. Compete à União:
(...)
X – manter o serviço postal e o correio aéreo nacional;
XI – explorar, diretamente ou mediante autorização, concessão ou permissão, os serviços de telecomunicações, nos termos da lei, que disporá sobre a organização de serviços, a criação de um órgão regulador e outros aspectos institucionais;
XII – explorar, diretamente ou mediante autorização, concessão ou permissão:
a) os serviços de radiodifusão sonora e de sons e imagens;"
"Art. 22. Compete privativamente à União legislar sobre:
IV — águas, energia, informática, telecomunicações e radiodifusão;"
V — serviço postal;"
"Art. 48. Cabe ao Congresso Nacional, com a sanção do Presidente da República, não exigida esta para o especificado nos arts. 49, 51 e 52, dispor sobre todas as matérias de competência da União, especialmente sobre:
(...)
XII — telecomunicações e radiodifusão; (...)."

239. Confira-se, nesse sentido, a lição de BRITO MACHADO:

A TRIBUTAÇÃO DOS SERVIÇOS DE COMUNICAÇÃO

Para nós, contudo, a separação entre os aludidos serviços na CR/88 não tem o condão de modificar a hipótese de incidência do ICMS-comunicação e afastar (com esse fundamento) a possibilidade de tributação dos serviços de radiodifusão.

É assente que a interpretação sistemática de um texto legal (propagada pela doutrina para sustentar o posicionamento em tela) pode e deve ser utilizada para apreensão do sentido dos vocábulos utilizados pelo legislador. Entretanto, em se tratando de interpretação da Constituição, o processo sistemático de hermenêutica só se demonstra eficaz quando acompanhado do método teleológico, com preponderância deste último.[240]

No caso em tela, o Constituinte, ao dispor sobre competência para legislar e explorar os serviços de telecomunicações, de radiodifusão e postais, tratou-os de forma distinta. Essa segregação, entretanto, pode ser justificada por razões outras que não a intenção de excluir os serviços de radiodifusão e postais da hipótese de incidência do ICMS.

Como já anotado no primeiro capítulo, a política governamental relativamente à radiodifusão sempre divergiu daquela destinada às telecomunicações. Basta lembrar que, mesmo

---

"O conceito de comunicação, assim, não inclui a atividade considerada serviço postal, que pode ser entendida como o transporte de correspondência, nem aquela denominada radiodifusão. Não obstante os serviços postais, o transporte de correspondência e os de radiodifusão possam ser considerados de comunicação, em sentido amplo, a referência específica àqueles, ao lado da referência a telecomunicações, em normas da Constituição, mostra que o Constituinte fez uma distinção, no texto da Lei Maior, entre uns e outros, não considerando o serviço postal, nem o de radiodifusão, como espécies de serviços de comunicação, ou de telecomunicação." (MACHADO, Hugo de Brito. *Aspectos fundamentais do ICMS*. São Paulo: Dialética, 1997, pp. 37-8).
Comungam deste entendimento CARRAZZA (CARRAZZA, Roque Antonio. *ICMS*, 9ª ed. São Paulo: Malheiros, 2002, pp. 190-4), GRECO e LORENZO (GRECO, Marco Aurélio e LORENZO, Anna Paola Zonari de. *ICMS* – Materialidade e Princípios Constitucionais. MARTINS, Ives Gandra da Silva (org.). *Curso de Direito Tributário*, 2ª ed., v. 2. Belém: Cejup, 1993, pp. 155-6), dentre outros.

240. MAXIMILIANO, Carlos. *Hermenêutica e Aplicação do Direito*, 19ª ed. Rio de Janeiro: Forense, 2005, p. 256.

antes da reforma constitucional operada pela EC nº 08/95 (que possibilitou a privatização do Sistema Telebrás), os serviços de radiodifusão podiam ser explorados por particulares, ao contrário dos demais serviços públicos de telecomunicações, que constituíam monopólio da União. Assim, é compreensível que o Constituinte tenha separado as telecomunicações da radiodifusão no texto constitucional, em vista das diferenças entre as formas de exploração dos serviços.

Já o serviço postal – ao contrário das telecomunicações e da radiodifusão – é mantido diretamente pela União, o que *de per se* justifica sua disposição de forma alijada das duas outras atividades em tela.

Dessarte, razões existem para que o Constituinte trate, de forma separada, dos serviços de telecomunicações, de radiodifusão e dos postais, quando da outorga da competência para legislar sobre eles.

A incidência (ou não) do ICMS-comunicação é definida pela simples aferição da existência de uma prestação de serviço que possibilite a instauração da relação comunicativa.

No caso dos serviços postais, como sua função precípua não é a prestação de serviço de comunicação, mas sim o transporte de material fechado (carta ou encomenda), não há incidência do ICMS-comunicação, como leciona SACHA CALMON.[241] Já nas telecomunicações em geral, o imposto incide, pois nelas se fazem presentes os elementos necessários à configuração da hipótese de incidência do imposto em tela. Na radiodifusão, contudo, existem outros argumentos a impedir a cobrança do ICMS-comunicação.

---

241. COÊLHO, Sacha Calmon Navarro. *Tributação na Internet*. MARTINS, Ives Gandra da Silva (org.). Tributação na Internet. São Paulo: Revista dos Tribunais, 2001, p. 112.

3.5.2.2. A desnecessidade, para fins de incidência do ICMS, da bidirecionalidade no serviço de comunicação

Ao contrário do que prega parte da doutrina, a bidirecionalidade (possibilidade de o receptor responder à mensagem pelo mesmo meio em que a recebeu) não é nota essencial do fato gerador do ICMS-comunicação.[242] A interpretação constitucional deve seguir, sempre que possível, a letra expressa da própria Carta, salvo forte presunção em contrário,[243] e a CR/88 não faz essa exigência (bidirecionalidade na comunicação) ao prever, em seu art. 155, II, a incidência do ICMS sobre a *prestação de serviço de comunicação*.[244] O fato gerador é previsto de forma ampla, permitindo a tributação de toda e qualquer prestação do aludido serviço.[245]

Como visto anteriormente, a doutrina é uníssona ao sustentar que a prestação onerosa do serviço de comunicação é bastante para que haja incidência do ICMS. E a ocorrência

---

242. Ressalte-se, desde já, a lição – em sentido diverso – de BRITO MACHADO: "Comunicação acontece apenas quando há retorno. Ela é necessariamente bilateral. Embora em certos casos possa não haver retorno, há de haver sempre, pelo menos, a possibilidade de retorno. Em outras palavras, os usuários de um serviço de comunicação têm a seu dispor um instrumento que lhes permite transmitir e receber mensagens." (MACHADO, Hugo de Brito. *Tributação na Internet*. MARTINS, Ives Gandra da Silva (org.). Tributação na Internet. São Paulo: Revista dos Tribunais, 2001, p. 87).

243. MAXIMILIANO, Carlos. *Hermenêutica e Aplicação do Direito*, 19ª ed. Rio de Janeiro: Forense, 2005, p. 252.

244. O próprio regulamento do antigo Código Brasileiro de Telecomunicações (Decreto nº 97.057, de 10 de novembro de 1988) conceituava comunicação como a "transferência *unilateral* ou bilateral de informação por meio de sinais convencionados" (art. 6º).

245. Aduz BALEEIRO, ainda sob a égide da Carta de 1967/69:
"... não há restrição outra em relação ao imposto sobre comunicações senão as de que estão excluídas as intramunicipais. Quaisquer outras que importem em transmitir ou receber mensagens por qualquer processo técnico de emissão de sons, imagens ou sinais, papéis etc., estão sob o alcance do imposto federal, desde que constituam prestação remunerada de serviços." (BALEEIRO, Aliomar. *Direito Tributário Brasileiro*, 11ª ed, atualizado por MISABEL ABREU MACHADO DERZI. Rio de Janeiro: Forense, 2001, p. 479).

da relação comunicativa exige a presença de apenas cinco elementos (emissor, receptor, mensagem, meio e código). Erigir-se outro requisito (a bidirecionalidade)[246] para que seja caracterizada a relação tributável pelo imposto estadual é atentar contra o texto da Constituição. Afinal, segundo MAXIMILIANO,[247]

> onde um poder é conferido em termos gerais (na hipótese, o poder de tributar as prestações de serviço de comunicação), interpreta-se como estendendo-se de acordo com os mesmos termos, salvo se alguma clara restrição for deduzível do próprio contexto, por se achar ali expressa ou implícita.

Assim, desde que em uma situação fática estejam presentes os elementos da relação comunicativa (emissor, canal, mensagem, código e receptor), aliados a uma prestação de serviço que provê os meios para a consecução da comunicação, restará configurada a hipótese de incidência do ICMS (sendo ilegítimo erigirem-se outros requisitos para tanto, sob pena de violação do texto constitucional).

3.5.2.3. A propagada necessidade de determinação do receptor da mensagem

A doutrina erige ainda a *determinação do receptor da mensagem* como elemento necessário à ocorrência do fato gerador

---

246. Cumpre citar aqui a posição de S. STEVENS, citado por LOPES, para quem "a mensagem que não tem resposta não é comunicação". (LOPES, Vera Maria de Oliveira Nusdeo. *O Direito à Informação e as Concessões de Rádio e Televisão*. São Paulo: Revista dos Tribunais, 1998, p. 27). Contudo, em face de todos os demais conceitos de comunicação expostos, os quais não apresentavam essa exigência, entendemos que essa nota distintiva – bidirecionalidade – não pode ser considerada elemento essencial da relação comunicativa. Vale notar que, de acordo com a definição de comunicação trazida por SOARES DE MELO, não é necessário sequer que o receptor compreenda o conteúdo da mensagem que lhe foi enviada (MELO, José Eduardo Soares de. *Imposto sobre Serviço de Comunicação*, 2ª ed. São Paulo: Malheiros, 2003, pp. 67-8).

247. MAXIMILIANO, Carlos. *Hermenêutica e Aplicação do Direito*, 19ª ed. Rio de Janeiro: Forense, 2005, p. 254.

do ICMS-comunicação. Nessa linha, a mera difusão de sons e imagens para destinatários incertos não configuraria serviço tributável pelo imposto estadual.[248]

Entretanto, temos que a indeterminação do destinatário não é suficiente para deslegitimar a incidência do ICMS-comunicação. O que importa é que o destinatário exista e esteja em condições de receber a mensagem que lhe é enviada. Como o fato gerador do ICMS não é a comunicação em si, mas a prestação de um serviço, pode-se asseverar que *o envio de uma mensagem que possa ser recebida pelo destinatário já consiste em prestação de serviço de comunicação*.

Na radiodifusão, é razoável presumir-se a existência de destinatários para as mensagens enviadas. É fato que, hoje, praticamente todo lar brasileiro possui, no mínimo, um rádio e uma televisão. Logo, existe a possibilidade concreta de a mensagem ser recebida, bastando, para tanto, que um dos potenciais destinatários sintonize sua televisão (ou rádio) na programação de uma emissora. Não obstante, ainda que nenhum aparelho de rádio ou TV seja ligado, a prestação do serviço de comunicação continuará a existir, pois a mensagem estará sendo continuamente enviada aos domicílios dos receptores. Dessarte, se um terceiro efetivamente encaminha a mensagem para destinatários que possam recebê-la, o serviço é considerado prestado. Assim, não é necessário que o

---

248. CARRAZZA averba que "quando uma mensagem é transmitida para pessoas indeterminadas (via rádio ou televisão abertas, em que há uma simples expectativa da emissora de encontrar algum destinatário), há uma simples difusão de mensagens, intributável por via de ICMS". (CARRAZZA, Roque Antonio. *ICMS*, 9ª ed. São Paulo: Malheiros, 2002, p. 191).
BRITO MACHADO também diferencia a comunicação tributável pelo ICMS da difusão pura e simples de mensagens, sustentando que a última não se enquadra no conceito constitucional de comunicação, pois neste é imprescindível que haja envio de mensagem a destinatário certo. (MACHADO, Hugo de Brito. O ICMS e a Radiodifusão. *Revista Dialética de Direito Tributário*, nº 23. São Paulo: Dialética, ago.1997, p. 59).
A seu turno, SOARES DE MELO sustenta que somente há prestação de serviço de comunicação quando "os sujeitos desta relação negocial (prestador e tomador – devidamente determinados)" entram em contato. (MELO, José Eduardo Soares de. *Imposto sobre Serviço de Comunicação*, 2ª ed. São Paulo: Malheiros, 2003, p. 68).

receptor da mensagem seja determinado para caracterização da hipótese de incidência do ICMS-comunicação.

3.5.2.4. A questão da gratuidade dos serviços de radiodifusão

A doutrina tem ainda sustentado que os serviços de radiodifusão – mesmo que fossem considerados serviços de comunicação passíveis de tributação pelo ICMS – não atrairiam a incidência do imposto estadual, pois seriam gratuitos.[249]

O argumento é de que os destinatários dos sinais difundidos pelas emissoras de rádio e TV nada pagam para recebê-los. No entanto, como já foi visto anteriormente, *o destinatário da mensagem não se confunde com o destinatário do serviço*.

Para aferir se o serviço é ou não gratuito, deve-se primeiramente determinar o tomador (destinatário) do mesmo. E, na veiculação de anúncios publicitários pelas emissoras de rádio e TV, tomadores do serviço são os anunciantes, que pagam para que seus produtos sejam divulgados.

A conclusão de que o serviço de radiodifusão é gratuito, pois nada se paga para sintonizar a programação da emissora, equivale a dizer que o serviço telefônico é gratuito, pois quem recebe a ligação não paga por ela. Ora, tanto na radiodifusão como na telefonia alguém paga pelo serviço: no primeiro caso, o anunciante; no segundo, aquele que efetua a ligação telefônica (salvo no caso de chamada a cobrar).

Logo, apesar de o destinatário da mensagem nada pagar para recebê-la, o destinatário (*rectius*: tomador) do serviço

---

[249]. SOARES DE MELO comunga desse entendimento, do qual divergimos. Confira-se:
"(...) Os serviços de comunicação prestados pelas emissoras de rádio e televisão, abertas ao público em geral, não se encontram sujeitos ao ISSC, por serem livres e gratuitos, inocorrendo base de cálculo para apuração do *quantum* tributário." (MELO, José Eduardo Soares de. *ICMS – Teoria e Prática*, 4ª ed. São Paulo: Dialética, 2000, p. 78).

remunera a emissora de rádio e TV para que seu produto seja divulgado.

Assim, em que pesem as abalizadas opiniões em contrário, existe base de cálculo para cobrança de tributo sobre os serviços prestados pelas empresas de radiodifusão. Cumpre apenas definir qual será o imposto devido. É o que se verá a seguir.

3.5.2.5. A remuneração percebida dos anunciantes pelas emissoras de rádio e TV refere-se à prestação de serviço de veiculação de publicidade e propaganda, sendo intributável pelo ICMS

As receitas das empresas de radiodifusão são oriundas da veiculação de anúncios. Assim, a remuneração que percebem não é pela prestação de serviço de comunicação, mas sim pela veiculação de publicidade e propaganda.[250] A atividade amolda-se ao conceito legal de propaganda, assim definido pela Lei nº 4.680, de 18 de junho de 1965:[251]

> Art. 5º. Compreende-se por propaganda qualquer forma remunerada de difusão de ideias, mercadorias ou serviços, por parte de um anunciante identificado.

Há, não se pode negar, uma comunicação envolvida na difusão de anúncios pelas emissoras. Da mesma forma que essa comunicação existe na colocação de *outdoors*, nos anúncios publicitários publicados em jornais e periódicos, *et caterva*. Entretanto, o que prepondera, em todos esses casos, é a veiculação da publicidade e propaganda.

---

250. No mesmo sentido, GRECO e LORENZO concluem que "empresa de televisão não presta serviço de comunicação ao anunciante, mas sim o de divulgação ou veiculação de propaganda". (GRECO, Marco Aurélio e LORENZO, Anna Paola Zonari de. ICMS – Materialidade e Princípios Constitucionais. MARTINS, Ives Gandra da Silva (org.). *Curso de Direito Tributário*, 2ª ed., v. 2. Belém: Cejup, 1993, p. 156).

251. A Lei nº 4.680/65 dispõe sobre o exercício da profissão de publicitário e de agenciador de propaganda.

Deve-se notar que a LC nº 116/03, no texto aprovado pelo Congresso Nacional, previa a cobrança do ISSQN sobre a "veiculação e divulgação de textos, desenhos e outros materiais de propaganda e publicidade, por qualquer meio" (item 17.07). Entretanto, o dispositivo foi vetado por orientação do Ministério da Justiça, que entendeu pela sua inconstitucionalidade, visto que a veiculação de publicidade em mídia impressa é isenta de ISSQN (imunidade constitucional) e, em outras mídias, não é tributável pelo imposto municipal, mas sim pelo ICMS-comunicação.[252]

O veto, *data venia*, foi equivocado.[253] Afinal, na veiculação de anúncios prepondera um serviço de publicidade e propaganda. Logo, a conclusão de que a divulgação de comerciais no rádio e TV não poderia ser tributável pelo ISSQN por se submeter ao ICMS não é acertada. Veicular anúncios é atividade autônoma e diversa da prestação de serviço de comunicação. Quando a primeira ocorre, a segunda fica relegada a um segundo plano, inclusive para efeitos tributários. De fato, em mais de uma ocasião, o STJ já aplicou o princípio da preponderância para definir a incidência do ICMS ou do ISSQN em determinadas situações. Vale conferir as ementas das seguintes decisões:

---

252. Confiram-se as razões do veto:
"O dispositivo em causa, por sua generalidade, permite, no limite, a incidência do ISS sobre, por exemplo, mídia impressa, que goza de imunidade constitucional (cf. alínea 'd' do inciso VI do art. 150 da Constituição de 1988). Vale destacar que a legislação vigente excepciona – da incidência do ISS – a veiculação e divulgação de textos, desenhos e outros materiais de publicidade por meio de jornais, periódicos, rádio e televisão (cf. item 86 da Lista de Serviços anexa ao Decreto-Lei nº 406, de 31 de dezembro de 1968, com a redação da Lei Complementar nº 56, de 15 de dezembro de 1987), o que sugere ser vontade do projeto permitir uma hipótese de incidência inconstitucional. Assim, ter-se-ia, *in casu*, hipótese de incidência tributária inconstitucional. Ademais, o ISS incidente sobre serviços de comunicação colhe serviços que, em geral, perpassam as fronteiras de um único município. Surge, então, competência tributária da União, a teor da jurisprudência do STF, RE nº 90.749-1/BA, Primeira Turma, Rel.: Min. Cunha Peixoto, DJ de 03.07.1979, ainda aplicável a teor do inciso II do art. 155 da Constituição de 1988, com a redação da Emenda Constitucional nº 3, de 17 de março de 1993."

253. Sobre o tema, cf. o item 8.7, *infra*.

TRIBUTÁRIO. TRANSPORTE INTERESTADUAL E INTERMUNICIPAL DE MUDANÇAS. FATO GERADOR. PREÇO DO SERVIÇO. INCIDÊNCIA DO ICMS. ATIVIDADE MISTA. PRINCÍPIO DA PREPONDERÂNCIA. ART. 8º, §§ 1º E 2º, DO DECRETO-LEI Nº 406/68.

I – O serviço de transporte interestadual e intermunicipal de mudanças, por constituir a atividade-fim da empresa-recorrente, ensejará a incidência do ICMS e não do ISS, tomando como base de cálculo o preço do serviço ofertado, aí se incluindo todos os demais serviços de que se vale a empresa para bem prestar sua atividade-fim.

II – *Nas chamadas atividades mistas, como sói acontecer no caso em exame, há de ser aplicado o Princípio da Preponderância, ou seja, a verificação de quais atividades/serviços prestados pela empresa se sobrepõem aos outros, com o fito de se perquirir se se dará a incidência da norma tributária estadual ou municipal ao caso.*

III – *Posicionamento do Tribunal de origem em harmonia com o desta Corte Superior.*

IV – Recurso especial improvido.[254] (destaques nossos)

TRIBUTÁRIO. PREPONDERÂNCIA DA ATIVIDADE COMERCIAL SOBRE A ATIVIDADE DE PRESTAÇÃO DE SERVIÇO. INCIDÊNCIA DO ICMS. PRECEDENTES.

1. Empresa que tem como atividade principal o exercício de comércio, representação, importação e exportação de materiais de construção, móveis e objetos de decoração, inclusive artesanatos, e secundária a prestação de serviços de construção civil.

2. Transação da empresa que envolveu a venda de piso de madeira a um cliente e contratou os serviços de sua aplicação. Emitiu duas faturas separadas, fazendo constar, na primeira, a venda da mercadoria e na segunda, o preço do serviço. É, portanto, preponderante a atividade comercial da recorrida.

3. Ocorrência das chamadas operações mistas, aquelas que englobam tanto o fornecimento de mercadorias como a prestação de serviços.

---

254. STJ, Primeira Turma, Recurso Especial nº 258.121/PR, relator Ministro FRANCISCO FALCÃO, DJ 06.12.2004, p. 193.

4. Em uma atividade mista, em que ocorre tanto o fornecimento de mercadorias como a prestação de serviços, incidirá o ICMS ou o ISS conforme prepondere o fornecimento da mercadoria (ICMS) ou a prestação de serviço (ISS).

5. Incidência do ICMS sobre o valor total da circulação da mercadoria a título de compra e venda, por ser essa a atividade preponderante da empresa.

6. Precedentes desta Corte Superior.

7. Recurso provido.[255] (destaques nossos)

Dessarte, os valores recebidos pelas emissoras para veiculação de anúncios publicitários são potencialmente tributáveis pelo ISSQN, e não pelo ICMS-comunicação. Contudo, como o dispositivo que autorizaria a incidência do imposto municipal na hipótese foi vetado na LC nº 116/03, restou desautorizada a cobrança de qualquer quantia a esse título das emissoras de rádio e TV.[256]

---

255. STJ, Primeira Turma, Recurso Especial nº 139.921/PR, relator Ministro FRANCISCO FALCÃO, DJ 02.10.2000, p. 142.

256. Problema grave que tem atingido o Federalismo no Brasil é o contínuo depenamento das receitas dos Municípios, do qual o exemplo dado (veto equivocado posto na LC nº 116/03) é apenas mais um, dentre vários. A arrecadação tributária concentra-se, cada vez mais, no poder central (União Federal), à mercê da qual ficam todos os demais entes federados e, principalmente, os Municípios. O fato de a jurisprudência ter se posicionado pela taxatividade da lista de serviços tributáveis pelo ISSQN, editada pelo Congresso Nacional, é mais um complicador para o exercício do poder pelos governantes locais. Confira-se, nesse sentido, o relato de MISABEL DERZI:
"Ninguém duvida que cabe à lei complementar federal 'definir' aqueles serviços, ou seja, formular conceito especificante e determinado, por meio da enumeração dos aspectos, características, notas essenciais do conceito de prestação de serviços, critérios que permitam a sua identificação em cada caso concreto. Até mesmo lista exemplificativa e de esclarecimento poderia acompanhar a formulação do conceito. Desde a edição do Dec.-Lei nº 406/68, porém, ao invés de formulação de conceito definitório, optou-se por serviços elencados em lista, sujeitos à incidência do imposto municipal. Uma longa discussão se instalou no País, para se saber a natureza da lista, se *numerus clausus ou apertus*. Prevaleceu, na jurisprudência de nossos tribunais superiores, a posição restritiva à autonomia municipal, que qualificou a lista de serviços de taxativa, abrigando os únicos e específicos serviços tributáveis pelo ISS." (BALEEIRO, Aliomar. *Direito Tributário Brasileiro*, 11ª ed., atualizado por MISABEL ABREU MACHADO DERZI. Rio de Janeiro: Forense, 2001, p. 502).

Em decisão prolatada em 1978 (Recurso Extraordinário nº 87.049/SP),[257] o Pleno do Supremo Tribunal Federal assentou que a veiculação de anúncios publicitários em jornais impressos seria, a princípio, tributável pelo ISSQN municipal (por se tratar de serviço de publicidade e propaganda). No entanto, como o jornal está abarcado pela imunidade dos livros, jornais e periódicos (à época prevista no art. 19, III, *d* da CR/67-69), o imposto não poderia incidir sobre essas atividades. Confira-se a ementa do *decisum*:

> JORNAIS E PERIÓDICOS. ISS. IMUNIDADE TRIBUTÁRIA (EXEGESE DO ART. 19, III, *d*, DA EMENDA CONSTITUCIONAL NÚMERO 1/1969).
>
> A imunidade estabelecida na Constituição é ampla, abrangendo os serviços prestados pela empresa jornalística na transmissão de anúncios e de propaganda.
>
> Recurso extraordinário não conhecido.

Como se vê, o STF partiu da premissa de que a veiculação de anúncios através de jornais era serviço de publicidade (e não serviço de comunicação), para então decidir pela extensão da imunidade tributária à espécie.

Contudo, como se verá no próximo item, o Supremo Tribunal Federal, posteriormente, decidiu que a veiculação de publicidade em rádio e TV seria tributável pelo ISSC.

Entretanto, questionamos: por que a publicidade veiculada por jornais seria serviço de propaganda, tributável pelo ISSQN (RE nº 87.049/SP), ao passo que os anúncios difundidos pelas emissoras de rádio e TV seriam prestações de serviço de comunicação (como decidiu o STF, no julgamento de casos envolvendo os serviços de radiodifusão)?

A razão, a nosso sentir, está com a decisão tomada pelo Pleno da Corte Suprema em 1978: se um veículo de

---

257. STF, Pleno, Recurso Extraordinário nº 87.049/SP, relator p/ acórdão Ministro CUNHA PEIXOTO, j. 13.04.1978, RTJ 87/608-12.

comunicação divulga anúncios publicitários, está prestando serviço de veiculação de publicidade e propaganda, sobre o qual incidirá o ISSQN caso haja previsão na lista da lei complementar. A incidência do ICMS nessa hipótese, portanto, resta inviabilizada.

Não obstante, como já salientado, o STF possui entendimento diverso, tendo assentado pela incidência do ICMS-comunicação sobre as receitas percebidas pelas emissoras de rádio e televisão para veiculação de publicidade e propaganda. É o que se verá a seguir.

3.5.3. O Supremo Tribunal Federal e a incidência de ICMS sobre os serviços de radiodifusão

Em que pese a forte resistência da doutrina, o STF tem sistematicamente decidido que o serviço de radiodifusão sonora e de sons e imagens era tributável pelo ISSC-federal e hodiernamente o é pelo ICMS-comunicação.

A primeira decisão da Corte Suprema sobre o tema data de 1979.[258] Trata-se do Recurso Extraordinário nº 90.749/BA, no qual o Município de Salvador pretendia cobrar ISSQN de uma emissora de televisão (Televisão Aratu S/A) cujos sinais ultrapassavam os limites da municipalidade (à época, os Municípios tinham competência para tributar os serviços locais de comunicação, ao passo que a União podia cobrar imposto sobre as comunicações que desbordassem as fronteiras de um único município).[259]

A Televisão Aratu veiculava anúncios publicitários em sua programação, mediante remuneração. O Município de

---

258. STF, Primeira Turma, Recurso Extraordinário nº 90.749/BA, relator Ministro CUNHA PEIXOTO, DJ de 03.07.1979, p. 5.154. Desse julgamento participaram, além do relator, os Ministros THOMPSON FLORES, XAVIER DE ALBUQUERQUE, SOARES MUÑOZ E RAFAEL MAYER.

259. Contudo, a União somente exerceu sua competência tributária em 1984, quando instituiu o ISSC por meio do DL nº 2.186/84.

Salvador estava exigindo da emissora o ISSQN, ora com fulcro no item 27 da lista do DL nº 834/69 ("transporte e *comunicações*, de *natureza estritamente municipal*"), ora com fulcro no item 35 ("propaganda e publicidade, inclusive planejamento de campanhas ou sistemas de publicidade; elaboração de desenhos, textos e demais materiais publicitários; *divulgação de textos, desenhos e outros materiais de publicidade, por qualquer meio*").

Ao apreciar o caso, a Primeira Turma do Supremo Tribunal Federal entendeu, à unanimidade, que não competia ao Município de Salvador exigir o ISSQN da emissora. De acordo com a Corte Suprema, o serviço prestado na hipótese era de comunicação e, por extrapolar os limites da municipalidade, sujeitava-se ao ISSC-federal.

No ano seguinte (1980), caso semelhante foi distribuído à Segunda Turma do STF, ao qual foi dada a mesma solução. Na espécie (Recurso Extraordinário nº 91.813/SC), tratava-se de litígio entre a Rádio Cultural de Joinville S/A (Recorrente) e o Município de Joinville (Recorrido, que pretendia cobrar o ISSQN da rádio). O relator, Ministro CORDEIRO GUERRA, averbou:

> nessa conformidade, provado que a Recorrente presta serviços intermunicipais ou regionais, bem como que a propaganda está implícita na comunicação tributável pela União, incabível é a pretensão da recorrida.

Os demais Ministros acompanharam o voto do relator, assentando, por conseguinte, que o serviço de radiodifusão sonora consistia em serviço de comunicação, sendo tributável pelo ISSC federal por alcançar mais de um município.

Já sob a égide da Constituição de 1988, o primeiro caso apreciado pelo Supremo Tribunal relativamente à incidência de ICMS sobre os serviços de radiodifusão foi a Medida Cautelar na Ação Direta de Inconstitucionalidade nº 773/RJ, ajuizada pelo Governador do Rio de Janeiro em 1992.[260]

A Constituição do Estado do Rio de Janeiro (art. 193, VI, d), bem como a Lei Estadual nº 1.423, de 27 de janeiro de 1999 (art. 40, XIV), haviam estendido aos veículos de radiodifusão a imunidade tributária que a CR/88 assegurava tão somente aos livros, jornais, periódicos e papel destinado à sua impressão (art. 150, VI, d da CR/88).

O governo fluminense insurgiu-se contra essa previsão (mediante o ajuizamento da ADI-MC nº 773/RJ perante o STF), ao argumento de que a mesma restringia indevidamente a competência tributária estadual e municipal para cobrança, respectivamente, do ICMS e do ISSQN das emissoras de rádio e TV (afinal, a norma vedava a instituição de *impostos* sobre os serviços de radiodifusão). Aduziu, ainda, que as empresas de radiodifusão, "não obstante estejam auferindo lucros enormes, literalmente nada contribuem para o orçamento estadual".[261]

Ao apreciar o pedido liminar, o relator, Ministro NÉRI DA SILVEIRA, indeferiu-o,[262] por não vislumbrar o *fumus boni iuris* e o *periculum in mora* (visto que os dispositivos combatidos vigoravam há mais de dois anos).

Posteriormente, votou o Ministro FRANCISCO REZEK, que também indeferiu a medida cautelar, mas tão somente com fulcro na inexistência de *periculum in mora* (REZEK ressaltou expressamente que entendia haver o *fumus boni iuris* na hipótese).

---

260. STF, Pleno, ADI-MC nº 773/RJ, relator Ministro NÉRI DA SILVEIRA, DJ 30.04.2003, p. 7.564.

261. Excerto da petição inicial da ADI-MC nº 773/RJ.

262. Entretanto, nos debates orais que se seguiram, o relator chegou a concordar com o argumento trazido pelo Ministro SEPÚLVEDA PERTENCE de que havia inconstitucionalidade na norma pelo fato de a Constituição Estadual ter concedido imunidade de imposto municipal sem apoio na Lei Maior (contudo, não chegou a retificar seu voto).

O Ministro ILMAR GALVÃO deu o voto divergente, pela concessão da medida, no que foi seguido pelos demais Ministros que ainda não haviam se manifestado.[263] GALVÃO sustentou que a inconstitucionalidade residia no fato de a norma ter restringido a incidência do ISSQN municipal e ter concedido benefício em matéria de ICMS sem a existência de prévio Convênio autorizativo.

Assim, na ADI-MC nº 773/RJ, o Plenário do Supremo Tribunal Federal assentou, já sob a égide da Constituição de 1988, que o serviço de radiodifusão sonora e de sons e imagens é tributável pelo ICMS (razão pela qual a imunidade prevista na Constituição do Estado do Rio de Janeiro violava a CR/88). Ao decidir dessa forma, consolidou o entendimento de que não são necessários a bidirecionalidade ou a determinação do receptor da mensagem para que seja configurada a hipótese de incidência do ICMS-comunicação.

Somente em agosto de 2014, encerrou-se o julgamento da ADI nº 773/RJ,[264] tendo o Ministro GILMAR MENDES atuado como relator em face da aposentadoria do Ministro NÉRI DA SILVEIRA. Na ocasião, o Tribunal reconheceu, na linha do voto do Min. ILMAR GALVÃO na medida cautelar, a inconstitucionalidade do dispositivo da Constituição do Estado do Rio de Janeiro, haja vista a violação ao pacto federativo, bem como ao princípio da isonomia tributária.[265]

---

263. Assim, acompanharam a divergência de ILMAR GALVÃO os Ministros MARCO AURÉLIO, CARLOS VELLOSO, SEPÚLVEDA PERTENCE, PAULO BROSSARD, MOREIRA ALVES, OCTAVIO GALLOTTI e SYDNEY SANCHES.

264. STF, Pleno, ADI nº 773/RJ, relator Ministro GILMAR MENDES, j. 20.08.2014, DJe 29.10.2014.

265. Vale conferir o inteiro teor da ementa do acórdão:
"Ação Direta de Inconstitucionalidade. 2. Disciplina na Constituição Estadual de nova hipótese de imunidade tributária (art. 196, VI, 'd', da Constituição do Estado do Rio de Janeiro). 3. Violação ao princípio da isonomia tributária (art. 150, II, da CF) e ao princípio federativo. 4. Norma de reprodução obrigatória (art. 150, VI, 'b', 'c' e 'd', da CF). 5. Lei estadual que disciplina isenção ao ICMS (art. 40, XIV, da Lei nº 1.423/89). 6. Ausência de convênio prévio (art. 34, § 8º, do ADCT). 7. Ação julgada procedente para declarar a inconstitucionalidade da expressão 'e veículos de radiodifusão', constante do art. 196, VI, 'd', da Constituição Estadual, e da expressão 'e

Cabe destacar, ainda, a ADI-MC n° 1.467/DF,[266] ajuizada em 1997 pelo Governador do Distrito Federal contra o art. 132, I, *b* da Lei Orgânica do DF, que admitia a incidência do ICMS apenas sobre os serviços de comunicação, referidos no art. 21, XI da CR/88,[267] vedando, por conseguinte, a cobrança do imposto sobre os serviços de radiodifusão sonora e de sons e imagens, previstos no art. 21, XII, *a* da CR/88.[268] Os fundamentos da inicial da medida cautelar eram dois:

(a) a restrição da Lei Orgânica violava o princípio federativo, ao extrapolar os limites que o Estado-membro (no caso, o Distrito Federal), possui para dispor em matéria de ICMS, dado que as isenções e benefícios desse imposto devem ser previamente autorizados por convênios firmados entre os Estados;

(b) a instituição de benefício tributário em favor das empresas de radiodifusão sonora e de sons e imagens feria o princípio da isonomia, plasmado no art. 150, II, da CR/88.

O relator da Medida Cautelar foi o Ministro SYDNEY SANCHES, que já possuía entendimento pela incidência do ICMS-comunicação sobre os serviços de radiodifusão.[269] O

---

veículo de radiodifusão', constante do art. 40, XIV, da Lei Estadual n° 1.423/89." (STF, Pleno, ADI n° 773/RJ, relator Ministro GILMAR MENDES, j. 20.08.2014, DJe 29.10.2014)

266. STF, Pleno, ADI-MC n° 1.467/DF, relator Ministro SYDNEY SANCHES, DJ 14.03.1997, p. 6.901.

267. CR/88:
"Art. 21. Compete à União:
(...)
XI – explorar, diretamente ou mediante autorização, concessão ou permissão, os serviços de telecomunicações, nos termos da lei, que disporá sobre a organização dos serviços, a criação de um órgão regulador e outros aspectos institucionais;" (redação da EC n° 08/95)

268. CR/88:
"Art. 21. Compete à União:
(...)
XII – explorar, diretamente ou mediante autorização, concessão ou permissão:
a) os serviços de radiodifusão sonora e de sons e imagens;" (redação da EC n° 08/95)

269. Esse entendimento fora manifestado pelo Ministro SYDNEY SANCHES nos

Ministro reiterou seu entendimento anterior, afirmando que a Constituição de 1988, em seu art. 155, II, atribuiu competência aos Estados e ao Distrito Federal para instituir ICMS sobre serviços de comunicação, sem excepcionar qualquer situação (tendo a LC nº 87/96 seguido a mesma linha). Logo, a Lei Orgânica do Distrito Federal, que concedeu imunidade aos serviços de radiodifusão, violou o art. 155, II, da Lei Maior, bem como o art. 155, §2º, XII, *g*, que impede a concessão de benefícios fiscais em matéria de ICMS de forma unilateral pelos Estados.

Com fulcro nesses argumentos, a liminar foi deferida para suspender a eficácia do art. 132, I, *b* da Lei Orgânica do Distrito Federal, na parte em que concedia imunidade de ICMS às empresas de radiodifusão sonora e de sons e imagens. Todos os demais Ministros votaram com o relator.[270]

Em 2003, o Pleno do STF se reuniu para analisar o mérito da ADI nº 1.467/DF.[271] Novamente à unanimidade, assentou-se que na espécie estava caracterizada "a concessão de imunidade não prevista na Constituição Federal, ou, ao menos, a concessão de benefício fiscal não autorizado pela Lei Complementar a que aquela se refere".[272]

---

autos da ADI-MC nº 773/RJ.

270. Votaram os Ministros SEPÚLVEDA PERTENCE, MOREIRA ALVES, NÉRI DA SILVEIRA, OCTAVIO GALLOTTI, CELSO DE MELLO, CARLOS VELLOSO, ILMAR GALVÃO, FRANCISCO REZEK e MAURÍCIO CORRÊA.

271. STF, Pleno, ADI nº 1.467/DF, relator Ministro SYDNEY SANCHES, DJ 11.04.2003, p. 26.

272. Trecho da ementa da ADI nº 1.467/DF. Confira-se o seu inteiro teor: "DIREITO CONSTITUCIONAL E TRIBUTÁRIO. ICMS SOBRE SERVIÇOS DE COMUNICAÇÃO: RADIODIFUSÃO SONORA E DE SONS E DE IMAGENS (ALÍNEA 'A' DO INCISO XII DO ART. 21 DA CONSTITUIÇÃO FEDERAL. ARTIGO 132, I, 'B', DA LEI ORGÂNICA DO DISTRITO FEDERAL). AÇÃO DIRETA DE INCONSTITUCIONALIDADE. 1. O art. 132, I, 'b', da Lei Orgânica do Distrito Federal, ao admitir a incidência do ICMS apenas sobre os serviços de comunicação, referidos no inciso XI do art. 21 da C.F., vedou sua incidência sobre os mencionados no inciso XII, 'a', do mesmo artigo, ou seja, sobre 'os serviços de radiodifusão sonora e de sons e imagens' (art. 21, XII, 'a', da C.F., com a redação dada pela E.C. nº 8, de 15.08.1995). 2. Com isso, estabeleceu, no Distrito Federal, tratamento diferenciado

Dos julgamentos do Supremo Tribunal Federal que trataram da hipótese de incidência do ISSC-federal e do ICMS-comunicação (analisando especificamente o serviço de radiodifusão), podem ser extraídas algumas conclusões:

(a) a primeira é que o serviço de comunicação não necessita ser bidirecional. O receptor da mensagem não precisa, portanto, ser dotado de meios para responder ao emissor;

(b) a segunda é que os serviços de comunicação podem ser prestados a usuários indeterminados (inferência lógica a que se chega pelo fato de o STF ter considerado tributável pelo ICMS-comunicação o serviço de radiodifusão sonora e de sons e imagens, notadamente dirigido ao público em geral);

(c) a terceira (e a única da qual discordamos, pelas razões apontadas anteriormente) é que não há incidência de ISSQN sobre os serviços de radiodifusão, mas sim de ICMS-comunicação (este entendimento da Corte Suprema foi consagrado de forma definitiva na ADI n° 1.467/DF).

---

dessa questão, em face do que ocorre nas demais unidades da Federação e do disposto no art. 155, inc. II, da C.F., pelos quais o ICMS pode incidir sobre todo e qualquer serviço de comunicação. 3. Assim, ainda que indiretamente, concedeu imunidade, quanto ao ICMS, aos prestadores de serviços de radiodifusão sonora e de sons e de imagens, sem que essa imunidade estivesse prevista na Constituição Federal (art. 155, II), que, ademais, não admite que os Estados e o Distrito Federal concedam, com relação ao ICMS, nem mesmo simples isenções, incentivos e benefícios fiscais, senão com observância da Lei Complementar a que aludem o art. 155, § 2°, inciso XII, letra 'g'. 4. Lei Complementar, a de n° 24, de 07.01.1975, já existia, com essa finalidade, antes, portanto, da Constituição de 05.10.1988. 5. E, a esta altura, já está em vigor a Lei Complementar n° 87, de 13.09.1996, cujo art. 1° reitera a incidência do ICMS sobre todo e qualquer serviço de comunicação, regulando também a forma pela qual os Estados e o Distrito Federal concederão isenções, incentivos e benefícios fiscais. 6. Caracterizada a concessão de imunidade não prevista na Constituição Federal, ou, ao menos, a concessão de benefício fiscal não autorizado pela Lei Complementar a que aquela se refere, julga-se procedente a Ação Direta, declarando-se a inconstitucionalidade da expressão 'de que trata o art. 21, XI, da Constituição Federal', constante da alínea 'b' do inciso I do art. 132 da Lei Orgânica do Distrito Federal. 7. Plenário: decisão unânime." (STF, Tribunal Pleno, ADI n° 1.467/DF, relator Ministro SYDNEY SANCHES, DJ 11.04.2003, p. 26)
Votaram, além do relator, os Ministros MARCO AURÉLIO, MOREIRA ALVES, SEPÚLVEDA PERTENCE, CARLOS VELLOSO, ILMAR GALVÃO, MAURÍCIO CORRÊA, NELSON JOBIM, ELLEN GRACIE e GILMAR MENDES.

3.5.4. A *ratio* da imunidade prevista no art. 155, §2º, X, *d*, da CR/88

Como restou demonstrado, a doutrina se posiciona de modo contrário à cobrança do ICMS sobre a radiodifusão. Entretanto, o entendimento do STF é pela incidência do imposto estadual sobre essa atividade (calculado com base nos valores pagos pelos anunciantes às emissoras, que, no entender da Suprema Corte, constituem remuneração pela prestação de serviço de comunicação).

Em razão disso, o Constituinte derivado plasmou, na Lei Maior, a imunidade dos serviços de radiodifusão sonora e de sons e imagens de recepção livre e gratuita, com o que solucionou as discussões sobre a questão. Reveja-se a redação do dispositivo:

> Art. 155. (...).
>
> § 2º. O imposto previsto no inciso II atenderá ao seguinte:
>
> (...)
>
> X – não incidirá:
>
> (...)
>
> d) nas prestações de serviço de comunicação nas modalidades de radiodifusão sonora e de sons e imagens de recepção livre e gratuita; (...). (incluído pela EC nº 42/03)

Ou seja: a emenda constitucional foi editada para sobrepor-se ao entendimento consolidado do Supremo Tribunal Federal acerca da incidência do ICMS-comunicação sobre os serviços de radiodifusão.

De todo modo, as balizas traçadas pelo STF nos julgamentos que analisamos constituem insumos essenciais à definição do aspecto material da hipótese de incidência do ICMS-comunicação à luz da CR/88.

3.6. A materialidade da hipótese de incidência do ICMS-comunicação à luz da CR/88 e da jurisprudência do STF

Como visto e revisto neste capítulo, o pressuposto para a incidência do ICMS-comunicação é a existência de relação comunicativa, desde que, concomitante, estejam presentes:

(a) um terceiro prestador do serviço de comunicação, que fornece os meios necessários para que a mensagem trafegue do emissor ao receptor;

(b) o caráter negocial (oneroso) da prestação do serviço.

A bidirecionalidade na comunicação – entendida esta como a possibilidade de o receptor poder responder à mensagem pelo mesmo meio em que a recebeu – é irrelevante para caracterização da hipótese de incidência do tributo em questão, assim como o é a determinação do destinatário da mensagem (desde que exista um potencial receptor, ainda que indeterminado, poderá haver prestação do serviço de comunicação).

Não obstante, por força de imunidade, o ICMS não incide sobre o serviço de radiodifusão sonora e de sons e imagens prestado de forma livre e gratuita e tampouco sobre a prestação de serviços de comunicação a destinatários situados no exterior (tráfego entrante).

4. AS NORMAS GERAIS DO ICMS-COMUNICAÇÃO

4.1. O papel da lei complementar em matéria tributária

A lei complementar é a segunda mais importante fonte formal do Direito Tributário, sendo precedida apenas pela Constituição da República.[273] Sua especificidade ontológico-formal (regulação de matéria especialmente prevista na Lei Maior e aprovação mediante *quorum* qualificado do Congresso Nacional) a coloca em plano superior ao da lei ordinária[274] (contudo, se a matéria regulada pela lei complementar for reservada à lei ordinária, aquela terá o mesmo *status* desta última).[275]

---

273. CARVALHO, Paulo de Barros. *Curso de Direito Tributário*. São Paulo: Saraiva, 1985, p. 36.

274. MARTINS, Ives Gandra da Silva. *Sistema Tributário na Constituição de 1988*. São Paulo: Saraiva, 1990, p. 85.

275. O STF já decidiu, na ADC nº 1/DF, que a lei complementar reguladora de matéria afetada à lei ordinária é materialmente ordinária, por não tratar de tema reservado à legislação complementar pela Constituição (STF, Pleno, ADC nº 1/DF, relator Ministro MOREIRA ALVES, DJ 16.06.1995, p. 18.213).

A TRIBUTAÇÃO DOS SERVIÇOS DE COMUNICAÇÃO

Os arts. 146 e 146-A da CR/88 cuidaram de delinear as hipóteses nas quais a lei complementar deverá ser utilizada em matéria tributária:

(a) para dispor sobre conflitos de competência impositiva entre os entes federados;

(b) para regular as limitações constitucionais ao poder de tributar (imunidades);

(c) para estabelecer normas gerais[276] em matéria de legislação tributária, em especial sobre:

(c.1) definição de tributos e suas espécies (e, relativamente aos impostos previstos na Constituição, definição dos respectivos fatos geradores, bases de cálculo e contribuintes);

(c.2) obrigação, lançamento, crédito, prescrição e decadência tributários;

(c.3) adequado tratamento tributário ao ato cooperativo praticado pelas sociedades cooperativas;

(c.4) definição de tratamento diferenciado e favorecido para as microempresas e para as empresas de pequeno porte;[277]

---

276. Leciona ÁVILA que "a necessidade e a validade das normas gerais em matéria de legislação tributária foram reconhecidas pelo Poder Judiciário. Há muito, o Supremo Tribunal Federal já reconheceu a validade do Código Tributário Nacional como documento portador de normas gerais de direito tributário. O Tribunal aceitou as funções de evitar conflitos de competência e de estabelecer normas gerais de direito tributário. O Superior Tribunal de Justiça (...) também reconheceu validade às normas gerais de Direito Tributário estabelecidas pelo Código Tributário Nacional. Essas decisões consubstanciam em um fundamento suficiente para o reconhecimento das normas gerais em matéria tributária". (ÁVILA, Humberto. *Sistema Constitucional Tributário*. São Paulo: Saraiva, 2004, p. 137).

277. Esta função da legislação complementar em matéria tributária foi acrescida ao art. 146 da CR/88 pela EC nº 42/03. A LC poderá, ainda, instituir um regime único de arrecadação dos impostos e contribuições da União, dos Estados, do Distrito Federal e dos Municípios para as microempresas e empresas de pequeno porte, observados os seguintes requisitos: (a) deverá ser opcional para o contribuinte; (b) poderão ser estabelecidas condições de enquadramento diferenciadas por Estado; (c) o recolhimento será unificado e centralizado e a distribuição da parcela de recursos pertencentes aos respectivos entes federados será imediata, vedada qualquer

(d) para estabelecer critérios especiais de tributação, com o objetivo de prevenir desequilíbrios da concorrência (sem prejuízo da competência de a União, por lei, criar normas com o mesmo objetivo).[278]

Quando o Congresso Nacional atua na edição de leis complementares tributárias está agindo na qualidade de legislador nacional, representante da nação brasileira (e não da União Federal). De fato, a ideia que inspirou a criação da lei complementar (introduzida no processo legislativo brasileiro pela EC nº 18/65) foi justamente a de obter um ato que representasse não os interesses da União enquanto agente arrecadador, mas sim os anseios de toda a nação.[279]

A lei complementar tem por função precípua conferir unidade ao sistema tributário brasileiro.[280] De fato, a organização da República sob a forma de Federação criou uma realidade na qual existem quatro ordens jurídicas parciais:[281] a

---

retenção ou condicionamento; (d) a arrecadação, a fiscalização e a cobrança poderão ser compartilhadas pelos entes federados, adotado cadastro nacional único de contribuintes (parágrafo único do art. 146 da CR/88, incluído pela EC nº 42/03).

278. Trata-se do disposto no art. 146-A, que foi incluído na CR/88 pela EC nº 42/03.

279. NOGUEIRA, Ruy Barbosa. *Curso de Direito Tributário*, 9ª ed. São Paulo: Saraiva, 1989, p. 61.

280. CELSO BASTOS leciona que "lei complementar é, assim, toda aquela que contempla uma matéria a ela entregue de forma exclusiva e que, em consequência, repele normações heterogêneas, aprovada mediante um *quorum* próprio de maioria absoluta". (BASTOS, Celso Ribeiro. *Curso de Direito Financeiro e de Direito Tributário*. São Paulo: Saraiva, 1991, pp. 164-5).

281. No Estado Federal, existe uma descentralização estática e dinâmica do poder central, criando ordens jurídicas parciais com validade e autonomia dentro desse mesmo Estado. Averba KELSEN:
"A descentralização é tanto estática quanto dinâmica, se a ordem jurídica válida apenas para uma comunidade for criada por órgãos eleitos simplesmente pelos membros dessa comunidade parcial. Um exemplo é o Estado federal em que os estatutos válidos para o território de apenas um Estado-membro devem ter sido aprovados pela legislatura local eleita pelos cidadãos desse Estado-membro." (KELSEN, Hans. *Teoria Geral do Direito e do Estado*, 3ª ed. Tradução de LUÍS CARLOS BORGES. São Paulo: Martins Fontes, 2000, p. 442).

municipal, a estadual, a federal e a nacional,[282] sendo que as três primeiras são dotadas do poder de tributar. Assim, o legislador nacional atua de modo a homogeneizar o exercício do poder impositivo pelas diferentes esferas de entes federados.

Ao dispor sobre as matérias que lhe são afetadas pela Lei Maior, o legislador complementar deverá limitar-se a aclarar a intenção do Constituinte, complementando o texto magno sem inová-lo, consoante alertam SACHA CALMON,[283] MISABEL DERZI,[284] BARROS CARVALHO[285] e IVES GANDRA.[286]

Como foi visto acima, o primeiro papel posto na CR/88 para a lei complementar em matéria tributária é o de regular conflitos de competência entre os entes federados.[287]

Em segundo lugar, a CR/88 outorga à lei complementar a função de regular as limitações constitucionais ao poder de tributar. São as imunidades, algumas das quais fruíveis apenas mediante o cumprimento de requisitos previstos em lei[288]

---

282. Sobre as quatro ordens jurídicas parciais existentes no Brasil, MISABEL DERZI assinala:
"(...) No estado descentralizado encontramos, à luz dessa teoria, pelo menos três ordens jurídicas distintas: a local, a central e a nacional. Lembra Geraldo Ataliba que, dentro da realidade brasileira, deve-se colocar uma quarta ordem: a municipal." (DERZI, Misabel Abreu Machado. *Do Imposto sobre a Propriedade Predial e Territorial Urbana*. São Paulo: Saraiva, 1982, p. 10).

283. COÊLHO, Sacha Calmon Navarro. *Comentários à Constituição de 1988* – Sistema Tributário, 8ª ed. Rio de Janeiro: Forense, 1999, pp. 84-7.

284. BALEEIRO, Aliomar. *Direito Tributário Brasileiro, 11ª ed.*, atualizado por MISABEL ABREU MACHADO DERZI. Rio de Janeiro: Forense, 2001, pp. 106-7.

285. CARVALHO, Paulo de Barros. *A Regra-matriz do ICM*. Tese de Livre-Docência. São Paulo: PUC, 1981, p. 45.

286. MARTINS, Ives Gandra da Silva. *Sistema Tributário na Constituição de 1988*. São Paulo: Saraiva, 1990, p. 84.

287. Ressalte-se a posição de IVES GANDRA, para quem "a indicação dessa função [da lei complementar em matéria tributária] em primeiro lugar (...) não (...) parece denotadora de preferência ou de importância maior". (MARTINS, Ives Gandra da Silva. *Sistema Tributário na Constituição de 1988*. São Paulo: Saraiva, 1990, p. 86).

288. Cite-se como exemplo a imunidade de impostos sobre o patrimônio, renda ou serviços dos partidos políticos e suas fundações, das entidades sindicais dos trabalhadores, das instituições de educação e assistência social, sem fins lucrativos, *na*

(que deve ser, portanto, complementar, sendo inválidas as eventuais restrições ao gozo da imunidade impostas por leis ordinárias).

Em terceiro lugar, a Constituição prevê que a lei complementar irá estabelecer normas gerais em matéria tributária (e é esse tema que ora nos interessa, para o estudo do ICMS-comunicação). As normas gerais são leis sobre como fazer leis (*lex legum* ou, no dizer dos italianos, *legge cornice*), editadas pelo legislador nacional e de observância obrigatória pela União, Estados e Municípios.

É interessante notar que não há, na doutrina, uma definição precisa do conceito de norma geral.[289] Não obstante, a própria leitura do Código Tributário Nacional (lei de normas gerais em direito tributário) possibilita vislumbrar o importante papel que as leis complementares exercem no sistema tributário nacional, harmonizando-o.

Por fim, a EC nº 42/03 outorgou uma nova função à lei complementar: estabelecer critérios especiais de tributação, com o objetivo de prevenir desequilíbrios na concorrência (art. 146-A da CR/88). Trata-se de dispositivo que visa a efetivar os princípios gerais da atividade econômica previstos no

---

forma da lei, posta no art. 150, VI, *c*, da CR/88. Anota SACHA CALMON que "nesta hipótese, o dispositivo constitucional vedatório exige complementação quanto aos demais requisitos sem os quais não é possível a fruição da imunidade". (COÊLHO, Sacha Calmon Navarro. *Curso de Direito Tributário Brasileiro*, 7ª ed. Rio de Janeiro: Forense, 2004, p. 111).

289. Sobre a inexistência de um conceito doutrinário de normas gerais, averba SACHA CALMON:
"O terceiro objeto genérico da lei complementar é o de editar as normas gerais de Direito Tributário, expressão de resto polêmica à falta de um conceito escorreito de norma geral no Direito Tributário brasileiro, com a doutrina falhando por inteiro no encalço de conceituar o instituto de modo insofismável. O falecido Prof. Carvalho Pinto chegou ao ponto de definir o que não era norma geral. Ficou nisso. E Rubens Gomes de Sousa teve a humilde ousadia de afirmar que a doutrina não chegara ainda à norma geral que levasse ao conceito das normas gerais de Direito Tributário." (COÊLHO, Sacha Calmon Navarro. *Curso de Direito Tributário Brasileiro*, 7ª ed. Rio de Janeiro: Forense, 2004, p. 112).

art. 170 da Lei Maior.[290]

O papel da lei complementar que interessa ao presente estudo, como já averbado, é o de editar normais gerais de direito tributário, visto que o art. 155, § 2º, XII da Constituição delegou ao legislador complementar a tarefa de definir, dentre outros, os contribuintes do ICMS e o local de ocorrência do fato gerador. Confira-se:

> "Art. 155. (...).
>
> §2º. (...).
>
> XII – cabe à lei complementar:
>
> a) definir seus contribuintes;
>
> b) dispor sobre substituição tributária;
>
> c) disciplinar o regime de compensação do imposto;
>
> d) fixar, para efeito de sua cobrança e definição do estabelecimento responsável, o local das operações relativas à circulação de mercadorias e das prestações de serviços;
>
> e) excluir da incidência do imposto, nas exportações para o exterior, serviços e outros produtos além dos mencionados no inciso X, 'a';
>
> f) prever casos de manutenção de crédito, relativamente à remessa para outro Estado e exportação para o exterior, de serviços e de mercadorias;
>
> g) regular a forma como, mediante deliberação dos Estados e do Distrito Federal, isenções, incentivos e benefícios fiscais serão concedidos e revogados.
>
> (...)
>
> i) fixar a base de cálculo, de modo que o montante do imposto a integre, também na importação do exterior de bem, mercadoria ou serviço. (incluída pela Emenda Constitucional nº 33, de 2001).

---

290. Sobre o novel art. 146-A, leciona ÁVILA:
"Note-se que o critério especial de tributação é mais um instrumento para promover os princípios da atividade econômica previstos no artigo 170 da Constituição Federal, ao lado da competência, já existente, para instituir contribuições de intervenção no domínio econômico (art. 149) e criar mecanismos variados de intervenção estatal na economia (art. 174)." (ÁVILA, Humberto. *Sistema Constitucional Tributário*. São Paulo: Saraiva, 2004, p. 141).

Trata-se, portanto, de regra relacionada ao exercício da função plasmada no art. 146, III, *a*, da CR/88,[291] ou seja, edição de norma geral para definir-se os contornos essenciais da hipótese de incidência do ICMS, de modo a repelir regras heterogêneas por parte dos Estados-membros. Verdadeira lei sobre como fazer leis, com vistas a conferir unidade a um tributo cobrado por vinte e sete entes federados.

Vejamos, assim, o que dispõem as normas gerais do ICMS-comunicação.

4.2. O Convênio ICM nº 66/88 e a Lei Complementar nº 87/96

Antes da edição da atual lei de normas gerais do ICMS (Lei Complementar nº 87, de 13 de setembro de 1996), vigorava, por força do art. 34, §8º, do ADCT, o Convênio ICM nº 66, de 14 de dezembro de 1988, celebrado pelos Estados com o fito de regular provisoriamente o imposto então recém-instituído pela Constituição de 1988.

As disposições do Convênio ICM nº 66/88 relativamente ao ICMS-comunicação foram, em sua maior parte, mantidas na Lei Complementar nº 87/96, com algumas alterações. A grande inovação foi o fato de a LC nº 87/96 ter isentado do imposto estadual a prestação de serviços destinados ao exterior (arts. 3º, II e 32, I).

Confira-se.

---

291. CR/1988:
"Art. 146. Cabe à lei complementar:
III – estabelecer normas gerais em matéria de legislação tributária, especialmente sobre:
a) definição de tributos e de suas espécies, bem como, *em relação aos impostos discriminados nesta Constituição, a dos respectivos fatos geradores, bases de cálculo e contribuintes*." (Destaques nossos)

4.2.1. Incidência e não incidência do imposto. Momento de ocorrência do fato gerador (aspectos material e temporal da hipótese de incidência tributária)

O aspecto material é o mais importante dentre os quatro[292] que compõem a hipótese de incidência da norma tributária. É ele que prevê o fato em si, o plexo de acontecimentos que, se verificado no mundo fenomênico, fará surgir o dever de pagar tributo.

Já o aspecto temporal indica o momento em que se considera ocorrido o fato gerador. Via de regra, encontra-se implícito na própria descrição do fato (ou seja, no aspecto material). Tanto é que já se asseverou que o aspecto temporal não é "um fator destacado dos demais que conformam a hipótese de incidência, mas, tão somente, uma implicação da própria configuração geral da hipótese de incidência".[293]

O quadro esquemático a seguir demonstra, de modo comparativo, como o Convênio n° 66/88 previa os aspectos material e temporal da hipótese de incidência do ICMS-comunicação e como a LC n° 87/96 o faz atualmente:

---

292. Aspectos material, espacial, pessoal e temporal, consoante leciona ATALIBA (ATALIBA, Geraldo. *Hipótese de Incidência Tributária*, 6ª ed. São Paulo: Malheiros, 2001, p. 80).

293. ATALIBA, Geraldo. *Hipótese de Incidência Tributária*, 6ª ed. São Paulo: Malheiros, 2001, p. 94.

Convênio ICM nº 66/88	Lei Complementar nº 87/96
"Art. 1º. O (...) ICMS (...) tem como fato gerador as (...) prestações de serviços de (...) comunicação, ainda que as (...) prestações se iniciem no exterior. Parágrafo único. O imposto incide também sobre (...) o serviço prestado no exterior. Art. 2º. Ocorre o fato gerador do imposto: (...) III – na utilização, por contribuinte, de serviço cuja prestação se tenha iniciado em outro Estado e não esteja vinculada a operação ou prestação subsequente alcançada pela incidência do imposto; (...) X – na geração, emissão, transmissão, retransmissão, repetição, ampliação ou recepção de comunicação de qualquer natureza, por qualquer processo, ainda que iniciada ou prestada no exterior. (...) § 2º. Na hipótese do inciso X, caso o serviço seja prestado mediante ficha, cartão ou assemelhados, considera-se ocorrido o fato gerador quando do fornecimento desses instrumentos ao usuário."	"Art. 2º. O imposto incide sobre: (...) III – prestações onerosas de serviços de comunicação, por qualquer meio, inclusive a geração, a emissão, a recepção, a transmissão, a retransmissão, a repetição e a ampliação de comunicação de qualquer natureza. (...) § 1º O imposto incide também: (...) II – sobre o serviço prestado no exterior ou cuja prestação se tenha iniciado no exterior; (...) Art. 3º. O imposto não incide sobre: (...) II – operações e prestações que destinem ao exterior mercadorias, inclusive produtos primários e produtos industrializados semielaborados, ou serviços; (...) Art. 12. Considera-se ocorrido o fato gerador do imposto no momento: (...) VII – das prestações onerosas de serviços de comunicação, feita por qualquer meio, inclusive a geração, a emissão, a recepção, a transmissão, a retransmissão, a repetição e a ampliação de comunicação de qualquer natureza; (...) X – do recebimento, pelo destinatário, de serviço prestado no exterior; (...) XIII – da utilização, por contribuinte, de serviço cuja prestação se tenha iniciado em outro Estado e não esteja vinculada a operação ou prestação subsequente; § 1º. Na hipótese do inciso VII, quando o serviço for prestado mediante pagamento em ficha, cartão ou assemelhados, considera-se ocorrido o fato gerador do imposto quando do fornecimento desses instrumentos ao usuário. (...) Art. 32. A partir da data de publicação desta Lei Complementar: I – o imposto não incidirá sobre (...) prestações de serviço para o exterior."

Como se infere, a LC nº 87/96 deu ao ICMS-comunicação tratamento similar ao que lhe dispensava o Convênio ICM nº 66/88, com algumas notas distintivas. Vejamos.

4.2.1.1. Onerosidade do serviço e ampliação, pela LC nº 87/96, das atividades que perfazem o fato gerador do ICMS-comunicação

Inicialmente, importa gizar que o Convênio ICM nº 66/88 não estipulava a incidência do imposto sobre as prestações *onerosas* de serviço de comunicação, ao contrário do que fez a LC nº 87/96, que expressamente indicou a *onerosidade* como elemento da *fattispecie* do ICMS-comunicação.

Entretanto, conforme já asseverado, a remuneração pela prestação do serviço é e sempre foi essencial à ocorrência do fato gerador do ICMS, independentemente da existência de lei expressa nesse sentido. Ao se referir, no art. 155, II, à *prestação de serviço*, a CR/88 pressupôs a efetivação do mesmo em caráter negocial, ou seja, mediante retribuição (que poderá ser direta ou mesmo indireta, mas deverá existir, como de resto já decidiu o STF[294] para o ISSQN). Logo, a onerosidade é, por força de mandamento constitucional, indispensável para a concretização da hipótese de incidência do ICMS-comunicação, ainda que o Convênio ICM nº 66/88 não tenha feito essa ressalva.

Outrossim, a LC nº 87/96 previu de forma mais ampla que o Convênio as hipóteses nas quais se considera ocorrida a prestação do serviço de comunicação.

No Convênio, o fato gerador do ICMS em estudo era definido como a "geração, emissão, transmissão, retransmissão, repetição, ampliação ou recepção de comunicação de qualquer natureza, por qualquer processo", ainda que a prestação

---

294. STF, Primeira Turma, Recurso Extraordinário nº 79.230/SP, relator Ministro ANTONIO NEDER, DJ 03.07.1981, p. 6.647.

fosse iniciada no exterior. Ou seja: qualquer processo que não envolvesse a *geração, emissão, transmissão, retransmissão, repetição, ampliação* ou *recepção* de comunicação não seria considerado prestação de serviço de comunicação.

A LC nº 87/96 não previu tais fatos de forma taxativa – como fazia o Convênio ICM nº 66/88 – deixando margem para que uma outra forma de viabilização da comunicação (diferente da *geração, emissão, transmissão, retransmissão, repetição, ampliação* ou *recepção*) pudesse, também, ser abarcada pelo ICMS. Confira-se, novamente, o texto na LC nº 87/96, na parte em comento:

> Art. 2º. O imposto incide sobre:
>
> (...)
>
> III – prestações onerosas de serviços de comunicação, por qualquer meio, *inclusive* a geração, a emissão, a recepção, a transmissão, a retransmissão, a repetição e a ampliação de comunicação de qualquer natureza. (destaque nosso)

O vocábulo *inclusive* constante do art. 2º, III, da LC nº 87/96, contudo, não autoriza a incidência do ICMS sobre serviços em que não exista a relação comunicativa (composta por seus cinco elementos indissociáveis: emissor – transmissor – receptor – mensagem – código), pressuposto constitucional inarredável para exigência do ICMS-comunicação.

4.2.1.2. A isenção do ICMS na prestação dos serviços de comunicação para o exterior[295]

4.2.1.2.1. Os dispositivos isencionais e seu fundamento constitucional

A mais importante distinção entre o Convênio ICM nº

---

295. Vide item 3.4 do capítulo 3 sobre a imunidade na prestação de serviços a destinatários no exterior.

66/88 e a LC nº 87/96 – relativamente ao ICMS-comunicação – foi a isenção do imposto sobre os serviços destinados ao exterior, concedida pelos arts. 3º, II e 32, I, da Lei Complementar. Vale rever os dispositivos:

> Art. 3º. O imposto não incide sobre:
>
> (...)
>
> II – operações e prestações que destinem ao exterior mercadorias, inclusive produtos primários e produtos industrializados semielaborados, ou serviços; (...)
>
> Art. 32. A partir da data de publicação desta Lei Complementar:
>
> I – o imposto não incidirá sobre (...) prestações de serviço para o exterior."

O benefício foi concedido com amparo no art. 155, §2º, XII, *e* da CR/88, que autorizou a exclusão da incidência do imposto nas "exportações para o exterior".[296]

A *ratio* constitucional dos arts. 3º, II e 32, I, da LC nº 87/96, portanto, é a de desonerar os serviços exportados para outros países.

---

296. MISABEL DERZI leciona que "a Constituição de 1988, reforçando a autonomia dos entes políticos da Federação, proíbe à União, no art. 151, III, 'instituir isenções de tributos da competência dos Estados, do Distrito Federal ou dos Municípios'". Mas, conclui, "como a política externa deve ser conduzida pela União, a Constituição excepciona a regra no caso das exportações". (BALEEIRO, Aliomar. *Direito Tributário Brasileiro*, 11ª ed., atualizado por MISABEL ABREU MACHADO DERZI. Rio de Janeiro: Forense, 2001, p. 440).
A autora, no caso, referia-se ao citado art. 155, §2º, XII, *e* da CR/88, que assim dispõe:
"Art. 155. (...).
§2º. (...).
XII – cabe à lei complementar:
e) excluir da incidência do imposto, nas exportações para o exterior, serviços e outros produtos além dos mencionados no inciso X, 'a';"
A seu turno, o inciso X, *a* da CR/88 previa, em sua redação original (que vigorava à época da edição da LC nº 87/96), a não incidência do ICMS sobre produtos industrializados destinados ao exterior, exceto os semielaborados, definidos em lei complementar.
Como visto no capítulo anterior, a EC nº 42/03 modificou a Constituição e excluiu do âmbito de incidência do ICMS os serviços prestados a destinatários situados no exterior (nova redação do art. 155, X, *a* da CR/88).

Trata-se de disposição semelhante à do IVA europeu, que não incide sobre as exportações de bens e serviços.[297] Caso inexistisse a isenção no IVA, haveria uma dupla imposição, pois, de acordo com o princípio do país de destino, todas as importações são gravadas com o imposto.[298] Essa, aliás, é a fórmula adotada em todo o mundo para o comércio internacional: tributam-se as entradas de mercadorias e serviços e desoneram-se as exportações.

A isenção concedida pela LC nº 87/96, entretanto, tem gerado divergências interpretativas. Pode-se dizer que existem duas correntes acerca do alcance dos arts. 3º, II e 32, I, da LC nº 87/96.

Vejamos as razões de ambas.

4.2.1.2.2. A corrente subjetiva: a isenção somente abarca os serviços iniciados no exterior (tráfego entrante)

A primeira corrente, que podemos denominar subjetiva, sustenta que somente haverá isenção de ICMS quando houver efetiva exportação de serviço de comunicação.

---

297. Leciona TEJERIZO LÓPEZ:
"Como regra geral importa assinalar que estão isentas todas as exportações, as operações assemelhadas às mesmas e os serviços acessórios, sendo essa isenção de caráter pleno, é dizer, com direito a deduzir as quotas suportadas (...)." Tradução livre do original em espanhol. (FERREIRO LAPATZA, Jose Juan; CLAVIJO HERNANDEZ, Francisco; PEREZ ROYO, Fernando; TEJERIZO LOPEZ, Jose Manuel. *Curso de Derecho Tributario – Parte Especial. Sistema Tributario:* los tributos en particular, 12ª ed. Madrid: Marcial Pons, 1996, p. 589).

298. Sobre o princípio do país de destino e a necessidade de desoneração das exportações, vale conferir ALBI IBÁÑEZ e GARCÍA ARIZNAVARRETA:
"Se fosse exigido o IVA neste tipo de operação, ter-se-ia que devolvê-lo automaticamente depois, para evitar que os bens sofram a dupla imposição que se produz ao aplicar o princípio do país de destino, gravando-se com o imposto as importações ou aquisições intracomunitárias de bens." Tradução livre do original em espanhol. (ALBI IBÁÑEZ, Emilio e GARCÍA ARIZNAVARRETA, J. L. *Sistema Fiscal Español*, 11ª ed. Barcelona: Ariel, 1996, p. 646).

Para que haja exportação, é necessário que o tomador do serviço esteja localizado no exterior. Isso ocorre quando uma ligação é originada em outro país com destino ao Brasil. Para adentrar no território nacional, os pulsos telefônicos precisam ser conduzidos pela rede de uma operadora brasileira. Ao assumir o *munus* (remunerado) de levar os pulsos da operadora estrangeira ao seu destino final no Brasil, a operadora brasileira presta um serviço de comunicação destinado ao exterior, pois a tomadora é a empresa de telecomunicações estrangeira. Essa é uma hipótese na qual há exportação de serviço.

Dessarte, para a corrente subjetiva, as ligações telefônicas originadas no exterior e completadas no Brasil são isentas do ICMS por força da LC nº 87/96 (e, recentemente, tornaram-se imunes com o advento da EC nº 42/03, que modificou o art. 155, §2º, X, *a* da CR/88).[299]

Entretanto, as ligações originadas no Brasil com destino ao exterior, por não configurarem *exportação de serviços*, estão sujeitas à incidência do ICMS-comunicação, não sendo alcançadas pela isenção contida na LC nº 87/96.

Nesse caso, como o tomador do serviço (pessoa que origina a ligação) está situado no Brasil, não há exportação. Ao contrário: a empresa brasileira terá que contratar os serviços de uma operadora estrangeira para completar, no exterior, a ligação aqui iniciada (verdadeira importação de serviço).[300]

---

299. CR/1988:
"Art. 155. (...).
(...)
§2º. O imposto previsto no inciso II atenderá ao seguinte:
(...)
X – *não incidirá*:
a) sobre operações que destinem mercadorias para o exterior, nem *sobre serviços prestados a destinatários no exterior*, assegurada a manutenção e o aproveitamento do montante do imposto cobrado nas operações e prestações anteriores;" (redação dada pela EC nº 42/03, destaques nossos).

300. A Procuradoria-Geral da Fazenda Nacional inclina-se pela corrente subjetiva em seu Parecer PGFN-CAT nº 381, de 08.04.1999. É ver:
"15. No caso de que se cuida, não podemos dizer que há uma prestação de serviço destinada ao exterior. A ligação telefônica é que tem como destinatário alguém fora

Assim e então, a corrente subjetiva entende que:

(a) as ligações originadas em outro país e completadas no Brasil (tráfego entrante) eram isentas de ICMS por força da LC nº 87/96 e se tornaram imunes com a EC nº 42/03. Nessas hipóteses, há prestação de serviço da operadora brasileira para a operadora estrangeira, caracterizando a exportação;

(b) as ligações originadas no Brasil e completadas no exterior (tráfego sainte) não são isentas de ICMS, porquanto o serviço é prestado para tomador situado no Brasil (não ocorrendo a exportação necessária à fruição da isenção).

4.2.1.2.3. A corrente objetiva: a isenção compreende tanto os serviços originados no exterior (tráfego entrante) como os iniciados no Brasil e completados no exterior (tráfego sainte)

A corrente objetiva sustenta que tanto os serviços iniciados no exterior e completados no Brasil (tráfego entrante) como aqueles originados no País e concluídos no exterior

---

do território nacional, mas essa prestação se dá internamente. O tomador do serviço é quem está utilizando a linha telefônica paga, no Brasil, mais especificamente na unidade federada de onde a ligação é originária, o valor correspondente a toda prestação e à empresa (...) operadora, que coloca à disposição do usuário todo o aparato para que a comunicação ocorra, presta um serviço ao tomador que está localizado no País." (Parecer PGFN-CAT nº 381/99, *apud* REZENDE, Condorcet e SOUZA, Alisson Carvalho de. *O Imposto sobre Circulação de Mercadorias e Serviços – ICMS e os Serviços de Comunicação Destinados ao Exterior*. TÔRRES, Heleno Taveira (org.). Direito Tributário das Telecomunicações. São Paulo: IOB Thomson: Abetel, 2004, p. 375).
No mesmo sentido, cite-se ainda a opinião de MATOS:
"Por fim, não consideramos que a ligação internacional representa uma prestação de serviço que *se destine* ao exterior. De fato, a mensagem, a comunicação em si, destina-se ao exterior. O emissor destina mensagem ao exterior. Mas o serviço não é destinado ao exterior. Não há de se confundir o serviço com a comunicação propriamente dita. Não é a comunicação que é tributada. É o serviço. E a quem se destina o serviço? A nosso ver, o serviço se destina ao consumidor brasileiro." (MATOS, Tácito Ribeiro de. *Aspectos Tributários do Roaming, em Especial do Roaming Internacional*. TÔRRES, Heleno Taveira (org.). Direito Tributário das Telecomunicações. São Paulo: IOB Thomson: Abetel, 2004, p. 454).

(tráfego sainte) são isentos de ICMS por força dos arts. 3º, II e 32, I, da LC nº 87/96.

Para os adeptos da corrente objetiva, a LC nº 87/96 teria isentado as comunicações destinadas ao exterior, independentemente do local em que se situe o tomador do serviço. Isso porque a ligação internacional (ainda que tenha como tomador um usuário situado no Brasil) não deixaria de ser um serviço "prestado para o exterior", enquadrando-se na dicção dos arts. 3º, II e 32, I da LC nº 87/96.[301] Assim, o fator determinante para a não incidência do ICMS não seria a exportação do serviço (entendida esta como a prestação para um destinatário situado no exterior), mas sim o envio de comunicação para fora do País (ou, então, o serviço consistente em completar, no Brasil, uma ligação iniciada no exterior).

4.2.1.2.4. O nosso entendimento

Por força do art. 155, §2º, XII, *e* da CR/88, que autoriza o legislador complementar a isentar do ICMS as "exportações

---

301. BRIGAGÃO e PERLINGEIRO posicionam-se favoravelmente à corrente objetiva, arrimando-se nos seguintes fundamentos:
"3.17. (...) A hipótese de incidência prevista nos arts. 3º, II, e 32, I, da LC nº 87/96 deve ser objetivamente considerada, pois o elemento que determina a não incidência do ICMS é o envio da comunicação para o exterior, e não a relação jurídica que se estabelece entre a operadora e o assinante. (...).
3.18. Note-se, por outro lado, que, na sistemática de incidência do ICMS, o que caracteriza a operação ou prestação como interna, interestadual, ou internacional, não é a localização das partes que celebram o contrato de compra e venda ou de prestação de serviços, mas a destinação ou fluxo que se dá ao bem ou serviço que constitui objeto desse contrato." (REZENDE, Condorcet e SOUZA, Alisson Carvalho de. "O Imposto sobre Circulação de Mercadorias e Serviços – ICMS e os Serviços de Comunicação Destinados ao Exterior". TÔRRES, Heleno Taveira (org.). *Direito Tributário das Telecomunicações*. São Paulo: IOB Thomson: Abetel, 2004, p. 376).
Comungam deste ponto de vista IVES GANDRA (MARTINS, Ives Gandra da Silva. "Serviços de Telecomunicações iniciados no Brasil e Concluídos no Exterior. Hipótese de Não Imposição do ICMS". Temas Atuais de Direito Tributário. São Paulo: Elevação, 2001, pp.113-5) e EDUARDO BOTTALLO (BOTTALLO, Eduardo. "ICMS e Serviços de Comunicação Internacional". *Revista Dialética de Direito Tributário*, nº 61. São Paulo: Dialética, out.2000, pp. 24-5), dentre outros.

para o exterior", entendemos que a *ratio* da LC nº 87/96 foi (por óbvio) a de isentar as exportações, é dizer, desonerar a prestação de serviços a destinatários situados em outros países.

Assim, os serviços que visem a completar, no Brasil, ligações iniciadas no exterior (tráfego entrante) são isentos de ICMS por força da LC nº 87/96 (sendo ainda, desde a EC nº 42/03, imunes ao imposto).[302]

Entretanto, as ligações internacionais iniciadas no Brasil e completadas no exterior não estão abarcadas pela isenção da LC nº 87/96 (e, tampouco, pela imunidade da EC nº 42/03). Isso porque o serviço é prestado por operadora brasileira a tomador situado no País. Não há exportação, mas sim importação de serviço, pois a empresa nacional tem que contratar uma operadora estrangeira para conduzir os pulsos telefônicos originados no Brasil (tráfego sainte) até o ponto de destino no outro país.

Deve-se refutar, ainda, o argumento de que o princípio da territorialidade impediria a tributação dos serviços de telefonia prestados em solo estrangeiro.[303] Ora, o princípio da territorialidade em matéria tributária estabelece limites para o exercício da competência impositiva do Estado, mas não é absoluto. JARACH,[304] avançando nesta seara, pontifica que a

---

302. Nessas hipóteses, há prestação de serviço de telefonia a destinatário situado no exterior (a empresa nacional leva o "tráfego entrante" da operadora estrangeira até seu destino final no Brasil).

303. Sustentando essa linha de entendimento, da qual – *data maxima venia* – divergimos, CARRAZZA pontua:
"O princípio da territorialidade (...) corresponde ao 'direito exclusivo de cada Estado ao exercício da tributação em seu território e no espaço aéreo acima do mesmo.'
(...).
Indo ao ponto, os Estados-membros no Brasil só podem exigir ICMS nos limites de seus territórios. (...). Ora, qualquer lei – aí compreendida, pois, a lei tributária – vigora e é aplicável num espaço físico determinado. Dito de outro modo, ela só pode acolher fatos (imputando-lhes os efeitos jurídicos previstos) ocorridos dentro de seu âmbito de validade: o território da pessoa que a editou." (CARRAZZA, Roque Antonio. *ICMS*, 9ª ed. São Paulo: Malheiros, 2002, pp. 168-9).

304. Leciona o autor:

única limitação para que o Estado eleja um fato como hipótese de incidência tributária é de ordem prática. Desde que haja algum elemento de vinculação (tais como domicílio, nacionalidade, local onde ocorre o fato imponível), que permita o controle e a fiscalização estatais, o tributo poderá ser instituído.[305] Apesar de não concordamos integralmente com esta assertiva – pois, levada ao extremo, poderia autorizar, *v.g.*, a exigência de ICMS sobre serviços de comunicação prestados integralmente no exterior por uma operadora brasileira (conectando, por exemplo, um usuário em Portugal com outro na Espanha) – o raciocínio possui razão de ser (apenas devendo ser interpretado *cum modus in rebus*).

No tráfego sainte, há efetiva prestação de serviço de comunicação para destinatário situado no Brasil. Ou seja: tanto

---

"Costuma-se dizer que, sendo a atividade impositiva uma manifestação da soberania territorial do Estado, os momentos de vinculação são a expressão do vínculo entre os tributos e a soberania nacional. Isso não é exato. No direito tributário material, não há limitação alguma à imposição: os critérios de vinculação com o sujeito ativo, sejam eles diretamente entre os sujeitos ou entre o fato imponível e o sujeito ativo, podem ser de qualquer natureza e a única limitação é de índole prática, devendo a lei estabelecer como fatos imponíveis somente aqueles que, de certa maneira, sejam controláveis pela administração e sejam susceptíveis de conduzir ao resultado que a lei tributária se propõe. Dentro destes limites, o legislador pode eleger qualquer critério de vinculação do fato imponível ao sujeito ativo, conforme lhe pareça mais oportuno. Para um mesmo tributo pode também eleger dois ou mais momentos de vinculação, por exemplo, o domicílio, a nacionalidade e a situação do objeto material do fato imponível." Tradução livre do original em espanhol. (JARACH, Dino. *El Hecho Imponible – Teoría General del Derecho Tributario Sustantivo*. Buenos Aires: Abeledo-Perrot, 1971, pp. 208-9).

305. JARACH cita ainda o exemplo da tributação da renda nos EUA: os cidadãos americanos e os residentes nos Estados Unidos têm toda a sua renda submetida à tributação pelo imposto de renda norte-americano, independentemente de origem da mesma (critério da renda mundial). Por outro lado, os estrangeiros não residentes que estejam trabalhando temporariamente nos EUA devem oferecer à tributação pelo IR norte-americano somente a renda oriunda de fontes situadas naquele país (critério da fonte da renda). Ou seja: a legislação americana utiliza-se de uma amálgama de elementos de vinculação (nacionalidade, residência, fonte da renda) para tributação dos rendimentos de seus cidadãos, dos residentes e dos não residentes que produzam riqueza nos EUA. E o faz de modo perfeitamente legítimo, ainda que contrastado com o dito princípio da territorialidade em matéria tributária. (JARACH, Dino. *El Hecho Imponible* – Teoría General del Derecho Tributario Sustantivo. Buenos Aires: Abeledo-Perrot, 1971, p. 209).

o prestador como o tomador estão situados em nosso País. Apenas a ligação telefônica se completa no exterior. Assim, temos que a limitação eventualmente decorrente do princípio da territorialidade não se aplica ao caso em análise.

Dessarte, tributar-se serviços de comunicação completados no exterior e prestados a tomadores situados no Brasil é perfeitamente possível e, na hipótese, autorizado pela própria Constituição da República (art. 155, §2º, IX, a).

Para maiores detalhes sobre o tema, remetemos o leitor ao capítulo 3, item 3.4, no qual o assunto foi analisado em face das regras constitucionais atinentes ao ICMS-comunicação.

4.2.1.3. A tributação antecipada dos serviços de comunicação prestados por meio de cartões telefônicos

Tanto no Convênio ICM nº 66/88 como na LC nº 87/96 há previsão para incidência do ICMS-comunicação sobre a venda de cartões e fichas telefônicas aos usuários. Nessa hipótese, por ficção jurídica, equipara-se a venda do cartão, ficha ou assemelhado à própria prestação do serviço de comunicação (que ocorrerá em momento posterior), autorizando-se a incidência antecipada do ICMS. É ver o que dispõe a LC nº 87/96:

> Art. 12. Considera-se ocorrido o fato gerador do imposto no momento:
>
> (...)
>
> VII – das prestações onerosas de serviços de comunicação, feita por qualquer meio, inclusive a geração, a emissão, a recepção, a transmissão, a retransmissão, a repetição e a ampliação de comunicação de qualquer natureza;
>
> (...)
>
> § 1º. *Na hipótese do inciso VII, quando o serviço for prestado mediante pagamento em ficha, cartão ou assemelhados, considera-se ocorrido o fato gerador do imposto quando do fornecimento desses instrumentos ao usuário.* (destaques nossos)

O cartão telefônico, em que pese ser bem material, é representativo de uma prestação de serviço, podendo ser utilizado para conversação em terminais públicos de telefonia ("orelhões", praticamente em desuso) ou em telefones celulares pré-pagos (que correspondem a, aproximadamente, 75% dos terminais móveis). No primeiro caso (terminais de uso público), os cartões são inseridos em fendas no aparelho de telefonia, que os lê (detectando a existência de créditos disponíveis) e completa a ligação solicitada. Já os cartões de celulares pré-pagos possuem códigos de acesso que, digitados no aparelho, habilitam-no a originar chamadas, até o limite dos créditos adquiridos pelo usuário.

Os cartões (tanto de terminais públicos como de aparelhos celulares) possuem prazos de validade,[306] determinados pela Anatel. Expirado o prazo, o cartão perde serventia, não tendo o consumidor direito à devolução do valor pago.

A especificidade dos cartões, como se vê, é que eles são vendidos pelas operadoras como serviços de telecomunicação, e não como mercadorias. Assim, submetem-se às disposições do ICMS-comunicação, e não às do ICMS-circulação de mercadorias.[307] A regra, aliás, beneficia os Fiscos, pois a

---

[306]. Instado, em diferentes oportunidades, a decidir a respeito da legalidade dos prazos de validade estabelecidos pela Anatel para os créditos de telefonia móvel, o STJ entendeu ser razoável a estipulação de tais termos pela Agência, não implicando violação aos direitos do consumidor ou à propriedade privada. Cf., por exemplo, STJ, Segunda Turma, AgRg no REsp 1222916/PR, relator Ministro HERMAN BENJAMIN, j. 07.04.2011, DJe 25.04.2011. Atualmente, o Congresso Nacional analisa o PL nº 618/2007, que, dentre outras providências, proíbe a estipulação de prazos de caducidade dos créditos para telefonia pré-paga. Disponível em: <http://goo.gl/AFjxsu>. Acesso em: 10 mar. 2016.

[307]. Apenas no momento em que a empresa de telecomunicação compra o cartão do fabricante é que o mesmo é tratado como mercadoria. A operadora paga pelo cartão o custo de sua produção, acrescido da margem de lucro do fabricante. A partir do momento em que o cartão é adquirido pela operadora e esta confere ao mesmo a possibilidade de efetivar ligações telefônicas, ele passa a ser representativo de uma prestação de serviço, atraindo a incidência do ICMS-comunicação. Seu valor, por conseguinte, será várias vezes superior ao do papel no qual foi impresso, pois terá deixado de ser mercadoria para se tornar meio para a prestação do serviço de comunicação.

alíquota do ICMS incidente sobre a prestação de serviços de comunicação é maior que a do ICMS cobrado nas operações de circulação de mercadorias.

No presente caso, importa-nos analisar se a LC nº 87/96 pode considerar ocorrido o fato gerador do imposto estadual quando do fornecimento de cartões telefônicos ou assemelhados ao usuário final (e não quando da efetiva prestação do serviço).

Consoante visto anteriormente, o ICMS-comunicação somente incidirá quando houver prestação de serviço que viabilize a relação comunicativa. Dessarte, como no fornecimento de cartões ou fichas a usuário final, *não há* qualquer relação comunicativa (que somente ocorrerá em momento posterior, caso o cartão seja utilizado), a LC nº 87/96 não poderia ter equiparado esse fornecimento à efetiva prestação do serviço de comunicação, antecipando o momento de ocorrência do fato gerador.

A cobrança do ICMS antes de realizado o fato gerador somente é admissível na substituição tributária para frente (art. 150, §7º, da CR/88), na qual se presume a sua ocorrência futura, assegurando-se ao contribuinte substituto o direito de restituição da quantia paga caso a operação não se concretize.[308] Na hipótese, entretanto, não há substituição tributária: a operadora de telefonia paga o ICMS próprio, devido pela prestação de serviços de comunicação. Ciente disso, o legislador complementar cuidou de modificar (ilegitimamente) o momento de ocorrência do fato imponível do ICMS-comunicação (que somente se perfaz com a efetiva prestação do serviço), determinando a incidência do imposto no momento da venda do cartão ao usuário final.

---

308. Na ADI nº 1.851/AL, o Plenário do STF assentou (sendo vencidos os Ministros CARLOS VELLOSO, CELSO DE MELLO e MARCO AURÉLIO) que a ocorrência do fato gerador abaixo do preço presumido não confere ao substituto tributário o direito à restituição do imposto pago a maior. Somente se o fato gerador presumido não ocorrer (quando houver perda da mercadoria, por exemplo) é que será assegurada a restituição do ICMS pago no regime de substituição tributária. (STF, Pleno, ADI nº 1.851/AL, relator Ministro ILMAR GALVÃO, DJ 22.11.2002, p. 55).

A TRIBUTAÇÃO DOS SERVIÇOS DE COMUNICAÇÃO

Não bastassem as disposições constantes da LC nº 87/96, que malferem a hipótese de incidência constitucional do imposto em tela, o Convênio ICMS nº 126/98 (que instituiu regime especial de apuração e pagamento do imposto estadual para as prestadoras de serviço de telecomunicação definidas em seu anexo único), antecipou ainda mais a ocorrência do fato gerador, determinando a tributação na *entrega do cartão indutivo a terceiro*, quando este adquiri-lo para fornecimento ao usuário final, ou na mera *transferência do cartão entre estabelecimentos da própria operadora localizados na mesma unidade federada*. Confira-se:

> Cláusula sétima. Relativamente à ficha, cartão ou assemelhados, será observado o seguinte:
>
> I – por ocasião da entrega, real ou simbólica, a terceiro para fornecimento ao usuário, mesmo que a disponibilização seja por meio eletrônico, a empresa de telecomunicação emitirá a Nota Fiscal de Serviço de Telecomunicações (NFST), com destaque do valor do imposto devido, calculado com base no valor tarifário vigente nessa data;
>
> (...)
>
> Parágrafo único. O disposto no inciso I aplica-se, também, à remessa a estabelecimento da mesma empresa de telecomunicação localizado na mesma unidade federada, para fornecimento ao usuário do serviço.

A regra em análise tem por justificativa uma situação fática: a maior parte dos cartões indutivos chega aos usuários finais por meio de distribuidores contratados pelas operadoras. Logo, por razões de praticidade, decidiu-se tributar o cartão na saída da empresa de telecomunicação, seja quando esta o encaminha para o usuário final (art. 12, §1º, da LC nº 87/96), para um distribuidor (cláusula sétima, inciso I do Convênio ICMS nº 126/98) ou mesmo para outro estabelecimento próprio, situado na mesma unidade federada (cláusula sétima, parágrafo único do Convênio ICMS nº 126/98).

Contudo, a praticidade não pode se sobrepor à constitucionalidade. Se para a ocorrência do fato gerador do

ICMS-comunicação é essencial que haja a relação comunicativa (viabilizada por um serviço prestado por terceiro), a Lei Complementar nº 87/96 não pode, sob o pretexto de cumprir a função que lhe foi conferida pelos arts. 146, III, *a* e 155, XII, *d,* da CR/88, redefinir a hipótese de incidência do tributo para fazê-lo incidir sobre ato meramente preparatório ao serviço de telecomunicação (entrega do cartão ao usuário ou distribuidor).[309]

Quando a transferência de cartões ocorre entre estabelecimentos da própria operadora *localizados em estados distintos*, a regra do Convênio ICMS nº 126/98 é de que o meio físico (valor do cartão sem o serviço) deverá ser tributado (sem prejuízo da tributação posterior, pelo ICMS-comunicação, quando da aquisição pelo usuário final ou envio ao distribuidor):

> Cláusula Sétima. Relativamente à ficha, cartão ou assemelhados, será observado o seguinte:
>
> (...)
>
> II – nas operações interestaduais entre estabelecimentos de empresas de telecomunicação, será emitida Nota Fiscal, modelo 1 ou 1-A, com destaque do valor de aquisição mais recente do meio físico.

Entretanto, em razão do entendimento sumulado do STJ de que a mera transferência de mercadorias entre estabelecimentos do mesmo titular não é fato gerador do ICMS (Súmula

---

309. Corroborando o entendimento, confiram-se as lições de:
SOARES DE MELO: "O simples fato de uma pessoa (...) adquirir uma ficha telefônica não significa a ocorrência do fato gerador, uma vez que somente se pode cogitar da qualificação de contribuinte na medida em que utilizar os serviços de comunicação, compreendendo efetivos negócios jurídicos civis (implicadores de obrigação de fazer)." (MELO, José Eduardo Soares de. *Imposto sobre Serviço de Comunicação*, 2ª ed. São Paulo: Malheiros, 2003, p. 115).
CARRAZZA: a "aquisição da ficha telefônica (...) permite que se utilize o serviço de comunicação, mas não se confunde com a sua efetiva prestação, que só se dará em momento lógica e cronologicamente posterior (isto é, quando, com a ficha, o *telefone público* for acionado)." (CARRAZZA, Roque Antonio. *ICMS*, 9ª ed. São Paulo: Malheiros, 2002, p. 177).

166),[310] nenhum imposto pode ser exigido na hipótese em que os cartões sejam transferidos entre estabelecimentos da mesma operadora.

A citada cláusula sétima do Convênio ICMS nº 126/98 foi revogada, em sua integralidade, pelo Convênio ICMS nº 55, de 1º de julho de 2005 (posteriormente modificado pelos Convênios ICMS nº 88, de 17 de agosto de 2005, e 12, de 30 de março de 2007), exceto para Alagoas, Minas Gerais, Roraima, Rondônia, Amazonas de Alagoas e Distrito Federal (que continuam submetidos ao Convênio nº 126 e à LC nº 87/96, portanto). Confiram-se as disposições conveniais relativas à tributação dos cartões pré-pagos:

> Cláusula primeira. Relativamente às modalidades pré-pagas de prestações de serviços de telefonia fixa, telefonia móvel celular e de telefonia com base em voz sobre Protocolo Internet (VoIP), disponibilizados por fichas, cartões ou assemelhados, mesmo que por meios eletrônicos, será emitida Nota Fiscal de Serviços de Telecomunicação – Modelo 22 (NFST), com destaque do imposto devido, calculado com base no valor tarifário vigente, na hipótese de disponibilização:
>
> I – para utilização exclusivamente em terminais de uso público em geral, por ocasião de seu fornecimento a usuário ou a terceiro intermediário para fornecimento a usuário, cabendo o imposto à unidade federada onde se der o fornecimento;
>
> II – de créditos passíveis de utilização em terminal de uso particular, por ocasião da sua disponibilização, cabendo o imposto à unidade federada onde o terminal estiver habilitado.
>
> § 1º. Para os fins do disposto no inciso II, a disponibilização dos créditos ocorre no momento de seu reconhecimento ou ativação pela empresa de telecomunicação, que possibilite o seu consumo no terminal.
>
> § 2º Aplica-se o disposto no inciso I quando se tratar de cartão, ficha ou assemelhado, de uso múltiplo, ou seja, que possa ser utilizado em terminais de uso público e particular.

---

310. Súmula nº 166 do STJ:
"Não constitui fato gerador do ICMS o simples deslocamento de mercadoria de um para outro estabelecimento do mesmo contribuinte".

Cláusula segunda. Nas operações interestaduais entre estabelecimentos de empresas de telecomunicação com fichas, cartões ou assemelhados será emitida Nota Fiscal, modelo 1 ou 1-A, com destaque do valor do ICMS devido, calculado com base no valor de aquisição mais recente do meio físico.

Cláusula terceira. Poderá a unidade federada exigir relatórios analíticos de receitas e sua respectiva documentação comprobatória, nas transações com créditos pré-pagos.

Cláusula quarta. Fica revogada a cláusula sétima do Convênio ICMS 126/98, de 11 de dezembro de 1998.

Cláusula quinta. As disposições contidas neste convênio não se aplicam ao Estado de Alagoas e ao Distrito Federal. (Redação dada pelo Convênio ICMS n° 88/05).

Cláusula sexta. Este convênio entra em vigor na data de sua publicação no Diário Oficial da União, produzindo efeitos a partir de 1° de janeiro de 2006. (redação dada pelo Convênio ICMS n° 88/05).

A previsão de inaplicabilidade do Convênio n° 55 às mencionadas unidades federadas gera complexos problemas de dupla tributação no que tange à telefonia celular pré-paga (cláusula primeira, inciso II). Os entes que não aderiram às novas regras permaneceram, em tese,[311] submetidos à sistemática da LC n° 87/96 e do Convênio n° 126/98 (tributação na entrega ao usuário final ou a intermediário), ao passo que os demais Estados, seguindo as disposições do Convênio n° 55/05, tributarão os cartões pré-pagos da telefonia móvel no momento em que os créditos forem reconhecidos pela operadora, sendo o ICMS devido ao Estado onde o telefone móvel estiver habilitado (ou seja: a regra é completamente diversa daquela constante do Convênio n° 126/98 e da LC n° 87/96).

Apenas para a telefonia fixa não haverá maiores mudanças, visto que a cláusula primeira, inciso I, do Convênio n° 55/05 tão somente repete, com palavras diversas, a forma de tributação prevista no Convênio n° 126/98.

---

311. Em que pese ter se desligado do Convênio ICMS n° 55/05, Minas Gerais ainda reproduz suas disposições na legislação tributária estadual.

A inovação do Convênio nº 55/05,[312] portanto, decorre, precipuamente, da determinação para tributação dos cartões pré-pagos de telefones celulares (os "terminais de uso particular" aos quais se refere a cláusula primeira, inciso II, supratranscrita) quando do reconhecimento dos créditos pela operadora (ou seja, quando o usuário digitar, em seu aparelho, o código obtido no cartão por ele adquirido, habilitando-o a falar por um tempo determinado), devendo o ICMS ser recolhido ao Estado onde o aparelho estiver habilitado (e não àquele onde o cartão for vendido ao usuário, como dispõem a LC nº 87/96 e o Convênio nº 126).

Se a regra do Convênio nº 126 – que antecipava a ocorrência do fato gerador para o momento da entrega ao distribuidor – já feria a LC nº 87/96 (que, a seu turno, fere a Constituição ao determinar a tributação na entrega do cartão ao usuário final), a inovação trazida pelo Convênio nº 55/05 contribui para a criação de uma verdadeira algaravia na tributação dos serviços de comunicação pré-pagos, à revelia da Constituição, da legislação complementar e, ainda, do bom senso, visto que a regra não é aplicável a todos os Estados da Federação.

A celeuma, por óbvio, não escaparia aos tribunais. Analisando recurso especial interposto por empresa de telecomunicações (REsp nº 1.119.517/MG), o STJ reconheceu a ilegitimidade da eleição de critérios temporais diferentes do previsto na Lei Complementar nº 87/96 para a determinação do momento de ocorrência do fato gerador do ICMS-comunicação no caso de fichas (atualmente inexistentes) e

---

312. Cf. BECHARA, Carlos Henrique Tranjan; CARVALHO, João Rafael L. Gândara. "A Tributação pelo ICMS do Serviço Móvel Pessoal Pré-Pago e as Inconstitucionalidades e Ilegalidades do Convênio ICMS nº 55/2005 na Tributação de Outras Utilidades Disponibilizadas ao Usuário". LIMA, Maurício Rodrigues, et alii. (org.). *Tributação em Telecomunicações. Temas Atuais.* São Paulo: Quartier Latin, 2013; BRIGAGÃO, Gustavo; FERREIRA, Rodrigo Damázio. "ICMS e o fornecimento de cartões, fichas ou assemelhados. Aspectos espacial e temporal". MOREIRA, André Mendes, et alii. *Direito das Telecomunicações e Tributação.* São Paulo: Quartier Latin, 2006.

cartões telefônicos.[313] Importante destacar que o processo envolvia o Estado de Minas Gerais, que, embora não signatário do Convênio ICMS n° 55/05, reproduz, em parte, as suas normas na legislação estadual. Referido processo, após a interposição do Recurso Extraordinário n° 651060 pela Fazenda Pública Estadual, transitou em julgado no Supremo Tribunal Federal, em 12.02.2016, tornando-se, portanto, definitiva a decisão proferida pelo STJ.

Nos Estados Unidos, os problemas relativos à tributação dos cartões indutivos são ainda mais complexos, face à competência de cada Município e Estado para instituir, da forma que melhor lhes aprouver, o imposto sobre serviços de comunicação (sobre os quais é ainda cobrado um tributo federal, denominado *excise tax*).[314]

Relativamente à imposição *estadual*, existem três correntes acerca da tributação dos cartões pré-pagos nos EUA. A primeira prega a não tributação dos cartões, ao argumento de que o consumidor está comprando um direito intangível para utilização (ou não) de um serviço futuro; a segunda corrente sustenta que a tributação deve ocorrer quando da aquisição do cartão (forma adotada no Brasil pela LC n° 87/96), e a terceira pugna que o imposto somente é devido no momento da utilização do serviço.[315]

---

313. STJ, Segunda Turma, REsp n° 1.119.517/MG, relator Ministro CASTRO MEIRA, j. 09.02.2010, DJe 24.02.2010.

314. EIRA, Luiz Antonio Souza e NETTO, João da Silva Medeiros. *Tributação sobre Telecomunicações*. Estudo. Consultoria Legislativa da Câmara dos Deputados. Brasília, 2002, p. 7.

315. DODD e MILLIGAN, em obra sobre a tributação das telecomunicações nos EUA, relatam as dificuldades enfrentadas na tributação dos cartões indutivos naquele país:
"As mesmas questões tributárias relativas aos serviços de telecomunicações também se aplicam aos serviços pré-pagos. Em qual momento da transação os tributos se tornam devidos? (...). O fato de o pagamento preceder a utilização nas transações envolvendo serviços pré-pagos adiciona um complicador (...).
Atualmente, existem três escolas de pensamento relativamente à tributação dos serviços pré-pagos: (1) não tributar o serviço em momento algum, pois o usuário está adquirindo apenas um direito intangível de utilizar um serviço futuro; (2)

A TRIBUTAÇÃO DOS SERVIÇOS DE COMUNICAÇÃO

Das três opções, os Estados norte-americanos têm adotado, em sua maior parte, a segunda,[316] que é a mesma eleita pelo legislador complementar brasileiro: tributação no momento da venda do cartão. Isso porque a primeira alternativa, de simplesmente não tributar os cartões indutivos, fere a isonomia, pois os usuários de serviços pós-pagos suportariam impostos não cobrados nos pré-pagos. E a terceira, em que pese a mais acertada do ponto de vista técnico-jurídico, gera dificuldades administrativas de grande monta (o controle da utilização de cada um dos cartões pré-pagos é extremamente complexo).

Pela análise da experiência norte-americana, dessume-se que o legislador brasileiro optou pela solução mais prática ao eleger como momento de ocorrência do ICMS-comunicação a entrega, resultante da venda do cartão ao consumidor final.

Entretanto, como a nossa CR/88 prevê como hipótese de incidência do tributo a *prestação de serviço de comunicação*, e esta somente ocorre em momento posterior à aquisição do cartão pelo usuário (podendo, inclusive, não acontecer), seria necessária uma mudança no corpo da própria Lei Maior

---

tributar o serviço no local em que o mesmo for adquirido; ou (3) tributar o serviço quando for utilizado. Dessas opções, a terceira apresenta as maiores dificuldades sob o ponto de vista administrativo, bem como cria o risco de dupla tributação em certos casos." Tradução livre do original em inglês. (DODD, Joseph A. e MILLIGAN, Peter. "Taxation of Prepaid Calling Services". BIERBAUM, Deborah R. e KRATOCHVILL, James P (org.). *Telecommunications: Taxation of Services, Property and Providers*. Chicago: CCH Incorporated, pp. 145-52).

316. DODD e MILLIGAN deixam clara a existência de um *lobby* das empresas de telecomunicações para que a tributação dos cartões telefônicos seja feita no momento de sua venda ao consumidor final:
"(...) A indústria das telecomunicações tem trabalhado junto aos governos estaduais para a edição de leis que tributem os serviços quando de sua venda. A indústria acredita que a tributação no momento da venda iria reduzir a maior parte dos problemas relacionados à imposição de tributos na venda e no uso dos mesmos, pois eliminaria a necessidade de se rastrear a utilização do serviço." Tradução livre do original em inglês. (DODD, Joseph A. e MILLIGAN, Peter. "Taxation of Prepaid Calling Services". BIERBAUM, Deborah R. e KRATOCHVILL, James P (org.). *Telecommunications: Taxation of Services, Property and Providers*. Chicago: CCH Incorporated, p. 153).

para excepcionar o tratamento tributário dos cartões, fichas e assemelhados.

Contudo, como a regra é a mais conveniente à espécie, as disposições da LC nº 87/96 relativamente à tributação dos cartões indutivos não têm sido questionadas pelas operadoras brasileiras. A consequência disso, portanto, é a de que o imposto poderá ser pago (no momento em que o cartão é vendido) sem que haja uma posterior prestação de serviço de comunicação (caso o adquirente não utilize o cartão ou o perca, *v.g.*). Ou seja, poderá haver pagamento de tributo sem a ocorrência do respectivo fato gerador e sem possibilidade de restituição do valor pago. Situação semelhante ocorreu no passado, quando os tributos eram pagos por estampilhas. Se o adquirente da estampilha a perdesse, não teria como recuperar o valor pago, havendo pagamento de tributo sem que ocorresse o respectivo fato gerador.

4.2.2. Local de ocorrência do fato gerador (aspecto espacial)

O aspecto espacial é importante elemento da hipótese de incidência tributária[317] pois, se o fato não ocorre na circunstância de lugar determinada em lei, não poderá ser considerado fato imponível.

Relativamente ao local de ocorrência do fato gerador do ICMS-comunicação, assim dispõem o Convênio ICM nº 66/88 e a LC nº 87/96:

---

317. Para BECKER, "as coordenadas de lugar podem condicionar que o núcleo e elementos adjetivos devam acontecer todos no mesmo lugar ou cada um em distintos lugares (ex.: imposto de venda de mercadoria fabricada em Estado diverso daquele onde foi celebrado o contrato)". (BECKER, Alfredo Augusto. *Teoria Geral do Direito Tributário*, 3ª ed. São Paulo: Lejus, 1998, p. 333).

A TRIBUTAÇÃO DOS SERVIÇOS DE COMUNICAÇÃO

Convênio ICM nº 66/88	Lei Complementar nº 87/96
"Art. 27. O local da operação ou da prestação, para os efeitos de cobrança do imposto e definição do estabelecimento responsável, é: (...) III – tratando-se de prestação de serviço de comunicação: a) o da prestação do serviço de radiodifusão sonora e de televisão, assim entendido o da geração, emissão, transmissão e retransmissão, repetição, ampliação e recepção; b) o do estabelecimento da concessionária ou permissionário que forneça ficha, cartão ou assemelhados necessários à prestação do serviço; c) o do estabelecimento destinatário do serviço, na hipótese e para os efeitos do inciso III do artigo 2º; d) onde seja cobrado o serviço, nos demais casos. IV – tratando-se de serviços prestados ou iniciados no exterior, o do estabelecimento encomendante."	"Art. 11. O local da operação ou da prestação, para os efeitos da cobrança do imposto e definição do estabelecimento responsável, é: (...) III – tratando-se de prestação onerosa de serviço de comunicação: a) o da prestação do serviço de radiodifusão sonora e de som e imagem, assim entendido o da geração, emissão, transmissão e retransmissão, repetição, ampliação e recepção; b) o do estabelecimento da concessionária ou da permissionária que forneça ficha, cartão, ou assemelhados com que o serviço é pago; c) o do estabelecimento destinatário do serviço, na hipótese e para os efeitos do inciso XIII do art. 12; c-1) o do estabelecimento ou domicílio do tomador do serviço, quando prestado por meio de satélite; (alínea incluída pela LC nº 102, de 11.07.2000) d) onde seja cobrado o serviço, nos demais casos; IV – tratando-se de serviços prestados ou iniciados no exterior, o do estabelecimento ou do domicílio do destinatário. (...) § 6º. Na hipótese do inciso III do *caput* deste artigo, tratando-se de serviços não medidos, que envolvam localidades situadas em diferentes unidades da Federação e cujo preço seja cobrado por períodos definidos, o imposto devido será recolhido em partes iguais para as unidades da Federação onde estiverem localizados o prestador e o tomador." (parágrafo incluído pela LC nº 102, de 11.07.2000)

Dos dispositivos transcritos, pode-se dessumir que, nos serviços de radiodifusão, local da prestação é o da geração, emissão, transmissão, retransmissão, repetição, ampliação e recepção, o que sujeita ao imposto estadual tanto as emissoras como as retransmissoras. Contudo, o aludido serviço goza de imunidade constitucional desde o advento da EC nº 42/03 (art. 155, §2º, X, *d*, da CR/88).

No caso dos cartões indutivos, o art. 11, III, *b*, da LC n° 87/96, assim como o art. 27, III, *b* do Convênio ICM n° 66/88, dispõem que local da prestação do serviço é o do estabelecimento da operadora que fornecer o cartão. Assim, se um usuário adquire um cartão indutivo no Rio de Janeiro e o utiliza em um telefone público de Belo Horizonte, o ICMS deverá ser pago pelo estabelecimento fluminense (por ter sido o fornecedor do instrumento para prestação do serviço de comunicação).

Já o art. 11, III, *c* da LC n° 87/96 faz remissão ao art. 12, XIII do mesmo diploma (os dispositivos equivalem aos arts. 27, III, c, e 2°, III, do Convênio ICM n° 66/88). Confira-se:

> Art. 11. O local da operação ou da prestação, para os efeitos da cobrança do imposto e definição do estabelecimento responsável, é:
>
> (...)
>
> III – tratando-se de prestação onerosa de serviço de comunicação:
>
> (...)
>
> c) o do estabelecimento destinatário do serviço, na hipótese e para os efeitos do inciso XIII do art. 12;"
>
> Art. 12. Considera-se ocorrido o fato gerador do imposto no momento:
>
> (...)
>
> XIII – da utilização, por contribuinte, de serviço cuja prestação se tenha iniciado em outro Estado e não esteja vinculada a operação ou prestação subsequente.

Ao analisar os citados artigos, parte da doutrina sustenta que os dispositivos visam a impedir a cobrança da alíquota interestadual do ICMS-comunicação prevista no art. 155, §2°, VII, da CR/88.[318] Em razão das dificuldades criadas pela

---

318. Leciona JORGE COSTA:
"O art. 155, §2°, VII, da Constituição dispõe:
'VII – em relação às operações e prestações que destinem bens e serviços a consu-

aplicação do regime de diferencial de alíquotas a essa modalidade de serviços, o legislador teria determinado (nos arts. 11, III, c, e 12, XIII, da LC nº 87/96) o recolhimento integral do ICMS pelo destinatário das chamadas interestaduais, solucionando o problema.

De fato, a regra nos serviços de telefonia é a de que o seu destinatário é aquele que efetua a ligação telefônica (a exceção ocorre nas chamadas a cobrar, nas quais o receptor da ligação torna-se, também, o destinatário da prestação do serviço). Logo, em 99% dos casos, o destinatário estará situado no mesmo Estado do prestador do serviço, o que afasta de plano a possibilidade de cobrança da alíquota interestadual do ICMS (quando um usuário do Rio de Janeiro faz uma ligação para São Paulo não está havendo prestação de serviço de comunicação para outro Estado. O serviço é prestado pela concessionária de telefonia fluminense para o usuário situado naquele Estado. Apenas a ligação telefônica é que será interestadual, o que não caracteriza a hipótese do art. 155, §2º, VII, da CR/88).

Para os poucos casos em que o destinatário estiver situado em Estado distinto do prestador do serviço de comunicação, a própria LC nº 87/96 oferece solução que dispensa a

---

midor final localizado em outro Estado, adotar-se-á:
a) a alíquota interestadual, quando o destinatário for contribuinte do imposto;
b) a alíquota interna, quando o destinatário não for contribuinte dele.'
Como o dispositivo diz respeito ao ICMS, é de fácil aplicação quando se trata de mercadorias, mas não quando se lida com serviços de comunicação. Como vai uma empresa que explora serviços de telefonia saber se o destinatário de uma chamada é ou não contribuinte de ICMS? E como poderia o destinatário pagar a quantia correspondente à diferença entre a alíquota interna e a interestadual, em cumprimento do disposto no art. 155, §2º, VIII, da Constituição? É claro que tudo é possível mas onde fica a praticabilidade? (...). O problema foi enfrentado pela lei complementar nº 87, de 13 de setembro de 1996, que mandou que, nas chamadas interestaduais o imposto fosse pago pelo estabelecimento destinatário do serviço cuja prestação se iniciasse noutro Estado e não fosse vinculada à operação ou prestação subsequente. É o que resulta do texto do art. 12, XIII, combinado com o art. 11, III, c, ambos da lei complementar nº 87/96." (COSTA, Alcides Jorge. "Algumas Considerações a Respeito do Imposto sobre Prestação de Serviços de Comunicação". BORGES, Eduardo de Carvalho (org.). *Tributação nas Telecomunicações*. São Paulo: Quartier Latin, 2005, pp. 18-9).

utilização da alíquota interestadual, como no caso do serviço móvel por satélite (em que o ICMS é cobrado no estabelecimento do destinatário do serviço) e do *roaming* na telefonia celular (ao qual se aplica a regra geral prevista no art. 11, III, *d*, que considera ocorrido o fato gerador do ICMS no local onde o serviço for pago).

Outrossim, saliente-se que o próprio Tribunal de Justiça de Minas Gerais já deixou claro – em acórdão no qual tratava de outro tema (cobrança de ICMS sobre ligações internacionais), mas aplicável ao presente caso – que não há que se falar em cobrança de alíquota interestadual na prestação de serviços de comunicação, uma vez que o serviço se considera prestado no local de origem da ligação, sendo o imposto integralmente devido a este Estado. Confira-se, para tanto, o seguinte trecho do voto do Desembargador FRANCISCO BUENO:

> Com efeito, não se há confundir destino da ligação telefônica com destinatário ou usuário do serviço, que é o cliente da prestadora – assinante – que origina a chamada; o serviço é prestado a ele, que se faz responsável pela contraprestação tarifária.
>
> É cediço que a concessão conferida à recorrente se acha circunscrita à sua área de operação, que é o território do Estado de Minas Gerais.
>
> "Área de concessão", no entanto, não impossibilita a interconexão da rede da apelante com as redes pública, fixa, local, de outras localidades, dentro e fora do Estado e com outras móveis da mesma ou de localidades diversas.
>
> O art. 60 da Lei 9.472/97 define o serviço de telecomunicações como o "conjunto de atividades que possibilita a oferta de telecomunicação" e o §1º diz que telecomunicação é a "transmissão, emissão ou recepção (...)".
>
> Disso se extrai que o usuário-cliente da prestadora, independentemente do destino da ligação que solicite através dela, estará na relação direta de prestação do serviço pela mesma, sendo desvaliosa nesse vínculo (prestação de serviço) a ocorrência ou não das chamadas interconexões de rede, em que a comunicação se estabelece com outras operadoras locais de telefonia fixa ou móvel, ou, ainda, à média ou longa distância nacional ou internacional.

> E o tributo (ICMS) incide sobre a prestação de serviço de telecomunicação – pouco importando as interconexões técnicas de rede – e não sobre a ligação telefônica em si (física).
>
> Assim, *o serviço se considera prestado no local de origem da ligação, devido ao Estado respectivo o ICMS, salvo nos casos em que o destinatário da chamada se responsabiliza pela contraprestação tarifária, caso em que se torna o tomador do serviço, deslocando-se a base territorial do fato gerador para o Estado de situação da operadora desse usuário.*
>
> É que a simples interconexão de redes não possui o condão de deslocar a relação de direito material, consistente na prestação de serviço de comunicação e que configura o fato gerador do ICMS.[319] (destaques nossos)

Como se vê, o destinatário da ligação é absolutamente irrelevante para fins de caracterização da alíquota aplicável ao serviço de telecomunicações (sendo importante apenas para determinar o valor da chamada, que será maior na mesma razão do aumento da distância).

Em outro dispositivo – art. 11, III, *c-1* – a LC nº 87/96 (por força da redação que lhe foi conferida pela LC nº 102/00) estabelece que, nos serviços de comunicação prestados por satélite, considera-se ocorrido o fato gerador no local do estabelecimento ou domicílio do tomador do serviço.

O acréscimo desse dispositivo à lei de normas gerais do ICMS se fez necessário, pois, hoje, há empresas especializadas em prestar serviços de comunicação via satélite. Existia, inclusive, um sistema mundial denominado *Iridium*, formado por uma rede de satélites de baixa altitude, que permitia ao usuário utilizar o telefone em qualquer lugar do mundo, por mais inóspito que seja. A conexão era feita diretamente entre o aparelho de telefonia móvel e a rede de satélites, dispensando qualquer antena ou rede localizada na Terra. A empresa, todavia, não se revelou viável financeiramente.

---

319. TJMG, Quinta Câmara Cível, Apelação Cível nº 1.0000.00.248592-8/000, relator Des. FRANCISCO BUENO, DJ 06.08.2002.

De todo modo, se um usuário cujo estabelecimento esteja situado em São Paulo utiliza-se do *Iridium*, todo o ICMS será devido àquele Estado, ainda que a comunicação tenha se iniciado e completado em outras unidades da federação.[320]

Nos serviços iniciados no Brasil e completados no exterior, o local da operação é o do estabelecimento destinatário da prestação, ao qual deverá ser recolhido o ICMS (art. 27, IV do Convênio ICM nº 66/88 e art. 11, IV da LC nº 87/96). Já os serviços *iniciados* no exterior gozam de isenção por força dos arts. 3º, II e 32, I da LC nº 87/96 e, desde a EC nº 42/03, de imunidade constitucional (as questões atinentes à isenção foram tratadas no item 4.2.1.2 deste capítulo e as relativas à imunidade no item 3.4 do capítulo 3).

Já nos casos de serviços não medidos, ou seja, aqueles cujo preço é cobrado por períodos definidos e nos quais a estipulação do valor devido pela sua prestação não leva em

---

320. Em face do disposto no art. 11, III, *c-1* da LC nº 87/96, o Convênio ICMS nº 113/04 estipula as seguintes obrigações acessórias para as empresas de telecomunicações, inclusive as da modalidade telefonia móvel global via satélite:
"Cláusula primeira
Os prestadores de serviços de comunicação, nas modalidades relacionadas no parágrafo único, deverão inscrever-se nas unidades federadas de situação dos destinatários dos serviços, sendo facultada, a critério de cada unidade federada:
I – a indicação do endereço e CNPJ de sua sede, para fins de inscrição;
II – a escrituração fiscal e a manutenção de livros e documentos no estabelecimento referido no inciso anterior;
III – a exigência de indicação de representante legal domiciliado em seu território.
Parágrafo único O disposto no "caput" aplica-se às seguintes modalidades de serviços de comunicação, conforme nomenclatura definida pela Agencia Nacional de Telecomunicações - ANATEL:
I – Serviço Telefônico Fixo Comutado – STFC;
II – Serviço Móvel Pessoal – SMP;
III – Serviço Móvel Celular – SMC;
IV – Serviço de Comunicação Multimídia – SCM;
V – Serviço Móvel Especializado – SME;
VI – Serviço Móvel Global por Satélite – SMGS;
VII – Serviço de Distribuição de Sinais de Televisão e de Áudio por Assinatura Via Satélite – DTH;
VIII – Serviço Limitado Especializado – SLE;
IX – Serviço de Rede de Transporte de Telecomunicações – SRTT;
X – Serviço de Conexão à Internet - SCI."

consideração qualquer medida de consumo pelo usuário,[321] o local da operação e, consequentemente, o ente competente para a cobrança do ICMS podem variar de acordo com a abrangência espacial da prestação, isto é, na hipótese de prestador e tomador estarem situados em Estados distintos. Essa é a sistemática prevista no art. 11, § 6º, da Lei Complementar nº 87/96:[322]

> Art. 11. O local da operação ou da prestação, para os efeitos da cobrança do imposto e definição do estabelecimento responsável, é:
>
> III – tratando-se de prestação onerosa de serviço de comunicação:
>
> a) o da prestação do serviço de radiodifusão sonora e de som e imagem, assim entendido o da geração, emissão, transmissão e retransmissão, repetição, ampliação e recepção;
>
> b) o do estabelecimento da concessionária ou da permissionária que forneça ficha, cartão, ou assemelhados com que o serviço é pago;
>
> c) o do estabelecimento destinatário do serviço, na hipótese e para os efeitos do inciso XIII do art. 12;
>
> c-1) o do estabelecimento ou domicílio do tomador do serviço, quando prestado por meio de satélite;

---

321. Trata-se, portanto, dos serviços contratados por capacidade (ex.: 10 MB por segundo) e não por volume de dados trafegados (ex.: limite de 300 MB por mês). São exemplos de serviços dessa natureza a televisão por assinatura via satélite, a banda larga via satélite e a Rede Privada Virtual (VPN – "Virtual Private Network"). Vale destacar que, após consulta realizada por operadora de DTH, a ANATEL definiu, por meio do Ofício mº 216/2010/CMROR/CMRO/SCM, que os serviços de televisão por assinatura não podem ser considerados serviços medidos, uma vez que "não podem, nos termos da definição de 'medição', ser contabilizados em termos absolutos.

322. A primeira normativa que tratou da questão foi editada pelo Confaz, por meio da cláusula quinta do Convênio ICM nº 04/89. O dispositivo previa regra especial para tributação dos serviços não medidos, quando estes envolvessem mais de uma unidade da federação:
"Cláusula quinta. Serviços não medidos envolvendo localidades situadas em diferentes unidades da Federação e cujo preço seja cobrado por períodos definidos, o imposto devido será recolhido em partes iguais para as unidades da Federação interessadas."

d) onde seja cobrado o serviço, nos demais casos;

(...)

§ 6º. Na hipótese do inciso III do *caput* deste artigo, tratando-se de serviços não medidos, que envolvam localidades situadas em diferentes unidades da Federação e cujo preço seja cobrado por períodos definidos, o imposto devido será recolhido em partes iguais para as unidades da Federação onde estiverem localizados o prestador e o tomador.

Portanto, a Lei Complementar instituiu duas regras de tributação para a prestação de serviços não medidos:

(I) Quando prestador e tomador estiverem localizados no *mesmo estado*: o ICMS será devido ao estado onde for cobrado (e, portanto, prestado) o serviço (art. 11, III, *d*, da LC nº 87/96);

(II) Quando o prestador e tomador estiverem localizados em *estados diferentes*: o ICMS será dividido igualmente entre o estado prestador e o estado tomador do serviço (art. 11, §6º, da LC nº 87/96).

Para regulamentar o §6º do art. 11, em atendimento ao comando do *caput* do art. 199 do CTN, foram editados os Convênios ICM/ICMS nº 04/89, 10/98, 126/98, 52/05 e 53/05. Os dois últimos convênios, ainda em vigor, regulamentam a forma da partilha do imposto, respectivamente, com relação à prestação de serviços não medidos de TV por assinatura via satélite e com relação à prestação de serviços não medidos de provimento de acesso à internet.[323]

A expressão "em partes iguais" constante do art. 11, §6º da LC nº 87/96 não é totalmente esclarecedora acerca da forma de repartição do ICMS-comunicação incidente sobre os serviços não medidos. Uma primeira leitura pode sugerir que

---

323. No que concerne ao Convênio ICMS nº 53/05, é preciso fazer um registro: a descrição que o convênio atribui ao serviço que pretende regulamentar é inadequada. O serviço de provimento de acesso à internet sequer é serviço de telecomunicação, como se dessume do art. 61, §1º da Lei nº 9.472/97 (LGT). Assim, para afastar a interpretação literal que torna inócua a norma, é preciso compreender como sendo objeto deste convênio todos os serviços não medidos prestados pelas empresas de telecomunicação que viabilizam o tráfego na rede mundial de computadores.

o ICMS deve ser simplesmente dividido pela metade entre o estado onde localizado o prestador e aquele onde localizado o tomador. Contudo, essa interpretação apresenta algumas dificuldades:

> ela não é consentânea com a finalidade do §6º do art. 11 da LC nº 87/96, pois a norma não estabelece uma partilha financeira do tributo; ela busca reconduzi-lo à sua matriz constitucional, conferindo a cada Estado a parcela condizente ao serviço prestado no seu território.

> ela não permite a aplicação da alíquota de cada estado à sua respectiva base de cálculo. Ao repartir o imposto, surge a dúvida sobre qual alíquota aplicar, uma vez que a operação envolve ao menos dois estados distintos da Federação.

> ela não se afigura tão clara em situações nas quais os Estados envolvidos possuem quantidades diversas de pontos de conexão. Nessa situação, a base de cálculo atribuída a cada estado deve corresponder à parcela do preço correspondente ao serviço prestado em cada Estado?

A leitura sistemática da legislação tributária, sobretudo dos Convênios ICMS nºs 52 e 53 de 2005, confirma que a repartição ocorre, na espécie, ao nível da base de cálculo do tributo, de modo que serão aplicadas as alíquotas de cada Estado envolvido na operação sobre a respectiva parcela financeira. Nota-se, assim, que a repartição não tem como objeto o produto da arrecadação do tributo, sendo, na realidade, um mecanismo para determinação dos diferentes locais de prestação dos serviços não medidos.

O Superior Tribunal de Justiça julgou o Recurso Especial nº 1.497.364/GO,[324] ratificando os termos do § 6º do art. 11 da Lei Complementar nº 87/96:

---

324. STJ, Segunda Turma, Recurso Especial nº 1.497.364/GO, relator Ministro HUMBERTO MARTINS, DJe 14.09.2015. Disponível em:<https://goo.gl/jat64S>. Acesso em: 23 fev. 2016.

TRIBUTÁRIO. ICMS. SERVIÇO DE TELECOMUNICAÇÃO VIA SATÉLITE. COMPETÊNCIA TRIBUTÁRIA. ART. 11, §6º, DA LEI COMPLEMENTAR 87/96. IMPOSTO RECOLHIDO EM PARTES IGUAIS PARA AS UNIDADES DA FEDERAÇÃO EM QUE ESTIVEREM LOCALIZADOS O PRESTADOR E O TOMADOR.

1. Discute-se nos autos a competência para cobrança de ICMS sobre serviços de comunicação via satélite na modalidade TV por assinatura cujos fatos geradores ocorreram posteriormente à vigência da Lei Complementar 102/2000.

2. Nos termos do art. 11, inciso III, alínea "c-1", da Lei Complementar 87/96 (com redação da Lei Complementar 102/2000), regra geral, para os serviços de comunicação via satélite, a cobrança do ICMS compete à unidade da Federação em que está situado o domicílio do tomador. Todavia, o §6º do referido artigo traz uma exceção para os casos de serviços não medidos e cujo preço seja cobrado por períodos definidos.

3. Nos serviços de televisão por assinatura, o pagamento não é variável pelo tempo de utilização. O assinante opta por um pacote de canais e por ele pagará um valor fixo mensalmente. Logo, entende-se que o serviço prestado pela recorrente é não medido e o preço será cobrado por períodos definidos, qual seja, mensal. Desse modo, aplica-se ao caso dos autos o disposto no art. 11, §6º, da Lei Complementar 87/96, segundo o qual se deve recolher o ICMS em partes iguais para as unidades da Federação em que estiverem localizados o prestador e o tomador.

Recurso especial provido.

Aviado por operadora de DTH, o recurso combatia aresto do Tribunal de Justiça do Estado de Goiás, que determinara o recolhimento integral do imposto ao estado onde localizado o domicílio ou estabelecimento do tomador do serviço, em conformidade com a norma do art. 11, III, *c-1* e *d*, da LC nº 87/96. Afastando as conclusões do acórdão *a quo*, o Relator, Ministro HUMBERTO MARTINS, aplicou à espécie a regra do art. 11, §6º, por se tratar a TV por assinatura de serviço não medido, isto é, cujo "pagamento não é variável pelo tempo de utilização". Nesse sentido, deve-se "recolher o ICMS em partes iguais para as unidades da Federação em que estiverem localizados o prestador e o tomador".

Por fim, o art. 11, III, *d* da LC nº 87/96 (equivalente ao art. 27, III, *d*, do Convênio ICM nº 66/88) determina, por exclusão ("nos demais casos"), que o serviço será considerado prestado no local onde for cobrado. Considerando-se prestado o serviço no local de sua cobrança, não haverá problemas na definição do Estado titular do imposto devido, mormente nas hipóteses em que o usuário viaja com o telefone celular (*roaming*).

Outrossim, como já foi ressaltado, o art. 11, III, *d* também afasta a possibilidade de incidência da alíquota interestadual do ICMS, quando o destinatário do serviço estiver situado em Estado distinto do prestador. Se o fato gerador ocorre no local da cobrança do serviço de comunicação, a alíquota aplicável é a vigente no Estado em que o mesmo foi cobrado (e não a interestadual).

4.2.3. Contribuinte (aspecto pessoal)

Tanto o Convênio ICM nº 66/88 como a LC nº 87/96 elegem como contribuinte do ICMS-comunicação o prestador do serviço (respectivamente, art. 21, parágrafo único, II e VIII e art. 4º, *caput*).

4.2.4. Dever tributário (aspectos da consequência jurídica endonormativa)

Na consequência da norma tributária (que prevê o dever decorrente da realização da hipótese de incidência) estão os elementos que permitem saber os sujeitos ativo e passivo e o *quantum* devido.

Ao descrever o consequente da norma, SACHA CALMON[325] aponta os seguintes componentes:

---

325. COÊLHO, Sacha Calmon Navarro. *Teoria Geral do Tributo e da Exoneração Tributária*, 2ª ed. Belo Horizonte: Del Rey, 1999, p. 117.

(a) a quem pagar (sujeito ativo);

(b) quem deve pagar (sujeito passivo);

(c) quanto pagar (base de cálculo e alíquotas ou valor fixo, adições e subtrações);

(d) como pagar;

(e) quando pagar;

(f) onde pagar.

A seu turno, BARROS CARVALHO[326] entende que a consequência endonormativa é composta de dois critérios: o quantitativo (no qual estão previstas a base de cálculo e a alíquota) e o pessoal (que permite identificar os sujeitos ativo e passivo).

Passemos à análise dos critérios apontados por ambos os juristas como formadores da consequência da norma tributária.

4.2.4.1. A quem pagar e quem deve pagar

Sujeito ativo da exação é o Estado-membro competente para a cobrança do tributo (art. 1º, *caput*, do Convênio ICM nº 66/88 e art. 1º da LC nº 87/96).

---

326. Confira-se a lição de BARROS CARVALHO:
"Se é correto afirmar-se que as hipóteses tributárias são conjuntos de critérios que nos permitem reconhecer eventos acontecidos no plano da realidade física, não menos exato dizer-se que a consequência que lhes é imputada, mediante cópula deôntica, consiste, igualmente, numa conjugação de critérios que tem por escopo dar-nos a identificar um vínculo jurídico que regerá comportamentos humanos.
(...)
Compreendidos na categoria ampla das relações jurídicas, mais precisamente naquela de natureza obrigacional, os vínculos jurídicos tributários haverão de ser examinados mediante a análise de dois critérios apenas: a) o critério pessoal, que servirá para reconhecermos os sujeitos (ativo e passivo) da relação; e b) o critério quantitativo, que nos possibilitará determinar o conteúdo do dever jurídico a ser cumprido pelo sujeito passivo." (CARVALHO, Paulo de Barros. *Teoria da Norma Tributária*. São Paulo: Max Limonad, 1998, pp. 148-61).

Sujeito passivo é o prestador do serviço (art. 21, parágrafo único, II e VIII do Convênio ICM nº 66/88 e art. 4º, *caput*, da LC nº 87/96).

4.2.4.2. Quanto pagar (base de cálculo e alíquota)

A base de cálculo do ICMS é o preço do serviço (art. 4º, VI do Convênio ICM nº 66/88 e art. 13, III, da LC nº 87/96). O imposto é calculado "por dentro", integrando sua própria base (art. 14 do Convênio ICM nº 66/88 e art. 13, §1º, I da LC nº 87/96). A alíquota, a seu turno, não é prevista na lei de normas gerais. O percentual médio fixado pelos Estados é de 25%.

4.2.4.2.1. A majoração da alíquota pelo adicional de ICMS para o Fundo Estadual de Combate à Pobreza

O Ato das Disposições Constitucionais Transitórias prevê a possibilidade de cobrança de adicional do ICMS de *até dois pontos percentuais* sobre os *produtos e serviços supérfluos*.[327] Até o advento da EC nº 42/03, exigia-se a edição de lei federal definidora desses bens e serviços para que o adicional fosse instituído. É o que se dessume da redação anterior à EC nº 42/03 dos arts. 82, §1º e 83 do ADCT:

> Art. 82. Os Estados, o Distrito Federal e os Municípios devem instituir Fundos de Combate à Pobreza, com os recursos de que trata este artigo e outros que vierem a destinar, devendo os referidos Fundos ser geridos por entidades que contem com a participação da sociedade civil. (incluído pela EC nº 31/00)
>
> § 1º. Para o financiamento dos Fundos Estaduais e Distrital, poderá ser criado adicional de até dois pontos percentuais na alíquota do Imposto sobre Circulação de Mercadorias e Serviços

---

327. Cf. MOREIRA, André Mendes; ELER, Tuanny Campos. "Inconstitucionalidade casuística do adicional de ICMS para o Fundo Estadual de Combate à Pobreza". *Revista Dialética de Direito Tributário*, nº 236. São Paulo: Dialética, mai-2015, pp. 30-40.

– ICMS, ou do imposto que vier a substituí-lo, sobre os produtos e serviços supérfluos, não se aplicando, sobre este adicional, o disposto no art. 158, IV, da Constituição. (incluído pela EC nº 31/00)

(...)

Art. 83. Lei federal definirá os produtos e serviços supérfluos a que se referem os arts. 80, inciso II, e 82, §§ 1º e 2º. (incluído pela EC nº 31/00)

A lei federal exigida pelo art. 83 do ADCT, entretanto, nunca chegou a ser editada.

Não obstante, alguns Estados efetivamente instituíram o adicional do ICMS sobre os *serviços de telecomunicações*, para financiamento do aludido Fundo Estadual de Combate à Pobreza. É o caso de: Alagoas, Ceará, Bahia, Rio de Janeiro, Goiás, Maranhão, Mato Grosso, Mato Grosso do Sul, Paraíba e Rio Grande do Norte.

No caso do Rio de Janeiro, além de ter havido desrespeito à regra constitucional que exigia a edição prévia de lei federal, o ICMS-comunicação foi majorado em cinco pontos percentuais (a autorização do ADCT era para aumento de *até dois pontos percentuais*).

Apesar de sua flagrante inconstitucionalidade, tanto a lei fluminense como as legislações dos demais Estados (que instituíram o adicional do ICMS à míngua da lei federal exigida pelo ADCT) foram posteriormente convalidadas pela EC nº 42/03.[328] A referida Emenda dispensou a previsão em lei fe-

---

328. O STF aceitou a convalidação posterior das leis estaduais inconstitucionais, pelo fato de ter sido ela expressa (e não implícita), consoante se dessume do seguinte trecho da decisão monocrática de lavra do Min. CARLOS AYRES BRITTO na ADI nº 2869/RJ:
"A bem da verdade, observa-se que o art. 4º da Emenda Constitucional nº 42/2003 validou os adicionais criados pelos Estados e pelo Distrito Federal, ainda que estes estivessem em desacordo com o previsto na Emenda Constitucional nº 31/2000. Sendo assim, se pairavam dúvidas acerca da constitucionalidade dos diplomas normativos ora adversados, estas foram expressamente enxotadas pelo mencionado art. 4º." (STF, Pleno, ADI nº 2869/RJ, Relator Min. CARLOS AYRES BRITTO, DJ 13.05.2004, p. 4, destacamos).

deral dos serviços supérfluos e estendeu, até 2010, o prazo de vigência dos adicionais, criados em desacordo com as balizas constitucionais. Confira-se:

> Art. 4º. Os adicionais criados pelos Estados e pelo Distrito Federal até a data da promulgação desta Emenda, naquilo em que estiverem em desacordo com o previsto nesta Emenda, na Emenda Constitucional nº 31, de 14 de dezembro de 2000, ou na lei complementar de que trata o art. 155, §2º, XII, da Constituição, terão vigência, no máximo, até o prazo previsto no art. 79[329] do Ato das Disposições Constitucionais Transitórias.

Posteriormente, quando estava em vias de se exaurir o prazo fixado pela EC nº 42/03, momento em que os Fundos deixariam de existir, foi editada a EC nº 67, de 22 de dezembro de 2010, que o prorrogou indefinidamente:

> Art. 1º. Prorrogam-se, *por tempo indeterminado*, o prazo de vigência do Fundo de Combate e Erradicação da Pobreza a que se refere o caput do art. 79 do Ato das Disposições Constitucionais Transitórias e, igualmente, o prazo de vigência da Lei Complementar nº 111, de 6 de julho de 2001, que "Dispõe sobre o Fundo de Combate e Erradicação da Pobreza, na forma prevista nos arts. 79, 80 e 81 do Ato das Disposições Constitucionais Transitórias. (destaques nossos)

Em síntese, os Fundos estaduais criados em desconformidade com a Constituição foram convalidados pela EC nº 42/03 até 2010 em todos os seus aspectos deficientes, seja em razão das alíquotas excessivas, seja em função da eleição de bem ou serviço que não se caracteriza como supérfluo para fins de incidência do adicional. Já a EC nº 67/10, por sua vez, estendeu,

---

329. Dispõe o art. 79 do ADCT (prazo de vigência dos adicionais):
"Art. 79. É instituído, *para vigorar até o ano de 2010*, no âmbito do Poder Executivo Federal, o Fundo de Combate e Erradicação da Pobreza, a ser regulado por lei complementar com o objetivo de viabilizar a todos os brasileiros acesso a níveis dignos de subsistência, cujos recursos serão aplicados em ações suplementares de nutrição, habitação, educação, saúde, reforço de renda familiar e outros programas de relevante interesse social voltados para melhoria da qualidade de vida." (destaques nossos)

indeterminadamente, o prazo dessa ratificação, com efeitos tanto sobre os aspectos formais, quanto sobre os aspectos materiais das leis estaduais publicadas antes da EC nº 42/03.[330]

Neste ponto, importa ressaltar um tema da maior relevância. É o fato de, no Brasil, ter-se adotado a prática de validar leis originariamente inconstitucionais mediante a edição de emendas à Constituição. Ao ver que os Estados estavam editando leis à margem dos ditames constitucionais, o que fez o Constituinte derivado? Legitimou-as, mediante edição de emenda constitucional. Tal prática deve ser combatida com veemência, sob pena de se subverter todo o sistema tributário. Afinal, como ficam, em casos como esse, as garantias dos contribuintes? E a segurança jurídica, tão propagada e necessária, mormente em matéria tributária? A Constituição deve se adaptar à realidade do País, é certo, mas não deve se prestar a legitimar ações indevidas e contrárias a si, perpetradas pelos legisladores das diferentes ordens jurídicas parciais de nossa Federação. Caso contrário, qualquer injusto será, em um futuro próximo, reparável por emenda constitucional (desde que o autor desse injusto tenha poder suficiente para ensejar uma reforma da Lei Maior...).

Todavia, é importante observar que aos adicionais instituídos posteriormente à promulgação da EC nº 42/03 não foi estendida a convalidação que esta prevê. Decorre disso, o fato de que as leis estaduais instituidoras do FECOP editadas após 19.12.2003 – data de promulgação da referida emenda – devem, obrigatoriamente, observar os limites impostos no art. 82, §1º, do ADCT, sob pena de inconstitucionalidade. Logo, o adicional de alíquota apenas pode ser instituído (i) até o limite constitucionalmente estabelecido de dois pontos percentuais

---

330. Em que pese a vontade do constituinte derivado tenha sido a de prorrogar os Fundos *Estaduais* de Combate à Pobreza, há dúvidas de que a redação final da EC nº 67/10 efetivamente assegure a dita prorrogação, porquanto a redação da emenda em questão conduz à interpretação de que unicamente o Fundo de Combate à Pobreza no âmbito do Poder Executivo Federal, disciplinado pelo art. 79 do ADCT, foi prorrogado por tempo indeterminado, não assistindo a mesma sorte aos Fundos *Estaduais*.

e (ii) sobre produtos e serviços que sejam efetivamente supérfluos. Ao passo que o primeiro requisito é de singela constatação, o controle do segundo impõe diversos desafios.

O tema é intimamente conexo ao controle do princípio da seletividade em função da essencialidade, porquanto se cinge, igualmente, ao tratamento tributário diferenciado (e mais benéfico) das mercadorias e dos serviços que sejam considerados necessários no contexto social. O controle jurisdicional do princípio da seletividade encontrou aceitação nos Estados do Rio de Janeiro e da Bahia. O Tribunal de Justiça carioca declarou a inconstitucionalidade de dispositivos da legislação fluminense que aplicavam a alíquota máxima do ICMS sobre o fornecimento de energia elétrica e sobre a prestação dos serviços de telecomunicações, ao argumento de que a oneração tributária sobre essas atividades deveria ser abrandada, em respeito ao princípio da seletividade.[331] De modo semelhante, o Tribunal de Justiça da Bahia reputou inválida a cobrança do imposto estadual com a alíquota máxima sobre as referidas materialidades, minorando a exação ao patamar da alíquota geral.[332]

Em outros tribunais,[333] a tese encontrou resistência em razão do princípio da separação dos poderes, que impediria que o Judiciário atuasse como legislador positivo, reduzindo as alíquotas do ICMS. Ainda que esse raciocínio fosse correto,

---

331. Cf. TJRJ, Arguição de inconstitucionalidade nº 0021368-90.2005.8.19.0000, Relator DES. ROBERTO WIDER, ÓRGÃO ESPECIAL, j. 27.03.2006; TJRJ, Arguição de inconstitucionalidade nº 0029716-92.2008.8.19.0000, Relator DES. JOSE MOTA FILHO, ÓRGÃO ESPECIAL, j. 20.10.2008; TJRJ, Arguição de inconstitucionalidade nº 0046584-48.2008.8.19.0000, Relator DES. MARCO ANTONIO IBRAHIM, ÓRGÃO ESPECIAL, j. 13.10.2014).

332. Cf. TJBA, Apelação nº 0084438-34.2006.8.05.0001, Relator DES. EMÍLIO SALOMÃO PINTO RESEDÁ, QUARTA CÂMARA CÍVEL, j. 18.02.2014; TJBA, Apelação nº 0115540-35.2010.8.05.0001, Relatora Des. Daisy Lago Ribeiro Coelho, Terceira Câmara Cível, j. 10.12.2013.

333. Tribunais de Justiça do Distrito Federal e Territórios e dos estados do Ceará, Espírito Santo, Mato Grosso, Minas Gerais, Paraná, Pernambuco, Santa Catarina e São Paulo.

o citado obstáculo não se erige diante da discussão da incidência do adicional de ICMS para o FECOP. Isto porque, não sendo o produto ou o serviço supérfluo, não deverá ser aplicada alíquota nenhuma, uma vez que o adicional será inexigível. Diferentemente das ações que buscam reduzir a carga tributária com base no princípio da seletividade, o controle jurisdicional sobre o adicional do ICMS para os Fundos de Combate à Pobreza recai sobre a legitimidade da incidência tributária e não sobre o montante a ser recolhido.

A qualificação dos serviços de telecomunicação como essenciais não se arrima, somente, na importância dessa utilidade no cotidiano da sociedade brasileira, mas também no regime jurídico da prestação, a qual foi qualificada como atividade essencial por intermédio da Lei nº 7.783/89.

O art. 10 da referida lei lista como serviços ou atividades essenciais o tratamento e abastecimento de água; produção e distribuição de energia elétrica, gás e combustíveis; assistência médica e hospitalar; distribuição e comercialização de medicamentos e alimentos; funerários; transporte coletivo; captação e tratamento de esgoto e lixo; *telecomunicações* (no inciso VII); guarda, uso e controle de substâncias radioativas, equipamentos e materiais nucleares; processamento de dados ligados a serviços essenciais; controle de tráfego aéreo; e, finalmente, compensação bancária.

Na sequência, o art. 11 prescreve que "nos serviços ou atividades essenciais, os sindicatos, os empregadores e os trabalhadores ficam obrigados, de comum acordo, a garantir, durante a greve, a prestação dos serviços indispensáveis ao atendimento das necessidades inadiáveis da comunidade".

Vale ressaltar, ainda, que a PGR se manifestou exatamente nesses termos nos autos do RE nº 714.139/SC, afetado pela Repercussão Geral nº 745 (alcance do princípio da seletividade em função da essencialidade no âmbito do ICMS). De acordo com o Procurador-Geral da República, "há previsão legal expressa acerca da essencialidade de energia elétrica e telecomunicações no art. 10 da Lei 7.883/1989". O resultado do julgamento será, sem dúvidas, de imensa valia para o afastamento da incidência do adicional para financiamento do FECOP sobre os serviços de telecomunicação.

4.2.4.3. Quando, como e onde pagar

A LC nº 87/96 (em disposição que se aproxima à do art. 29 do Convênio ICM nº 66/88) delega aos Estados a função de dispor sobre o período de apuração do imposto, determinando que seu pagamento será feito por compensação (com créditos de ICMS) ou em dinheiro. Confira-se:

> Art. 24. A legislação tributária estadual disporá sobre o período de apuração do imposto. As obrigações consideram-se vencidas na data em que termina o período de apuração e são liquidadas por compensação ou mediante pagamento em dinheiro como disposto neste artigo:
>
> I – as obrigações consideram-se liquidadas por compensação até o montante dos créditos escriturados no mesmo período mais o saldo credor de período ou períodos anteriores, se for o caso;
>
> II – se o montante dos débitos do período superar o dos créditos, a diferença será liquidada dentro do prazo fixado pelo Estado;
>
> III – se o montante dos créditos superar os dos débitos, a diferença será transportada para o período seguinte.

São as leis estaduais, dessarte, que definirão *quando* e *onde* pagar o imposto (o "como pagar" já foi tratado pelo legislador complementar: em dinheiro ou por meio de compensação).

No que tange ao momento do pagamento, o Convênio ICMS nº 126/98[334] determina que o cálculo do imposto seja

---

334. Como já referido, o Convênio concedeu um regime especial do ICMS para as empresas de telecomunicações constantes de seu anexo (que abarcam a maior parte das empresas em operação no País). As regras postas no Convênio visaram a simplificar e otimizar a sistemática de recolhimento do ICMS-comunicação, adaptando as exigências fiscais às peculiaridades do setor. Sobre os regimes especiais em matéria de ICMS, leciona BARROS CARVALHO:
"Os 'regimes especiais' se sustentam na medida em que criam critérios específicos,

feito com base nos valores *faturados* durante o período de apuração.[335]

Antes do Convênio ICMS nº 126/98, alguns Estados exigiam das empresas de telecomunicações o pagamento do imposto com base no valor dos *serviços prestados* no período de apuração (independentemente de terem sido faturados). Assim, o Fisco podia determinar – por exemplo – que o ICMS devido em fevereiro fosse calculado com base no valor de todos os serviços prestados no período de apuração de 1º a 31 de janeiro. Tal demanda criava dificuldades operacionais e financeiras para as empresas de telecomunicações, uma vez que apenas parte dos serviços prestados entre 1º e 31 de janeiro era faturada nesse mês para recebimento dos clientes em fevereiro. Uma parcela significativa (usualmente relativa ao período após o dia 20) somente era faturada no mês subsequente (fevereiro), para recebimento posterior dos usuários (em março).

Com a regra editada pelo Convênio ICMS nº 126/98, o problema foi solucionado. Considera-se, no período de apuração, o valor dos serviços faturados pela empresa de telecomunicações e não o daqueles efetivamente prestados.[336]

---

constituindo exceções às regras da sistemática ordinária de fiscalização e arrecadação. Representam formas para a otimização dos fins das normas tributárias, aparecendo como flexibilizações que permitem a melhor adequação do direito à complexidade da vida social, outorgando maior rendimento ao corpo de preceitos que regem a atividade de gestão tributária. Ao mesmo tempo em que refogem das convencionais regras-matrizes, padronizadoras da incidência tributária, delineiam novas realidades jurídicas para atribuir eficácia ao aparato administrativo, no que tange a determinados cortes ou segmentos do tecido social." (CARVALHO, Paulo de Barros. O ICMS e os Regimes Especiais. *Revista Dialética de Direito Tributário*, nº 8. São Paulo: Dialética, mai-1996, p. 96).

335. Dispõe o Convênio ICMS nº 126/98:
"Cláusula terceira. (...).
§1º. Serão considerados, para a apuração do imposto referente às prestações e operações, os documentos fiscais emitidos durante o período de apuração."

336. Ressalte-se, contudo, que o parágrafo segundo da cláusula terceira do Convênio ICMS nº 126/98 estipula, relativamente aos serviços de telecomunicações não medidos cujo preço seja cobrado por períodos definidos, que o ICMS deverá ser pago até o dia 10 do mês subsequente *ao da prestação* quando a mesma envolver usuários situados em unidades distintas da Federação.

5. A LEI GERAL DE TELECOMUNICAÇÕES E A HIPÓTESE DE INCIDÊNCIA DO ICMS

5.1. O conceito de *telecomunicação*

A Lei nº 9.472/97 definiu o conceito de *telecomunicação*, nos seguintes termos:

> Art. 60. (...).
>
> § 1º. Telecomunicação é a transmissão, emissão ou recepção, por fio, radioeletricidade, meios ópticos ou qualquer outro processo eletromagnético, de símbolos, caracteres, sinais, escritos, imagens, sons ou informações de qualquer natureza.

Pelo texto legal, telecomunicação consiste:

(a) no *ato* de transmitir, emitir ou receber;

(b) por *meio* de fio, radioeletricidade, meios ópticos ou qualquer outro processo eletromagnético;

(c) o *conteúdo* de símbolos, caracteres, sinais, escritos, imagens, sons ou informações de qualquer natureza.

O legislador praticamente repetiu na LGT o conceito de telecomunicação constante do Código Brasileiro de

Telecomunicações[337] (Lei nº 4.117/62 – revogada em sua maior parte pela LGT), alinhando-se às definições da União Internacional das Telecomunicações – UIT[338] (Buenos Aires, 1952) e do Convênio Internacional de Telecomunicações[339] (Nairóbi, Kenia, 1982).

No direito comparado, as acepções de telecomunicação são variadas, mas a maioria dos países define o vocábulo de modo semelhante às proposições da UIT e do Convênio de Nairóbi.

Na Espanha, a Lei nº 31/87 descrevia as telecomunicações como "toda transmissão, emissão ou recepção de signos, sinais, escritos, imagens, sons ou informações de qualquer natureza por fio, radioeletricidade, meios óticos ou outros sistemas eletromagnéticos".[340] Entretanto, com a edição da Lei nº 32/2003 (Ley General de Telecomunicaciones), que revogou a legislação anterior sobre o tema, as telecomunicações passaram a ser designadas como "a exploração das redes e a prestação dos serviços de comunicações eletrônicas e seus

---

337. Lei nº 4.117/62 (art. 4º, *caput*):
"Art. 4º. Para os efeitos desta lei, constituem serviços de telecomunicações a transmissão, emissão ou recepção de símbolos, caracteres, sinais, escritos, imagens, sons ou informações de qualquer natureza, por fio, rádio, eletricidade, meios óticos ou qualquer outro processo eletromagnético (...)."

338. De acordo com a UIT, "por telecomunicações se entende cada transmissão, emissão ou recepção de símbolos, de sinais, de escritos, de imagens, de sons ou de informações de qualquer natureza, por fio, radioeletricidade, meios ópticos ou qualquer outro meio eletromagnético". Tradução livre do original em italiano. (CARUSO, Elisabetta. *Il Diritto Privato delle Telecomunicazioni*. Milano: Giuffrè Editore, 2000, p. 12).

339. Nos termos do Convênio de Nairóbi, telecomunicação é "toda transmissão, emissão ou recepção de sons ou informações de qualquer natureza por fio, radioeletricidade, meios ópticos ou outros sistemas eletromagnéticos". Tradução livre do original em espanhol. (MELO, José Eduardo Soares. *Imposto sobre Serviço de Comunicação*, 2ª ed. São Paulo: Malheiros, 2003, p. 70).

340. Tradução livre do original em espanhol. (GARCÍA NOVOA, Cesar. *Apuntes sobre la Tributación de las Telecomunicaciones en España*. TÔRRES, Heleno Taveira (org.). Direito Tributário das Telecomunicações. São Paulo: IOB Thomson: Abetel, 2004, p. 110).

recursos associados (...)". Foram excepcionadas, do âmbito de aplicação da nova Lei Geral de Telecomunicações espanhola, os serviços de radiodifusão sonora e de sons e imagens.[341]

Nos EUA, não existe uma definição legal de telecomunicações que seja de observância obrigatória pelas diferentes esferas de entes federados (para fins regulatórios e/ou tributários).[342] Não obstante, a Federal Communications Commission (FCC – ente regulador norte-americano) concebe telecomunicação como "a transmissão, entre ou através de pontos especificados pelo usuário, de informações escolhidas pelo mesmo, sem modificação na forma e no conteúdo da mensagem quando do envio e recebimento da mesma".[343]

Na Itália, as telecomunicações são definidas de acordo com as disposições internacionais (UIT e Convênio de Nairóbi), mas o rádio e a televisão são expressamente

---

341. GARCÍA NOVOA, Cesar. *Apuntes sobre la Tributación de las Telecomunicaciones en España*. TÔRRES, Heleno Taveira (org.). Direito Tributário das Telecomunicações. São Paulo: IOB Thomson: Abetel, 2004, p. 111.

342. BIERBAUM e KRATOCHVILL citam relatório elaborado pela Associação Nacional de Tributação das Comunicações e Comércio Eletrônico, que aponta as razões pelas quais não existe, nos EUA, um conceito de telecomunicações com validade nacional:
"Apesar dos membros do Projeto terem concordado em elaborar definições de 'provedor de telecomunicações' e 'serviço de telecomunicações', esse objetivo não foi atingido. Tentativas para se chegar a um consenso (incluindo as definições utilizadas pela Federal Communications Commission) para uso universal entre os Estados falharam por uma série de razões.
Alguns membros demonstravam preocupação de que uma definição ampla de 'telecomunicações' poderia incorporar formas não tradicionais de comunicação – não definidas atualmente como telecomunicações – porque essa classificação poderia trazer consequências regulatórias e outras mais (inclusive tributárias) para o provedor desses serviços." Tradução livre do original em inglês. (BIERBAUM, Deborah R e KRATOCHVILL, James P. *Introduction to Telecommunications Taxation*. BIERBAUM, Deborah R. e KRATOCHVILL, James P (org.). Telecommunications: Taxation of Services, Property and Providers. Chicago: CCH Incorporated, p. 3).

343. Tradução livre do original em inglês. (BIERBAUM, Deborah R e KRATOCHVILL, James P. *Introduction to Telecommunications Taxation*. BIERBAUM, Deborah R. e KRATOCHVILL, James P (org.). Telecommunications: Taxation of Services, Property and Providers. Chicago: CCH Incorporated, p. 2).

excluídos do conceito de telecomunicações, tal como ocorre na Espanha.[344]

Do exposto, dessume-se que a LGT brasileira não se distanciou das disposições do antigo CBT, da UIT, do Convênio de Nairóbi e das legislações de outros países ao definir *telecomunicação* (exceto no que tange ao fato de não ter excluído o rádio e a TV da definição legal, ao contrário do que fizeram a Espanha e a Itália). Entretanto, o legislador inovou quando se pôs a conceituar *serviço de telecomunicação*.

Confira-se.

5.2. A definição de *serviço de telecomunicação*

A LGT assim definiu *serviço de telecomunicações*:

> Art. 60. Serviço de telecomunicações é o *conjunto de atividades que possibilita a oferta de telecomunicação*.[345] (destaques nossos)

---

344. Leciona CARUSO sobre as telecomunicações no direito italiano:
"No nosso ordenamento, o legislador introduziu a definição de serviços de telecomunicações com o d.l.g. 17.3.95, n. 103: 'Por serviços de telecomunicações devem entender-se os serviços cujo fornecimento consiste total ou parcialmente na transmissão e/ou no envio de sinais pela rede pública de telecomunicações mediante processos de telecomunicações, à exceção da radiodifusão e da televisão'.
Essa definição foi posteriormente modificada pelo d.p.r. 19.9.97, n. 318: 'Constitui serviço de telecomunicações um serviço cujo fornecimento consiste, no todo ou em parte, na transmissão e no envio de sinais pelas redes de telecomunicações, no que se inclui qualquer serviço interativo ainda que relativo a produtos audiovisuais, excluída a difusão dos programas radiofônicos e televisivos." Tradução livre do original em italiano. (CARUSO, Elisabetta. *Il Diritto Privato delle Telecomunicazioni*. Milano: Giuffrè Editore, 2000, p. 12).

345. Mais adiante, a LGT trouxe ainda o conceito de estação de telecomunicações:
"Art. 60. (...).
(...)
§2º. Estação de telecomunicações é o conjunto de equipamentos ou aparelhos, dispositivos e demais meios necessários à realização de telecomunicação, seus acessórios e periféricos, e, quando for o caso, as instalações que as abrigam e complementam, inclusive terminais portáteis."

Consoante a dicção legal, não é necessário o estabelecimento *in concreto* da relação comunicativa para que se tenha a *prestação de serviço de telecomunicação*. Todas as atividades que possibilitam a efetivação da telecomunicação (ainda que a comunicação em si somente ocorra em momento posterior) foram englobadas no conceito do art. 60, *caput*, da LGT.[346]

No passado, era assente o entendimento de que a *telecomunicação* consistia em espécie do gênero *comunicação*, o que levava à conclusão de que *serviço de telecomunicação* era espécie do *serviço de comunicação*. Contudo, essa segunda assertiva deixou de ser correta com o advento da Lei Geral de Telecomunicações.

De fato, ao definir *serviço de telecomunicações* como o "conjunto de atividades que possibilita a oferta de telecomunicação", abarcando, nessa proposição, ações prévias à efetiva instauração da relação comunicativa, a LGT modificou o sentido da expressão que até então vigorava no ordenamento jurídico. Afinal, o Código Brasileiro de Telecomunicações conceituava *serviço de telecomunicação* como "a transmissão, emissão ou recepção de símbolos, caracteres, sinais, escritos, imagens, sons ou informações de qualquer natureza, por fio, rádio, eletricidade, meios óticos ou qualquer outro processo eletromagnético" (note-se que essa é a definição que a LGT traz de *telecomunicação*).[347]

---

346. O Regulamento dos Serviços de Telecomunicações (Resolução Anatel nº 73/98) define *serviço de telecomunicações* de forma semelhante:
"Art. 2º. Serviço de telecomunicações é o conjunto de atividades que possibilita a oferta de transmissão, emissão ou recepção, por fio, radioeletricidade, meios ópticos ou qualquer outro processo eletromagnético, de símbolos, caracteres, sinais, escritos, imagens, sons ou informações de qualquer natureza."

347. A LGT, em seu art. 60, §1º, definiu *telecomunicação* como "a transmissão, emissão ou recepção, por fio, radioeletricidade, meios ópticos ou qualquer outro processo eletromagnético, de símbolos, caracteres, sinais, escritos, imagens, sons ou informações de qualquer natureza". Ou seja: para a LGT, *telecomunicação* é o que o antigo CBT denominava *serviço de telecomunicação*. E *serviço de telecomunicação*, nos termos da LGT, é um conceito novo, que não exige a ocorrência da comunicação para sua caracterização.

Assim, desde o advento da LGT, não se pode mais sustentar que todo serviço de telecomunicação envolve uma relação comunicativa. Em face da abrangência do conceito ofertado pela novel Lei Geral, diversas atividades preparatórias à efetiva ocorrência da comunicação – como a habilitação de telefones ou mesmo a manutenção periódica da rede – passaram a ser abarcadas pela expressão *serviço de telecomunicação* empregada no art. 60, *caput*, do diploma em testilha.

5.3. A *quaestio juris*: teria a LGT ampliado a hipótese de incidência do ICMS-comunicação?

Em vista da definição de *serviço de telecomunicação* posta na LGT, duas correntes se formaram.

Uma primeira, que denominaremos ampliativa, sustenta que teria havido um alargamento da hipótese de incidência do ICMS, tendo sido submetidas ao imposto todas as atividades que possibilitam a oferta da telecomunicação, ainda que não haja a concretização da relação comunicativa.

Outra corrente, que denominaremos restritiva, entende que a LGT não tem o condão de alterar o fato gerador do ICMS-comunicação, cuja definição é dada pela Constituição.

Façamos uma análise de ambas.

5.3.1. A corrente ampliativa

A corrente ampliativa tem sido adotada pelos Fiscos em geral e sustenta que o art. 60, *caput*, da LGT ampliou o campo de incidência do ICMS-comunicação, que passou a incidir também sobre atividades-meio, conexas ao serviço de telecomunicação.

Logo, para os adeptos desse entendimento, um serviço como a habilitação do telefone celular seria tributável pelo ICMS, pois faz parte do *conjunto de atividades* que possibilita a prestação do serviço de telecomunicação (para funcionar, o celular precisa ser habilitado, ou seja, programado para acessar a rede da operadora de modo a originar e receber chamadas). Outrossim, os valores pagos a título de assinatura mensal, para a mera manutenção em funcionamento da linha telefônica, seriam também tributáveis pelo ICMS. Na mesma linha, facilidades oferecidas ao usuário, como o siga-me na telefonia celular (serviço que redireciona as chamadas para outro número escolhido), seriam abarcadas pela novel hipótese de incidência do ICMS-comunicação (pois são atividades que possibilitam a prestação do serviço de telecomunicações).

Os adeptos da corrente ampliativa invocam, para justificar suas conclusões, o art. 110 do Código Tributário Nacional:

> Art. 110. A lei tributária não pode alterar a definição, o conteúdo e o alcance de institutos, conceitos e formas de direito privado, utilizados, expressa ou implicitamente, pela Constituição Federal, pelas Constituições dos Estados, ou pelas Leis Orgânicas do Distrito Federal ou dos Municípios, para definir ou limitar competências tributárias.

De acordo com o dispositivo, o sentido da norma constitucional que define competência tributária deve ser buscado no direito privado. Para logo, concluem os Fiscos que, como a norma de direito privado aplicável à hipótese é a LGT, o ICMS-comunicação incidiria sobre o "conjunto de atividades que possibilita a oferta de telecomunicação", e não somente sobre a prestação de serviço da qual resulte uma efetiva relação comunicativa.

5.3.2. A corrente restritiva

A corrente restritiva prega que a LGT modificou o conceito de serviço de telecomunicação no direito regulatório, mas sem qualquer influência no fato gerador do ICMS-comunicação, que deve ser apreendido com base na Constituição e na lei de normas gerais do ICMS.

Os adeptos desse entendimento arvoram-se no art. 155, II, da CR/88, que traz como primeiro pressuposto para a incidência do ICMS em tela a existência de comunicação. Em havendo esta – seja por meio escrito, falado, ou qualquer outra forma – passa-se então à análise dos demais requisitos para a exigência do imposto, a saber:

(a) a existência de um prestador do serviço de comunicação;

(b) a onerosidade da prestação.

Nessa linha de raciocínio, seria essencial, para se falar em ICMS-comunicação, que houvesse uma fonte emissora, uma fonte receptora e uma mensagem transmitida pelo prestador do serviço. Sem isso, não haveria comunicação; sem comunicação, não incidiria o ICMS-comunicação.

Dessarte, quando a Constituição delegou à lei complementar a função de definir o fato gerador dos impostos nela discriminados, fê-lo apenas para que fosse explicitado o sentido e o alcance dos vocábulos constantes de seu texto magno. Portanto, nem mesmo a lei de normas gerais do ICMS poderia afastar-se da hipótese de incidência plasmada na Lei Maior, sob pena de inconstitucionalidade.

Assim, a corrente restritiva sustenta que os atos prévios à efetiva prestação do serviço em tela não são alcançados pelo imposto (tal como no direito penal os atos preparatórios para a prática do crime são impuníveis, por não se adequarem ao *tatbestand*).

A invocação do art. 110 do CTN para justificar a incidência do ICMS sobre serviços que não possibilitam a formação da relação comunicativa seria, nesse sendeiro, infundada. Para que surja o dever de pagar tributo, é imperioso que ocorra, no mundo fenomênico, o fato gerador *tal como previsto na norma* tributária. E esta, *in casu*, exigiria a ocorrência de *comunicação*, que não é um conceito legal, mas sim um conceito de fato.[348] E, sendo um conceito de fato, não poderia ser delineado ao alvedrio do legislador. É a ciência da comunicação que o faria, com base em dados empíricos.

De mais a mais, ao pregar que a lei tributária não pode alterar o conteúdo e alcance das formas de *direito privado* previstas na Constituição, o art. 110 do CTN visaria a resguardar o contribuinte contra eventuais tentativas dos entes federados de ir além do que a Constituição lhes autoriza, tributando fatos não previstos na Lei Maior, não sendo, portanto, uma autorização concedida aos entes políticos para que estes alterem o sentido da norma constitucional que delega competência tributária. Assim, ao contrário do que sustentam os Fiscos, o que o art. 110 do CTN diz é que a lei estadual não poderá prever a cobrança de ICMS-comunicação sobre outros serviços além daqueles que efetivamente propiciem o estabelecimento de uma relação comunicativa.[349]

O STF já decidiu (nos autos do Recurso Extraordinário nº 166.172/RS) que as expressões utilizadas pela Lei Maior para definição de competência tributária devem ser interpretadas em seu sentido técnico e jurídico (e não em outro sentido que lhe confira eventual lei editada pelo ente federado).[350] A as-

---

348. GRECO, Marco Aurélio. *Internet e Direito.* São Paulo: Dialética, 2000, p. 137.

349. Em texto talhado para o ISSQN, mas perfeitamente aplicável ao ICMS, preleciona ÁVILA:
"Não é ocioso lembrar que a Constituição Federal de 1988 optou por atribuir poder aos entes políticos por meio de regras jurídicas e, não, de princípios. As regras estabelecem, por sua própria estrutura, razões que afastam a livre ponderação de valores por parte do Estado no exercício das suas competências, tornando determinável o âmbito material de poder. (...).
O conjunto dessas normas constitucionais, sistematicamente analisado, corresponde à reserva constitucional material que não poderá ser desconsiderada pelo legislador infraconstitucional. A só consideração dessa reserva material posta e pressuposta pela Constituição Federal já conduz à conclusão de que o legislador infraconstitucional – pouco importa se atuando por meio de lei complementar ou de lei ordinária – não pode contrariar o significado mínimo atribuído ao aspecto material da hipótese de incidência do imposto (...)." (ÁVILA, Humberto. *O Imposto sobre Serviços e a Lei Complementar nº 116/03.* ROCHA, Valdir de Oliveira (org.). O ISS e a LC 116. São Paulo: Dialética, 2003, pp. 167-8).

350. Na espécie, o STF declarou inconstitucional a lei instituidora de contribuição

sentada do Supremo Tribunal Federal foi assim ementada:

> INTERPRETAÇÃO. CARGA CONSTRUTIVA. EXTENSÃO.
>
> Se é certo que toda interpretação traz em si carga construtiva, não menos correta exsurge a vinculação à ordem jurídico-constitucional. O fenômeno ocorre a partir das normas em vigor, variando de acordo com a formação profissional e humanística do intérprete. No exercício gratificante da arte de interpretar, descabe "inserir na regra de direito o próprio juízo" – por mais sensato que seja – sobre a finalidade que "conviria" fosse por ela perseguida – Celso Antônio Bandeira de Mello – em parecer inédito. Sendo o Direito uma ciência, o meio justifica o fim, mas não este aquele.
>
> CONSTITUIÇÃO. ALCANCE POLÍTICO. SENTIDO DOS VOCÁBULOS. INTERPRETAÇÃO.
>
> O conteúdo político de uma Constituição não é conducente ao desprezo do sentido vernacular das palavras, muito menos ao do técnico, considerados institutos consagrados pelo Direito. Toda ciência pressupõe a adoção de escorreita linguagem, possuindo os institutos, as expressões e os vocábulos que a revelam, conceito estabelecido com a passagem do tempo, quer por força de estudos acadêmicos quer, no caso do Direito, pela atuação dos Pretórios.
>
> (...)
>
> CONTRIBUIÇÃO SOCIAL. TOMADOR DE SERVIÇOS. PAGAMENTOS A ADMINISTRADORES E AUTÔNOMOS. REGÊNCIA.
>
> A relação jurídica mantida com administradores e autônomos não resulta de contrato de trabalho e, portanto, de ajuste formalizado à luz da Consolidação das Leis do Trabalho. Daí a impossibilidade de se dizer que o tomador dos serviços qualifica-se como empregador e que a satisfação do que é devido ocorra via folha de salários.[351]

---

previdenciária sobre a remuneração paga a administradores e autônomos, por não se adequar à autorização do art. 195, I da CR/88 (cuja redação à época permita a cobrança de contribuição apenas sobre a *folha de salários*).

351. STF, Pleno, Recurso Extraordinário nº 166.172/RS, relator Ministro MARCO AURÉLIO, DJ 16.12.1994, p. 34.896.
Em seu voto, o Ministro CELSO MELLO averbou:

No mesmo sentido, foi a decisão – também do Pleno do STF – nos autos do Recurso Extraordinário nº 116.121/SP.[352]

De todo modo, ainda que fosse possível ao legislador modificar, por norma de direito privado, o sentido da expressão constitucional "serviço de comunicação" (fazendo-a abarcar atividades preparatórias à efetivação da comunicação), outro óbice existe para que a LGT cumpra essa função.

A Lei Geral de Telecomunicações veicula normas pertencentes ao ramo do Direito Administrativo. Sua função é regular um setor que era, até meados de 1998, formado quase em sua totalidade por empresas públicas. A LGT permitiu à União afastar-se da prestação direta dos serviços de telecomunicações e, ao mesmo tempo, manter o controle sobre essas atividades, que passaram a ser exercidas por empresas privadas. Dessarte, suas normas têm caráter impositivo, de direito público, e não de direito privado. Atento a esse fato, GRECO[353] asseverou que a LGT "não é uma lei tributária e não preten-

---

"As expressões *empregador, salários* e *empregado*, Sr. Presidente, refletem noções conceituais largamente consolidadas no plano de nossa experiência jurídica. Desse modo, e não obstante o sentido comum que se lhes possa atribuir, esses conceitos encerram carga semiológica que encontra, no discurso normativo utilizado pelo legislador constituinte, plena correspondência com seu exato técnico e jurídico significado, do qual *não pode* o legislador ordinário divorciar-se ao veicular a disciplina de qualquer espécie tributária, sob pena de transgredir o comando inscrito no art. 110 do Código Tributário Nacional, que faz prevalecer, consoante adverte ALIOMAR BALEEIRO (*Direito Tributário Brasileiro*, 10 ed., Forense, 1993, p. 444) 'o império do Direito Privado (...) quanto à definição, conteúdo e ao alcance dos institutos, conceitos e formas daquele direito (...)'."

352. STF, Pleno, Recurso Extraordinário nº 116.121/SP, relator para o acórdão Ministro MARCO AURÉLIO, DJ 25.05.2001, p. 17. A decisão foi assim ementada: "TRIBUTO. FIGURINO CONSTITUCIONAL. A supremacia da Carta Federal é conducente a glosar-se a cobrança de tributo discrepante daqueles nela previstos. IMPOSTO SOBRE SERVIÇOS. CONTRATO DE LOCAÇÃO. A terminologia constitucional do Imposto sobre Serviços revela o objeto da tributação. Conflita com a Lei Maior dispositivo que imponha o tributo considerado contrato de locação de bem móvel. Em Direito, os institutos, as expressões e os vocábulos têm sentido próprio, descabendo confundir a locação de serviços com a de móveis, práticas diversas regidas pelo Código Civil, cujas definições são de observância inafastável – artigo 110 do Código Tributário Nacional."

353. GRECO, Marco Aurélio. *Internet e Direito*. São Paulo: Dialética, 2000, p. 135.

de delinear a competência tributária". No mesmo sentido, averbaram HELENA XAVIER[354] e SOARES DE MELO.[355]

Para a corrente restritiva, portanto, não se pode sustentar que o *serviço de telecomunicação* previsto no *caput* do art. 60 da LGT (para fins regulatórios) é espécie do *serviço de comunicação* positivado no art. 155, II, da CR/88 (para fins tributários).

Logo, à luz da definição da LGT, há serviços de *telecomunicações* alcançados pelo ICMS (que são aqueles nos quais existe uma efetiva relação comunicativa) e serviços de *telecomunicações* não alcançados pelo imposto estadual (que são os serviços meramente preparatórios ou acessórios ao serviço de *comunicação*).[356]

5.3.3. O nosso entendimento

Temos que a razão assiste à corrente restritiva.

O fato gerador do ICMS-comunicação plasmado na CR/88 é a prestação de *serviços de comunicação* (art. 155, II).

---

354. Leciona HELENA XAVIER:
"(...) Enquanto para fins tributários, a Constituição Federal exige prestação de resultado – a comunicação – para fins meramente regulatórios, a LGT se basta com a simples possibilidade de oferta de transmissão, de emissão ou de recepção de sinais de qualquer natureza, independentemente de haver ou não o estabelecimento de uma relação de comunicação." (XAVIER, Helena de Araújo Lopes. O Conceito de Comunicação e Telecomunicação na Hipótese de Incidência do ICMS. *Revista Dialética de Direito Tributário*, n° 72. São Paulo: Dialética, set.2001, p. 80).

355. MELO, José Eduardo Soares de. *Imposto sobre Serviço de Comunicação*, 2ª ed. São Paulo: Malheiros, 2003, p. 75.

356. Nesse sentido, a lição de RUTNÉA GUERREIRO:
"Assim sendo, entendemos que nem todo *serviço de telecomunicação* pode ser tributado pelo ICMS, porque esse imposto só pode incidir sobre o preço do *serviço de comunicação*, ou seja, aquele serviço que permite 'a transmissão e a recepção de mensagens entre uma fonte emissora e um destinatário receptor à distância'." (GUERREIRO, Rutnéa Navarro. "Tributação em Telecom – Serviço de Valor Adicionado". TÔRRES, Heleno Taveira (org.). *Direito Tributário das Telecomunicações*. São Paulo: IOB Thomson: Abetel, 2004, p. 654).

O vocábulo *comunicação* não é definido pelo legislador pátrio. Assim, socorrendo-nos da linguística, podemos asseverar que, para ter-se comunicação, devem estar presentes os cinco elementos da relação comunicativa: emissor – receptor – mensagem – código – meio de transmissão.

Já *prestação de serviço* possui definição no Direito Civil, compreendendo um fazer imaterial em prol de um terceiro, mediante remuneração.

Unindo-se as expressões *prestação de serviço* e *comunicação*, à luz das respectivas definições civilista e linguística, conclui-se que prestar serviço de comunicação é possibilitar que uma mensagem seja enviada do emissor ao receptor. Assim, a prestação de serviço de comunicação pressupõe a consecução – mediante auxílio de terceiro – de todas as etapas ínsitas à relação comunicativa.

Seguindo a linha da CR/88, a LC nº 87/96 também define o fato gerador do ICMS em tela como a *prestação de serviço de comunicação*, esclarecendo ainda que a atividade pode se dar mediante a geração, a emissão, a recepção, a transmissão, a retransmissão, a repetição e a ampliação de comunicação, ou por qualquer outro meio. A dicção é consentânea com as normas constitucionais, exigindo, como se dessume, a ocorrência de relação comunicativa para incidência do imposto estadual.

Ao definir *telecomunicações*, a LGT utilizou-se dos conceitos clássicos constantes do próprio Código Brasileiro de Telecomunicações (que, a seu turno, adotara a definição da União Internacional de Telecomunicações) e do Convênio de Nairóbi.

Entretanto, ao conceituar *serviço de telecomunicações*, a LGT ampliou o seu aspecto (em análise comparativa com o CBT, por ela revogado), que passou a abarcar não somente aquele serviço que efetivamente possibilita a comunicação entre dois usuários, mas também todo o *conjunto de atividades* necessário à sua efetivação. Ocorre que há várias atividades *necessárias à efetivação* do serviço de telecomunicação que não pressupõem a existência de uma relação comunicativa (é o caso, por exemplo, da habilitação de telefones celulares).

Contudo, a LGT não modificou (e nem poderia fazê-lo) o conceito de serviço de *comunicação* constante da CR/88 e da LC nº 87/96. O que a Lei Geral trouxe foi uma nova definição da atividade para fins regulatórios.

A partir de sua edição, tornou-se errônea a assertiva de que o *serviço de telecomunicação* é espécie do gênero *serviço de comunicação*. Apenas os serviços de telecomunicações nos quais efetivamente ocorre a *comunicação* têm o condão de atrair a incidência do ICMS.[357]

Portanto, pode-se concluir que a Lei Geral de Telecomunicações não se presta – seja formal, seja materialmente[358] – à modificação da hipótese de incidência do ICMS-comunicação. De todo modo, ainda que essa tivesse sido a intenção do legislador federal com a edição da LGT, tal desiderato não resiste ao teste de constitucionalidade quando contrastado com o art. 155, II, da CR/88, para o qual somente há incidência do ICMS quando ocorre efetiva prestação de serviço de comunicação.

De fato, não é dado ao legislador determinar a incidência do ICMS sobre atividades que não configuram o fato econômico constitucionalmente eleito como regra-matriz de incidência do tributo.[359] Afinal, como já sustentou o Ministro

---

357. HELENA XAVIER pontifica:
"(...) Todos os serviços de comunicação são serviços de telecomunicações, mas nem todos os serviços de telecomunicações constituem serviços de comunicação. Ou seja, só os serviços de telecomunicações que consistem na prestação de um serviço de comunicação pessoal são passíveis de incidência do ICMS." (XAVIER, Helena de Araújo Lopes. "O Conceito de Comunicação e Telecomunicação na Hipótese de Incidência do ICMS". *Revista Dialética de Direito Tributário*, nº 72. São Paulo: Dialética, set.2001, p. 81).

358. Como visto, a LGT veicula normas cogentes de direito administrativo, com finalidade regulatória do setor de telecomunicações. Não tem, portanto, caráter de norma tributária.

359. Vale conferir a lição de EDUARDO BOTTALLO:
"(...) Os simples atos preparatórios à prestação do serviço de telecomunicação ainda

OCTAVIO GALLOTTI,[360] "se a lei pudesse chamar de compra o que não é compra, de importação o que não é importação, de renda o que não é renda, ruiria todo o sistema tributário inscrito na Constituição".

5.4. Os serviços de valor adicionado

A definição de serviço de valor adicionado (SVA) foi introduzida na legislação pátria pela Lei Mínima (Lei nº 9.295/96), que assim dispunha:

> Art. 10. É assegurada a qualquer interessado na prestação de Serviço de Valor Adicionado a utilização da rede pública de telecomunicações.
>
> Parágrafo único. Serviço de Valor Adicionado é a atividade caracterizada pelo acréscimo de recursos a um serviço de telecomunicações que lhe dá suporte, criando novas utilidades relacionadas ao acesso, armazenamento, apresentação, movimentação e recuperação de informações, não caracterizando exploração de serviço de telecomunicações.

Posteriormente, com a revogação da maior parte da Lei Mínima pela Lei Geral de Telecomunicações, o serviço de valor adicionado passou a ser conceituado por esta última, nos seguintes termos:

> Art. 61. Serviço de valor adicionado é a atividade que acrescenta, a um serviço de telecomunicações que lhe dá suporte e com o qual não se confunde, novas utilidades relacionadas ao acesso,

---

não implementam o *fato imponível* do ICMS, que só ocorrerá quando duas pessoas trocarem, com apoio neles, mensagens, informações, sinais etc.
Em suma, o tributo incide sobre a prestação dos serviços de telecomunicação (atividade-fim); não sobre atos que levam a esta mesma prestação (atividade-meio). Incontroverso que, na medida em que a Constituição autoriza sejam tributadas as prestações de serviços de comunicação, não é dado, nem ao legislador, nem ao intérprete, antecipar a incidência do ICMS às atividades que apenas as viabilizam." (BOTTALLO, Eduardo D. "ICMS e Serviços de Comunicação Internacional". *Revista Dialética de Direito Tributário*, nº 61. São Paulo: Dialética, out.2000, p. 20).

360. STF, Pleno, Recurso Extraordinário nº 71.758/GB, relator Ministro THOMPSON FLORES, DJ 31.08.1973, p. 357.

armazenamento, apresentação, movimentação ou recuperação de informações.

§1º. Serviço de valor adicionado não constitui serviço de telecomunicações, classificando-se seu provedor como usuário do serviço de telecomunicações que lhe dá suporte, com os direitos e deveres inerentes a essa condição.

§ 2º. É assegurado aos interessados o uso das redes de serviços de telecomunicações para prestação de serviços de valor adicionado, cabendo à Agência, para assegurar esse direito, regular os condicionamentos, assim como o relacionamento entre aqueles e as prestadoras de serviço de telecomunicações.

A seu turno, a Resolução Anatel nº 73, de 25 de novembro de 1998, que editou o Regulamento dos Serviços de Telecomunicações, assim dispôs sobre os SVAs:

Art. 3º. Não constituem serviços de telecomunicações:

(...)

III – os serviços de valor adicionado, nos termos do art. 61 da Lei 9.472 de 1997.

Das normas transcritas pode-se extrair, inicialmente, que serviço de valor adicionado não se confunde com serviço de telecomunicações. O SVA é um serviço autônomo, para cuja prestação é necessária à utilização da rede de telecomunicações.

O serviço de valor adicionado pode ser prestado por terceiros (aos quais a LGT assegura expressamente o acesso à rede de telecomunicações para esse fim – art. 61, §2º) ou até mesmo pela própria operadora.[361] Nessa última hipótese, contudo, a operadora não estará atuando como prestadora de serviços de telecomunicações, mas sim como prestadora de SVA.

A contrario sensu do exposto no item anterior, no qual restou claro que a definição de serviço de telecomunicação

---

361. Leciona ESCOBAR que "a operadora (...), também pode, se quiser, prestar Serviço de Valor Adicionado". (ESCOBAR, J. C. Mariense. *O Novo Direito de Telecomunicações*. Porto Alegre: Livraria do Advogado, 1999, pp. 192-3).

pela LGT não modifica a hipótese de incidência do ICMS, podemos concluir que um simples comando legal sustentando que o serviço de valor adicionado não é serviço de telecomunicação não basta, em princípio, para afastar sua tributação pelo ICMS. Assim, faz-se necessário analisar se, efetivamente, o serviço de valor adicionado *não possui* natureza de serviço de comunicação.

Pois bem: a relação comunicativa imbricada à prestação de um SVA decorre do serviço de telecomunicação que lhe dá suporte. Mas o que se objetiva com o serviço de valor adicionado não é a comunicação em si, mas sim outra utilidade cuja fruição é possível através da rede de telecomunicações (afinal, como visto, o serviço de valor adicionado é autônomo em relação ao serviço de telecomunicação).

Um exemplo modelar de SVA é o disque-0900. Quando o usuário liga para um número 0900, está fazendo uso, simultaneamente:

(a) da rede de telecomunicações (sendo que, sobre o valor relativo a esta utilização, deverá ser pago o ICMS pela operadora);

(b) de um SVA, que pode consistir na obtenção de informações sobre o clima, sobre o horóscopo, *et caterva* (não atraindo, nesse ponto, a incidência do ICMS-comunicação).

Ao passo que o custo por minuto de uma ligação normal de telefone fixo não passa de alguns centavos, a ligação para o 0900 é tarifada em patamares muito superiores. A operadora de telefonia cobra esses valores na fatura mensal e repassa ao prestador do SVA o montante a ele devido, retendo apenas uma parcela pelo serviço de cobrança efetuado.[362]

---

362. O serviço de cobrança prestado pela operadora é tributável pelo ISS. Dispõe a lista de serviços constante da LC nº 116/03:
"17. Serviços de apoio técnico, administrativo, jurídico, contábil, comercial e congêneres.
(...)
17.22. Cobrança em geral."
Em dispositivo semelhante, assim estabelecia a lista da LC nº 56/87:

A TRIBUTAÇÃO DOS SERVIÇOS DE COMUNICAÇÃO

Em face dessas características, o serviço 0900 foi definido pela Telebrás como

> um serviço suplementar ao serviço telefônico, de abrangência nacional, que permite à provedora fornecer a seus clientes informações especiais (culturais, econômicas, pesquisa de opinião etc.), usando voz como forma de comunicação. O custo do serviço prestado ao cliente é estabelecido pela provedora e cobrado em conta telefônica pelas Empresas do Serviço de Telecomunicações.[363]

Como se infere, os serviços são distintos: a empresa de telecomunicações disponibiliza o acesso à rede e o prestador de serviços de valor adicionado provê o serviço 0900.

O fato de o preço do SVA não ser controlado é ainda outro fator que denota sua distinção do serviço de telecomunicação (neste, os preços são fixados pela Anatel no regime público e, no regime privado, existe uma liberdade vigiada).

Ainda no que tange à remuneração dos SVAs, vale conferir a Norma nº 04/97[364] do Ministério das Comunicações, a qual, após definir como Provedor a empresa prestadora de SVA e como Operadora a exploradora do Serviço Telefônico Fixo Comutado, estabelece:

> 6. Condições de Acesso a Serviços de Provedores.
>
> (...)
>
> 6.2. O ônus da chamada destinada aos Provedores caberá ao assinante do Serviço Telefônico Público que a originar, *sem prejuízo*

"95. Cobranças e recebimentos por conta de terceiros, inclusive direitos autorais, protestos de títulos, sustação de protestos, devolução de títulos não pagos, manutenção de títulos vencidos, fornecimentos de posição de cobrança ou recebimento e outros serviços correlatos da cobrança ou recebimento (este item abrange também os serviços prestados por instituições autorizadas a funcionar pelo Banco Central)."

363. TELECOMUNICAÇÕES BRASILEIRAS S/A. Sistema de Documentação Telebrás. *Prática "Serviços 0900"*. Brasília, 1995.

364. A Norma nº 04/97 foi aprovada pela Portaria nº 251, de 16 de abril de 1997, do Ministério das Comunicações.

do valor adicional referente ao preço do serviço do Provedor.

7. Cobrança dos Serviços de Provedor por meio da Conta do Serviço Telefônico Público.

7.1. Serviço de Valor Adicionado prestado através da rede pública de telecomunicações poderá ser cobrado em conta emitida pela Operadora, observadas as seguintes condições:

(...)

b) explicitação, na conta telefônica, das informações que permitam aos assinantes identificar o serviço de valor adicionado utilizado bem como os valores associados, *de forma separada daqueles correspondentes aos serviços de telecomunicações prestados pela Operadora;*

(...)

f) Repasse ao provedor, nos prazos convencionados, dos valores correspondentes ao serviço, incluindo, quando for o caso, os encargos por atraso de pagamento. (destaques nossos)

Do texto normativo, extrai-se:

(a) que a chamada telefônica será paga pelo usuário, sem prejuízo da cobrança do SVA;

(b) que é possível a cobrança, na própria conta telefônica, dos valores devidos pelo usuário ao provedor de SVA;

(c) que o pagamento pela fruição do SVA não se confunde com o pagamento pelo serviço de telecomunicação que lhe dá suporte, sendo a cobrança feita de forma segregada na fatura mensal (estando ainda a prestadora do STFC obrigada a observar um prazo pré-determinado para repasse dos valores ao provedor do SVA, sob as penas da mora).

O Supremo Tribunal Federal já enfrentou a questão em debate, tendo assentado que os serviços de valor adicionado não se confundem com os serviços de telecomunicações. Na espécie, tratava-se de Medida Cautelar em Ação Direta de Inconstitucionalidade (ADI-MC nº 1.491/DF) ajuizada pelo Partido Democrático Trabalhista, na qual se questionava a constitucionalidade de diversos dispositivos da Lei Mínima de Telecomunicações, dentre os quais o art. 10º e seu parágrafo único (que, como visto, conceituava o SVA antes do advento da LGT).

Sustentava-se na ADI que o art. 10 da Lei Mínima violava a CR/88, pois permitia a outorga a particulares, sem processo de licitação e sem os instrumentos da concessão ou autorização, do direito de prestar serviços de valor adicionado que, em verdade, confundir-se-iam com os próprios serviços de telecomunicações (é dizer: os SVAs estariam imbricados de tal forma nos serviços de telecomunicações que não haveria como dissociar um do outro).

Dessa forma, ao assegurar a "qualquer interessado" a prestação do serviço de valor adicionado, o art. 10 da Lei Mínima teria violado o art. 21, XI da Constituição da República, que possibilita a exploração do serviço de telecomunicação tão somente por particulares que detenham concessão, autorização ou permissão da União.

Entretanto, a medida cautelar foi indeferida pelo Pleno do STF.[365] O relator da ação, Ministro CARLOS VELLOSO,[366] asseverou que, ontologicamente, o serviço de telecomunicações não se identifica com o serviço de valor adicionado. Este último nada mais é que "um acréscimo de recursos a um serviço de comunicações que lhe dá suporte, criando novas utilidades relacionadas ao acesso, armazenamento, apresentação e recuperação de informações". Assim, o SVA corresponderia a uma "mera adição de valores a serviços de comunicações já existentes".

---

365. O Ministro MARCO AURÉLIO foi voto vencido, na parte relativa ao art. 10º da Lei Mínima.

366. STF, Pleno, ADI-MC nº 1.491/DF, Relator Ministro CARLOS VELLOSO, j. 01.07.1998, *apud* CORAZZA, EDISON AURÉLIO. *Provimento de Acesso à Internet. Caracterização como Prestação de Serviços de Comunicação ou de Outra Natureza.* BORGES, Eduardo de Carvalho (org.). Tributação nas Telecomunicações. São Paulo: Quartier Latin, 2005, p. 145.

Dessarte, pode-se concluir que o legislador andou bem ao estremar os serviços de telecomunicações dos SVAs,[367] uma vez que estes são efetivamente autônomos (em sua essência e também na forma de remuneração). Sendo assim, não atraem a incidência do ICMS, pois não são serviços que visam a completar uma relação comunicativa, apenas se utilizando da rede de telecomunicações para ser efetivamente prestados.

---

[367]. O relatório do Senador JOSÉ IGNÁCIO FERREIRA (relator da Lei Geral de Telecomunicações na Comissão de Constituição, Justiça e Cidadania) sobre a definição de SVA posta no art. 61 da LGT é elucidativo:
"Essas definições não incluem o tratamento ou processamento da informação como um serviço de telecomunicações. Com efeito, o tratamento da informação é considerado, pelo Projeto de Lei, como um serviço de valor adicionado. (...).
Sendo assim, os serviços de valor adicionado não são conceituados como serviços de telecomunicações, pois com eles não se confundem, classificando-se seu provedor como usuário do serviço de telecomunicações que lhe dá suporte, com os direitos e deveres inerentes a essa condição." (Diário do Senado Federal, 10 de julho de 1997, p. 13.579, *apud* BOTELHO, Fernando Neto. *Tributação do Serviço de Provimento da Internet*. TÔRRES, Heleno Taveira (org.). Direito Tributário das Telecomunicações. São Paulo: IOB Thomson: Abetel, 2004, p. 582).

6. DA NÃO INCIDÊNCIA DE ICMS SOBRE OS SERVIÇOS DE VALOR ADICIONADO

6.1. A problemática da distinção entre SVA e serviço de telecomunicação

Como visto no capítulo anterior, o conceito de serviço de valor adicionado está posto no art. 61 da Lei Geral de Telecomunicações, *in verbis*:

> Art. 61. Serviço de valor adicionado é a atividade que acrescenta, a um serviço de telecomunicações que lhe dá suporte e com o qual não se confunde, novas utilidades relacionadas ao acesso, armazenamento, apresentação, movimentação ou recuperação de informações.
>
> §1º. Serviço de valor adicionado não constitui serviço de telecomunicações, classificando-se seu provedor como usuário do serviço de telecomunicações que lhe dá suporte, com os direitos e deveres inerentes a essa condição.
>
> §2º. É assegurado aos interessados o uso das redes de serviços de telecomunicações para prestação de serviços de valor adicionado, cabendo à Agência, para assegurar esse direito, regular os condicionamentos, assim como o relacionamento entre aqueles e as prestadoras de serviço de telecomunicações.

A TRIBUTAÇÃO DOS SERVIÇOS DE COMUNICAÇÃO

Seguindo a orientação legal, a Resolução Anatel n° 73/98[368] estipula que os SVAs não constituem serviços de telecomunicações, afastando a incidência do ICMS sobre eles.

Contudo, a prática tem demonstrado que a distinção entre serviço de telecomunicação e de valor adicionado não é tão simples, mormente pelo fato de a prestação de um estar imbricada à do outro.

Dentre as diversas espécies de serviços de valor adicionado, existem cinco que merecem análise detalhada, face às discussões que têm suscitado entre os Fiscos estaduais e os contribuintes:[369] o serviço de auxílio à lista, o de hora certa, a chamada teleprogramada (despertador) – atividades estas, atualmente, em desuso, face à popularização dos smartphones –, o serviço de provimento de acesso à Internet e a hospedagem de *sites* (*web hosting*).

O enquadramento de uma determinada atividade como SVA, entretanto, tem caráter meramente didático, uma vez que o núcleo do problema a ser analisado – para fins de aferição da subsunção da atividade à hipótese de incidência do ICMS – é apenas um: verificar se há ou não uma prestação de serviço de comunicação, em cada um dos casos.

6.2. O serviço de auxílio à lista (102)

O auxílio à lista (102) consiste no serviço prestado pelas operadoras do Serviço Telefônico Fixo Comutado (STFC), por determinação da Anatel, para disponibilização de informações relativas aos números de telefones dos assinantes

---

368. Resolução Anatel n° 73/98:
"Art. 3°. Não constituem serviços de telecomunicações:
(...)
III – os serviços de valor adicionado, nos termos do art. 61 da Lei 9.472 de 1997."

369. O disque-0900, citado no capítulo anterior como exemplo de SVA, não traz maiores dificuldades para sua compreensão como tal, sendo pacífico tanto na doutrina como para os agentes fiscais (salvo uma ou outra exceção) que o mesmo não corresponde a uma prestação de serviço de telecomunicação.

cadastrados. Trata-se de uma obrigação complementar à de editar as listas telefônicas (art. 213, §2º da LGT e arts. 3º, X, 82, I e 87 do Regulamento do STFC).[370] Assim, caso o número solicitado pelo usuário não esteja publicado nas listas telefônicas, a ligação para o 102 não poderá ser cobrada.[371]

A chamada para o auxílio à lista possui um valor fixo, em muito superior àquele normalmente cobrado nas ligações telefônicas. Isso porque embute um serviço que possui um custo à parte, a saber: a manutenção de uma central, com empregados e equipamentos especializados, para o fornecimento das informações solicitadas. Note-se que a central pode ser

---

370. Lei nº 9.472/97:
"Art. 213. (...).
(...)
§2º. É obrigatório e gratuito o fornecimento, pela prestadora, de listas telefônicas aos assinantes dos serviços, diretamente ou por meio de terceiros, nos termos em que dispuser a Agência."
Resolução Anatel nº 85, de 30.12.1998 (Regulamento do STFC – atualmente, o regulamento é veiculado pela Resolução nº 426/2005, tendo a Resolução nº 85/1998 sido revogada):
"Art. 3º. Para fins deste Regulamento, aplicam-se as seguintes definições:
(...)
X – Lista Telefônica Obrigatória e Gratuita – LTOG: lista telefônica de distribuição obrigatória e gratuita a que se refere o §2º do art. 213 da Lei nº 9.472, de 1997;
(...)
Art. 82. O Código de Acesso do Assinante expressa a sua identificação na prestação do serviço, não podendo a Prestadora alterá-lo sem que seja dada ampla e prévia publicidade da alteração a todos os Usuários, sem ônus, através dos seguintes meios:
I – serviço de auxílio a listas;
(...)
Art. 87. Os TUP [Terminais de Uso Público] devem garantir o acesso gratuito aos serviços de informações de listas de Assinantes e aos serviços públicos de emergência previstos no art. 39 deste Regulamento."

371. RABELO FILHO aponta as razões da gratuidade do serviço de auxílio à lista quando a informação solicitada não constar da lista telefônica:
"A edição de Listas Telefônicas é obrigação das concessionárias de serviços públicos, que procedem à contratação de empresas para editá-las. Se alguém precisa de informações acerca de números telefônicos publicados nessas Listas, recorre ao Serviço de Auxílio à Lista, que lhe cobrará uma taxa pela prestação da informação solicitada. Se o número consultado não se encontra na lista oficial, fica a empresa telefônica impossibilitada de cobrar qualquer taxa pela informação." (RABELO FILHO, Antonio Reinaldo. *Alguns Aspectos sobre a Tributação dos Serviços de Telecomunicações*. Monografia. Salvador: IBET e Fundação Orlando Gomes, 2000, p. 39).

operada pela própria empresa de telefonia ou então por uma terceira empresa contratada para esse fim (o SVA, como prega o art. 61, §2º, da LGT, pode ser prestado por qualquer interessado).

Assim, quando o usuário acessa o auxílio à lista, ele faz uso da rede de telefonia para fruir de um serviço que não é o de telecomunicações (há todo um aparato previamente montado com vistas a disponibilizar uma utilidade distinta, que não visa ao estabelecimento de uma relação comunicativa entre o usuário e um terceiro, mas sim à prestação de informação).

Em acórdão prolatado pelo Plenário do Conselho de Contribuintes do Estado do Rio de Janeiro, foi afastada – por maioria de votos – a cobrança de ICMS sobre o serviço em tela. Entendeu o CC/RJ, na oportunidade, que a "consulta 102" consiste em verdadeiro SVA, não estando ao abrigo da incidência do imposto estadual por não configurar serviço de telecomunicação (nos termos do art. 61 da LGT e do art. 3º da Resolução Anatel nº 73/98). Vale conferir os seguintes trechos do acórdão:

> [Operadora A] foi autuada por deixar de se debitar do ICMS na prestação de serviço de comunicação denominada 'consulta 102'.
>
> (...)
>
> A Lei Federal nº 9.472 de 1997, em seu artigo 19 é incisiva ao determinar que compete à Anatel expedir normas sobre a prestação de serviços de telecomunicação no regime público (item IV) e deliberar na esfera administrativa quanto à interpretação da legislação de telecomunicação e sobre os casos omissos.
>
> A Anatel aprovou o Regulamento dos Serviços de Telecomunicação que em seu artigo 3º diz não constituir serviços de telecomunicação os de valor adicionado, isto nos termos do artigo 61 da Lei 9.472/97.
>
> Aquele dispositivo é transparente quando opina que serviço de valor adicionado é a atividade que acrescentada a serviço de telecomunicação lhe dá suporte e com o qual não se confunde; ainda é bom frisar que o §1º do mesmo

artigo estatui que o serviço de valor adicionado não constitui serviço de telecomunicação.

É óbvio, portanto, que a Recorrida, na qualidade de prestadora de serviços de telecomunicação, está sob a égide da disposição contida no art. 155, inciso II da Carta Magna e artigo 2º, inciso III da Lei Estadual 2.657/96, no que diz respeito à incidência do ICMS sobre (...) telecomunicação.

Desta forma, o fato imponível previsto no artigo 2º, inciso III da Lei Complementar 87/96 é a prestação onerosa de serviços de telecomunicação, de levar uma mensagem do emissor ao destinatário. *O que não ocorre nos casos chamados serviços eventuais.*[372] (destaques nossos)

Dessarte, pode-se concluir que o serviço "102" é *prestado através da rede de telecomunicações*, mas não se confunde com o serviço de comunicação em si, o que afasta a possibilidade de cobrança do ICMS na hipótese.[373]

6.3. O serviço despertador (chamada teleprogramada) e o serviço de hora certa (130)

Apesar de o serviço despertador (chamada programada) e o serviço hora certa (130) apresentarem-se, atualmente, obsoletos – diante da era da informatização – sendo a sua utilização substituída progressivamente pelos aparelhos tecnológicos –, a distinção entre esses serviços de valor adicionado e o serviço efetivo de telecomunicação merece ser feita, sob a pesquisa da evolução histórica.

---

372. Conselho de Contribuintes do Estado do Rio de Janeiro, Pleno, processo nº E-04/114.676/00, acórdão nº 4.230, relator Conselheiro CARLOS GUIMARÃES DE ALMEIDA FILHO, DOE 13.08.2002, p. 18.

373. Ao analisar a "consulta 102", BRANCO sustentou sua intributabilidade pelo ICMS ao argumento de que "o serviço de telecomunicação é autônomo em relação ao serviço de informações, tendo em vista que o primeiro pode ser prestado sem a existência do último". (BRANCO, Carlos Augusto Coelho. "Tributação sobre os Serviços Conexos aos Serviços de Telecomunicação". *Revista Dialética de Direito Tributário*, nº 63. São Paulo: Dialética, dez.2000, p. 40).

O serviço despertador possibilita ao usuário programar seu telefone fixo para que toque em um determinado horário.[374] Portanto – assim como no 0900 e no auxílio à lista – há utilização da rede telefônica para prestação de um outro serviço, de cunho autônomo e remunerado de forma distinta do serviço de telecomunicação.

O mesmo ocorre com o serviço de hora certa. Para saber o horário, o usuário disca um número (130) e obtém a informação. Este é cobrado como SVA (não atraindo a incidência do ICMS), ao contrário do que ocorre com a chamada telefônica, sobre a qual incide o ICMS.

Nesses dois exemplos, a principal diferença relativamente ao auxílio à lista (102), analisado no item anterior, é que não há contato entre o usuário e um funcionário da empresa prestadora do SVA. As informações são disponibilizadas via computador no caso da hora certa, sendo igualmente automatizada a programação do despertador (o próprio usuário a realiza, mediante a digitação, no aparelho telefônico, da data e o horário nos quais ele deverá tocar).

Como se dessume do exposto, o ato de despertar alguém não estabelece nenhuma relação comunicativa,[375] tal como

---

374. Analisando o Recurso Especial nº 883.254/MG (Primeira Turma, relator Ministro JOSÉ DELGADO, DJe 28.02.2008), o Superior Tribunal de Justiça qualificou o serviço despertador como serviço-meio ao de telecomunicações, o que, a nosso sentir, é equivocado, uma vez que se cuida de atividade apartada do serviço de comunicação, não sendo necessária para a prestação dele.

375. Sobre o serviço despertador, GRECO já averbou que "despertar alguém é comunicar a tal pessoa certo horário, não é prestar serviço para que ele se comunique com outrem" (GRECO, Marco Aurélio. *Internet e Direito*. São Paulo: Dialética, 2000, p. 136).
Confiram-se também, nesse sentido, as conclusões de RABELO FILHO ao analisar o mesmo serviço:
"Em verdade, o serviço prestado no caso em exame visa *(sic)* proporcionar nova utilidade ao serviço de telecomunicação, a partir de um *software* ligado à rede básica, porém sem com ele se confundir. Quem determina o horário a ser despertado é o próprio usuário, utilizando-se de uma programação específica realizada na própria central telefônica, que aceita as informações discadas e gera a chamada para o telefone indicado. (...).
Não se vislumbra, do exposto, qualquer prestação de serviço de telecomunicação.

ocorre no serviço de hora certa, que consiste apenas em informar ao usuário o horário correto.

Em ambos os casos, portanto, não há prestação de serviço de comunicação. Há mera utilização da rede para disponibilização ao usuário de um terceiro serviço. Dessarte, tanto a chamada teleprogramada (despertador) como a hora certa configuram serviços de valor adicionado, que agregam uma utilidade à rede de telefonia, mas distinguem-se do serviço de telecomunicação propriamente dito (não atraindo, assim, a incidência do ICMS).

6.4. O serviço de provimento de acesso à Internet

Dentre os serviços de valor adicionado, o que mais celeuma gerou relativamente à incidência (ou não) do ICMS é o prestado pelos provedores de acesso à Internet.

Apesar de expressamente definido como SVA pelo Ministério das Comunicações (Norma nº 04/95, aprovada pela Portaria nº 148, de 31 de maio de 1995), o provimento de acesso à Internet tem sido classificado, por alguns, como verdadeiro serviço de comunicação, apto a atrair a incidência do imposto estadual. Por outro lado, a maior parte da doutrina inclina-se pela impossibilidade de cobrança do imposto estadual na hipótese, porquanto o provedor de acesso seria apenas um facilitador da conexão com a Internet, não exercendo atividade que, *de per se*, poderia ser caracterizada como serviço de comunicação.

O Superior Tribunal de Justiça encontrava-se dividido relativamente à questão: após uma decisão da Primeira Turma[376] pugnando pela incidência do ICMS sobre as ativi-

---

Trata-se, apenas, de um recurso de informática à disposição dos assinantes." (RABELO FILHO, Antonio Reinaldo. *Alguns Aspectos sobre a Tributação dos Serviços de Telecomunicações*. Monografia. Salvador: IBET e Fundação Orlando Gomes, 2000, p. 40).

376. STJ, Primeira Turma, Recurso Especial nº 323.358/PR, relator Ministro JOSÉ

dades dos provedores de acesso, a Segunda Turma[377] prolatou acórdão em sentido contrário. O tema foi levado à Primeira Seção,[378] que, no dia 11 de maio de 2005, decidiu, por cinco votos a quatro, que o provimento de acesso possui natureza de SVA, não se sujeitando ao ICMS. Posteriormente, o entendimento pretoriano foi consolidado na Súmula STJ nº 334, aprovada em 13 de dezembro de 2006 (DJ 14 de fevereiro de 2006), cujo verbete declara que "O ICMS não incide no serviço dos provedores de acesso à Internet".

Para a abordagem da matéria, será feita uma breve exposição da atividade desenvolvida pelos provedores de acesso à Internet,[379] seguida da análise de doutrina e jurisprudência atinentes ao tema. A conclusão, como já destacávamos desde a primeira edição da obra, é pela não incidência do imposto estadual nas atividades desenvolvidas pelos provedores de acesso à Internet.

6.4.1. A Internet

A Internet é uma rede mundial (*world wide web*) que possibilita a interconectividade de todos os computadores que dela fazem parte.

Sua origem remonta ao ano de 1969, quando o Departamento de Defesa dos Estados Unidos criou uma rede denominada Arpanet.[380] O objetivo da Arpanet era proteger os

---

DELGADO, DJ 03.09.2001, p. 58.

377. STJ, Segunda Turma, Recurso Especial nº 456.650/PR, relatora Ministra ELIANA CALMON, DJ 08.09.2003, p. 291.

378. STJ, Primeira Seção, Embargos de Divergência no Recurso Especial nº 456.650/PR, relator Ministro JOSÉ DELGADO, j. 11.05.2005.

379. Como ressalta GRECO, "(...) para poder enquadrar certa atividade ou serviço em determinada norma de competência tributária, que não se utiliza de conceito jurídico de direito privado, necessário é, primeiro, conhecer as características concretas do objeto por ele qualificado." (GRECO, Marco Aurélio. *Internet e Direito*. São Paulo: Dialética, 2000, p. 122).

380. Arpanet é a abreviatura de Advanced Research Projects Agency Network.

dados armazenados nos computadores militares americanos contra possíveis ataques da ex-União Soviética. A tecnologia consistia em difundir, em uma rede, as informações armazenadas, não as concentrando em um único servidor. Assim, caso parte do sistema fosse danificado, as informações não se perderiam, pois estariam preservadas nas suas demais extensões. Outra medida de segurança consistia na divisão das mensagens em vários "pacotes" (*packet-switching*) antes de serem enviadas. Assim, a eventual perda de um pacote não implicaria a perda de toda a informação.[381]

Com o tempo, as universidades e centros de pesquisa norte-americanos – utilizando-se da tecnologia da Arpanet – foram criando suas próprias redes. Em 1984, a Arpanet foi extinta, mas, nessa época, já existia uma interconectividade entre as diversas outras redes, pois fora criada uma linguagem universal para comunicação entre elas, denominada Protocolo TCP/IP (Transmission Control Protocol/Internet Protocol Suite). O termo Internet, então, já era utilizado.

Paulatinamente, novas redes foram formadas em outros países, com a utilização da mesma linguagem (Protocolo TCP/IP), o que possibilitou, em 1989, o surgimento da world wide web[382] – a rede de abrangência mundial que possibilita a comunicação entre os mais remotos pontos do mundo, via cabo

---

(DODD, Annabel Z. *The Essential Guide to Telecommunications*, 3ª ed. Upper Saddle River: Prentice Hall PTR, 2002, p. 318).

381. O sistema de *packet-switching* é o mesmo utilizado hoje na Internet. Os "pacotes" de informações contêm, cada um, informações sobre o remetente, o destinatário e o número total de "pacotes" que compõem a mensagem. Eles trafegam pela rede guiados por equipamentos denominados roteadores (que funcionam como agentes de trânsito, indicando o melhor caminho a seguir para se chegar ao destino final). Somente após a chegada do último "pacote", o computador de destino confirma a recepção da mensagem.

382. No que tange à abrangência, há três espécies de redes de computadores: as LANs (Local Area Networks), que conectam equipamentos dentro de um escritório ou de um edifício; as MANs (Metropolitan Area Networks), que possibilitam a conexão de equipamentos em áreas maiores, como um campus universitário ou uma cidade; e as WANs (Wide Area Networks), viabilizadoras de conexões entre computadores situados em cidades distintas. A world wide web é a maior WAN do mundo.

(metálico ou de fibra ótica) ou ondas de radiofrequência. Em 1993, com o início da comercialização de navegadores de utilização simplificada (os denominados *browsers*, cujos principais exemplos são o Internet Explorer ou Edge, desenvolvido pela Microsoft, o Chrome, criado pela Google, e o Firefox, mantido pela Mozilla), o uso da rede mundial foi popularizado.

Cada usuário da rede possui um número de identificação (denominado número do IP). O IP é um "endereço" dentro da Internet (não se trata de uma indicação de lugar físico, mas sim de um código para navegação na rede, permitindo o reconhecimento do usuário pelos equipamentos que a compõem e possibilitando o envio e recebimento de informações).

Assim, quando um usuário envia um e-mail pela Internet, a mensagem é quebrada e acondicionada em "pacotes", os quais são "carimbados" com o IP do remetente e o IP do destinatário (há, ainda, a indicação do número total de "pacotes" que compõem a mensagem, pois esta somente tem seu recebimento confirmado após a chegada do último pedaço de informação). É com base no endereço IP que os "pacotes" chegarão ao seu destino final, auxiliados pelos roteadores (que indicam o caminho a ser tomado na rede para se chegar de modo mais rápido ao destinatário). O mesmo ocorre quando um *site* é acessado na Internet. São enviadas informações do IP do usuário para o IP do *site* indicando que o primeiro deseja ter acesso às informações contidas no segundo. Com isso, os "pacotes" com informações do *site* são enviados ao usuário, o qual passa a navegar naquele ambiente virtual.

A Internet, em essência, é formada por quatro elementos:[383]

(a) conjunto de dispositivos ligados entre si: são os computadores, roteadores etc. (trata-se do maquinário que compõe a Internet e que se encontra totalmente conectado, ainda que para a comunicação entre dois computadores seja necessária a intermedia-

---

383. Os quatro elementos formadores da Internet foram enumerados por GRECO (GRECO, Marco Aurélio. *Internet e Direito*. São Paulo: Dialética, 2000, p. 127).

ção de outros equipamentos);

(b) meio físico: possibilita a interligação dos dispositivos. São os cabos (metálicos e óticos), os satélites, as antenas de radiofrequência, et caterva;

(c) linguagem determinada: é o código que permite aos equipamentos compreenderem as informações e solicitações que lhes são enviadas (a linguagem da Internet é o protocolo TCP/IP);

(d) endereço lógico: indica a posição que cada um dos componentes ocupa no ambiente virtual da Internet, permitindo que o usuário seja encontrado e reconhecido pelos demais equipamentos da rede (o endereço lógico é o número do IP).

6.4.2. Os provedores de *backbone* e os provedores de acesso

A comunicação na rede mundial é efetivada pelos seus meios físicos, ou seja, pelos cabos, satélites e antenas das empresas de telecomunicações que transportam os "pacotes" de informações ao redor do mundo.

A parte principal dessa infraestrutura de telecomunicações, que constitui a espinha dorsal da Internet, é denominada *backbone*.[384] Os seus titulares são os provedores de *backbone*, ou seja, os donos dos meios que possibilitam a comunicação pela Internet.

No Brasil, os provedores de *backbone* são as próprias empresas de telecomunicações, como a Embratel, que disponibilizam sua infraestrutura para que a comunicação na Internet ocorra. Tais empresas prestam diferentes serviços de telecomunicações, em especial o Serviço de Comunicação Multimídia (SCM),[385] que substituiu o Serviço de Rede de

---

384. Em inglês, *backbone* significa espinha dorsal.

385. De acordo com o art. 3º, *caput*, do Regulamento do Serviço de Comunicação Multimídia, aprovado pela Resolução ANATEL nº 614/13, o "SCM é um serviço fixo de telecomunicações de interesse coletivo, prestado em âmbito nacional e

Transporte de Telecomunicações (SRTT).

O provedor de *backbone* sempre possuiu todos os instrumentos necessários para prestar diretamente serviço de acesso à Internet. No entanto, norma regulatória o impedia (e ainda o impede em determinadas hipóteses)[386] de fazê-lo, obrigando que o acesso à rede mundial fosse disponibilizado por empresas voltadas para esse fim específico, que são justamente os provedores de acesso à Internet.[387] Estes últimos

---

internacional, no regime privado, que possibilita a oferta de capacidade de transmissão, emissão e recepção de informações multimídia, permitindo inclusive o provimento de conexão à internet, utilizando quaisquer meios, a Assinantes dentro de uma Área de Prestação de Serviço". Cf. MOREIRA, André Mendes; ESTANISLAU, César Vale. "ISSQN x ICMS: a tributação do serviço de comunicação multimídia (SCM)". PINTO, Sergio Luiz de Moraes; MACEDO, Alberto; ARAÚJO, Wilson José de. (Org.). *Gestão tributária municipal e tributos municipais*, v. 4. São Paulo: Quartier Latin, 2014, pp. 67-81.

386. Desde a publicação da primeira edição da obra, o serviço de provimento de conexão de internet tem perdido considerável espaço no mercado de banda larga. Em primeiro lugar, é preciso ter em mente que diferentes serviços de telecomunicação podem ser empregados para que o usuário possa se conectar à rede mundial de computadores. Alguns deles, como o Serviço Móvel Pessoal – SMP, jamais demandaram a contratação de um provedor de internet para que fosse ultimada a prestação. Lado outro, a banda larga fixa é precipuamente dependente do SCM, cujos principais prestadores são as concessionárias do STFC (administradoras de grande parte da infraestrutura – *backbone* – para a comunicação na Internet), que, por muito tempo, estiveram impedidas de prover a conexão do usuário à rede mundial. Isto mudou, definitivamente, com a edição da Resolução ANATEL nº 614/13, a qual incluiu dentro do campo de atuação das prestadoras de SCM o serviço de provimento de conexão à internet, tornando desnecessária a contratação de um provedor. Nesse sentido, as empresas que se dedicam ao serviço de conexão à internet passaram a ser úteis especialmente para a prestação de banda restrita (internet discada) e para os usuários residentes em pequenas municipalidades não abrangidas pelo SCM.

387. BOTELHO assim justifica a existência dos provedores de acesso:
"A razão, de ordem estritamente técnica, está em que, pela própria complexidade estrutural-conceitual da Internet, que se integrou a partir de grandes variáveis físicas (estruturas diversas, como redes de telefonia fixa, satélites, comunicações móveis em geral) e amplos prestadores (delegatários de telecomunicações, titulares de infraestrutura, como roteadores, *backbones*), bem como por complexos níveis lógico-virtuais (protocolos técnicos, camadas de tráfego, endereços lógicos etc.), seria inatingível, mesmo impossível, que a massa de usuários pudesse acessar, diretamente, os distribuidores de endereços IP e titulares de *backbones*, junto aos quais fizessem, cada um, individualmente, adequada seleção de protocolos, definição de roteamentos, bandas de tráfego, alocação de canais de transmissão etc.

não são titulares dos meios de transporte dos "pacotes". Suas funções são apenas duas:

(a) fornecer ao usuário que dele necessite um número de IP (ou seja: o endereço lógico para que ele possa ser reconhecido pelos dispositivos que integram a Internet);

(b) direcionar (utilizando-se dos roteadores) os "pacotes" de informações enviados pelo usuário, para que possam acessar as vias mais rápidas para chegar ao destino.

A primeira função do provedor de acesso, portanto, é fornecer um endereço IP ao usuário, possibilitando a este ser identificado na rede mundial.

Cada País possui uma faixa de números de IP para utilização própria. No Brasil, a FAPESP (Fundação de Amparo à Pesquisa do Estado de São Paulo) é, por força de determinação do Comitê Gestor da Internet,[388] a titular dos endereços IP.

Caso um usuário necessite de um número de IP para pôr em operação um site, poderá adquirir o seu direito de uso diretamente da FAPESP. O IP dos sites é sempre fixo, uma vez que permanecem on-line vinte e quatro horas por dia, sete dias por semana (como exemplo, podemos citar o IP nº 200.130.5.5,[389] correspondente ao *site* do Supremo Tribunal

---

Não se teria, seguramente, chegado a mais de duas centenas de milhões de usuários interconectados no mundo, aos quais é permanentemente disponibilizada a utilização da rede – sem controles centralizados – a mais de treze milhões de e-mails trocados, com eficácia, em um só ano, e a mais de dez milhões de usuários/Internet apenas no Brasil, como hoje se tem, não fosse a edição, lógica e razoável, de uma estrutura, paralela à da rede técnica, que permitisse a interface dos conceitos de sua formação com o universo de usuários e microcomputadores." (BOTELHO, Fernando Neto. Tributação do Serviço de Provimento da Internet. TÔRRES, *Heleno Taveira (org.). Direito Tributário das Telecomunicações*. São Paulo: IOB Thomson: Abetel, 2004, pp. 573-4).

388. O Comitê Gestor da Internet foi criado pelo Decreto nº 4.829, de 03 de setembro de 2003. Trata-se, portanto, de órgão público que tem, dentre suas atribuições, as de fomentar o desenvolvimento da Internet no Brasil, recomendar padrões e procedimentos operacionais, coordenar a atribuição de endereços Internet, o registro de nomes de domínios e a interconexão dos *backbones*.

389. GRECO, Marco Aurélio. *Internet e Direito*. São Paulo: Dialética, 2000, p. 128.

Federal). Entretanto, para os usuários que não ficam permanentemente conectados à rede, acessando-a para fins de trabalho e/ou lazer, não há necessidade de endereço fixo. Desde que o interessado tenha um IP – qualquer que seja – estará habilitado a navegar pela Internet. Assim, a aquisição do direito de uso de IP perante a FAPESP não é indicada para estes utentes, pois o custo seria extremamente alto comparativamente com o benefício obtido.

É em razão dos usuários individuais, não detentores de IPs fixos, que surgiram os provedores de acesso à Internet. Estes últimos adquirem, perante a FAPESP, o direito de utilização de uma banda de endereços IP e, posteriormente, disponibilizam-nos aos seus assinantes (que recebem, a cada vez que solicitam ao provedor, um número de IP diferente, pois lhes é fornecido o primeiro que estiver disponível no momento da requisição de acesso à rede).

A segunda função do provedor de acesso é rotear os "pacotes" de informações enviados pelo usuário, de modo que sejam encaminhados pelas vias mais livres naquele momento. A atividade é semelhante à do agente de trânsito que indica aos condutores de veículos o melhor caminho a seguir, desviando-os de pistas com acidentes ou em obras.[390] Com isso, há um ganho em performance do sistema, que se torna mais ágil. O transporte efetivo dos dados, no entanto, é feito pelas empresas de telecomunicações proprietárias da "espinha dorsal" da

---

390. Outro exemplo da função exercida pelos provedores de acesso foi dado por BRIGAGÃO, *in verbis*:
"A situação é semelhante à de alguém que, situado no entroncamento de uma estrada de ferro, tivesse a função de determinar quais as melhores vias que deveriam ser seguidas pelas composições de modo a que chegassem ao seu destino da forma mais rápida e eficiente possível, ainda que, para tanto, o encarregado dessa função tivesse que enviar alguns dos vagões da composição por caminhos (trilhos) diversos. Obviamente, não se poderia concluir que tal função configurasse prestação de serviço de transporte, que é prestado exclusivamente pela Estrada de Ferro. Ela configura serviço de roteamento, de natureza distinta do serviço de transporte."
(BRIGAGÃO, Gustavo A. M. Aspectos Tributários dos Negócios Relacionados à Internet. TÔRRES, Heleno Taveira (org.). *Direito Tributário das Telecomunicações*. São Paulo: IOB Thomson: Abetel, 2004, pp. 605-6).

Internet.[391]

Na prática, a conexão à Internet ocorre, na banda restrita, da seguinte forma: o usuário disca, através de seu modem, o número da linha telefônica do provedor de acesso, fornecendo um nome de identificação (*log-in*) e uma senha. Quando a chamada chega ao provedor, este verifica (dentre a faixa de IPs, cuja autorização de uso obteve junto à FAPESP) qual número de IP está disponível, cedendo-o ao assinante. A partir de então, a rede telefônica passa a ser o meio pelo qual o usuário irá acessar toda a infraestrutura de telecomunicações existente para navegação na Internet.[392] A ligação telefônica, na hipótese, é típico serviço de comunicação (que atrai, portanto, a incidência do ICMS), viabilizando um primeiro contato entre usuário e provedor e, em momento posterior, a inserção do usuário na rede mundial que forma a Internet.

Assim, pode-se concluir que o provedor de acesso tão somente fornece o meio (endereço IP) para conexão à Internet, além de direcionar o tráfego de dados para as melhores rotas disponíveis.[393] A rede que efetivamente transporta os "pacotes" é de titularidade das empresas de telecomunicações.

---

391. O provedor de acesso apenas adquire o direito de uso da infraestrutura dos provedores de *backbone*.

392. AMARAL e KAWASAKY assim sintetizam o funcionamento da Internet e o papel do provedor no acesso à mesma:
"(...) A utilização da Internet se dá da seguinte forma: a interligação física das redes é feita por meio das tradicionais linhas telefônicas, de cabos de fibra ótica, via satélite, ou de qualquer outra forma usual de comunicação. O usuário, através de um *modem*, converte os sinais sonoros transmitidos pelo telefone em sinais passíveis de reconhecimento pelo computador. Esta interligação pode ser direta, no caso do usuário possuir um IP próprio, ou indireta, caso em que o usuário utiliza um provedor de acesso para a obtenção de um IP." (AMARAL, Antonio Carlos Rodrigues do e KAWASAKY, Sérgio. *Direito Tributário e Internet*. MARTINS, Ives Gandra da Silva (org.). Tributação na Internet. São Paulo: Revista dos Tribunais, 2001, p. 297).

393. Adicionalmente, o provedor de acesso pode disponibilizar outras facilidades para o usuário, como o fornecimento de uma conta de e-mail.

6.4.3. As posições doutrinárias sobre a questão

A doutrina se posicionou – em sua maior parte – pela não incidência do ICMS sobre os serviços prestados pelos provedores de acesso à Internet, por não efetivarem a comunicação em si (que fica a cargo dos provedores de *backbone*).

Invoca-se, em prol desse raciocínio, o art. 61 da LGT (que define os serviços de valor adicionado) e a Norma nº 04/95,[394] aprovada pela Portaria nº 148, de 31 de maio de 1995, do Ministério das Comunicações, segundo a qual o provedor de acesso à Internet presta serviço de valor adicionado – o que confirmaria, no plano normativo, a situação fática de

---

394. Norma nº 04/95 do Ministério das Comunicações:
"3. DEFINIÇÕES
a. Internet: nome genérico que designa o conjunto de redes, os meios de transmissão e comutação, roteadores, equipamentos e protocolos necessários à comunicação entre computadores, bem como o 'software' e os dados contidos nestes computadores;
b. Serviço de Valor Adicionado: serviço que acrescenta a uma rede preexistente de um serviço de telecomunicações, meios ou recursos que criam novas utilidades específicas, ou novas atividades produtivas, relacionadas com o acesso, armazenamento, movimentação e recuperação de informações;
c. Serviço de Conexão à Internet (SCI): nome genérico que designa Serviço de Valor Adicionado que possibilita o acesso à Internet a Usuários e Provedores de Serviços de Informações;
d. Provedor de Serviço de Conexão à Internet (PSCI): entidade que presta o Serviço de Conexão à Internet;
4. SERVIÇO DE CONEXÃO À INTERNET
4.1. Para efeito desta Norma, considera-se que o Serviço de Conexão à Internet constitui-se:
a. dos equipamentos necessários aos processos de roteamento, armazenamento e encaminhamento de informações, e dos 'software' e 'hardware' necessários para o provedor implementar os protocolos da Internet e gerenciar e administrar o serviço;
b. das rotinas para administração de conexões à Internet (senhas, endereços e domínios Internet);
c. dos 'softwares' dispostos pelo PSCI: aplicativos tais como – correio eletrônico, acesso a computadores remotos, transferência de arquivos, acesso a banco de dados, acesso a diretórios, e outros correlatos –, mecanismos de controle e segurança, e outros;
d. dos arquivos de dados, cadastros e outras informações dispostas pelo PSCI;
e. do 'hardware' necessário para o provedor ofertar, manter, gerenciar e administrar os 'softwares' e os arquivos especificados nas letras 'b','c' e 'd' deste subitem;
f. outros 'hardwares' e 'softwares' específicos, utilizados pelo PSCI."

inexistência de prestação de serviço de comunicação nessa atividade. Estes últimos seriam, portanto, meros usuários do serviço de telecomunicações que lhes dá suporte, ao qual acrescentariam novas utilidades.

De fato, ao analisar as atividades dos provedores de acesso à Internet, SACHA CALMON[395] entendeu que elas se incluem no conceito de SVA, não se confundindo com o serviço de comunicação em si (prestado pelo detentor da infraestrutura para tanto – o provedor de *backbone*).

Comungando desse entendimento, BARROS CARVALHO[396] afirma que o provedor de acesso à Internet apenas agrega a um serviço de telecomunicações pré-existente "mecanismos adequados ao trato do armazenamento, movimentação e recuperação de informações".

A seu turno, SOARES DE MELO[397] assevera que o provedor de acesso à Internet não é contribuinte do ICMS, pois em sua atividade limita-se a fornecer meios para a comunicação com a Internet (prova disso é que sem a infraestrutura de telecomunicações o provedor de acesso não consegue ultimar nenhuma relação comunicativa).

BRITO MACHADO[398] também fundamenta a intributabilidade pelo ICMS-comunicação dos provedores de acesso no fato de que "os serviços prestados pelo provedor de acesso não são viáveis sem aqueles aos quais se agregam".

---

395. COÊLHO, Sacha Calmon Navarro. *Tributação na Internet*. MARTINS, Ives Gandra da Silva (org.). Tributação na Internet. São Paulo: Revista dos Tribunais, 2001, p. 104.

396. CARVALHO, Paulo de Barros. Não incidência do ICMS na Atividade dos Provedores de Acesso à Internet. TÔRRES, Heleno Taveira (org.). *Direito Tributário das Telecomunicações*. São Paulo: IOB Thomson: Abetel, 2004, p. 494.

397. MELO, José Eduardo Soares de. *Tributação na Internet*. MARTINS, Ives Gandra da Silva (org.). Tributação na Internet. São Paulo: Revista dos Tribunais, 2001, pp. 238-42.

398. MACHADO, Hugo de Brito. *Tributação na Internet*. MARTINS, Ives Gandra da Silva (org.). Tributação na Internet. São Paulo: Revista dos Tribunais, 2001, p. 91.

A TRIBUTAÇÃO DOS SERVIÇOS DE COMUNICAÇÃO

No mesmo sentido são as lições de CARRAZZA,[399] IVES GANDRA,[400] OLIVEIRA,[401] e CHIESA,[402] dentre outros.

---

399. Leciona CARRAZZA:
"I – (...). O que se tributa, no caso, por meio de ICMS-comunicação é, tão somente, a prestação do serviço telefônico *lato sensu* que viabiliza a utilização da *Internet*.
II – É que o *provedor de acesso* não presta o serviço de comunicação de que aqui se cogita, mas apenas viabiliza o acesso à *Internet*, via um canal aberto (p. ex., a linha telefônica). *Dito de outro modo, fornece condições materiais para um usuário ingressar no ambiente da Internet.*" (CARRAZZA, Roque Antonio. *ICMS*, 9ª ed. São Paulo: Malheiros, 2002, p. 183, destaques nossos).

400. IVES GANDRA pontua:
"A lei de telecomunicações (...) exclui os serviços prestados pelos provedores como serviços de telecomunicação, em seu artigo 61, §1º (...).
São serviços adicionais, auxiliares, mas não são serviços de telecomunicação, como não o seriam todos aqueles prestados como suporte às telecomunicações, desde a limpeza desses estabelecimentos, quando terceirizados, até aqueles enunciados no dispositivo acima.
(...) Não sendo, pois, serviços de telecomunicações, mas apenas adicionais, vicários, acólitos, auxiliares dos serviços de comunicação – a utilização de veículo do provedor, ou seja, da linha telefônica, é tributada, por ser serviço de telecomunicação – não estão sujeitos ao ICMS (...)." (MARTINS, Ives Gandra da Silva. Tributação na Internet. MARTINS, Ives Gandra da Silva (org.). *Tributação na Internet*. São Paulo: Revista dos Tribunais, 2001, p. 50).

401. Em obra específica sobre a tributação na Internet, OLIVEIRA conclui pela intributabilidade dos provedores de acesso pelo ICMS. É ver:
"O (...) provimento de acesso não pode ser enquadrado, assim, como um serviço de comunicação, pois não atende aos requisitos mínimos que, técnica e legalmente, são exigidos para tanto, ou seja, o serviço de conexão à Internet não pode executar as atividades *necessárias* e *suficientes* para resultarem na emissão, na transmissão, ou na recepção de sinais de telecomunicação. Nos moldes regulamentares, é um serviço de valor adicionado, pois aproveita de uma rede de comunicação em funcionamento e agrega mecanismos adequados ao trato do armazenamento, movimentação e recuperação de informações." (OLIVEIRA, Júlio Maria de. *Internet e Competência Tributária*. São Paulo: Dialética, 2001, p. 123).

402. CHIESA averba:
"Os serviços prestados pelos provedores de acesso à internet caracterizam-se como um serviço de monitoramento do acesso do usuário à rede, colocando à disposição do cliente equipamentos e *softwares* que irão facilitar a sua navegação pelo sistema, além de outros serviços, tais como armazenamento de informações, contagem do tempo de uso, porém, nenhum destes consiste em dar condições para que a comunicação se efetive pois, ambos, tanto o usuário como o provedor, são tomadores do serviço de comunicação, que é prestado pelas concessionárias dos serviços de telecomunicações." (CHIESA, Clélio. A Tributação dos Serviços de Internet Prestados pelos Provedores: ICMS ou ISS? Revista dos Tribunais – *Cadernos de Direito Tributário e Finanças Públicas*, nº 27. São Paulo: Revista dos Tribunais, abr.-jun.1999, p. 25).

Noutro giro, há os que sustentam a possibilidade de incidência do ICMS sobre os serviços dos provedores de acesso à Internet, dentre os quais destacamos GRECO.[403] De acordo com o citado autor, existem três camadas distintas (*layers*) que possibilitam o acesso à Internet:

(a) a primeira camada, que consiste na ligação – efetuada via telefone[404] – entre o usuário e o provedor de acesso;

(b) a segunda camada, que passa a existir quando a ligação entre usuário e provedor já foi efetivada (tendo sido fornecido ao primeiro o endereço IP), na qual o usuário passa a fazer parte da rede, podendo conectar-se com qualquer outro que possua um endereço IP;

(c) a terceira camada, onde são utilizados aplicativos (navegadores, como o Chrome, programas para bate-papo virtual, como o Skype etc.) que possibilitam a navegação e o desempenho de outras funções na Internet.

Segundo GRECO, o ambiente no qual ocorre a comunicação pela Internet (segunda camada) é distinto do ambiente proporcionado pela operadora de telefonia (primeira camada). Logo, como é o provedor de acesso que propicia ao interessado adentrar à segunda camada, ele presta um serviço que viabiliza "um ambiente específico de transmissão de mensagens com características próprias para que haja a comunicação entre terceiros".[405]

A partir dessas premissas, o autor conclui pela incidência do ICMS sobre os serviços prestados pelos provedores de acesso à Internet, pois estes, ao propiciarem um ambiente

---

403. GRECO, Marco Aurélio. *Internet e Direito*. São Paulo: Dialética, 2000, pp. 129-34.

404. Note-se que, atualmente, existem outros meios de conexão à Internet além do telefone, como o cabo ótico e as ondas de radiofrequência.

405. GRECO, Marco Aurélio. *Internet e Direito*. São Paulo: Dialética, 2000, pp. 133.

próprio para que a conexão à rede ocorra, estariam, de fato, prestando serviço de comunicação.

CELSO BASTOS[406] – tomando para si as razões de GRECO – igualmente conclui pela possibilidade de cobrança do ICMS sobre as atividades dos provedores de acesso, pois vislumbra nelas a existência de um "novo meio de comunicação e, por conseguinte, de uma nova prestação de serviços de comunicação (...)".

A controvérsia na doutrina, como se dessume, está instaurada,[407] mas pende para a intributabilidade dos provedores de acesso à Internet.

O Superior Tribunal de Justiça, a seu turno, encontrava-se dividido na matéria, tendo pacificado inicialmente o entendimento pela não incidência do ICMS sobre os serviços dos provedores de acesso à Internet por maioria, com a diferença de apenas um voto. É o que veremos a seguir.

6.4.4. O posicionamento do Superior Tribunal de Justiça

O sólido posicionamento atualmente adotado pelo STJ foi forjado nos três primeiros precedentes da Corte sobre a tributação dos provedores de acesso à Internet.

No primeiro caso (Recurso Especial nº 323.358/PR), julgado em junho de 2001, a Primeira Turma[408] entendeu, à una-

---

406. BASTOS, Celso Ribeiro. Tributação na Internet. MARTINS, Ives Gandra da Silva (org.). *Tributação na Internet*. São Paulo: Revista dos Tribunais, 2001, p. 74.

407. ONOFRE BATISTA e ALBERTO ANDRADE também sustentam que "a atividade do provedor é serviço de comunicação", posto que "o provedor tem a obrigação contratual de fazer a conexão entre o usuário e a rede e fornecer condições para que a comunicação ocorra". (BATISTA JR., Onofre Alves e ANDRADE, Alberto Guimarães. *Provedor de Internet e o ICMS*. Revista Dialética de Direito Tributário, nº 112. São Paulo: Dialética, jan.2005, p. 105).

408. STJ, Primeira Turma, Recurso Especial nº 323.358/PR, relator Ministro JOSÉ DELGADO, DJ 03.09.2001, p. 58. Votaram também os Ministros FRANCISCO FALCÃO, GARCIA VIEIRA, HUMBERTO GOMES DE BARROS e MILTON LUIZ PEREIRA.

nimidade, que o serviço prestado pelo provedor de acesso à Internet não é de valor adicionado, mas sim de comunicação, atraindo a incidência do ICMS nos termos do art. 2º, III, da LC nº 87/96.

Em suas razões de decidir, o relator, Ministro JOSÉ DELGADO, invocou a argumentação de GRECO (já exposta no item precedente), bem como a doutrina de LUCIANA ANGEIROS.[409] Esta sustenta, em síntese, que o serviço do provedor é imprescindível para a transmissão das mensagens pelos canais físicos da Internet (*backbone*), sendo parte integrante e indissociável do processo comunicacional, pois é responsável por "levar um dado do seu cliente à Internet, bem como por manter a comunicação entre o emissor (Internet) e o receptor (usuário) através de seus computadores". Nessa linha, conclui, além de ser um serviço de valor adicionado (pois inegavelmente melhora o fluxo de dados na rede, colocando à disposição do usuário *softwares* e *hardwares* com essa finalidade), é também um serviço de comunicação (apesar de não ser serviço de *telecomunicação*, pois a LGT distingue os SVAs dos serviços de telecomunicações).

No mesmo sendeiro, foi o parecer PGFN/CAT nº 2.042/97, também citado pelo Ministro relator em seu voto. De acordo com o entendimento da PGFN, o serviço prestado pelo provedor de acesso à Internet é de valor adicionado (logo, *não é de telecomunicação*, nos termos do art. 61, §1º da LGT), mas é de *comunicação*, pois toda a sua estrutura é voltada para a finalidade de realizar a comunicação via Internet.

Ao cabo, o relator concluiu (divergindo, na fundamentação, do parecer PGFN-CAT, mas se alinhando a ele nas conclusões) – tendo sido acompanhado pelos demais Ministros da Primeira Turma – que "o serviço prestado pelo provedor pela via da Internet não é serviço de valor adicionado,[410] conforme

---

409. SCHOUERI, Luís Eduardo (org.). *Internet* – o Direito na Era Virtual. Rio de Janeiro: Forense, 2001, pp. 238-49.

410. Ressalte-se que tanto a PGFN como a autora LUCIANA ANGEIROS, citados

define o art. 61, da Lei n° 9.472, de 16.07.97", sendo um serviço de comunicação, pois "detém meios e técnicas" que permitem a formação da relação comunicativa em caráter negocial e oneroso. Nessa linha, haveria a incidência do ICMS sobre a atividade.

Após essa primeira decisão, o CONFAZ editou o Convênio ICMS n° 78/01[411] (cujo prazo de vigência, que expiraria em 31.12.2002, foi sucessivamente prorrogado por outros Convênios, sendo o último o Convênio ICMS n° 27/15, que instituiu o termo final do benefício para 31.12.2015), autorizando os Estados a conceder redução de base de cálculo do ICMS no serviço de acesso à Internet, de forma que a carga tributária seja equivalente a cinco por cento do valor da prestação, bem como concedendo remissão dos débitos passados (anteriores à data de edição do primeiro Convênio).

---

no voto do Ministro relator, entendem que o provimento de acesso à Internet *é serviço de valor adicionado* (e também é serviço de comunicação). Entretanto, na decisão, o STJ optou por descaracterizar o serviço dos provedores de acesso como SVA, qualificando-o unicamente como serviço de comunicação.

411. Convênio ICMS n° 78/01:
"*Cláusula primeira*. Ficam os Estados e o Distrito Federal autorizados a conceder redução de base de cálculo do ICMS incidente nas prestações onerosas de serviço de comunicação, na modalidade acesso à Internet, de forma que a carga tributária seja equivalente ao percentual de 5% (cinco por cento) do valor da prestação.
Cláusula segunda. A redução será aplicada, opcionalmente, pelo contribuinte, em substituição ao sistema de tributação previsto na legislação estadual.
Parágrafo único O contribuinte que optar pelo benefício previsto na cláusula anterior não poderá utilizar quaisquer outros créditos ou benefícios fiscais.
Cláusula terceira. Ficam os Estados e o Distrito Federal autorizados a não exigir, total ou parcialmente, os débitos fiscais do ICMS, lançados ou não, inclusive juros e multas, relacionados com as prestações previstas na cláusula primeira, ocorridas até a data de início da vigência deste Convênio.
Parágrafo único. A não exigência de que trata esta cláusula:
I – não autoriza a restituição ou compensação de importâncias já pagas;
II – observará as condições estabelecidas na legislação de cada unidade federada.
Cláusula quarta. Este convênio entra em vigor na data da publicação de sua ratificação nacional, produzindo efeitos até 31 de dezembro de 2002."

A intenção do CONFAZ foi dupla: assentar o entendimento de que incide o ICMS sobre os serviços prestados por provedores de acesso à Internet (reafirmando o posicionamento do STJ) e, mediante a redução da base de cálculo e a remissão, levar os provedores a optar pelo recolhimento do ICMS em vez do ISSQN (que tem sido deles exigido por parte de diversos Municípios, embora sem previsão na lista da LC nº 116/03 e tampouco na lista anterior, da LC nº 56/87).

Entretanto, dois anos após a decisão no REsp nº 323.358/PR, a Segunda Turma[412] do STJ apreciou a mesma questão (nos autos do Recurso Especial nº 456.650/PR) e – decidindo de modo diverso do precedente – assentou, à unanimidade, pela impossibilidade de cobrança do ICMS sobre os serviços prestados pelos provedores de acesso à Internet.

A relatora, Ministra ELIANA CALMON, invocou as conclusões tomadas no XXVI Simpósio Nacional de Direito Tributário,[413] no qual a maioria dos palestrantes opinou pela

---

412. STJ, Segunda Turma, Recurso Especial nº 456.650/PR, relatora Ministra ELIANA CALMON, DJ 08.09.2003, p. 291. Votaram também os Ministros FRANCIULLI NETTO, JOÃO OTÁVIO DE NORONHA e FRANCISCO PEÇANHA MARTINS. O Ministro CASTRO MEIRA não participou do julgamento.

413. Vale conferir o seguinte trecho do voto da Ministra ELIANA CALMON no REsp nº 456.650/PR:
"No XXVI Simpósio Nacional de Direito Tributário, em torno do tema 'Tributação na Internet', coordenado pelo Professor Ives Gandra da Silva Martins, em outubro de 2001, na cidade de São Paulo, foram tomadas algumas posições:
(...)
'Respostas às questões formuladas pela Comissão Organizadora:
1. Qual o significado do termo 'serviço de comunicação' contido no art. 155, II da Constituição Federal? Pode ele ser aplicado a um provedor de acesso à Internet para fins de tributação pelo ICMS?
Serviços de comunicação, para fins de ICMS, são serviços de transmissão de mensagens entre pessoas, por determinado veículo, a título oneroso.
(...)
As atividades desenvolvidas entre os provedores de acesso e os usuários da Internet realizam-se, também, mediante a utilização dos serviços de telecomunicações, sendo ambos, portanto, usuários dos serviços de telecomunicação. Logo, a atividade exercida pelos provedores de acesso em relação a seus clientes não se confunde nem com os serviços de telecomunicação, nem com os serviços de comunicação. Tal atividade não está sujeita a ICMS (...).'"

não incidência do ICMS-comunicação sobre as atividades em análise. Ao concluir seu voto, a relatora entendeu que os serviços prestados pelos provedores de acesso à Internet enquadram-se fielmente no conceito de SVA plasmado no art. 61 da LGT. Dessa forma, como a própria lei segrega os serviços de valor adicionado dos serviços de telecomunicações, não haveria como os serviços de provimento de acesso à Internet serem submetidos à tributação pelo ICMS.

Em face da divergência que se instaurou, o Estado do Paraná aviou Embargos de Divergência nos autos deste último Recurso Especial (nº 456.650/PR).

O relator dos Embargos de Divergência, Ministro JOSÉ DELGADO, reiterou seu voto anteriormente prolatado no REsp nº 323.358/PR, pela incidência do ICMS. Os Ministros TEORI ZAVASCKI, LUIZ FUX e DENISE ARRUDA acompanharam o relator (note-se que nenhum dos três havia apreciado a matéria anteriormente).

O Ministro FRANCIULLI NETTO,[414] mantendo o posicionamento que havia adotado quando do julgamento do REsp nº 456.650/PR, sustentou a não incidência do ICMS na espécie, no que foi seguido pelos Ministros JOÃO OTÁVIO DE NORONHA e FRANCISCO PEÇANHA MARTINS (que, tal como o Ministro FRANCIULLI NETTO, haviam julgado o caso que originou a divergência), bem como pelo Ministro CASTRO MEIRA (que ainda não havia examinado a matéria).

---

414. Em artigo publicado, o Ministro FRANCIULLI NETTO reafirmou seu entendimento pela não incidência do ICMS nos serviços de provimento de acesso à Internet:
"Trata-se de mero serviço de valor adicionado, porquanto o prestador utiliza a rede de telecomunicações que lhe dá suporte para viabilizar o acesso do usuário final à Internet, por meio de uma linha telefônica.
Com efeito, os provedores de acesso à Internet atuam como intermediários entre o usuário final e a Internet. Utilizam-se, nesse sentido, de uma infraestrutura de telecomunicações pré-existente, acrescentando ao usuário novas utilidades relacionadas ao acesso, armazenamento, apresentação, movimentação ou recuperação de informações (artigo 61 da Lei Geral de Telecomunicações)." (FRANCIULLI NETTO, Domingos. "ICMS sobre Operações Eletrônicas (Provedores de Acesso à Internet)". *Revista Fórum de Direito Tributário*, nº 1. Belo Horizonte: Fórum, 2003, p. 19).

O último a votar foi o Ministro **FRANCISCO FALCÃO**, que, modificando o próprio entendimento (uma vez que havia pugnado pela incidência do ICMS na atividade dos provedores de acesso à Internet, nos autos do REsp nº 323.358/PR), sustentou que os serviços prestados pelos provedores de acesso configuram serviço de valor adicionado. Averbou o Ministro que

> em face do serviço de provimento de acesso à Internet classificar-se como serviço de valor adicionado, nos moldes do disposto no artigo 61 da Lei nº 9.472/97, não há como caracterizá-lo como serviço de comunicação nos termos da Lei Complementar nº 87/96. Desta feita, não há como tal tipo de serviço ser fato gerador do ICMS, não havendo como tributá-lo por este imposto estadual.

A reiteração desse precedente em outros julgados conduziu à edição da Súmula STJ nº 334, aprovada em 13.12.2006:

> O ICMS não incide no serviço dos provedores de acesso à Internet.

Como comprovam as decisões mais recentes sobre a matéria, a Corte não dissente mais do analisado entendimento, havendo, assim, firmado a jurisprudência sobre a intributabilidade pelo ICMS do serviço de provimento de conexão à internet.

6.4.5. Conclusões

Já na primeira edição, destacamos que a decisão que melhor se coaduna com a natureza dos serviços dos provedores de acesso é a que pugna pela não incidência do ICMS sobre eles (EREsp nº 456.650/PR e Súmula STJ nº 334). Isso porque, como visto na exposição fática da questão, o provedor de acesso não é titular do endereço IP (possuindo apenas o seu direito de uso) e tampouco da infraestrutura de telecomunicação que permite a comunicação pela Internet. Seu trabalho consiste em disponibilizar um número de IP para o usuário e "rotear" as mensagens enviadas e recebidas, de modo que a comunicação pelas diversas vias que compõem a Internet seja otimizada. Adicionalmente, o provedor de acesso pode oferecer outras facilidades aos usuários (como disponibilização de conta de e-mail), mas nenhuma terá o caráter de serviço de comunicação.[415]

De se notar, por fim, que as dificuldades relativas à tributação dos provedores de acesso à Internet são parte da realidade mundial, especificamente no que tange à classificação desses serviços como sendo (ou não) de telecomunicações.

O Reino Unido considera o serviço de provedor de acesso à Internet como de telecomunicação, nos termos do *UK VAT Act*:

> São exemplos de serviços de telecomunicações:
>
> (...)
>
> a) acesso à Rede Internet (incluindo provimento de correio eletrônico – e-mail –, de facilidades de chatline e de suporte ao cliente).[416]

---

415. As conclusões de BOTELHO – permeadas por considerações de elevado nível técnico – são no mesmo sentido:
"Por tudo o que está dito, tem-se que, inevitavelmente, o provedor de acesso:
1. Não fornece e não realiza atividade técnica ou material de telecomunicações ao usuário do microcomputador, ao qual apenas cede direitos (que terá obtido, por contratação, junto a terceiros) ao uso de 'espaço' em canal dedicado de telecomunicações (obtido junto à delegatária, esta sim titular da prestação do serviço de telecomunicações) e a uso de endereço IP (havido junto à FAPESP, esta, titular do endereço).
(...)
Está, assim, o provedor de acesso em posicionamento claramente intermediário na dinâmica da rede – e, visivelmente, *a latere* dela, pois que não interfere ou dinamiza, de qualquer modo, a estruturação ou funcionamento da mesma, limitando-se, apenas, a providenciar que o usuário acesse os restantes circuitos e camadas de circuitos que consolidam a interconexão." (BOTELHO, Fernando Neto. Tributação do Serviço de Provimento da Internet. TÔRRES, Heleno Taveira (org.). *Direito Tributário das Telecomunicações*. São Paulo: IOB Thomson: Abetel, 2004, pp. 574-5).

416. MENEZES, Mario Celso Santiago. Incidência de ICMS sobre os Serviços de Valor Agregado. TÔRRES, Heleno Taveira (org.). *Direito Tributário das Telecomunicações*. São Paulo: IOB Thomson: Abetel, 2004, p. 686.

Já nos EUA, o *Internet Tax Freedom Act*[417] (ITFA) sustenta que o provedor de acesso não presta serviços de telecomunicações. É ver:

> Serviço de acesso à Internet é um serviço que possibilita ao usuário acessar conteúdos, informações, correio eletrônico ou outros serviços oferecidos pela Internet, e pode também incluir acesso a conteúdos, informações e outros serviços privativos como parte de um pacote de serviços oferecidos aos usuários. *O termo não inclui serviços de telecomunicações.* (destaques nossos)

Não obstante, os Estados norte-americanos, que já tributavam os provedores de acesso como serviços de telecomunicações, anteriormente à edição do ITFA, sancionado em 21 de outubro de 1998, tiveram seus direitos resguardados. Assim, os Estados da Dakota do Norte, Tennessee e Wisconsin continuaram a tributar os provedores de acesso como prestadores de serviços de telecomunicações. Por outro lado, o Estado da Flórida, que inicialmente tratava os provedores como prestadores de serviços de telecomunicações, modificou seu entendimento (e sua legislação tributária) em face de um relatório emitido pela Florida Telecommunications Task Force,[418] que concluiu não ser o provimento de acesso à Internet serviço de telecomunicação. À mesma ilação, chegou o Departamento de Tributação e Finanças do Estado de Nova Iorque. Em ambos os casos (Flórida e Nova Iorque), a conclusão dos órgãos governamentais foi a de que o serviço de provimento de acesso à Internet é um serviço único, inteiramente novo, para o qual deve ser criada uma legislação tributária específica.[419]

---

417. Tradução livre do original em inglês. (GRECO, Joseph F. e SEIBEL, JoAnne D. *Taxation of Internet Services*. BIERBAUM, Deborah R. e KRATOCHVILL, James P (org.). Telecommunications: Taxation of Services, Property and Providers. Chicago: CCH Incorporated, p. 204).

418. A Florida Telecommunications Task Force é uma comissão criada pelo Estado da Flórida para analisar a tributação das telecomunicações.

419. GRECO, Joseph F. e SEIBEL, JoAnne D. *Taxation of Internet Services*. BIERBAUM, Deborah R. e KRATOCHVILL, James P (org.). Telecommunications: Taxation of Services, Property and Providers. Chicago: CCH Incorporated, pp. 205-7.

Para logo, pode-se concluir que efetivamente há uma grande dissensão – em nível internacional – acerca da natureza dos serviços prestados pelos provedores de acesso à Internet. Não obstante, a posição doutrinária e jurisprudencial no Brasil, como visto, é de não considerar o serviço de provimento de acesso como de telecomunicação, afastando a incidência do ICMS sobre a atividade.

6.5. A hospedagem de sites (*web hosting*)

Além dos provedores de acesso à Internet – os quais prestam serviço de valor adicionado, como acabamos de ver –, existem provedores de hospedagem (*hosting*), cuja função é disponibilizar, em equipamentos conectados à rede, espaço em disco para armazenamento de sites, possibilitando que estes sejam acessados pelos interessados.[420]

A Internet não possui nenhum centro de controle. O acesso às informações é feito seguindo o modelo denominado cliente-servidor (*client-server*), no qual *cliente* é o usuário que navega na Internet e *servidor* é o equipamento que armazena os dados que podem ser acessados.[421] O servidor, portanto, armazena as informações de um site, que podem ser disponibilizadas a toda a coletividade ou somente a detentores de senhas de acesso.

Como não é usual que os *sites* sejam armazenados em computadores pessoais para disponibilização na Internet, por razões de custo (o computador teria que ser mantido continuamente ligado à rede) e segurança (invasões de hackers), surgiram os provedores de hospedagem, que são, em muitos casos, também provedores de acesso à rede (como o Terra e o UOL, por exemplo).

---

420. BOTTALLO, Eduardo D. e TURCZYN, Sidnei. A Atividade de Hospedagem de Sites e seu Regime Tributário. TÔRRES, Heleno Taveira (org.). *Direito Tributário das Telecomunicações*. São Paulo: IOB Thomson: Abetel, 2004, p. 499.

421. DODD, Annabel Z. *The Essential Guide to Telecommunications*, 3ª ed. Upper Saddle River: Prentice Hall PTR, 2002, p. 327.

A atividade do hospedeiro de sites varia conforme as necessidades do cliente. O usuário pode enviar as informações para que o provedor construa a *home page* e posteriormente a hospede, assim como pode enviar o *site* já pronto para o hospedeiro, que irá simplesmente armazená-lo em seu banco de dados (e torná-lo disponível para aqueles que acessarem a Internet).[422] O hospedeiro poderá, ainda, fornecer espaço físico para o armazenamento de máquinas, realizar *back-ups* (para gravação de cópias de segurança), obter o nome de registro (que constará no endereço www), dentre outras atividades relacionadas à manutenção em funcionamento do site.[423]

De todo modo, a atividade do provedor de hospedagem se limita a armazenar dados que poderão ser acessados por terceiros, através da Internet. A conexão com a rede é fornecida pela empresa de telecomunicação (é o provedor de *backbone* que ligará o hospedeiro à rede mundial). E os internautas que desejarem acessar o *site* também o farão por meio de conexões próprias.

Assim, é exata a conclusão de EDUARDO BOTTALLO[424] no sentido de que a atividade dos provedores de hospedagem corresponde – guardadas as devidas proporções – àquela dos armazéns-gerais, nos quais são depositados bens de terceiros.

Dessarte, a *web hosting* consiste tão somente em uma atividade-meio, necessária para o funcionamento da Internet, que não se confunde com a prestação do serviço de comunicação,

---

422. DODD, Annabel Z. *The Essential Guide to Telecommunications*, 3ª ed. Upper Saddle River: Prentice Hall PTR, 2002, p. 327.

423. BARBAGALO, Érica B. *Aspectos da Responsabilidade Civil dos Provedores de Serviços na Internet*. LEMOS, Ronaldo e WASBERG, Ivo. (org.). Conflitos sobre Nomes de Domínios. São Paulo: Revista dos Tribunais: FGV, 2002, pp. 346-7, *apud* BOTTALLO, Eduardo D. e TURCZYN, Sidnei. A Atividade de Hospedagem de Sites e seu Regime Tributário. TÔRRES, Heleno Taveira (org.). *Direito Tributário das Telecomunicações*. São Paulo: IOB Thomson: Abetel, 2004, p. 503.

424. BOTTALLO, Eduardo D. e TURCZYN, Sidnei. *A Atividade de Hospedagem de Sites e seu Regime Tributário*. TÔRRES, Heleno Taveira (org.). Direito Tributário das Telecomunicações. São Paulo: IOB Thomson: Abetel, 2004, p. 505.

a qual é realizada pelos provedores de *backbone* (pois são estes últimos que possibilitam, efetivamente, a conexão entre o usuário e o *site* armazenado pelo hospedeiro). Assim, por acrescentar uma utilidade relacionada ao armazenamento de informações, a atividade em tela encerra típico serviço de valor adicionado, intributável pelo ICMS-comunicação.[425]

Ressalte-se, em sentido contrário, a opinião de GRECO,[426] para quem a hospedagem de sites constitui serviço de comunicação, sujeito ao ICMS.

---

425. RABELO FILHO chega à idêntica conclusão:
"Frise-se que se trata, nesse diapasão, de mera disponibilização de recursos computacionais (*hardware* e *software*) para a utilização, de forma não exclusiva, ou seja, em conjunto, por diversos usuários. A prestação desses serviços tem como finalidade o armazenamento de dados, sons, imagens e caracteres e a possibilidade de acessá-los, simultaneamente, por uma grande quantidade de usuários.
(...)
Nenhum controle precisa ter a concessionária de serviço de telecomunicação acerca das pessoas que acessam o *site*. Suas obrigações dizem respeito apenas à veiculação das informações, conforme instrumento de contrato realizado com a empresa proprietária dos dados. (...).
Por todo o exposto, conclui-se que refogem à incidência do ICMS-telecomunicação os serviços aqui comentados." (RABELO FILHO, Antonio Reinaldo. *Alguns Aspectos sobre a Tributação dos Serviços de Telecomunicações*. Monografia. Salvador: IBET e Fundação Orlando Gomes, 2000, p. 43).

426. Sustenta GRECO:
"Não é pacífico que a hospedagem configure um serviço de comunicação, mas a meu ver, ela reúne tais características, especialmente tendo em conta os pronunciamentos do Supremo Tribunal Federal a respeito da tributabilidade pelo ICMS das atividades de rádio e televisão. Tais pronunciamentos ocorreram em sede de medidas cautelares nas ADIn's nº 1467 (DJ-14.03.97) e nº 930 (DJ-31.10.97), em que o Tribunal entendeu que o conceito de 'comunicação' acolhido no artigo 155, II da CF-88 é muito abrangente, a ponto de alcançar até mesmo tais atividades. Neste caso, colocar o *site* no ar será uma prestação de serviço de comunicação, pois este conceito abrangeria não apenas a telecomunicação, mas todos os outros tipos e meios de comunicação (...)."
Ousamos divergir das razões do eminente professor, pois, ao contrário da radiodifusão (na qual a emissora envia mensagens para a coletividade), o hospedeiro do *site* não o difunde para terceiros. O provedor de hospedagem apenas permanece conectado à Internet. Caso algum interessado deseje acessar seu conteúdo, deverá utilizar-se da rede de telecomunicações que compõe a Internet para chegar até a página virtual. A hospedagem de *sites* é estática, ao passo que a difusão de sons e imagens é dinâmica (pela via da radiofrequência, o sinal espraia-se por toda uma região).

7. DA NÃO INCIDÊNCIA DE ICMS SOBRE OUTROS SERVIÇOS CONEXOS AOS DE TELECOMUNICAÇÕES

7.1. Os Convênios ICMS nº 02/96 e 69/98

Além dos serviços de valor adicionado – os quais, como visto, possuem existência autônoma, utilizando-se da rede de telecomunicações para serem prestados – existe um rol de atividades que, por sua natureza e estreita ligação com os serviços de telecomunicações, têm ocasionado litígios entre os contribuintes e os Estados-membros relativamente à incidência do ICMS. São as atividades-meio, os serviços suplementares, as facilidades adicionais e os serviços acessórios, cujas nuanças serão vistas neste capítulo.

No intuito de "esclarecer o contribuinte" para o correto cumprimento de suas obrigações tributárias e tendo em vista "que o ICMS incide sobre a prestação dos serviços de telecomunicações e que há dúvidas por parte de alguns contribuintes, no que se refere a determinados serviços",[427] os Estados

---

427. Trechos dos *considerando* do Convênio ICMS nº 02/96, publicado no DOU de 27.03.1996.

editaram, por meio do CONFAZ, o Convênio ICMS n° 02, de 22 de março de 1996. O aludido Convênio "esclarecia" que os valores relativos à prestação de alguns serviços deveriam ser incluídos na base de cálculo[428] do imposto estadual, a saber:

(a) assinatura de telefonia celular (valor fixo mensal devido pelo usuário à operadora para manutenção em funcionamento de seu telefone);

(b) salto (possibilidade de se atender uma segunda chamada no curso de outra ligação, que pode ser encerrada ou colocada em espera);

(c) atendimento simultâneo (permite que o usuário converse com duas outras pessoas, concomitantemente);

(d) siga-me (redireciona a chamada para um outro número previamente determinado pelo assinante);

(e) correio de voz (antigamente denominado telefone virtual. Quando o usuário não atende a chamada, uma secretária eletrônica virtual o faz).

---

428. A base de cálculo é elemento essencial do consequente tributário, revestindo-se de suma importância nos impostos, posto que sua errônea apreensão pode levar à invasão de competência alheia. Sobre o tema, já escreveu BARROS CARVALHO: "Vejo a base de cálculo como o conjunto de notas, instituído no consequente da regra-matriz de incidência, e que se destina, primordialmente, a dimensionar a intensidade do comportamento inserto no núcleo do fato jurídico produzido pela norma tributária individual e concreta.
(...) Nunca é demais salientar a importância da base de cálculo, na complexidade de sua regulação normativa, tendo em vista a boa compreensão da regra-matriz de incidência, pelo que se recomenda a atenção especial do intérprete na formação de seu juízo descritivo sobre os enunciados do direito positivo. E essa advertência vale também e principalmente ao legislador, sempre que manipula enunciados no interior da regra-matriz do tributo. Tratando-se de tema sobremodo delicado, qualquer deslize que pratique na conexão dos preceitos sobre a base de cálculo pode refletir na desfiguração da incidência pretendida.
Sob outro aspecto, podemos afirmar que a base de cálculo está viciada ou defeituosa quando verificamos que não mede as proporções do fato imponível, sendo-lhe totalmente estranha. (...).
No que toca aos impostos, qualquer incompatibilidade pode denunciar invasão no setor competencial de outra pessoa política de direito constitucional interno (...)."
(CARVALHO, Paulo de Barros. A Definição da Base de Cálculo como Proteção Constitucional do Contribuinte. ASOREY, Rubén O. (org.). *Protección Constitucional de Los Contribuyentes*. Madrid: Marcial Pons, 2000, pp. 65-70).

As disposições do Convênio ICMS nº 02/96 vigoraram até a edição, em 19 de junho de 1998, do Convênio ICMS nº 69, cuja função propagada foi novamente a de "uniformizar os procedimentos tributários nas prestações de serviços de comunicações e de esclarecer o contribuinte, para que corretamente possa cumprir suas obrigações tributárias". Eis os termos do Convênio:

> Cláusula Primeira: Os signatários firmam entendimento no sentido de que se incluem na base de cálculo do ICMS incidente sobre prestações de serviços de comunicação os valores cobrados a título de *acesso, adesão, ativação, habilitação, disponibilidade, assinatura e utilização dos serviços, bem assim aqueles relativos a serviços suplementares e facilidades adicionais que otimizem ou agilizem o processo de comunicação*, independentemente da denominação que lhes seja dada.
>
> Cláusula segunda: Este convênio entra em vigor na data de sua publicação no Diário Oficial da União, ficando revogado o Convênio ICMS 02/96, de 22 de março de 1996. (destaques nossos)

O Convênio ICMS nº 69/98, dessarte, revogou o Convênio ICMS nº 02/96, mas aumentou o rol de serviços (supostamente) alcançados pelo ICMS-comunicação. A partir de sua edição, passaram a compor a base de cálculo do imposto os valores cobrados a título de:

(a) acesso, adesão, ativação e habilitação: são serviços que possuem a mesma essência, com denominações diferenciadas em razão da plataforma na qual são prestados. Referem-se às atividades prévias ao início da prestação dos serviços de telecomunicações. Ativação e habilitação consistem na programação e colocação em funcionamento de aparelhos celulares;[429] adesão é valor pago pelo assinante para o início da prestação do serviço de TV por assinatura; acesso de usuário, a seu turno, é uma denominação genérica (aplicável aos demais serviços de telecomunicações), que corresponde ao "meio pelo qual um usuário

---

429. Note-se que o contrato de concessão do STFC também utiliza o termo "habilitação" para a telefonia fixa – item 2.1 de seu anexo 2.

é conectado a uma rede de telecomunicação a fim de usar suas facilidades ou seus serviços";[430]

(b) disponibilidade e assinatura: valores pagos apenas para ter o serviço de telecomunicações à disposição (a utilização efetiva é cobrada à parte);

(c) serviços suplementares e facilidades adicionais: são comodidades e utilidades oferecidas pelas prestadoras de serviços de telecomunicações aos seus clientes, não se confundindo com os serviços de valor adicionado por não possuírem um fim em si mesmo. Visam apenas a proporcionar maior conforto ao usuário e melhores condições de utilização do serviço de telecomunicação.

O Convênio ICMS nº 69/98 gerou uma série de questionamentos judiciais, tendo o Superior Tribunal de Justiça firmado, em diferentes oportunidades, a não incidência do ICMS sobre os serviços listados no referido instrumento normativo.

Ressalte-se que, pouco após a edição do Convênio ICMS nº 69/98, os Estados formalizaram um novo Convênio (nº 74, publicado no DOU de 23 de junho de 1998), que dispensava a exigência do ICMS – relativamente aos fatos geradores ocorridos anteriormente à edição do Convênio ICMS nº 69/98 – sobre os serviços de acesso, adesão, ativação e habilitação, bem como sobre os serviços suplementares e facilidades adicionais não previstos no Convênio ICMS nº 02/96. Contudo, o Estado de Pernambuco não ratificou o Convênio nº 74, o qual, portanto, não chegou a produzir efeitos. Em decorrência dessa não ratificação, os Fiscos passaram a exigir dos contribuintes o ICMS relativo aos serviços previstos no Convênio ICMS nº 69/98, ainda que prestados anteriormente à edição do mesmo.

Antes de descer ao exame de mérito dos serviços em questão, analisando-os em face da hipótese de incidência do

---

430. AGÊNCIA NACIONAL DE TELECOMUNICAÇÕES. *Glossário de Termos Técnicos*. Disponível em: <http://goo.gl/TTmyvk>. Acesso em: 29 fev. 2016.

ICMS-comunicação, cumpre-nos tecer algumas considerações sobre o papel que o CONFAZ se autoimbuiu de "esclarecer" a hipótese de incidência do ICMS, em desafio à atribuição que lhe foi conferida pelo Constituinte e ao próprio princípio da legalidade.

7.2. O papel dos convênios e o princípio da legalidade estrita em matéria tributária

O art. 155, §2º, XII, *g* da CR/88 atribuiu à lei complementar a função de regular a forma como, mediante deliberação dos Estados e do Distrito Federal, isenções, incentivos e benefícios fiscais relativos ao ICMS serão concedidos e revogados.

Essa lei complementar já existia desde antes da Constituição de 1988: trata-se da LC nº 24, de 7 de janeiro de 1975, que atribui aos Convênios firmados pelos Estados-membros a função de autorizar a concessão de benefícios fiscais em matéria de ICMS.[431] Confira-se a dicção de seu art. 1º:

> Art. 1º. As isenções do imposto sobre operações relativas à circulação de mercadorias serão concedidas ou revogadas nos termos de convênios celebrados e ratificados pelos Estados e pelo Distrito Federal, segundo esta Lei.
>
> Parágrafo único. O disposto neste artigo também se aplica:
>
> I – à redução da base de cálculo;
>
> II – à devolução total ou parcial, direta ou indireta, condicionada

---

[431]. Vale conferir a lição de BARROS CARVALHO sobre a função da LC nº 24/75: "Nos dias de hoje (...) é à lei complementar que cabe 'regular a forma como, mediante deliberação dos Estados e do Distrito Federal, isenções, incentivos e benefícios fiscais serão concedidos e revogados.' (art. 155, parágrafo 2º, inciso XII, letra g, da CF/88).
Essa lei complementar tão solicitada, tão requerida pelo constituinte de (...) 1988, é a Lei nº 24/75, anterior à ordem vigente, mas por ela recepcionada para reger a temática das isenções e de quaisquer outros incentivos ou benefícios, totais ou parciais, concedidos com base no imposto sobre operações relativas à circulação de mercadorias e de serviços, dos quais resulte redução ou eliminação, direta ou indireta do respectivo ônus." (CARVALHO, Paulo de Barros. *Curso de Direito Tributário*, 16ª ed. São Paulo: Saraiva, 2004, p. 224).

ou não, do tributo, ao contribuinte, a responsável ou a terceiros;

III – à concessão de créditos presumidos;

IV – a quaisquer outros incentivos ou favores fiscais ou financeiro-fiscais, concedidos com base no Imposto de Circulação de Mercadorias, dos quais resulte redução ou eliminação, direta ou indireta, do respectivo ônus;

V – às prorrogações e às extensões das isenções vigentes nesta data.

Como se dessume do texto legal, a LC nº 24/75 não autoriza o CONFAZ a editar convênio "interpretando" ou "esclarecendo" o âmbito de incidência da lei tributária. As funções desse mecanismo foram claramente postas no art. 155, §2º, XII, *g* da CR/88: aprovar a concessão de benefícios em matéria de ICMS, visando a evitar a guerra fiscal entre os Estados-membros.

A única exceção à regra foi o Convênio ICM nº 66/88. Por força do art. 34, §8º do ADCT, o aludido Convênio foi editado para fazer as vezes de norma geral do ICMS, enquanto a lei complementar que cumpriria essa função não fosse aprovada. Com o advento da LC nº 87/96, o Convênio ICM nº 66/88 deixou de vigorar, cessando a autorização extraordinária.

Ao pretender definir base de cálculo de imposto, o Convênio ICMS nº 69/98 (que, como visto, revogou o Convênio ICMS nº 02/96, igualmente ilegítimo) violou não somente o art. 155, §2º, XII, *g* da CR/88, mas também o art. 146, III, *a* da Lei Maior, que delegou ao legislador complementar a função de definir a base de cálculo dos impostos previstos na Constituição.[432]

---

432. Tal violação não passou despercebida ao Conselho de Contribuintes do Estado do Rio de Janeiro. Em decisão na qual foi assentada a intributabilidade dos serviços previstos no Convênio ICMS nº 69/98, o relator, Conselheiro MÁRIO CEZAR FRANCO, averbou:
"As disposições do Convênio ICMS nº 69/98 não se aplicam à *quaestio sub examen*, porque:
(...)
b) ferem o disposto: na CF/88 – Art. 146, III, 'a', e também na Lei Complementar

Não bastasse o fato de ter extrapolado sua competência constitucional, o CONFAZ feriu frontalmente o princípio da legalidade tributária ao argumento de "esclarecer" a forma como a lei deve ser interpretada.[433]

Isso porque a especificidade conceitual fechada (corolário da legalidade e impropriamente denominada "tipicidade")[434] inadmite que fatos não subsumíveis à hipótese prevista em lei possam originar o dever de pagar tributo. E a "interpretação" da lei feita pelo Convênio ICMS nº 69/98 nada mais é que a criação – por meio absolutamente ilegítimo – de uma nova hipótese de incidência para o ICMS-comunicação, que

---

24/75, quer quanto à competência delegada exclusivamente à L.C. para definir a base de cálculo dos impostos, quer quanto à delegação ao CONFAZ para dispor apenas sobre incentivos fiscais e obrigação acessória." (Conselho de Contribuintes do Estado do Rio de Janeiro, Primeira Câmara, processo nº E-04/893.837/99, acórdão nº 3.698, Relator Conselheiro MÁRIO CEZAR FRANCO, j. 24.02.2000).

433. Sobre o tema, vide MANEIRA, Eduardo e MOREIRA, André Mendes. Da Não incidência de ICMS sobre a Habilitação de Telefones – Ilegitimidade do Convênio ICMS nº 69/98. TÔRRES, Heleno Taveira (org.). *Direito Tributário das Telecomunicações*. São Paulo: IOB Thomson: Abetel, 2004, p. 640.
Sobre o princípio da legalidade, JARACH pontifica:
"O primeiro princípio fundamental do Direito Tributário Constitucional, o qual poderíamos denominar de 'partida de nascimento' do Direito Tributário, é o princípio da legalidade, princípio análogo ao que rege o Direito Penal (...), chamado também princípio da reserva legal. Tão parecido é, que se expressa com um aforismo quase idêntico ao que se emprega em matéria penal. Nesta matéria se diz 'nullum crimen et nulla poena sine lege'." (JARACH, Dino. *Curso Superior de Derecho Tributario*. Buenos Aires: Liceo Profesional Cima, 1969, p. 101).

434. Em sua tese de doutoramento, posteriormente publicada, MISABEL DERZI tratou de demonstrar que o "tipo" é, em verdade, um conceito fluido, aberto, que não se coaduna com a rigidez dos fatos geradores no direito tributário, que exige a utilização de conceitos fechados. É ver:
"(...) O tipo, na acepção técnica que lhe empresta a Metodologia moderna, como ordem fluida que aceita as transições contínuas e graduais, opõe-se a conceito determinado classificatório e, como tal, atende melhor aos princípios jurídicos de funcionalidade e permeabilidade às mutações sociais, assim como à igualdade material ou Justiça. Em contrapartida, a segurança jurídica, a uniformidade e a praticabilidade na aplicação da norma são alcançadas de modo mais satisfatório por meio de conceitos determinados, cujas notas irrenunciáveis fecham-nos rigidamente, em estruturas que almejam a estabilidade das relações jurídicas." (DERZI, Misabel Abreu Machado. *Direito Tributário, Direito Penal e Tipo*. São Paulo: Revista dos Tribunais, 1988, p. 286).

passou a ser exigido sobre atividades-meio e outros serviços suplementares ao de telecomunicação.

Dessarte, mesmo que as disposições do Convênio ICMS nº 69/98 tivessem sido veiculadas por lei, a mesma seria inconstitucional por desbordar dos limites traçados pela CR/88 para instituição do ICMS.[435] A *fattispecie* do imposto em tela é a *prestação de serviços de comunicação*. Da mesma forma que o legislador não pode desviar-se do sentido dos vocábulos constitucionais (como, aliás, já restou decidido pelo STF nos Recursos Extraordinários nºs 166.172/RS[436] e 116.121/SP[437]), menos ainda o CONFAZ – órgão formado por representantes do Executivo – pode, sob o véu de "aclarar" a hipótese de incidência do ICMS, determinar a inclusão em sua base de cálculo de valores não correspondentes à remuneração pela efetiva prestação de serviço de comunicação.

Como se verá a seguir, o STJ tem dado a solução correta à questão, declarando a ilegitimidade do Convênio ICMS nº 69/98. Esse posicionamento restou consolidado no julgamento do Recurso Especial nº 1.176.753/RJ,[438] submetido à sistemáti-

---

435. Nesse sentido, é a lição de CARRAZZA:
"Ora, tanto a habilitação como a transferência de titularidade não estão sujeitas a este imposto, já que não se enquadram na sua regra-matriz constitucional. Lei que eventualmente mandasse tributá-las por meio de ICMS seria manifestamente inconstitucional.
(...)
Mas a injuricidade vai além. É que está sendo feito não com base em lei, mas em convênio, ato normativo que, sabidamente, não tem competência nem para criar, nem para aumentar o ICMS, mas apenas para prever a concessão ou a revogação de 'isenções, incentivos e benefícios fiscais' (art. 155, § 2º, XII, f, da CF) concernentes a este tributo." (CARRAZZA, Roque Antonio. *ICMS*, 9ª ed. São Paulo: Malheiros, 2002, p. 176).

436. STF, Pleno, Recurso Extraordinário nº 166.172/RS, relator Ministro MARCO AURÉLIO, DJ 16.12.1994, p. 34.896.

437. STF, Pleno, Recurso Extraordinário nº 116.121/SP, relator Ministro OCTÁVIO GALLOTTI, relator para o acórdão Ministro MARCO AURÉLIO, DJ 25.05.2001, p. 17.

438. STJ, Primeira Seção, Recurso Especial nº 1.176.753/RJ, relator Ministro NAPOLEÃO NUNES MAIA FILHO, relator para o acórdão Ministro MAURO CAMPBELL MARQUES, DJe 18.04.2013.

ca do art. 1.036 do Novo CPC (art. 543-C do CPC/73), que será objeto de análise em tópico apartado.

7.3. Habilitação de telefones

Para que haja a incidência do ICMS-comunicação, é imperioso que exista uma fonte emissora, uma fonte receptora e uma mensagem transmitida pelo prestador do serviço. Sem esses elementos, não há comunicação; sem comunicação, não há ICMS-comunicação.

A habilitação de telefones não satisfaz o primeiro e basilar requisito para cobrança do imposto em tela. Não há qualquer transmissão de mensagem quando o usuário tem seu aparelho de telefone habilitado pela prestadora, inexistindo, via de consequência, as fontes transmissora e receptora. A habilitação consiste apenas em tornar utilizável o aparelho de telefonia celular de um novo usuário. Sem a habilitação, o telefone simplesmente não funciona, razão pela qual nos Estados Unidos convencionou-se chamá-la de "activation", pois é após a "ativação" do aparelho que o cliente se torna apto a comunicar-se com terceiros (o próprio Glossário de Termos Técnicos da Anatel define "ativação" como a "colocação em operação de estação móvel do assinante, habilitando-a ao imediato e pleno uso do serviço móvel celular").[439]

A habilitação do telefone configura, portanto, uma atividade-meio, sem a qual o serviço de comunicação (atividade-fim) não pode ser prestado. E a atividade-meio é inconfundível com a atividade-fim, esta sim tributável pelo ICMS. Comungando desse entendimento, EDUARDO BOTTALLO[440]

---

439. AGÊNCIA NACIONAL DE TELECOMUNICAÇÕES. *Glossário de Termos Técnicos*. Disponível em: <http://goo.gl/TTmyvk>. Acesso em: 04 mar. 2016.

440. Leciona o autor:
"Observam os mestres GERALDO ATALIBA e AIRES BARRETO:
'Os leigos tendem a confundir o exercício de 'atividades-meio' com prestação de serviços. Calcados na nomenclatura dos serviços (...) misturam, embaralham, confundem, equiparam 'tarefas-meio' com prestação de serviços. Na sua simplicidade

já sustentou que "alvo de tributação por via de ICMS é a prestação do serviço de comunicação como fim ou objeto. Não as etapas, passos ou tarefas intermediárias, necessárias à obtenção de mesmo fim". CARRAZZA[441] não discrepa, tendo anotado que "a habilitação simplesmente liga o aparelho, para que, por intermédio dele, venha prestado o serviço específico".

---

ingênua, não distinguem a consistência do esforço humano prestado a outrem, sob regime de direito privado, com o conteúdo econômico das ações intermediárias que tornam possível o fazer para terceiros. Reúnem o que não se amalgama. Tratam como iguais fatos absolutamente díspares. (...).'
E prosseguem, asseverando que a concreta indicação de uma ação (datilografia, gravação, distribuição, revenda, programação, manutenção, operação, administração etc.) é, muitas vezes, configuradora de atos, fatos ou obras meramente constitutivos de etapas necessárias para alcançar um fim. É inafastável – ainda que disso muitos não se deem conta – que o atingir um fim qualquer, exige, empírica ou cientificamente, atividades intermediárias desvinculadas, só na aparência, do fim perseguido.
(...)
As atividades acessórias (tarefas-meio), como as de utilização ou disponibilização de equipamentos, são essenciais à atividade-fim de prestação do serviço de comunicação, nela se incluindo, indissociavelmente. Assim, não podem ser consideradas isoladamente, para fins de incidência do ICMS. Constitui erronia jurídica pretender desmembrar as inúmeras atividades-meio necessárias à prestação em tela, como se fossem 'serviços de telecomunicação parciais'." (BOTTALLO, Eduardo D. ICMS e serviços de comunicação internacional. *Revista Dialética de Direito Tributário*, n° 61. São Paulo: Dialética, out.2000, p. 21, destaques nossos).
441. Ao desenvolver o tema, CARRAZZA pontuou:
"(...) o Convênio 69/98, 'incluiu', na base de cálculo do ICMS, os valores cobrados a título de habilitação e transferência de assinatura de telefone (...).
Ora, a habilitação, a adesão, a ativação, a disponibilidade, a assinatura e a utilização dos serviços suplementares e facilidades adicionais que otimizem ou agilizem o processo de comunicação absolutamente não tipificam serviços de comunicação tributáveis por meio de ICMS. São apenas providências que viabilizam o acesso do usuário potencial ao serviço público de telefonia.
(...)
De fato, como já adiantamos, a habilitação do aparelho telefônico (tanto quanto a transferência de titularidade de assinatura) é simplesmente uma medida preparatória para que o serviço de comunicação possa – agora sim – ser prestado. Nela não há qualquer transmissão de mensagem. Tampouco recebimento. (...). Nesta medida, não pode ser alvo de ICMS.
Demais disso, o preço cobrado pela habilitação do aparelho telefônico (ou para a transferência de titularidade de assinatura) não se refere a qualquer serviço de comunicação. Apenas corresponde ao custo das providências necessárias a tornar este aparelho apto a enviar e captar mensagens." (CARRAZZA, Roque Antonio. *ICMS*, 9ª ed. São Paulo: Malheiros, 2002, pp. 176-178).

Dessarte, a conclusão inexorável a que se chega é a de que a habilitação de telefones não configura serviço de comunicação, mas mera atividade-meio, necessária para que o usuário adquira a disponibilidade do serviço de telecomunicação. O fato gerador do ICMS ocorrerá no momento da efetivação das ligações, sobre as quais haverá incidência do ICMS. De fato, existiria verdadeira contradição se uma etapa preparatória à prestação de um serviço pudesse ser tributada como se fosse efetivamente o próprio serviço.[442]

Ademais, o próprio Regulamento dos Serviços de Telecomunicações, editado pela **ANATEL** (Anexo da Resolução nº 73/98), esclarece que a habilitação não se confunde com serviço de telecomunicação. Confira-se:

> Art. 3º. *Não constituem serviços de telecomunicações:*
>
> (...)
>
> II – *a atividade de habilitação* ou cadastro de usuário e de equipamento para acesso a serviços de telecomunicações; (...). (destaques nossos)

A Resolução do órgão regulador demonstra o acerto do raciocínio que pugna pela não incidência do imposto estadual sobre a habilitação de telefones, por absoluta ausência das notas caracterizadoras de seu fato gerador.

O Superior Tribunal de Justiça – após ter oscilado inicialmente sobre a questão – pacificou seu entendimento pela não incidência do ICMS sobre a habilitação de telefones,

---

442. WALD e NISHIOKA ponderam nesse mesmo sentido:
"41. Nem se alegue que a habilitação integraria o conceito de serviços de comunicação ou de telecomunicações pelo simples fato de ser ela condição *sine qua non* para a oferta e utilização dos serviços.
42. Na realidade, essa afirmação já é, em si, uma contradição, pois uma condição da prestação de serviços de telecomunicações não pode ser confundida com a própria prestação desses serviços." (WALD, Arnoldo e NISHIOKA, Alexandre Naoki. Da Definição de Serviços de Comunicação para Efeitos de Incidência do ICMS: o Caso da Habilitação de Telefone Móvel Celular. *Revista Dialética de Direito Tributário*, nº 102. São Paulo: Dialética, mar.2004, p. 29).

em acórdão assim ementado (prolatado à unanimidade pela Primeira Seção):

> TRIBUTÁRIO. ICMS. INCIDÊNCIA SOBRE A HABILITAÇÃO DE TELEFONES CELULARES. IMPOSSIBILIDADE. ATIVIDADE QUE NÃO SE CONSTITUI EM SERVIÇO DE TELECOMUNICAÇÕES. ANALOGIA EXTENSIVA. EXIGÊNCIA DE TRIBUTO SOBRE FATO GERADOR NÃO PREVISTO EM LEI. PROIBIÇÃO. ART. 108, §1º, DO CTN.
>
> I – No ato de habilitação de aparelho móvel celular, inocorre qualquer serviço efetivo de telecomunicação, senão de disponibilização do serviço, de modo a assegurar ao usuário a possibilidade de fruição do serviço de telecomunicações.
>
> II – O ICMS incide, tão somente, na atividade final, que é o serviço de telecomunicação propriamente dito, e não sobre o ato de habilitação do telefone celular, que se afigura como atividade meramente intermediária.
>
> III – O Convênio ICMS nº 69/98, ao determinar a incidência do ICMS sobre a habilitação de aparelho móvel celular, empreendeu verdadeira analogia extensiva do âmbito material de incidência do tributo, em flagrante violação ao art. 108, § 1º, do CTN.
>
> IV – Recurso Ordinário provido.[443]

Em seu voto, o relator, Ministro FRANCISCO FALCÃO, averbou que "o ato de habilitação de aparelho celular não pode confundir-se, *permissa venia*, com o serviço de telecomunicação, uma vez que não é mais do que um meio preparatório para a fruição do serviço a ser efetivamente prestado, esse sim, de telecomunicação". Todos os demais Ministros o acompanharam.

A divergência que levou o caso acima à Primeira Seção originou-se de decisões conflitantes prolatadas pela Segunda Turma do STJ.

---

443. STJ, Primeira Seção, Recurso Ordinário em Mandado de Segurança nº 11.368/MT, relator Ministro FRANCISCO FALCÃO, DJ 09.02.2005, p. 182.

Anteriormente ao julgamento referido acima, o Superior Tribunal de Justiça havia apreciado, em quatro oportunidades, a problemática da cobrança de ICMS sobre a habilitação de telefones.

A primeira decisão foi prolatada em 08 de abril de 2003, tendo a Segunda Turma[444] assentado, à unanimidade, pela intributabilidade da atividade de habilitação, por ser esta anterior à prestação efetiva do serviço de comunicação.

Contudo, ao apreciar a mesma questão, em julgamento realizado no dia 07 de agosto de 2003, a Segunda Turma modificou seu posicionamento – também à unanimidade – para sustentar que, após a edição do Convênio ICMS n° 69/98, seria legítima a cobrança do ICMS sobre a habilitação de telefones, posto que o CONFAZ teria apenas listado um serviço de comunicação que já se encontrava submetido à hipótese de incidência do imposto. O relator sustentou que

> a habilitação de telefonia móvel celular encontra-se inserida no conceito de serviço de telecomunicação fornecido pelo art. 60, *caput* e parágrafo 1°, da Lei n° 9.472/97, pois sem ela se tornaria impossível a utilização do serviço, vale dizer, seria inviável a oferta do serviço de telecomunicação.[445]

---

[444]. STJ, Segunda Turma, Recurso Especial n° 401.411/AM, relatora Ministra ELIANA CALMON, DJ 05.05.2003, p. 248.

[445]. STJ, 2ª Turma, Recurso Ordinário em Mandado de Segurança n° 11.024/MG, relator Ministro CASTRO MEIRA, DJ 08.09.2003, p. 261.
Essa decisão surpreendeu a todos por duas razões:
A primeira, porque foi tomada menos de quatro meses após o julgamento, pela própria Segunda Turma, do REsp n° 401.411/AM, no qual fora assentada a impossibilidade de incidência do ICMS sobre a habilitação de telefones.
A segunda foi pelo fato de o acórdão ter sustentado que o Convênio ICMS n° 69/98 apenas "listou" um serviço que já se encontrava no âmbito de incidência do ICMS-comunicação, razão pela qual – a partir da edição do Convênio – a cobrança do imposto seria legítima. Ora, o CTN é expresso ao dizer que a norma meramente interpretativa se aplica aos fatos pretéritos (art. 106, I). Assim, ou temos que a habilitação sempre foi serviço de comunicação, logo tributável pelo ICMS – tendo o Convênio n° 69/98 apenas "esclarecido" o âmbito de incidência do imposto estadual – ou então – o que nos parece mais acertado – sustentamos que a habilitação nunca foi serviço de comunicação, inviabilizando a incidência do ICMS-comunicação.

Com essa segunda decisão, a divergência já estava instaurada. Não obstante, antes que a Primeira Seção apreciasse a matéria, outros dois casos chegaram a ser julgados por Turmas do STJ, tendo sido prolatadas, em ambos, decisões favoráveis aos contribuintes (trata-se do Recurso Especial nº 402.047/MG[446] – que declarou ilegítima toda a cláusula primeira do Convênio ICMS nº 69/98 – e dos Embargos de Declaração em Agravo Regimental no Recurso Especial nº 330.130/DF[447] – no qual foi novamente assentada a não incidência do ICMS sobre a habilitação de telefones).

Ao final, como visto, acabou prevalecendo na Primeira Seção o entendimento pela não incidência do ICMS (tanto antes como após o Convênio ICMS nº 69/98).

A orientação se firmou em diversos outros julgados posteriores: REsp nº 649.429/SP,[448] REsp nº 769.569/MS,[449] REsp nº 883.254/MG,[450] REsp nº 760.230/MG,[451] REsp nº 2.297/TO.[452] Nesse sentido, foi aprovada, na sessão de 11 de junho de 2008, a Súmula STJ nº 350, cujo enunciado elimina qualquer dúvida de que:

Dizer-se que a edição de um Convênio seria o ponto de partida para a cobrança de imposto equivale a dar ao CONFAZ um poder que nunca lhe foi conferido antes: o de legislar em matéria tributária, criando novas exações sobre fatos geradores não previstos na Lei Maior, tal e qual um verdadeiro constituinte originário.

446. STJ, Primeira Turma, Recurso Especial nº 402.047/MG, relator Ministro HUMBERTO GOMES DE BARROS, DJ 09.12.2003, p. 214.

447. STJ, Segunda Turma, Embargos de Declaração em Agravo Regimental no Recurso Especial nº 330.130/DF, relator Ministro CASTRO MEIRA, DJ 11.06.2004, p. 224.

448. STJ, Segunda Turma, Recurso Especial nº 694.429/SP, relator Ministro CASTRO MEIRA, DJ 25/08/2006, p. 322.

449. STJ, Primeira Turma, Recurso Especial nº 769.569/MS, relator Ministro TEORI ALBINO ZAVASCKI, DJ 19/03/2007, p. 287.

450. STJ, Primeira Turma, Recurso Especial nº 883.254/MG, relator. Ministro JOSÉ DELGADO, DJ 28/02/2008, p. 74.

451. STJ, Primeira Seção, Recurso Especial nº 760.230/MG, relator Ministro LUIZ FUX, DJe 01/07/2009.

452. STJ, Corte Especial, Agravo Regimental na Suspensão de Segurança nº 2.297/TO, relator Ministro CESAR ASFOR ROCHA, DJe 10/09/2010.

"O ICMS não incide sobre o serviço de habilitação de telefone celular."[453]

Tradicionalmente, o tema da não incidência do ICMS sobre os serviços conexos aos de comunicação escapa à análise do Supremo Tribunal Federal, ao argumento de que a controvérsia se radicaria na legislação infraconstitucional, implicando, portanto, mera ofensa reflexa à Constituição da República. Nessa linha, não são raros os pronunciamentos monocráticos da Corte que negam o seguimento de recursos extraordinários que se cingem a essa matéria, mantendo, assim, o debate somente no Superior Tribunal de Justiça.

A superação da recusa do STF em apreciar a questão ocorreu, somente, no RE nº 572.020/DF,[454] no qual, após longo debate sobre a admissibilidade do recurso, os Ministros adentraram o mérito do processo, reconhecendo a ilegitimidade da incidência do ICMS sobre o serviço de habilitação de aparelhos celulares. Da didática e minuciosa ementa do julgado, extraem-se os seguintes excertos:

> 2. A interpretação conjunta dos arts. 2º, III, e 12, VI, da Lei Complementar 87/96 (Lei Kandir) leva ao entendimento de que o ICMS somente pode incidir sobre os serviços de comunicação propriamente ditos, no momento em que são prestados, ou seja, apenas pode incidir sobre a atividade-fim, que é o serviço de comunicação, e não sobre a atividade-meio ou intermediária como são aquelas constantes na Cláusula Primeira do Convênio ICMS nº 69/98. Tais serviços configuram, apenas, meios de viabilidade ou de acesso aos serviços de comunicação, *et por cause*, estão fora da incidência tributária do ICMS.
>
> 3. A Constituição autoriza sejam tributadas as prestações de serviços de comunicação, não sendo dado ao legislador, nem muito menos ao intérprete e ao aplicador, estender a incidência do ICMS às atividades que as antecedem e viabilizam. Não tipificando o fato gerador do ICMS-Comunicação, está, pois, fora de

---

453. STJ, Primeira Seção, Súmula nº 350, DJe 19/06/2008.

454. STF, Plenário, Recurso Extraordinário nº 572.020/DF, relator Ministro MARCO AURÉLIO, relator para o acórdão Ministro LUIZ FUX, DJe 13/10/2014.

seu campo de incidência. Consectariamente, inexiste violação aos artigos 2º, 150, I, e 155, II, da CF/88.

(...)

6. O ato de habilitação de aparelho móvel celular não enseja qualquer serviço efetivo de telecomunicação, senão de disponibilização do serviço, de modo a assegurar ao usuário a possibilidade de fruição do serviço de telecomunicações. O ICMS incide, tão somente, na atividade final, que é o serviço de telecomunicação propriamente dito, e não sobre o ato de habilitação do telefone celular, que se afigura como atividade meramente intermediária.

Constata-se, portanto, que o julgamento seguiu a linha dos precedentes prolatados pelo STJ, tendo o Min. LUIZ FUX levado ao Plenário os fundamentos subjacentes aos acórdãos daquela Corte. Afiliaram-se, também, à tese de intributabilidade do serviço de habilitação pelo ICMS-comunicação os Ministros DIAS TOFFOLI, LUÍS ROBERTO BARROSO, ROSA WEBER, CÁRMEN LÚCIA, GILMAR MENDES e JOAQUIM BARBOSA. O relator originário do recurso, Ministro MARCO AURÉLIO, e o Ministro RICARDO LEWANDOWSKI votaram pela incidência do imposto sobre a prestação, por entenderem que a habilitação se incorpora ao preço cobrado no bojo do contrato de prestação de serviço de comunicação celebrado entre a operadora e o usuário.

Como as decisões citadas tratam de habilitação, abarcam, por consectário lógico, os valores pagos a título de ativação (outro nome da habilitação), adesão[455] (valor pago para ter-se o início da prestação do serviço de TV a cabo)[456] e acesso (va-

---

455. Sobre a intributabilidade pelo ICMS da denominada "taxa de adesão", confira-se CARRAZZA:
"Os assinantes, para ingressarem no *sistema de TVs por assinatura*, isto é, para terem acesso à programação que lhes será transmitida, veem instalados, a domicílio, em regime de comodato, decodificadores e antenas. Pagam, para tanto, uma *taxa de adesão*.
Evidentemente, esta *taxa de adesão* não integra, nem pode integrar, a base de cálculo do ICMS (...)." (CARRAZZA, Roque Antonio. *ICMS*, 9ª ed. São Paulo: Malheiros, 2002, p. 190, destaques no original).
456. STJ, Primeira Turma, Recurso Especial nº 418.594/PR, relator Ministro TEORI ALBINO ZAVASCKI, DJ 19/03/2007.

lores que remuneram atividades meramente preparatórias, anteriores ao momento no qual se viabiliza a prestação de outros serviços de comunicação). Outrossim, na telefonia fixa, a habilitação é comumente denominada instalação,[457] a qual tampouco atrai a incidência do ICMS, pelas razões expostas.

7.4. A assinatura mensal

7.4.1. Introito

Inicialmente, importa distinguir a assinatura da habilitação. Esta última corresponde a um ato preparatório, antes do qual é impossível prestar qualquer serviço de comunicação. Já a assinatura é paga (mensalmente, em regra) quando se encontram em operação os equipamentos que possibilitam a prestação do serviço de comunicação. Remunera-se o prestador do serviço para que este mantenha em bom estado a rede de telecomunicações, de modo que o usuário possa dela fazer uso.[458]

Antes de adentrarmos a questão relativa à incidência do ICMS sobre a assinatura, cumpre-nos fazer uma breve abordagem sobre a natureza jurídica dessa figura. Isso porque diversos consumidores ingressaram em juízo contra a cobrança de assinatura mensal por parte das empresas de telecomunicações, aos argumentos de que ela seria abusiva e possuiria natureza jurídica de taxa (o que a tornaria ilegítima por

---

457. STJ, Primeira Turma, Recurso Especial nº 601.056/BA, relatora Ministra DENISE ARRUDA, DJ 03/04/2006.

458. O pagamento pela assinatura é definido pela Resolução Anatel nº 426/05 (Regulamento do STFC) como o "valor devido pelo assinante em contrapartida da manutenção da disponibilidade do acesso telefônico de forma individualizada para fruição contínua do serviço" (art. 3º, XXIV). Não destoa, assim, do conceito expresso no antigo Regulamento (Resolução Anatel nº 85/98): "valor de trato sucessivo pago pelo assinante à prestadora, durante toda a prestação do serviço, nos termos do contrato de prestação de serviço, dando-lhe direito à fruição contínua do serviço" (art. 3º, XXI).

não ser determinada em lei, mas sim em atos normativos da Anatel).[459]

Quanto ao primeiro argumento (abusividade da cobrança), trata-se de questão atinente ao ramo do direito dos consumidores, que não compete ser tratada neste trabalho.

Já no que tange à natureza jurídica dos valores pagos a título de assinatura – se taxa (o que levaria à sua inconstitucionalidade por ausência de previsão em lei) ou tarifa – o questionamento possui maior relevância para a assinatura cobrada pelas concessionárias do Serviço Telefônico Fixo Comutado, que são prestadoras de serviços públicos conforme definido pelo Decreto nº 2.534/98 (revogado pelo Decreto nº 6.654/08).

Isso porque, para as demais empresas de telecomunicações – que se sujeitam ao regime jurídico de direito privado – não há que se falar em prestação de serviço público, afastando, de plano, a argumentação de que a assinatura configuraria taxa, pois esta se presta à remuneração de *serviços públicos* ou do exercício regular do poder de polícia (art. 145, II, da CR/88).

O que importa, portanto, é apreender a natureza jurídica da assinatura cobrada pelas concessionárias do STFC.

Vejamos.

---

459. A legalidade da tarifa de assinatura mensal básica foi reconhecida em diversos julgados do Superior Tribunal de Justiça: STJ, Primeira Turma, Recurso Especial nº 870.600/PB, relator Ministro FRANCISCO FALCÃO, DJe 27.03.2008; STJ, Segunda Turma, Recurso Especial nº 872.584/RS, relator Ministro HUMBERTO MARTINS, DJ 29.11.2007; STJ, Primeira Seção, Recurso Especial nº 911.802/RS, relator Ministro JOSÉ DELGADO, DJe 01.09.2008; STJ, Segunda Turma, Recurso Especial nº 983.501/RS, relatora Ministra ELIANA CALMON, DJ 18.12.2007; STJ, Primeira Turma, Recurso Especial nº 994.144/RS, relator Ministro LUIZ FUX, DJe 03.04.2008. A partir desses precedentes, a Corte aprovou a Súmula STJ nº 356 (Primeira Seção, DJe 08.09.2008), segundo a qual "É legítima a cobrança de tarifa básica pelo uso dos serviços de telefonia fixa". Posteriormente, o STJ julgou o Recurso Especial nº 1.068.944/PB, afetado pela sistemática dos recursos repetitivos, no qual reiterou a legitimidade da tarifa (STJ, Primeira Seção, Recurso Especial nº 1.068.944/PB, relator Ministro TEORI ALBINO ZAVASCKI, DJe 09.02.2009).

7.4.2. Natureza jurídica da assinatura: tarifa

As discussões acerca das diferenças entre taxas e tarifas não são recentes. No ano de 1980, o Supremo Tribunal Federal, em caso que é tido como paradigma para o assunto, delineou os contornos que permitem a distinção entre ambas. Na espécie (Recurso Extraordinário nº 89.876/RJ),[460] o Pleno do STF declarou, à unanimidade, a inconstitucionalidade da "tarifa de limpeza urbana" instituída por Decreto no Município do Rio de Janeiro, pois a exação revestia-se da natureza de taxa (submetendo-se, dessarte, ao princípio da reserva legal).

Em essência, o que determinou a caracterização da "tarifa" de limpeza urbana como taxa foi a sua compulsoriedade, entendida esta como a obrigatoriedade de utilização dos serviços da Cia. Municipal de Limpeza Urbana do Rio de Janeiro (COMLURB) para remoção do lixo.

A coleta e a varrição do lixo eram monopolizadas pela COMLURB, sendo vedada sua prestação por terceiros (proibia-se até mesmo a retirada do lixo pelo próprio cidadão que o produziu). Assim, o proprietário do imóvel não possuía outra opção para remover o lixo de sua residência além da utilização dos serviços da COMLURB. Dessa forma, o pagamento da "tarifa" (destinada à Cia. de Limpeza Urbana) se tornava obrigatório, o que lhe conferia a natureza de taxa.

O seguinte trecho do voto do Ministro MOREIRA ALVES, relator do caso, elucida os fundamentos adotados pelo STF no *decisum*. Inicialmente, o Ministro discorre sobre serviços públicos que podem ser considerados não essenciais, ou seja, aqueles em que o particular tem a opção de utilizá-los ou não:

> O problema, sim, é o de saber se o indivíduo, diante do serviço público prestado pelo Estado, tem, pelo menos, o direito de não usar dele, sem sofrer punição por isso. Assim, por exemplo, o serviço de eletricidade é prestado pelo Estado ou por

---

460. STF, Pleno, Recurso Extraordinário nº 89.876/RJ, relator Ministro MOREIRA ALVES, DJ 10.10.1980, p. 230.

A TRIBUTAÇÃO DOS SERVIÇOS DE COMUNICAÇÃO

> concessionário dele, mas não é compulsório, porque se alguém quiser não usar dele (preferir usar de fogão a carvão ou a gás engarrafado, e iluminar-se com vela ou lampião) não está obrigado a valer-se desse serviço, e, portanto, não está obrigado a pagar por ele. O mesmo sucede com a passagem de ônibus, que só é devida se o indivíduo se utiliza do veículo, sem estar obrigado a essa utilização, porque poderá ir ao seu destino a pé, de bicicleta, de táxi, de carro próprio, ou até mesmo não ir.

Posteriormente, analisa o caso específico do serviço de coleta de lixo no Município do Rio de Janeiro:

> A própria Prefeitura reconhece que, entre os serviços de limpeza urbana, estão a coleta, o transporte e a disposição final de lixo domiciliar, e que tais serviços só poderão ser executados pela COMLURB, não admitindo, portanto, para prestá-los, que se constitua uma empresa particular para executá-los para os habitantes da cidade (...). E se o particular (...) não quer se utilizar do serviço da COMLURB, poderá ele, sem sanção do Poder Público, remover os detritos por conta própria? Também não, pois o citado Decreto-lei o impede de utilizar-se, licitamente, das alternativas possíveis, para qualquer do povo, de se livrar do lixo necessariamente produzido.

Para, ao final, concluir:

> O preço público decorre de relação contratual, ainda que este nasça de um contrato de adesão. Mas, nem nos contratos de adesão se retira à contratante a faculdade de aderir, ou não, ao contrato, sem que sua não adesão lhe torne necessária a comissão de um ilícito administrativo. (...). Remoção de lixo é, portanto, como integrante dos serviços de limpeza urbana, serviço público essencial, cuja contrapartida a ser exigida do particular, já que é específico e divisível, somente pode configurar-se como taxa.

Claro, portanto, que a compulsoriedade do serviço – inexistente na telefonia fixa, que pode ou não ser utilizada pelo particular – é o primeiro e essencial requisito para que sua remuneração seja caracterizada como taxa.[461]

---

461. Nessa linha, dispõe a Súmula 545 do STF que "preços de serviços públicos e taxas não se confundem, porque estas, diferentemente daqueles, são compulsórias

De fato, caso o particular tenha a opção de contratar o serviço de terceiros (ou até mesmo de constituir, ele próprio, uma empresa para prestá-lo, ainda que para isso seja necessária autorização do governo), está-se diante de preço público.[462]

Outrossim, como ressaltou MOREIRA ALVES, a taxa é prevista em lei, ao passo que a tarifa se origina de um contrato, ainda que de adesão, entendimento este que é também comungado por BALEEIRO.[463]

---

e tem sua cobrança condicionada a prévia autorização orçamentária, em relação à lei que as instituiu".

462. Ao analisar o citado acórdão do STF, BRITO MACHADO averbou:
"O que caracteriza a remuneração de um serviço público como taxa, ou como preço público, é a compulsoriedade, para a taxa, e a facultatividade, para o preço, conforme já decidiu o Supremo Tribunal Federal. Importante, porém, é a compreensão adequada, que se há de ter, do que seja essa compulsoriedade, e essa facultatividade.
A título de exemplo, imaginemos a necessidade que se tem de energia elétrica. Se o ordenamento nos permite atender a essa necessidade com a instalação de um grupo gerador em nossa residência, ou estabelecimento industrial, ou comercial, então a remuneração que o Estado nos cobra pelo fornecimento de energia é um preço público, pois não somos juridicamente obrigados a utilizar o serviço público para a satisfação de nossa necessidade. Embora nos seja mais conveniente a utilização do serviço público, do ponto de vista econômico, ou por outra razão qualquer, do ponto de vista rigorosamente jurídico nada nos impede de, por outro meio, atender à necessidade de energia elétrica. A remuneração que pagamos pelo serviço de fornecimento de energia elétrica, portanto, não é compulsória. Por outro lado, se há norma jurídica proibindo a instalação de grupo gerador, ou unidade de captação de energia solar, em residências, ou estabelecimentos comerciais, ou industriais, de sorte que o atendimento da necessidade de energia elétrica, por qualquer outro meio que não seja o serviço público, torna-se impossível sem violação da ordem jurídica, tem-se que a utilização do serviço, e por isto o pagamento da remuneração correspondente, é compulsória. Neste caso, essa remuneração correspondente é taxa.
(...)
Essa é a conclusão a que se chega da análise de memorável acórdão do Supremo Tribunal Federal, que apreciou questão relativa à cobrança de remuneração pela coleta de lixo do então Estado da Guanabara. Como a legislação daquele Estado proibia o uso de todo e qualquer meio para o atendimento da necessidade de livrarem-se as pessoas do lixo produzido em suas residências, ou em suas atividades profissionais, tornando obrigatório, assim, o uso do serviço prestado pela empresa estatal criada para esse fim, a remuneração que vinha sendo cobrada como preço público foi considerada como taxa pela Corte Maior." (MACHADO, Hugo de Brito. *Curso de Direito Tributário*, 11ª ed. São Paulo: Malheiros, 1996, pp. 328-31).

463. Leciona o autor:
"Mas a taxa não tem por base um contrato, seja de Direito Privado, seja de Direito

Em outro precedente (Recurso Extraordinário nº 218.061/SP),[464] o Supremo Tribunal Federal assentou também que os serviços delegáveis previstos no art. 21, X a XII, da Constituição Federal, podem ser remunerados mediante preço público.

Analisando-se os elementos diferenciadores da taxa e do preço público em face da assinatura mensal do STFC, pode-se afirmar que os cidadãos não são obrigados a utilizar os serviços das concessionárias, seja porque podem valer-se das empresas-espelho de telefonia fixa, das empresas de telefonia celular, ou até mesmo criar sua própria operadora, desde que autorizados pela Anatel a tanto. Podem, ainda, simplesmente, não utilizar nenhum desses serviços, sem que lhes seja imposta qualquer sanção pelo não uso.

Outrossim, a obrigação de pagamento da assinatura é oriunda de um contrato de adesão, e não decorrente de lei.

Assim, pode-se concluir que os serviços públicos prestados pelas concessionárias do STFC *não são compulsórios* (RE nº 89.876/RJ), o que denota a natureza de preço público da tarifa de assinatura do STFC (que é, ademais, cobrada com base em contrato, e não em lei).

Outro elemento da maior relevância demonstra o equívoco da tese que atribui natureza de taxa à assinatura do STFC: o serviço de telecomunicação é prestado por particular, e não pelo Estado (*lato sensu*), o que inviabiliza a possibilidade de cobrança de tributo como forma de contraprestação pela sua utilização.[465]

Público. Ela, como todo tributo, é obrigação *ex lege*. Cabe quando os serviços recebidos pelo contribuinte resultam de função específica do Estado, ato de autoridade, que por sua natureza repugna ao desempenho do particular e não pode ser objeto de concessão a este." (BALEEIRO, Aliomar. *Direito Tributário Brasileiro*, 11ª ed., atualizado por MISABEL ABREU MACHADO DERZI. Rio de Janeiro: Forense, 2001, p. 545).

464. STF, Pleno, Recurso Extraordinário nº 218.061/SP, Relator Ministro CARLOS VELLOSO, DJ 08.09.2000, p. 648.

465. DI PIETRO já sustentou que não há que se falar em cobrança de taxa quando o

Não bastassem as razões expostas, o próprio STF já decidiu que a União, por ser o poder concedente dos serviços de telecomunicações, é a titular do direito de autorizar o aumento das *tarifas* (e não taxas) cobradas pelas concessionárias. É ver:

> Concessão de serviço de telefones. Tarifas. Competência da União. A União, como concedente dos serviços de telecomunicações, é o poder competente para autorizar o aumento de *tarifas*.[466] (destaques nossos)

Na linha do decidido pelo STF, o próprio contrato de concessão do STFC prevê a cobrança de *tarifas* dos usuários dos serviços, dentre as quais a de *assinatura* (cláusulas 2 e 3 do Anexo 3 do contrato de concessão do STFC). E a menção à *tarifa* não advém unicamente do contrato, pois este segue a própria CR/88, que, em seu art. 175, III, determina que a lei disporá sobre a *política tarifária* na prestação de serviços públicos.

Esta pletora de razões repele, portanto, qualquer tentativa de caracterizar a assinatura mensal do STFC como taxa.

Assentada esta premissa, impende agora analisar os motivos pelos quais a assinatura não é tributável pelo ICMS-comunicação.

---

serviço público é prestado por particular. Averba a autora:
"Se a Constituição permite a prestação de serviço público por meio de concessão ou permissão, também está permitindo a cobrança de tarifa. Impor a instituição de taxa (sujeita ao princípio da legalidade) aos serviços públicos concedidos tornará inviável a utilização da concessão, já que a taxa é inadequada como meio de assegurar ao concessionário o seu direito ao equilíbrio econômico-financeiro." (DI PIETRO, Maria Sylvia Zanella. *Parcerias na Administração Pública*: Concessão, Permissão, Franquia, Terceirização e outras formas, 4ª ed. São Paulo: Atlas, 2002, p. 335, *apud* SUNDFELD, Carlos Ari. *Parecer inédito* (sem título). São Paulo, 2004, p. 57).

466. STF, Segunda Turma, Recurso Extraordinário nº 64.213, relator Ministro ADAUTO CARDOSO, 12.09.1969, p. 185.

7.4.3. As razões da não incidência

O fato de a assinatura fazer parte do "conjunto de atividades que possibilita a oferta de telecomunicação", enquadrando-se na definição de serviço de telecomunicação do art. 60, *caput*, da LGT, não é suficiente para atrair a incidência do ICMS (como de resto já visto no capítulo 5). O tributo estadual somente poderá ser cobrado se houver, no caso, efetiva prestação de serviço de comunicação.

De acordo com o contrato de concessão do STFC, a tarifa de assinatura é destinada à "manutenção do direito de uso"[467] da linha telefônica. É dizer: remunera-se a operadora pela mera disponibilidade do serviço de comunicação – e não pela sua efetiva prestação, que é cobrada em separado. Tanto que o título do anexo 2 do contrato de concessão (no qual é autorizada a cobrança da tarifa de assinatura) é "Acesso ao Serviço Telefônico Fixo Comutado", ao passo que o título do anexo 3 do aludido contrato – no qual se encontram previstas as tarifas pelo uso da rede de telefonia – é "A Utilização do STFC".

Sendo a remuneração devida pela disponibilidade do serviço, não há que se falar em incidência do ICMS, pois o tributo somente pode ser cobrado quando a comunicação efetivamente ocorrer (não incidindo sobre atividades-meio, preparatórias da atividade-fim).[468]

---

467. Cláusula 2.2 do Anexo 3 do Contrato de Concessão do STFC.

468. De se refutar ainda o argumento dos Fiscos de que o recebimento de chamadas telefônicas propiciado pelo pagamento da assinatura corresponderia a um serviço de comunicação tributável pelo ICMS.
O recebimento de ligações não é tarifado no Brasil (ao contrário do que ocorre em outras plagas, como na telefonia celular norte-americana). Isso possibilita, por exemplo, que os usuários de celulares pré-pagos e de telefones fixos sem tarifa mensal recebam chamadas normalmente, sem que para isso tenham que despender qualquer quantia.
Por outro lado, pode ocorrer que um usuário pague a assinatura e não receba nenhuma ligação no período. Neste caso, haveria prestação de serviço de comunicação? Certamente não, o que afastaria de plano a incidência do ICMS. De todo modo, ainda que houvesse o efetivo recebimento de ligações pelo usuário de telefone pagante da assinatura, aquelas não seriam tarifadas, o que impediria a cobrança do

Ao analisar o Convênio ICMS nº 69/98, CARRAZZA[469] sustentou que todos os serviços nele previstos – dentre os quais se inclui a assinatura – são meras providências que possibilitam ao usuário acessar o serviço de comunicação, não se subsumindo ao fato gerador do imposto estadual.

SOARES DE MELO[470] comunga do mesmo entendimento, asseverando que a assinatura é atividade desenvolvida para a prestação do serviço de comunicação, mas lembrando que "apenas as efetivas prestações de serviços (comunicações realizadas)" constituem fatos tributáveis pelo ICMS-comunicação.

Similarmente, HELENO TAVEIRA TÔRRES[471] averba que:

> como a assinatura mensal sem franquia é cobrada em decorrência da disponibilização da infraestrutura de rede necessária para que haja a telecomunicação STFC, pode ser considerada como serviço de telecomunicação, mas não se confunde com "prestações de serviços de comunicação", hipótese da competência da regra matriz do ICMS.

À conclusão semelhante chega HUMBERTO ÁVILA:

> (...) não há incidência de ICMS- Comunicação sobre o contrato de assinatura telefônica sem franquia de minutos; de um lado, porque tal situação não se enquadra no conceito constitucional de prestação de serviço de comunicação, e, de outro lado, porque há precedente materialmente do

---

imposto estadual por ausência de base de cálculo.

469. O autor compara a assinatura (e outros serviços-meio previstos no Convênio ICMS nº 69/98) à "aquisição da ficha telefônica, que permite que se utilize o serviço de comunicação, mas não se confunde com sua efetiva prestação, que só se dará em momento lógica e cronologicamente posterior (isto é, quando, com a ficha, o telefone público for acionado)". (CARRAZZA, Roque Antonio. *ICMS*, 9ª ed. São Paulo: Malheiros, 2002, p. 177).

470. MELO, José Eduardo Soares de. *Imposto sobre Serviço de Comunicação*, 2ª ed. São Paulo: Malheiros, 2003, p. 92.

471. TÔRRES, Heleno Taveira. Parecer inédito (sem título). São Paulo, 2015, p. 72.

Supremo Tribunal Federal, que corrobora o entendimento de que o fato gerador do ICMS-Comunicação não alcança as atividades-meio, meramente preparatórias para a prestação de serviço de comunicação.[472]

A primeira decisão do Superior Tribunal de Justiça a respeito da possibilidade de cobrança do ICMS sobre a assinatura mensal foi pela não incidência do imposto. O aresto foi prolatado nos autos do Recurso Especial nº 402.047/MG,[473] no qual se declarou ilegítima – à unanimidade – toda a cláusula primeira do Convênio ICMS nº 69/98. Confira-se a ementa:

> TRIBUTÁRIO. ICMS. 'SERVIÇOS DE COMUNICAÇÃO'. CONCEITO. INCIDÊNCIA. AMPLIAÇÃO DA BASE DE CÁLCULO. CLÁUSULA PRIMEIRA DO CONVÊNIO 69/98.
>
> 1. Há "serviço de comunicação" quando um terceiro, mediante prestação negocial-onerosa, mantém interlocutores (emissor/receptor) em contato 'por qualquer meio, inclusive a geração, a emissão, a recepção, a transmissão, a retransmissão, a repetição e a ampliação de comunicação de qualquer natureza'. Os meios necessários à consecução deste fim não estão ao alcance da incidência do ICMS-comunicação.
>
> 2. A hipótese de incidência do ICMS-comunicação (LC 87/96; art. 2º, III) não permite a exigência do tributo com relação a atividades meramente preparatórias ao "serviço de comunicação" propriamente dito, como são aquelas constantes na Cláusula Primeira do Convênio ICMS 69/98.
>
> 3. No Direito Tributário, em homenagem ao Princípio da Tipicidade Fechada, a interpretação sempre deve ser estrita, tanto para a concessão de benefícios fiscais, quanto para exigência de tributos.

---

472. ÁVILA, Humberto B. *Imposto sobre a Circulação de Mercadorias e Prestação de Serviços de Comunicação – ICMS. Contratação de assinatura telefônica sem franquia de minutos. Conceito constitucional de serviço de comunicação Atividade-meio e serviço preparatório. Ausência de prestação de serviço de comunicação. Precedente do Supremo Tribunal Federal. Vinculação material. Segurança jurídica.* São Paulo, 2015, p. 46. O autor se refere ao RE nº 572.020 e à força vinculante que dele emana.

473. STJ, Primeira Turma, Recurso Especial nº 402.047/MG, relator Ministro HUMBERTO GOMES DE BARROS, DJ 09.12.2003, p. 214.

À míngua de Lei, não é lícita a dilatação da base de cálculo do ICMS-comunicação implementada pelo Convênio ICMS 69/98 (art. 97, §1º, do CTN).

4. Recurso provido.

Nesse aresto – em uma análise conjunta com os demais serviços previstos no Convênio ICMS nº 69/98 – o STJ considerou a assinatura atividade-meio, distinguindo-a da atividade-fim (prestação de serviço de comunicação). Em seu voto-vista (acompanhando a Turma), o Ministro JOSÉ DELGADO averbou que "os serviços necessários para que a comunicação entre em fase de comunicação são autônomos e, para fins tributários, com ela não se confundem".

Em outras oportunidades, o Tribunal analisou, especificamente, a assinatura mensal, reconhecendo que a prestação, em si, não carrega as características do serviço de comunicação, pelo que repele a incidência do ICMS. No entanto, é importante notar que o desenvolvimento jurisprudencial sobre matéria conduziu à sua clivagem em torno da possibilidade de inclusão de minutos na rubrica, o que será estudado no próximo tópico. De qualquer forma, ressalta-se, por ora, que a realidade que se tem em mente não abrange a figura híbrida de assinatura mensal e serviço de comunicação.

Julgando recurso especial interposto por empresa autorizatária do STFC contra acórdão que reputava lícita a cobrança do ICMS sobre a assinatura mensal,[474] por considerá-la "prestação onerosa que possibilita a oferta de telecomunicação", o Superior Tribunal de Justiça reconheceu o caráter preparatório e instrumental da prestação para o serviço de comunicação, dando, assim, provimento ao apelo do contribuinte:

> TRIBUTÁRIO. ICMS. CONVÊNIO 69/98. ASSINATURA MENSAL. ATIVIDADE-MEIO. SERVIÇO DE COMUNICAÇÃO. CONCEITO. INCIDÊNCIA APENAS SOBRE A

---

474. STJ, Primeira Turma, Recurso Especial nº 754.393/DF, relator Ministro FRANCISCO FALCÃO, DJe 16.02.2009.

ATIVIDADE-FIM. COMUNICAÇÃO EM SENTIDO ESTRITO. PRECEDENTES.

(...)

II – Ante a evidência de que não se trata de serviço de comunicação em sentido estrito, inviável a inclusão no seu conceito do serviço de 'assinatura mensal', para fins de incidência do ICMS.

III – Recurso Especial provido.

O Relator, Min. FRANCISCO FALCÃO, após reconsiderar sua decisão sobre a inadmissibilidade do recurso, aplicou os precedentes do Tribunal a respeito das atividades-meio ao serviço de comunicação, a fim de reconhecer a intributabilidade da assinatura mensal pelo ICMS.

Abrindo a divergência, o Min. TEORI ALBINO ZAVASCKI divisou duas realidades na discussão: o serviço de assinatura, tal como referido no Convênio n° 69/98 (assemelhado à adesão e habilitação), e a tarifa de assinatura básica mensal.[475] De acordo com o Ministro, o mencionado preço não

---

475. A oposição dessas duas categorias de assinatura já havia alicerçado outros precedentes do STJ, tendo o seu paradigma no Recurso Especial n° 945.037/AM:
"a) assinatura, entendida como habilitação ou adesão, vale dizer, quando alguém contrata um serviço e passa a ser dele um novo usuário, não sendo hipótese de incidência da regra matriz do ICMS-comunicação, pelas razões anteriormente expendidas;
b) no sentido de assinatura básica mensal, cobrada pelas empresas prestadoras de serviço de telefonia com base na Resolução n° 85, de 30.12.1998, da Anatel, que a define como "valor de trato sucessivo pago pelo assinante à prestadora, durante toda a prestação do serviço, nos termos do contrato de prestação de serviço, dando-lhe direito à fruição contínua do serviço". Com arrimo no artigo 93, VII, da Lei n° 9.472—97, o valor da tarifa de assinatura básica, por ser contraprestação do serviço público de telefonia prestado pela concessionária, integra a base de cálculo do ICMS-comunicação" (STJ, Primeira Seção, Recurso Especial n° 945.037/AM, relator Ministro LUIZ FUX, Dje 03.08.2009).
Essa interpretação ganhou espaço também no Recurso Especial n° 816.512/PI (Primeira Seção, relator Ministro LUIZ FUX, DJe 01.02.2010), até então o recurso representativo da controvérsia a respeito da tributação dos serviços mencionados no Convênio ICMS n° 69/98. Desse modo, a questão se encaminhava para seu desfecho no sentido da incidência do imposto sobre a assinatura mensal. No entanto, o Relator, Min. LUIZ FUX, propôs Questão de Ordem, de modo a anular o aresto proferido no Recurso Especial n° 816.512/PI, haja vista vício na admissibilidade do apelo. Com o reconhecimento da nulidade do acórdão, o Recurso Especial n° 1.176.753/RJ tornou-se o paradigma para a matéria, restando afetado pela sistemática encartada

remunera o serviço de assinatura – visto que, em sua concepção, este se confunde com a habilitação –, mas sim o serviço de comunicação, o qual englobaria os custos com a manutenção da disponibilidade do acesso telefônico (art. 3º, XXIV, da Resolução ANATEL nº 426/2005 – Regulamento do STFC). Por entender que a referida tarifa traduz a contraprestação do serviço público de telefonia prestado pela concessionária, o voto foi no sentido da legitimidade da exação.[476]

Em voto bastante analítico, o Min. JOSÉ DELGADO expôs os fundamentos da não incidência do ICMS sobre a assinatura mensal, dando, assim, provimento ao recurso da operadora:

> 4. Na assinatura básica contratada há, apenas, cobrança de um valor que garante o acesso ao serviço telefônico, independentemente de ser utilizado ou não. Representa preparativos para a utilização do serviço.
>
> (...)
>
> 7. O fato gerador do ICMS, segundo o art. 155, II, da CF, no caso em debate é a prestação de serviços de comunicação. Em outras palavras, só se realiza o fato gerador quando alguém, por força de negócio jurídico firmado, realiza interlocução com outrem (emissor/receptor) por meios materiais necessários à consecução desse resultado.
>
> 8. As atividades preparatórias para que a comunicação seja feita não foram consideradas pelo legislador-constituinte como fato gerador do ICMS. Tanto é certo esse entendimento que, não ocorrendo a comunicação, não surge a obrigação de pagar o ICMS.
>
> (...)
>
> 11. A tarifa de assinatura básica que o usuário paga não constitui serviço de comunicação propriamente dito. Ela se caracteriza como sendo retribuição paga à concessionária para que o serviço de comunicação fique disponibilizado. Se não for usado, por

---

no art. 543-C do CPC/73, correspondendo ao atual art. 1.036 do Novo CPC.

476. Importante ter mente que as conclusões do Ministro ZAVASCKI não se afinam, por completo, com os fatos do caso, uma vez que a operadora recorrente era autorizatária, e não concessionária de serviço público.

exemplo, não há fato gerador de ICMS, por não ter ocorrido a comunicação.

A seu turno, o Min. LUIZ FUX trouxe à atenção da Turma a dicotomia mencionada anteriormente: entre assinatura básica com e sem franquia de minutos. Nesse sentido, por não haver a oferta de pacotes de minutos no bojo da tarifa discutida nos autos, julgou pela não incidência do ICMS sobre a verba. Em sentido semelhante, votou a Min.ª Denise Arruda, apontando que "a assinatura básica não configura serviço de comunicação, razão pela qual não se há de cogitar do ICMS".

Outro importante precedente para compreender a jurisprudência do STJ a respeito da incidência do ICMS sobre a assinatura mensal é o acórdão dos Embargos de Declaração no Recurso Especial nº 1.022.257/RS,[477] o qual, novamente, baseou-se na inexistência de franquia de minutos para reconhecer a ilegitimidade da exação:

> PROCESSUAL CIVIL. EMBARGOS DE DECLARAÇÃO. ART. 535 DO CPC/73. CORREÇÃO DE ERRO MATERIAL. EFEITOS INFRINGENTES. OBSCURIDADE E CONTRADIÇÃO. AUSÊNCIA.
>
> 1. O acórdão embargado reconheceu a incidência do ICMS sobre os valores cobrados a título de assinatura básica, pois abrangem uma franquia de pulsos mínimos por mês e, portanto, remuneram, pelo menos em parte, o próprio serviço de comunicação.
>
> 2. No presente caso, entretanto, não se trata de assinatura básica, com inclusão de franquia mínima de pulsos, mas de simples assinatura, que apenas remunera os custos de manutenção do sistema de telecomunicações colocado à disposição do usuário dos serviços de telefonia. Necessidade de correção de erro material.
>
> 3. Tratando-se de simples assinatura — que não abrange franquia de pulsos —, tal como prevista na cláusula 1º do Convênio ICMS 69/98, deve ser reconhecida a ilegalidade da incidência do ICMS sobre valores cobrados a esse título, por tratar-se de

---

477. STJ, Segunda Turma, Embargos de Declaração no Recurso Especial nº 1.022.257/RS, relator Ministro CASTRO MEIRA, DJe 12.02.2009.

serviço preparatório e atividade-meio, que não se confunde com o próprio serviço de comunicação, este sim tributado pelo imposto. Precedentes de ambas as Turmas de Direito Público.

(...)

6. Embargos de declaração acolhidos em parte, com efeitos infringentes, para dar provimento também em parte ao recurso especial.

No caso, o acórdão embargado havia concluído pela incidência do imposto sobre a assinatura mensal, haja vista a suposta inclusão de pacote de minutos como contraprestação à tarifa. Por ser autorizatária do serviço de telecomunicações, não ofertando franquia mínima como as concessionárias, a recorrente embargou o aresto, logrando êxito com a atribuição de efeitos infringentes aos aclaratórios, de tal sorte que "tratando-se de simples assinatura (..), tal como prevista na cláusula 1º do Convênio ICMS 69/98, deve ser reconhecida a ilegalidade da incidência do ICMS".

Portanto, resta claro que a assinatura é atividade-meio, intributável pelo ICMS, pois apenas assegura ao usuário a possibilidade de fruição do serviço de telecomunicações. Ressalte-se, por derradeiro, que o Supremo Tribunal Federal reconheceu a repercussão geral da matéria nos autos do Recurso Extraordinário nº 912.888/RS,[478] sob relatoria do Ministro TEORI ZAVASCKI.

---

478. Reautuado a partir do Recurso Extraordinário com Agravo nº 782.749/RS, no qual a repercussão geral foi reconhecida, nos seguintes termos:
"No caso dos autos, o que questiona é a incidência ou não do ICMS-comunicação sobre a tarifa denominada de 'assinatura básica mensal', pagamento de caráter permanente e de trato continuado durante todo o curso do contrato de prestação de serviço de telefonia estabelecido entre concessionária e consumidor. Trata-se, portanto, de hipótese diferente e não abrangida – a não ser por interpretação a *contrario sensu* – *da decidida pelo Tribunal no referido RE 572.020. Faz-se necessário, portanto, que o Supremo Tribunal Federal, à luz do conceito e alcance da expressão 'serviços de comunicação', constante do art. 155, II, da CF/88, decidida sobre a constitucionalidade, ou não, da incidência do ICMS sobre a tarifa de assinatura básica mensal".* (STF, Plenário, Repercussão Geral no Recurso Extraordinário com Agravo nº 782.749/RS, relator Ministro TEORIA ZAVASCKI, DJe 03.08.2015)
Originou-se, assim, o Tema de Repercussão Geral nº 827: "Incidência de ICMS sobre o valor pago a título de assinatura básica mensal pelo serviço de telefonia".

7.4.4. A inclusão de minutos na tarifa de assinatura. Forma de tributação

Como visto acima, a assinatura não configura serviço tributável pelo ICMS. Entretanto, em diversos casos o valor pago pelo usuário a título de assinatura já inclui um número determinado de minutos de conversação. As concessionárias de telefonia fixa são obrigadas a franquear a utilização de 200 minutos para clientes residenciais e 150 para não residenciais (Resolução ANATEL nº 424/05, art. 18, §§ 3º e 4º), inclusos no preço da assinatura básica. Outrossim, as operadoras que atuam no regime privado também possuem planos de serviço diferenciados, muitos dos quais autorizam o uso de uma quantidade pré-determinada de minutos, já cobrados na assinatura.

Em face dessa situação, impende analisar a seguinte questão: se um usuário contrata com a empresa de telefonia um plano no qual terá direito a duzentos minutos mensais de conversação, debitados automaticamente em sua conta independentemente da efetiva utilização e, ao final do mês, faz uso apenas de cinquenta minutos, o ICMS deverá incidir sobre os duzentos minutos pré-contratados ou sobre os cinquenta minutos efetivamente utilizados?

Ab initio, cumpre distinguir entre o *preço do serviço contratado* e o *ICMS sobre ele incidente*.

O *preço do serviço*, na hipótese em tela, independe da sua efetiva fruição – o usuário paga pelos duzentos minutos, ainda que não os utilize. Contudo, o ICMS deverá incidir apenas sobre o tempo de conversação, ou seja, sobre a *efetiva prestação de serviço de comunicação* (que, no exemplo dado, corresponde aos cinquenta minutos falados). Afinal, é somente com o *uso* da franquia de minutos que ocorre o fato gerador do ICMS em tela, fazendo-se presentes os cinco elementos da relação comunicativa (emissor – canal – mensagem – código – receptor).

Como já salientou o Ministro XAVIER DE ALBUQUERQUE,[479] em parecer sobre o ISSQN, mas cujas considerações aplicam-se integralmente ao ICMS-comunicação, "não é (...) o *obrigar-se* a fazer, *mas o fazer concreto* e efetivo" que enseja a incidência do imposto". A consideração de XAVIER DE ALBUQUERQUE levou AIRES BARRETO[480] a asseverar que o ICMS não pode incidir sobre "fato potencial".

Trazendo essas asserções para a espécie em análise, pode-se sustentar que a mera assinatura de um contrato para prestação de serviços telefônicos não enseja a incidência do ICMS, que somente estará autorizada se houver a efetiva prestação do serviço de comunicação. Do contrário, estar-se-ia criando um novo fato gerador do tributo, não previsto na CR/88: a prestação *potencial* de serviços de comunicação.

Em caso que, *mutatis mutandis*, pode ser tido como paradigma para o problema em análise, o STJ já se posicionou no sentido de que somente a efetiva ocorrência do fato gerador do ICMS enseja o seu pagamento, que não pode ser exigido sobre valores contratualmente acordados e pagos independentemente da ocorrência *in concreto* da hipótese de incidência do imposto estadual.

A questão foi analisada pela Corte Superior de Justiça quando do julgamento da não incidência de ICMS sobre a denominada "demanda reservada" de energia elétrica. Os grandes consumidores de energia (industriais, em sua maior parte) usualmente celebram com as concessionárias um contrato de demanda reservada, no qual essas se comprometem a garantir a oferta de determinada potência mensal de energia, evitando, com isso, que em um período de aumento da produção o industrial fique sem eletricidade suficiente.

---

479. ALBUQUERQUE, Xavier de. *Parecer inédito, apud* BARRETO, Aires F. ICMS e ISS – "Estremação da Hipótese". *Revista Dialética de Direito Tributário*, n° 71. São Paulo: Dialética, ago.2001, p. 15.

480. BARRETO, Aires F. "ICMS e ISS – Estremação da Hipótese". *Revista Dialética de Direito Tributário*, n° 71. São Paulo: Dialética, ago.2001, p. 17.

A TRIBUTAÇÃO DOS SERVIÇOS DE COMUNICAÇÃO

Em contrapartida a essa garantia por parte das concessionárias – que exige vultosos investimentos –, o consumidor se obriga a pagar um valor mínimo mensal de consumo (equivalente à sua demanda máxima, calculada quando da contratação). Assim, pode ocorrer que em um mês, o consumidor pague o equivalente a 500.000 kWh de energia, mas somente registre a utilização de 400.000 kWh. Seria lícita, então, a exigência de ICMS sobre os 100.000 kWh não consumidos? O STJ entendeu que não, reformando, com isso, acórdão que havia assentado, equivocadamente, que "o ICMS deve ter por base a quantia efetivamente paga, a título de consumo, independente do consumo efetivo".[481]

Nesse julgado, o Superior Tribunal de Justiça sustentou que o fato gerador do ICMS, na aquisição de energia elétrica, somente ocorre quando a energia sai da concessionária, circula e entra no estabelecimento do consumidor (ou seja: quando há efetiva operação de circulação de mercadoria). Assim, cobrar-se o imposto sobre a demanda reservada não utilizada equivaleria a exigi-lo sem a ocorrência de seu fato gerador.[482] Confira-se a ementa:

---

481. A decisão apreciada pelo STJ foi prolatada em sede de embargos infringentes (tipo recursal não previsto no Novo CPC) pelo TJMG. Inicialmente, o Tribunal de Minas havia julgado – por maioria – procedente o pedido do contribuinte, pugnando pela não incidência do ICMS sobre a demanda reservada de energia. Eis os termos dessa primeira decisão:
"A cobrança de tributo sem o correspondente fato gerador é ilegal, gerando mesmo enriquecimento sem causa por parte de quem cobra, o que, sem dúvida, é vedado pelo bom senso, pelo Direito.
Esses os motivos sintéticos, mas lógicos, pelos quais entendo que não deve haver a cobrança de ICMS sobre a 'demanda reservada de potência' (...), mas, sim, pela energia efetivamente utilizada e mensurável, concedendo, ainda, o direito de compensação de créditos oriundos da cobrança indevida, a fim de se impedir o locupletamento ilícito, sem causa, por parte da Fazenda Pública do Estado de Minas Gerais (...)."
Contudo, a Fazenda Pública opôs embargos infringentes (tipo recursal não previsto no Novo CPC) que, ao final, foram julgados procedentes, tendo o TJMG assentado pela incidência do ICMS sobre a quantia paga na conta mensal de energia, independentemente de seu consumo efetivo.
482. Apesar de correta ser a conclusão do julgado (não incidência do ICMS sobre a demanda contratada), as razões que conduziram à decisão não se aplicam à

262

TRIBUTÁRIO. ICMS. ENERGIA ELÉTRICA. CONTRATO DE DEMANDA RESERVADA DE POTÊNCIA. FATO GERADOR. INCIDÊNCIA.

1. O valor da operação, que é a base de cálculo lógica e típica no ICMS, como era no regime de ICM, terá de consistir, na hipótese de energia elétrica, no valor da operação de que decorrer a entrega do produto ao consumidor (Gilberto Ulhôa Canto).

2. O ICMS deve incidir sobre o valor da energia elétrica efetivamente consumida, isto é, a que for entregue ao consumidor, a que tenha saído da linha de transmissão e entrado no estabelecimento da empresa.

3. O ICMS não é imposto incidente sobre tráfico jurídico, não sendo cobrado, por não haver incidência, pelo fato de celebração de contratos.

---

demanda reservada de potência elétrica, uma vez que esse preço não pretende remunerar a reserva de determinada medida de energia elétrica para consumo, mas sim os custos para instalação e manutenção da infraestrutura de transmissão e distribuição para os usuários que demandem grande potência elétrica. De fato, a demanda contratada não consiste em uma quantidade de energia elétrica adquirida antecipadamente, isto é, um mero contrato de compra e venda que reservaria a energia para eventual consumo do contratante.

Para compreender a finalidade da tarifa, deve-se ter em mente que a potência elétrica (expressa em kW) é a relação de determinada quantidade de energia (expressa em kWh) em determinada medida de tempo, de modo que se refere, de certo modo, à intensidade do consumo de energia, não à sua quantidade. Um exemplo pode aclarar esse ponto: uma máquina ligada por 2h consome a mesma quantidade de energia do que duas máquinas idênticas ligadas por 1h; porém a potência elétrica será o dobro na segunda hipótese, eis que a energia deverá ser entregue na metade do tempo.

A potência elétrica demandada pelo usuário repercute na infraestrutura necessária para atendê-lo. No caso de usuários residenciais (e dos demais pequenos consumidores), o custo dos equipamentos e instrumentos para a entrega da energia já estão inseridos na tarifa, já que não são necessários investimentos anormais para que se realize o consumo. Todavia, tratando-se de grandes consumidores (indústrias, *v.g.*), *a potência só será suficiente caso os meios de transmissão sejam adaptados (transformadores mais resistentes, por exemplo), o que implicará custo a ser suportado pelo respectivo usuário. E é exatamente essa despesa adicional que justifica o valor cobrado a título de demanda contratada (art. 2º, XXI, Resolução Normativa ANEEL nº 414/2010), que integra a chamada tarifa binomial de energia elétrica.*

Portanto, a demanda reservada não pode, em hipótese nenhuma, ensejar a cobrança do ICMS, porquanto não é representativa do consumo do usuário (que é o fato gerador do imposto), mas da potência por ele exigida.

4. Não há hipótese de incidência do ICMS sobre o valor do contrato referente a garantir demanda reservada de potência.

5. A só formalização desse tipo de contrato de compra ou fornecimento futuro de energia elétrica não caracteriza circulação de mercadoria.

6. A garantia de potência e de demanda, no caso de energia elétrica, não é fato gerador do ICMS. Este só incide quando, concretamente, a energia for fornecida e utilizada, tomando-se por base de cálculo o valor pago em decorrência do consumo apurado.

7. Recurso conhecido e provido por maioria.

8. Voto vencido no sentido de que o ICMS deve incidir sobre o valor do contrato firmado que garantiu a "demanda reservada de potência", sem ser considerado o total consumido.[483]

Posteriormente a esta decisão, o STJ analisou diversos casos semelhantes, aos quais deu a mesma solução.[484] No entanto, em 2009, o Tribunal alterou a sua orientação, mantendo, não obstante, os fundamentos das antigas decisões. Isso ocorreu no Recurso Especial nº 960.476/SC,[485] submetido à sistemática do art. 543-C do CPC/73, correspondendo ao atual art. 1.036 do Novo CPC, no qual a Corte julgou procedente a

---

483. STJ, Primeira Turma, Recurso Especial nº 222.810/MG, relator para o acórdão Ministro JOSÉ DELGADO, DJ 15.05.2000, p. 135. Além do relator designado, votaram os Ministros MILTON LUIZ PEREIRA (relator originário e voto vencido), FRANCISCO FALCÃO, GARCIA VIEIRA e HUMBERTO GOMES DE BARROS.

484. Cf. STJ, Segunda Turma, Recurso Especial nº 343.952—MG, relatora Ministra ELIANA CALMON, DJ 17.06.2002; STJ, Primeira Turma, Agravo Regimental no Recurso Especial nº 797.826—MT, relator Ministro LUIZ FUX, DJ 21.06.2007; STJ, Segunda Turma, Agravo Regimental no Agravo nº 828.282—SC, relator Ministro JOÃO OTÁVIO DE NORONHA, DJ 25.04.2007; STJ, Primeira Tuma, Recurso Especial nº 840.285—MT, relator Ministro JOSÉ DELGADO, DJ 16.10.2006; STJ, Primeira Turma, Agravo Regimental no Recurso Especial nº 855.929—SC, relator Ministro FRANCISCO FALCÃO, DJ 16.10.2006; STJ, Segunda Turma, Recurso Especial nº 838.542—MT, relator Ministro CASTRO MEIRA, DJ 25.08.2006; STJ, Primeira Turma, Recurso Especial nº 972.843—RJ, relator Min. TEORI ALBINO ZAVASCKI DJ de 11.10.2007.

485. STJ, Primeira Seção, Recurso Especial nº 960.476/SC, relator Ministro TEORI ALBINO ZAVASCKI, DJe 13.05.2009.

cobrança do ICMS sobre a parcela "utilizada" da demanda reservada de potência:

> TRIBUTÁRIO. ICMS. ENERGIA ELÉTRICA. DEMANDA DE POTÊNCIA. NÃO INCIDÊNCIA SOBRE TARIFA CALCULADA COM BASE EM DEMANDA CONTRATADA E NÃO UTILIZADA. INCIDÊNCIA SOBRE TARIFA CALCULADA COM BASE NA DEMANDA DE POTÊNCIA ELÉTRICA EFETIVAMENTE UTILIZADA.
>
> 1. A jurisprudência assentada pelo STJ, a partir do julgamento do REsp 222.810/MG (1ª Turma, Min. José Delgado, DJ de 15.05.2000), é no sentido de que "o ICMS não é imposto incidente sobre tráfico jurídico, não sendo cobrado, por não haver incidência, pelo fato de celebração de contratos", razão pela qual, no que se refere à contratação de demanda de potência elétrica, "a só formalização desse tipo de contrato de compra ou fornecimento futuro de energia elétrica não caracteriza circulação de mercadoria". Afirma-se, assim, que "o ICMS deve incidir sobre o valor da energia elétrica efetivamente consumida, isto é, a que for entregue ao consumidor, a que tenha saído da linha de transmissão e entrado no estabelecimento da empresa".
>
> 2. Na linha dessa jurisprudência, é certo que "não há hipótese de incidência do ICMS sobre o valor do contrato referente à garantia de demanda reservada de potência". Todavia, nessa mesma linha jurisprudencial, também é certo afirmar, *a contrario sensu*, que há hipótese de incidência de ICMS sobre a demanda de potência elétrica efetivamente utilizada pelo consumidor.
>
> 3. Assim, para efeito de base de cálculo de ICMS (tributo cujo fato gerador supõe o efetivo consumo de energia), o valor da tarifa a ser levado em conta é o correspondente à demanda de potência efetivamente utilizada no período de faturamento, como tal considerada a demanda medida, segundo os métodos de medição a que se refere o art. 2º, XII, da Resolução ANEEL 456/2000, independentemente de ser ela menor, igual ou maior que a demanda contratada.
>
> 4. No caso, o pedido deve ser acolhido em parte, para reconhecer indevida a incidência do ICMS sobre o valor correspondente à demanda de potência elétrica contratada mas não utilizada.
>
> 5. Recurso especial parcialmente provido. Acórdão sujeito ao regime do art. 543-C do CPC e da Resolução STJ 08/08.

STJ, analisando a tarifa binominal dos grandes consumidores de energia elétrica (grupo A, conforme a Resolução Normativa ANEEL nº 414/2010), concluiu que o ICMS incide sobre o valor referente à demanda medida, isto é, "maior demanda de potência ativa, verificada por medição, integralizada em intervalos de 15 (quinze) minutos durante o período de faturamento" (art. 2º, XXIII, da Resolução Normativa ANEEL nº 414/10). Em outras palavras, definiu-se que a demanda de potência seria passível de utilização/consumo, atraindo a tributação somente aquilo que foi efetivamente medido, jamais o que só foi contratado.[486]

A consolidação da malsinada interpretação deu origem à Súmula STJ nº 391:[487]

> "O ICMS incide sobre a tarifa de energia elétrica correspondente à demanda de potência efetivamente utilizada."

A despeito do aparente revés do entendimento do STJ no caso da demanda contratada, que passou a admitir a tributação da parcela considerada "utilizada", os fundamentos da decisão são aplicáveis à tese da não incidência do imposto estadual sobre os minutos pré-contratados e não utilizados nos planos mensais de telefonia fixa ou celular. De fato, a Corte manteve o argumento de que o mero tráfego jurídico não é suficiente para a manifestação da hipótese de incidência do ICMS, devendo ocorrer o efetivo consumo.

Afinal, a hipótese de incidência do ICMS em tela é a *prestação de serviço de comunicação*. Para que esta ocorra, é

---

486. O equívoco do STJ reside na crença de que a demanda de potência é passível de consumo ou utilização, ao passo que expressa tão somente a capacidade de fornecimento de energia na quantidade demandada pela unidade consumidora. Com efeito, a energia, sim, pode ser consumida, mas a demanda de potência é somente registrada, pois nada mais é além da relação entre a quantidade de energia em circulação por uma unidade de tempo. A impertinência entre as figuras da "demanda de potência" e o "consumo de energia" é tamanha que, mesmo na ausência da segunda, o valor referente à primeira ainda é devido para as distribuidoras.

487. STJ, Primeira Seção, Súmula nº 391, DJe 07/10/2009.

imprescindível que o usuário efetue as ligações telefônicas pelas quais pagou. Não o fazendo, o serviço *não será prestado*, desautorizando a cobrança do imposto.[488]

7.5. Os serviços suplementares e facilidades adicionais aos serviços de telecomunicações

Como já foi mencionado, o Convênio ICMS nº 69/98 cuidou também de "esclarecer" a incidência do ICMS sobre os denominados serviços suplementares e facilidades adicionais "que otimizem ou agilizem o processo de comunicação, independentemente da denominação que lhes seja dada".

De acordo com o Glossário de Termos Técnicos da Anatel, serviço suplementar é aquele que "modifica ou suplementa um serviço básico (ou serviço principal) de telecomunicação", não podendo ser oferecido como serviço isolado, mas somente associado a um serviço de telecomunicação.

São exemplos de serviços suplementares:[489]

(a) bloqueio de chamadas: o usuário pode bloquear certos tipos de chamadas originadas em seu telefone (*v.g.*, podem ser bloqueadas as chamadas internacionais e as destinadas a telefones celulares);

(b) chamada em espera: é o antigo "salto" descrito no Convênio ICMS nº 02/96. O usuário que possui este serviço pode atender a outra ligação quando uma primeira já estiver em curso, optando por reter ou desligar a chamada corrente;

(c) conexão tripartite: possibilita ao usuário estabelecer uma conversação simultaneamente com outros dois usuários;

---

488. Cf. UTUMI, Ana Cláudia Akie. "A Incidência de ICMS sobre minutos pagos mas não utilizados na assinatura mensal". MOREIRA, André Mendes, *et alii*. *Direito das Telecomunicações e Tributação*. São Paulo: Quartier Latin, 2006.

489. Definições obtidas no Glossário de Termos Técnicos da Anatel. Disponível em: <http://goo.gl/TTmyvk>. Acesso em: 04 mar. 2016.

(d) conferência: permite o estabelecimento de uma ligação envolvendo mais de dois assinantes;

(e) discagem direta a ramal: permite que uma chamada externa seja destinada diretamente a um ramal específico do PABX, sem necessidade de atendimento pela telefonista;

(f) estabelecimento de chamada para assinante ocupado: quando o usuário tenta ligar para um número que esteja ocupado, o sistema avisa-o quando estiver liberado, para que a ligação seja novamente tentada;

(g) redirecionamento de chamada (siga-me): permite ao assinante redirecionar a chamada para outro número;

(h) identificação do número chamador: permite-se visualizar, na tela do aparelho destinatário da chamada, o número telefônico do usuário que esteja efetuando a ligação;

(i) transferência automática em caso de ocupado: torna possível a transferência, para outro telefone, das chamadas destinadas a um número que esteja ocupado;

(j) transferência automática em caso de não responde: possibilita ao assinante transferir, para outro número, as chamadas a ele destinadas, caso a ligação não seja atendida em um intervalo de tempo pré-estabelecido.

As facilidades adicionais, a seu turno, são descritas pela Anatel como parte de um serviço. Um exemplo é o sinal de rede inacessível, no qual – por sinal audível ou mensagem escrita – o usuário é cientificado de que não foi possível completar a chamada ou a mesma foi interrompida.

Dessa breve exposição, resta claro que:

(a) os serviços suplementares e facilidades adicionais somente fazem sentido quando prestados juntamente com o serviço de comunicação (ao contrário do que ocorre com os serviços de valor adicionado, que possuem existência autônoma);

(b) não há, na prestação desses serviços, qualquer relação comunicativa. Os mesmos apenas facilitam ou otimizam a prestação do serviço-fim – telecomunicação – mas não se confundem com este último.

Dessarte, quando o usuário contrata, *v.g.*, o serviço suplementar de redirecionamento de chamada (siga-me), pagará uma tarifa mensal por ele. Entretanto, o serviço suplementar, por si só, não concretiza a relação comunicativa. Ele apenas possibilita ao usuário que atenda, em outro número, uma chamada destinada ao seu aparelho. O mesmo se diga do serviço de conexão tripartite (no qual o usuário pode estabelecer uma conversa simultânea com dois outros assinantes), que também não equivale à prestação do serviço de comunicação. Como as chamadas telefônicas são tarifadas à parte, a mera possibilidade conferida ao assinante de ligar, simultaneamente e de um mesmo número, para dois usuários distintos, não é, *per se*, serviço de comunicação.

Vê-se, dessarte, que os serviços suplementares e facilidades adicionais apenas configuram um *plus*, um meio para a otimização do serviço telefônico.

Não obstante, em face do disposto no Convênio ICMS nº 69/98, as Fazendas Estaduais passaram a cobrar o imposto estadual sobre essas atividades. Além de arrimarem-se no próprio Convênio, os Fiscos têm argumentado que os serviços suplementares e facilidades adicionais são inerentes à prestação do serviço de telecomunicações, logo se confundem com este último. Invocam, para tanto, a possibilidade de os operadores prestarem, nos termos dos arts. 63 e seguintes do Regulamento do STFC (aprovado pela Resolução ANATEL nº 426/2005),[490] serviços complementares (prestação, utilidade ou

---

490. O antigo regulamento do STFC (aprovado pela Resolução Anatel nº 85/98) também tratava dos serviços complementares ao de telefonia:
"Art. 89. Além da tarifa relativa ao STFC efetivamente prestado, a Concessionária pode auferir receitas alternativas, complementares ou acessórias por meio de prestações, utilidades ou comodidades, inerentes à plataforma do serviço, sem caracterizar nova modalidade de serviço.

comodidade – PUC),[491] mediante solicitação prévia à Anatel, sem que as atividades sejam consideradas nova modalidade de serviço. É ver:

> Art. 63. Além da tarifa ou preço relativo ao STFC, a prestadora pode auferir receitas alternativas, complementares ou acessórias por meio de PUC, sem caracterizar nova modalidade de serviço.
>
> § 1º. A implantação ou alteração de PUC por autorizada com PMS ou concessionária, depende de aprovação prévia e expressa da Agência, sem a qual não pode ser cobrado qualquer preço.
>
> § 2º. A PUC deve atender os seguintes requisitos:
>
> I – ser inerente à plataforma do serviço;
>
> II – não caracterizar serviço de valor adicionado ou nova modalidade de serviço; e
>
> III – não possuir características inerentes à administração e a procedimentos usuais de operação ou manutenção do serviço.
>
> (...)
>
> Art. 64. A autorizada sem PMS deve dar conhecimento à Agência do inteiro teor da PUC em até 5 (cinco) dias úteis após o início da comercialização.

Tais considerações poderiam levar à conclusão de que os serviços suplementares integrariam o serviço de telecomunicação – uma vez que sem este último não teriam razão de existir – e seriam, dessarte, alcançados pelo ICMS-comunicação.

Entretanto, como os serviços suplementares e facilidades adicionais configuram meras atividades-meio, que

---

Art. 90. A Concessionária, para que possa implantar novas prestações, utilidades ou comodidades relacionadas ao serviço prestado, deve submeter previamente sua pretensão à aprovação da Agência, sem a qual não poderá ser cobrado qualquer tarifa ou preço.
Parágrafo único. Transcorrido o prazo de 15 (quinze) dias da solicitação de aprovação referida neste artigo, sem manifestação da Agência, considerar-se-á autorizada a implantação requerida."

491. De acordo com o art. 2º, XVI, do Regulamento do STFC (aprovado pela Resolução Anatel nº 426/2005), "Prestação, utilidade e comodidade" – PUC consiste na "atividade intrínseca ao serviço de STFC, vinculada à utilização da sua rede, que possibilita adequar, ampliar, melhorar ou restringir o uso do STFC".

possibilitam a prestação do serviço de comunicação de uma forma mais otimizada, não podem ser tributados pelo imposto estadual.

Quando o regulamento do STFC autorizou as operadoras a prestarem os serviços complementares, sem que os considerasse *nova modalidade de serviço*, o que se pretendeu foi possibilitar a oferta de outros serviços inerentes aos de telecomunicações pelas prestadoras do STFC, sem necessidade de nova outorga de concessão. É dizer: a inclusão das atividades complementares e facilidades adicionais, dentre os serviços de telecomunicações, operada pelo referido ato normativo, tem finalidade estritamente regulatória. Não poderia modificar a hipótese de incidência constitucional do ICMS em tela, segundo a qual somente o *serviço de comunicação* (e não atividades suplementares a este) autoriza a cobrança do imposto estadual.

De fato, as atividades suplementares e as facilidades adicionais não envolvem a geração, emissão, recepção, transmissão, retransmissão, repetição ou ampliação delas mesmas. São meramente comodidades postas à disposição do usuário, para que o serviço possa ser prestado de forma mais eficiente. Já o objeto de incidência do ICMS é tão somente a prestação efetiva do serviço de comunicação.[492]

Como referido anteriormente, uma das primeiras decisões do STJ sobre a matéria afastou a incidência do ICMS sobre serviços suplementares e facilidades adicionais, declarando ilegítima toda a cláusula primeira do Convênio ICMS

---

492. A lição de CARRAZZA é nesse sentido:
"Adicionar à base de cálculo do ICMS os custos dos atos de (...) disponibilização de facilidades adicionais a usuários (...) malfere direitos subjetivos fundamentais dos contribuintes.
Remarcamos, por oportuno, que, no caso, está-se simplesmente colocando à disposição dos usuários o aparato para que ocorra a prestação do serviço de comunicação (...)." (CARRAZZA, Roque Antonio. *ICMS*, 9ª ed. São Paulo: Malheiros, 2002, p. 178).

nº 69/98 (REsp nº 402.047/MG).[493] A decisão – em que pese ter sido genérica, pois não desceu à análise das espécies de serviços suplementares e facilidades adicionais – foi acertada. Afinal, não se pode tomar como serviço de comunicação atividades meramente acessórias a ele, sob pena de subverter-se o conceito constitucional e legal de serviço de comunicação.

7.6. O julgamento do Recurso Especial nº 1.176.753/RJ

A ressurgência e a relevância do tema levaram o STJ a lançar mão do expediente previsto no art. 543-C do CPC/73, com correspondência no art. 1.036 do Novo CPC, de modo a reconhecer a natureza repetitiva da incidência do ICMS sobre os serviços conexos aos de telecomunicação. Em um primeiro momento, o papel de representar a controvérsia foi ocupado pelo Recuso Especial nº 816.512/PI,[494] cujo desfecho reiterou que "os serviços de habilitação, instalação, disponibilidade, assinatura (enquanto sinônimo de contratação do serviço de comunicação), cadastro de usuário e equipamento, entre outros serviços, que configurem atividade-meio ou serviços suplementares, não sofrem incidência do ICMS".

No entanto, a decisão foi posteriormente anulada, em razão de Questão de Ordem proposta pelo Relator, Min. LUIZ FUX, motivada por mácula na admissibilidade do recurso. Dessa feita, a fim de preencher o vazio deixado pela invalidação do aresto paradigma, o STJ elegeu o Recurso Especial nº 1.176.753/RJ[495] como o novo repetitivo da matéria, levando a novo julgamento da incidência do ICMS-comunicação sobre atividades-meio.

---

493. STJ, Primeira Turma, Recurso Especial nº 402.047/MG, relator Ministro HUMBERTO GOMES DE BARROS, DJ 09.12.2003, p. 214.

494. STJ, Primeira Seção, Recuso Especial nº 816.512/PI, relator Ministro LUIZ FUX, DJe 01.02.2010.

495. STJ, Primeira Seção, Recurso Especial nº 1.176.753/RJ, relator Ministro NAPOLEÃO NUNES MAIA FILHO, relator para o acórdão Ministro MAURO CAMPBELL MARQUES, DJe 18.04.2013.

O Recurso Especial nº 1.176.753/RJ foi interposto pelo Estado do Rio de Janeiro contra acórdão do TJRJ, que dera provimento à apelação aviada por operadora de telecomunicação, a fim de reconhecer a ilegitimidade da tributação dos serviços conexos pelo ICMS. O Tribunal de Justiça entendeu que o campo de incidência do imposto estadual teria sido, ilegitimamente, alargado pelo Convênio ICMS nº 69/98, abarcando, assim, serviços que não se confundiriam com os de comunicação.

Apesar de reconhecer a consolidada orientação do STJ, que nega a incidência do ICMS sobre os serviços conexos aos de comunicação, o Relator do Recurso Especial nº 1.176.753/RJ, Min. NAPOLEÃO NUNES MAIA, concluiu pela tributação dessas atividades, arrimando-se, para tanto, na definição de serviço de telecomunicação constante do art. 60 da Lei nº 9.472/97 – Lei Geral de Telecomunicações.[496] Em outras palavras, adotou-se a interpretação ampliativa do conceito de "serviço de comunicação", isto é, a tomou-se como referência da hipótese de incidência do ICMS-comunicação a definição legal de "serviço de telecomunicação", que abrange, além da comunicação propriamente dita, outras atividades que possibilitem a prestação. Como já analisado no capítulo 5, não concordamos com essa corrente, visto que sustenta a expansão da competência tributária estadual por meio de lei ordinária (LGT), subvertendo, assim, a lógica do ordenamento jurídico.

A orientação acolhida pelo Ministro Relator, diametralmente oposta à jurisprudência consolidada da Corte, foi seguida pelos Ministros MAURO CAMPBELL MARQUES e BENEDITO GONÇALVES. O julgamento encaminhava-se, portanto, para a legitimação das normas do Convênio ICMS nº

---

496. Lei nº 9.472/97:
"Art. 60. Serviço de telecomunicações é o conjunto de atividades que possibilita a oferta de telecomunicação.
§ 1º Telecomunicação é a transmissão, emissão ou recepção, por fio, radioeletricidade, meios ópticos ou qualquer outro processo eletromagnético, de símbolos, caracteres, sinais, escritos, imagens, sons ou informações de qualquer natureza."

69/98, expandindo, assim, o campo de incidência do imposto.

Inaugurando a divergência, votou o Min. TEORI ALBINO ZAVASCKI, que trouxe à atenção do Plenário os fundamentos por ele aduzidos nos Recursos Especiais n° 760.230/MG[497] e 754.939/DF,[498] nos quais reconheceu a não incidência do ICMS sobre os serviços conexos aos de telecomunicação, à exceção da assinatura básica mensal (e de outra tarifa semelhante: a "Taxa de Manutenção e Administração – TMA").

Ressaltou, ainda, que a classificação técnica das atividades analisadas no caso afasta a possibilidade de tributação pelo ICMS, vez que se assimilam às categorias de serviços preparatórios (habilitação) ou suplementares (troca de titularidade de aparelho celular, conta detalhada, troca de aparelho, troca de número, religação, mudança de endereço de cobrança de conta telefônica, troca de área de registro, troca de plano de serviço e bloqueio de DDD e DDI), de modo que não se identificam com o conceito de "serviço de comunicação".

A divergência iniciada pelo Min. TEORI ZAVASCKI repercutiu significativamente no julgamento. Nesse sentido, o Min. MAURO CAMPBELL MARQUES apresentou retificação ao voto anterior, de modo a se filiar à orientação sufragada em diversos precedentes do Tribunal sobre a matéria. Para tanto, partiu da definição de "serviço de comunicação" extraída desta obra, a fim de impor a constatação de três elementos para a incidência do ICMS: uma fonte emissora, uma fonte receptora e uma mensagem transmitida pelo prestador de serviço. Inexistindo esses três elementos, inexiste o serviço de comunicação. O equívoco da corrente ampliativa do conceito de "serviço de comunicação" também foi exposto pelo Min. MAURO CAMPBELL MARQUES em seu voto:

---

497. STJ, Primeira Seção, Recurso Especial n° 760.230/MG, relator Ministro LUIZ FUX, DJe 01.07.2009.

498. STJ, Primeira Turma, Recurso Especial n° 754.393/DF, relator Ministro FRANCISCO FALCÃO, DJe 16.02.2009.

> A incidência do ICMS, no que se refere à prestação dos serviços de comunicação, deve ser extraída da Constituição Federal e da LC 87/96, incidindo o tributo sobre os serviços de comunicação prestados de forma onerosa, através de qualquer meio, inclusive a geração, a emissão, a recepção, a transmissão, a retransmissão, a repetição e a ampliação de comunicação de qualquer natureza (art. 2º, III, da LC 87/96).
>
> O conceito de serviço de telecomunicações previsto no art. 60 da Lei 9.472/97 (Lei Geral de Telecomunicações) – "Art. 60. Serviço de telecomunicações é o conjunto de atividades que possibilita a oferta de telecomunicação." – **não pode ser utilizado para ampliar a hipótese de incidência do ICMS sobre a prestação dos serviços de comunicação, porquanto trata-se de tema sujeito à reserva de lei complementar (art. 146, III, "c", da CF/88).**
>
> (...)
>
> Assim, a prestação de serviços conexos aos de comunicação por meio da telefonia móvel (que são preparatórios, acessórios ou intermediários da comunicação) não se confunde com a prestação da atividade fim — processo de transmissão (emissão ou recepção) de informações de qualquer natureza —, esta sim, passível de incidência pelo ICMS.

Retificou também o voto o Min. BENEDITO GONÇALVES, alinhando-se à jurisprudência dominante e aos votos dos Ministros TEORI ZAVASCKI e MAURO CAMPBELL. Na oportunidade, acompanharam a divergência os Ministros ARNALDO ESTEVES LIMA e HERMAN BENJAMIN. Desse modo, superou-se a linha adotada pelo Relator originário, designando-se para a função o Min. MAURO CAMPBELL. Restou o aresto ementado nos seguintes termos:

> PROCESSUAL CIVIL. RECURSO ESPECIAL. TRIBUTÁRIO. ICMS. SERVIÇOS CONEXOS (SUPLEMENTARES) AO DE COMUNICAÇÃO (TELEFONIA MÓVEL): TROCA DE TITULARIDADE DE APARELHO CELULAR; CONTA DETALHADA; TROCA DE APARELHO; TROCA DE NÚMERO; MUDANÇA DE ENDEREÇO DE COBRANÇA DE CONTA TELEFÔNICA; TROCA DE ÁREA DE REGISTRO; TROCA DE PLANO DE SERVIÇO; BLOQUEIO DDD E DDI; HABILITAÇÃO; RELIGAÇÃO. NÃO INCIDÊNCIA DO ICMS.

1. A incidência do ICMS, no que se refere à prestação dos serviços de comunicação, deve ser extraída da Constituição Federal e da LC 87/96, incidindo o tributo sobre os serviços de comunicação prestados de forma onerosa, através de qualquer meio, inclusive a geração, a emissão, a recepção, a transmissão, a retransmissão, a repetição e a ampliação de comunicação de qualquer natureza (art. 2º, III, da LC 87/96).

2. A prestação de serviços conexos ao de comunicação por meio da telefonia móvel (que são preparatórios, acessórios ou intermediários da comunicação) não se confunde com a prestação da atividade fim – processo de transmissão (emissão ou recepção) de informações de qualquer natureza –, esta sim, passível de incidência pelo ICMS. Desse modo, a despeito de alguns deles serem essenciais à efetiva prestação do serviço de comunicação e admitirem a cobrança de tarifa pela prestadora do serviço (concessionária de serviço público), por assumirem o caráter de atividade meio, não constituem, efetivamente, serviços de comunicação, razão pela qual não é possível a incidência do ICMS.

3. Não merece reparo a decisão que admitiu o ingresso de terceiro no feito, pois o art. 543-C, § 4º, do CPC/73 autoriza que o Ministro Relator, considerando a relevância da matéria tratada em recurso especial representativo da controvérsia, admita a manifestação de pessoas, órgãos ou entidades com interesse na questão jurídica central.

4. Agravo regimental de fls. 871/874 não provido. Recurso especial não provido. Acórdão sujeito ao regime previsto no art. 543-C do CPC/73, c/c a Resolução 8/2008 - Presidência/STJ.

Com o julgamento do repetitivo, espera-se que a não incidência do ICMS sobre os serviços conexos aos de comunicação não seja mais objeto de questionamento diante do STJ, que unificou o entendimento em torno da matéria. No entanto, ensaiam, atualmente, as Fazendas Estaduais manobra para limitar o conteúdo da decisão do Recurso Especial nº 1.176.753/RJ, no intuito de reavivar a discussão sobre as atividades conexas que não integravam a autuação que deu origem ao representativo de controvérsia.

7.7. Não incidência do ICMS sobre outras atividades conexas à de telecomunicação

7.7.1. Outros serviços (mudança de endereço, desligamento, substituição de número, *et caterva*)

Como visto até o momento, colateralmente à prestação dos serviços de telecomunicações, podem existir:

(a) serviços de valor adicionado: serviços autônomos, oferecidos por terceiros ou pela própria operadora por meio da rede de telecomunicações;

(b) serviços suplementares e facilidades adicionais: prestados exclusivamente pelas operadoras, de modo a agregar utilidades ao serviço de comunicação. Inexistiriam caso não houvesse a rede de telecomunicações.

Além desses, existe uma terceira categoria de serviços prestados pelas operadoras – a qual denominaremos simplesmente *outros serviços* – que engloba certas atividades internas, de natureza eminentemente administrativa, relativamente às quais as empresas possuem autorização para cobrar tarifas.

A definição desses serviços é feita por exclusão. Se não configuram SVAs (não possuindo autonomia e não sendo prestados através da rede de telecomunicações) ou serviços suplementares e facilidades adicionais (não sendo, portanto, intrínsecos à prestação do serviço de telecomunicação), mas são prestados pelas operadoras aos seus clientes mediante remuneração, está-se diante de *outros serviços*, cuja prestação é autorizada pela Anatel.

Exemplos dessa modalidade residual de atividades são o envio de conta detalhada (indicando, uma a uma, as ligações originadas de um terminal), a mudança de endereço do usuário, o desligamento, a religação do telefone e a substituição de número.

Pela própria nomenclatura, dessume-se que essas operações envolvem atividades estranhas à prestação de serviço de comunicação, mas cuja oferta é necessária para sua adequada consecução. São atividades que refogem, portanto, à incidência do ICMS.

Nessa linha, vale conferir a seguinte decisão do Conselho de Contribuintes do Estado do Rio de Janeiro, que excluiu a incidência do imposto estadual não somente sobre esses *outros serviços*, mas também sobre os SVAs, os serviços suplementares, as facilidades adicionais e a habilitação (atividade-meio por excelência):

> ICMS. PRESTAÇÃO DE SERVIÇO DE COMUNICAÇÃO. DÉBITO LEVANTADO.
>
> I. Atividades-meio, postas à disposição do usuário e dele cobradas, não constituem serviços de comunicação. Atividade-fim tributada.
>
> II. A base de cálculo do ICMS na prestação de serviço de comunicação é o preço do serviço. Conv. ICM 66/88 – art. 4º, VI e LC. 87/96 – art. 13, III.
>
> (...).
>
> Dado provimento ao recurso.[499]

Em seu voto, o Conselheiro relator averbou:

> É evidente que as atividades-meio, postas à disposição do usuário do serviço de comunicação, não constituem o próprio serviço de comunicação, sobre o qual incide o ICMS, nem com ele se confundem.
>
> São elas, como visto, atividades de naturezas diversas: burocrática (cadastro, titularidade, alteração de uso, acesso, ativação e desativação, habilitação, disponibilidade etc...); de manutenção ou assistência (instalação, mudança de aparelho ou de aparelhagem, reparos diversos, extravio ou quebra do aparelho etc...) ou facilidades paralelas (bina, identificador de chamadas, correio

---

499. Conselho de Contribuintes do Estado do Rio de Janeiro, Primeira Câmara, processo nº E-04/893.837/99, acórdão nº 3.698, relator Conselheiro MÁRIO CEZAR FRANCO, j. 24.02.2000.

de voz, chamada registrada, bloqueios diversos, chamada a cobrar etc...) (...).

Nenhuma delas, certamente, pode ser confundida com o serviço de comunicação, atividade-fim da ora recorrente sujeita ao ICMS.

Os serviços prestados ao usuário sob a denominação "complementos" não fazem parte integrante do serviço de comunicação, embora constituam serviços de outras naturezas, também cobrados do usuário, mas por motivos outros que não a prestação do serviço-fim.

Prova é que os serviços de comunicação podem ser prestados independentemente da execução de qualquer dos serviços chamados "complementos" e vice-versa. Isso porque os primeiros não dependem destes últimos, sendo, como são, serviços de naturezas distintas, das mais diversas.

Do relator, apenas discordamos no ponto em que considera a chamada a cobrar serviço não tributável. Nesta hipótese, por estar configurado verdadeiro serviço de comunicação, deverá ocorrer a incidência do ICMS.

Nas demais assertivas, estamos em pleno acordo com o Conselheiro, que apreendeu, com acuidade, as notas distintivas entre os serviços conexos ao de telecomunicação e este último.

7.7.2. O transporte de sinais de telecomunicações por satélite

A utilização de satélites para o transporte de sinais de telecomunicações é prevista na LGT em seus arts. 170 a 172, que delegam à Anatel o poder de regulamentar a exploração satelital, assegurando preferência à utilização do equipamento nacional,[500] quando este se encontrar em condições equivalentes às dos estrangeiros.

---

500. Satélite brasileiro é o que utiliza recursos de órbita e espectro radioelétrico notificados pelo País, ou a ele distribuídos ou consignados, e cuja estação de controle e monitoração seja instalada no território brasileiro (art. 171, §2º, da LGT).

Em obediência às disposições da LGT, a Resolução Anatel nº 220, de 05 de abril de 2000, veiculou o Regulamento sobre o Direito de Exploração de Satélite para Transporte de Sinais de Telecomunicações. O Regulamento limita a venda da capacidade satelital, autorizando sua aquisição tão somente pelas empresas detentoras de autorização, concessão ou permissão para prestação de serviços de telecomunicações ou pelas Forças Armadas brasileiras (art. 49).

O explorador de capacidade satelital não é prestador de serviço, mas apenas cessionário de um meio (o satélite) necessário à consecução do serviço de comunicação (a empresa de telecomunicações não contrata um *serviço* do provedor de capacidade de satélite, mas sim o *direito de utilização* do equipamento para transporte de seus próprios sinais).

A função do satélite pode ser comparada àquela de um espelho. O sinal é enviado de um ponto da Terra para o espaço, é captado pelo *transponder*[501] do satélite e retransmitido para outro ponto do globo terrestre.

Nessa linha, a atividade de provimento de capacidade satelital consiste tão somente na disponibilização de um meio necessário à prestação do serviço de comunicação. O satélite, sozinho, não completa a relação comunicativa. Ele é um facilitador desta, mas não o seu executor. Prestadora do serviço de comunicação é a empresa de telecomunicações que se utiliza do satélite para tanto.[502]

---

501. "*Transponder* é o conjunto de componentes eletrônicos que recebe o sinal da Terra (*up link* ou enlace de subida), o amplifica, processa e depois o devolve para o planeta (*down link* ou enlace de descida). Cada *transponder* ocupa uma faixa de frequência. Em outras palavras, ocupa porção da banda de frequência do satélite, que é de 500MHz (os satélites para banda C trabalham entre 3,7 e 4,2GHz, 500MHz de largura da banda, portanto). Normalmente, cada *transponder* tem uma faixa de 40MHz, dentro da faixa total de 500. É por isso que o número de *transponders* é limitado em um satélite, chegando no máximo a 12." (RODRIGUES, Marcelo de Carvalho. ICMS sobre Provimento de Capacidade de Satélite. BORGES, Eduardo de Carvalho (org.). *Tributação nas Telecomunicações*. São Paulo: Quartier Latin, 2005, p. 239).

502. Cf. TÔRRES, Heleno Taveira. "Tributação da exploração internacional de

Corroborando o que ora se expõe, vale conferir a Resolução Anatel n° 73/98 (Regulamento dos Serviços de Telecomunicações):

> Art. 3°. Não constituem serviços de telecomunicações:
> I – o provimento de capacidade de satélite;

Dessarte, como sua atuação limita-se ao fornecimento de meios para que a prestação do serviço de comunicação seja ultimada, a atividade do provedor de capacidade satelital não pode ser alcançada pelo ICMS.[503]

De todo modo, ainda que fosse considerado prestador de serviço de telecomunicação, tampouco se poderia exigir o ICMS do explorador do satélite, por força do disposto na cláusula primeira do Convênio ICMS n° 17/13,[504] *in verbis*:

> Cláusula primeira. Na prestação de serviços de telecomunicação entre empresas relacionadas no Ato COTEPE 13/13, de 13 de março de 2013, fica atribuída a responsabilidade pelo recolhimento do imposto incidente sobre a cessão dos meios de rede ao

---

satélites e do provimento de capacidade espacial". *Revista del Instituto Peruano de Derecho Tributario, n° 45, mar.2007, pp. 185-191.*

503. Vale, aqui, conferir novamente a citação de EDUARDO BOTTALLO sobre a intributabilidade pelo ICMS-comunicação das atividades-meio:
"As atividades acessórias (tarefas-meio), como as de utilização ou disponibilização de equipamentos, são essenciais à atividade-fim de prestação do serviço de comunicação, nela se incluindo, indissociavelmente. Assim, não podem ser consideradas isoladamente, para fins de incidência do ICMS. Constitui erronia jurídica pretender desmembrar as inúmeras atividades-meio necessárias à prestação em tela, como se fossem 'serviços de telecomunicação parciais'." (BOTTALLO, Eduardo D. *ICMS e serviços de comunicação internacional*. Revista Dialética de Direito Tributário, n° 61. São Paulo: Dialética, out.2000, p. 21).

504. O Convênio ICMS n° 17/13 substituiu a sistemática propugnada pela cláusula décima do Convênio ICMS n° 126/98, revogada pelo Convênio ICMS n° 16/13. A mencionada cláusula previa que:
"Cláusula décima Na prestação de serviços de comunicação entre empresas de telecomunicação relacionadas no Ato COTEPE 10/08, de 23 de abril de 2008, prestadoras de Serviço Telefônico Fixo Comutado — STFC, Serviço Móvel Celular - SMC ou Serviço Móvel Pessoal — SMP, o imposto incidente sobre a cessão dos meios de rede será devido apenas sobre o preço do serviço cobrado do usuário final."

prestador do serviço ao usuário final.

Parágrafo único. Aplica-se, também, o disposto nesta cláusula às empresas prestadoras de Serviço Limitado Especializado — SLE, Serviço Móvel Especializado — SME e Serviço de Comunicação Multimídia — SCM, que tenham como tomadoras de serviço as empresas referidas no *caput*, desde que observado o disposto na cláusula segunda e as demais obrigações estabelecidas em cada unidade federada.

De fato, como o imposto somente é devido sobre o valor pago pelo usuário final do serviço de telecomunicação, o tributo não poderia ser exigido do provedor de capacidade satelital, que é responsável por uma etapa intermediária do serviço de comunicação (não percebendo remuneração do usuário final, mas sim, das empresas que prestam o serviço de telecomunicações).

7.7.3. Impossibilidade de responsabilização das operadoras locais pelo pagamento do ICMS devido na prestação de serviços de telefonia internacional (tráfego sainte)

Já foi visto anteriormente que a prestação de serviços de comunicação por operadoras brasileiras para estrangeiras, visando a completar no País uma chamada originada no exterior (tráfego entrante), era isenta de ICMS por força da LC nº 87/96[505] e se tornou imune com o advento da EC nº 42/03.[506]

---

505. LC nº 87/96:
"Art. 3º. O imposto não incide sobre:
(...)
II – operações e prestações que destinem ao exterior mercadorias, inclusive produtos primários e produtos industrializados semielaborados, ou serviços;
(...)
Art. 32. A partir da data de publicação desta Lei Complementar:
I – o imposto não incidirá sobre (...) prestações de serviço para o exterior."

506. CR/88:
"Art. 155. (...).
§ 2º. O imposto previsto no inciso II atenderá ao seguinte:
(...)

Já as chamadas originadas no Brasil e completadas no exterior (tráfego sainte) são tributadas pelo ICMS. Nessa hipótese, o usuário do serviço (aquele que origina a ligação) está situado em território brasileiro, não havendo exportação de serviço. O imposto, portanto, deve ser pago pela operadora que realiza a ligação de longa distância internacional, visto que o contribuinte direto do imposto é o prestador do serviço.

Ocorre que, na hipótese de as empresas que completam as ligações internacionais não possuírem redes locais que cheguem até a residência do cliente, para que a ligação internacional seja completada, será necessário que uma operadora local (cuja rede efetivamente chega até o usuário brasileiro) disponibilize sua infraestrutura para a operadora de longa distância internacional. Assim, esta última terá como acessar o usuário (em sua casa ou trabalho) para, então, conectá-lo à rede de telefonia internacional. Dessume-se disso, portanto, que o serviço de ligação internacional somente se completa porque existe uma operadora local que conecta o usuário à rede da empresa de longa distância internacional.

Contudo, a responsabilidade pelo pagamento do ICMS no tráfego sainte não se estende, na situação apresentada, às operadoras locais, que, como visto, tão somente disponibilizam meios para que as operadoras autorizadas a prestar o serviço de DDI possam completá-lo, colocando sua rede à disposição da empresa de longa distância internacional, além de, em alguns casos, faturar e arrecadar, em sua própria conta telefônica, os valores devidos a título de ligações internacionais (essas quantias são posteriormente repassadas à operadora que efetivamente prestou o serviço).[507]

X – não incidirá:
(...)
a) sobre operações que destinem mercadorias para o exterior, *nem sobre serviços prestados a destinatários no exterior*, assegurada a manutenção e o aproveitamento do montante do imposto cobrado nas operações e prestações anteriores; (...)." (Redação dada pela EC nº 42/03, destaques nossos).

507. As obrigações de ceder a rede e efetuar a cobrança e arrecadação dos valores devidos pela prestação do serviço de telefonia internacional decorrem do próprio

A TRIBUTAÇÃO DOS SERVIÇOS DE COMUNICAÇÃO

A atuação das "teles" locais em cada Estado, portanto, é mera atividade-meio, sendo necessária para que seja ultimada a prestação do serviço de telefonia internacional (atividade-fim tributável pelo ICMS).[508] Em outras palavras, os serviços prestados pelas operadoras locais para consecução das ligações internacionais não são alcançados pelo ICMS, pois não são suficientes – *de per se* – para o estabelecimento de uma relação comunicativa.[509]

Não obstante, os Fiscos estaduais têm exigido o ICMS relativo ao DDI das operadoras locais, arrimados na responsabilidade solidária prevista no art. 128 do CTN, que assim dispõe:

> Art. 128. Sem prejuízo do disposto neste Capítulo, *a lei pode atribuir de modo expresso a responsabilidade pelo crédito tributário a terceira pessoa, vinculada ao fato gerador da respectiva obrigação*, excluindo a responsabilidade do contribuinte ou atribuindo-a a este em caráter supletivo do cumprimento total ou parcial da referida obrigação. (destaques nossos)

---

contrato de concessão das operadoras locais do STFC.

508. As conclusões de CARRAZZA corroboram o raciocínio:
"Concessionárias de serviço telefônico fixo comutado, apenas nas modalidades de serviço local e de longa distância nacional, devem, por força de contrato, disponibilizar suas redes, para que o serviço de telecomunicação internacional (serviço de longa distância internacional) venha prestado.
Sobremais, devem prestar gratuitamente, aos clientes, serviços de faturamento e cobrança, referentes aos serviços telefônicos de longa distância internacional, repassando, à Embratel (ou, mais recentemente, à Intelig), toda a receita em razão deles auferida.
Estamos convencidos de que estes fatos, relacionados com os serviços de tributação internacional, não as sujeitam à tributação por meio de ICMS." (CARRAZZA, Roque Antonio. ICMS – sua Não Incidência sobre Prestações de Serviços de Telecomunicação Internacional (Serviços de Longa Distância Internacional), bem como sobre os Serviços que os Viabilizam (Serviços Auxiliares). *Revista Dialética de Direito Tributário*, nº 60. São Paulo: Dialética, p. 104).

509. Dentre vários, podemos citar: MARTINS, Ives Gandra da Silva. *Serviços de Telecomunicações iniciados no Brasil e Concluídos no Exterior. Hipótese de Não Imposição do ICMS*. Temas Atuais de Direito Tributário. São Paulo: Elevação, 2001, pp. 111-20; BOTTALLO, Eduardo D. ICMS e Serviços de Comunicação Internacional. *Revista Dialética de Direito Tributário*, nº 61. São Paulo: Dialética, out.2000, pp. 21-2.

Como se infere do dispositivo, para que exista a responsabilidade solidária é imprescindível que haja:[510]

(a) lei expressa do ente competente (União, Estado ou Município) para legislar sobre o tributo;

(b) que o responsável esteja vinculado, ainda que de forma indireta, ao fato gerador do tributo (essa vinculação mencionada no CTN é para que seja possível o ressarcimento do imposto que pagará).

É certo que o requisito "b" – vinculação indireta do responsável com o fato gerador – encontra-se presente na relação "tele" local x "tele" autorizada à prestação do serviço de DDI. Entretanto, não basta essa vinculação. É preciso que haja lei expressa do ente tributante, atribuindo à empresa local de telefonia a responsabilidade pelo pagamento do ICMS devido pela operadora de longa distância internacional (requisito "a"). Contudo, não se tem notícia de nenhuma legislação que atribua esse dever às "teles" estaduais. Assim, a cobrança do ICMS incidente sobre ligações internacionais de outras empresas, além daquelas que efetivamente prestam o serviço de DDI, resta inviabilizada, por falta de amparo legal.

---

510. Sobre os requisitos do art. 128 do CTN para atribuição de responsabilidade pelo pagamento de tributo, a doutrina de MISABEL DERZI é soberana:
"Ao eleger expressão tão genérica – o responsável tributário – o Código Tributário Nacional, no art. 128, não distingue as modalidades diversificadas possíveis de sujeição passiva, transferência, sucessão, substituição. Estabelece apenas os princípios a serem observados, na eleição do responsável tributário (de qualquer espécie) e isso sim é de suma relevância. São eles:
(...)
2. legalidade expressa e exclusiva, cabendo à pessoa competente para legislar sobre determinado tributo dispor sobre sujeição passiva e responsabilidade, mediante lei (...).
(...)
5. Vinculação indireta do responsável ao fato gerador. A exigência de vinculação do responsável se faz em obediência ao princípio da capacidade econômica, a fim de que, por meio de retenção – como ocorre no Imposto de Renda recolhido pela fonte pagadora – ou reembolso, possa o responsável se ressarcir do imposto pago." (BALEEIRO, Aliomar. *Direito Tributário Brasileiro*, 11ª ed., atualizado por MISABEL ABREU MACHADO DERZI. Rio de Janeiro: Forense, 2001, pp. 736-7).

Corroborando esse raciocínio, a jurisprudência administrativa tem afastado a responsabilidade das operadoras locais relativamente ao ICMS devido nas ligações internacionais. O Conselho de Contribuintes do Estado do Rio de Janeiro já decidiu nesse sentido, face à inexistência de norma que instituísse a operadora estadual como responsável solidária. Na decisão, o Conselho deixou claro que contribuinte do ICMS nas ligações efetuadas para o exterior é a operadora de longa distância internacional. O acórdão foi assim ementado:

> ICMS. DÉBITO APURADO PELO FATURAMENTO. SERVIÇO DE COMUNICAÇÃO INTERNACIONAL. PRELIMINAR DE NULIDADE DO AUTO DE INFRAÇÃO, LEVANTADA PELO CONTRIBUINTE, POR ILEGITIMIDADE PASSIVA TRIBUTÁRIA. ERRO DE PESSOA.
>
> Não se enquadrando a autuada como contribuinte do imposto na prestação, por terceiro, de serviço de comunicação internacional, nem como responsável por eventual débito do mesmo, ou ainda como contribuinte substituto, por ausência de dispositivos legais neste sentido, é nulo o lançamento de ofício por erro processualmente insanável na identificação do sujeito passivo da obrigação principal, parte ilegítima para figurar no polo passivo da relação jurídico-tributária apontada na autuação.[511]

O Superior Tribunal de Justiça já apreciou, em pelo menos quatro oportunidades, a responsabilidade das operadoras locais pelo ICMS no tráfego telefônico internacional, concluindo, repetidamente, pela ilegitimidade da sujeição passiva, com exceção dos casos em que há expressa disposição

---

511. Conselho de Contribuintes do Estado do Rio de Janeiro, Primeira Câmara, Recurso nº 17653, Acórdão nº 3.696, Relator Conselheiro MÁRIO CEZAR FRANCO, julgado em 24.02.2000. Na mesma toada também decidiu o Conselho de Contribuintes de Minas Gerais, em acórdão unânime, cuja ementa transcrevemos a seguir: "RESPONSABILIDADE TRIBUTÁRIA. SUJEITO PASSIVO. ELEIÇÃO ERRÔNEA. A [OPERADORA LOCAL] não é contribuinte do ICMS nas prestações de serviços de telecomunicações na modalidade de longa distância internacional, cuja concessão é da [OPERADORA DE LONGA DISTÂNCIA INTERNACIONAL]. Na referida prestação, a [OPERADORA LOCAL] não é responsável tributário por falta de previsão em lei." (Conselho de Contribuintes do Estado de Minas Gerais, Segunda Câmara, Impugnação nº 40.10101730-13, Acórdão nº 14.071/01/2ª, Relator Conselheiro MAURO HELENO GALVÃO, j. 21.02.2001)

legal atributiva de responsabilidade tributária às referidas empresas.

No julgamento do Recurso Especial nº 804.939/RR,[512] a Corte entendeu que as atividades exercidas pelas teles locais traduziam serviços auxiliares aos prestados pelas operadoras responsáveis pela ligação telefônica, de modo que não atraiam, por si, a incidência do ICMS. De qualquer modo, "poderia a lei ter imputado à concessionária local a responsabilidade pela retenção do imposto, já que os serviços DDI são cobrados em suas faturas e, de certa forma, está ela atrelada ao fato gerador da obrigação tributária".

Somente na hipótese de a operadora local prestar o serviço telefônico internacional, o que não ocorria no caso concreto, poderia a empresa ser considerada a contribuinte do imposto. Nessa linha, o STJ deu provimento ao Recurso Especial nº 589.631/MG,[513] ressaltando que, apesar da possibilidade da tele local prestar o serviço de longa distância internacional, essa atividade não havia sido comprovada nos autos.

A ilegitimidade da cobrança contra as operadoras locais foi reiterada, poucos anos depois, pelo Ministro LUIZ FUX nos autos do Recurso Especial nº 996.752/RJ:[514]

> Nesse segmento, os serviços prestados pelas operadoras locais de telefonia, quer a móvel celular quer a de telefonia fixa comutada, no âmbito dos serviços de longa distância internacional, à época dos fatos jurídicos tributários constantes do auto de infração, eram meramente preparatórios do serviço objeto da tributação pelo ICMS, constituindo, portanto, atividades-meio, que consistem na disponibilização dos meios e modos necessários à implementação do processo comunicacional.

---

512. STJ, Segunda Turma, Recurso Especial nº 804.939/RR, relator Ministro CASTRO MEIRA, DJ 17.11.2006, p. 245.

513. STJ, Segunda Tuma, Recurso Especial nº 589.631/MG, relator Ministro CASTRO MEIRA, DJ 27.12.2007, p. 240.

514. STJ, Primeira Turma, Recurso Especial nº 996.752/RJ, relator Ministro LUIZ FUX, DJe 19.02.2009.

> Sob esse enfoque, os serviços prestados pelas operadoras de telefonia celular, no âmbito dos serviços de longa distância internacional, ao disponibilizarem suas redes com o escopo de viabilizar a comunicação telefônica internacional, ostentavam natureza meramente preparatória do serviço objeto da tributação pelo ICMS, constituindo, portanto, atividade-meio, que consiste na disponibilização dos equipamentos necessários ao usuário para implementar o processo comunicacional.
>
> (...)
>
> Destarte, as operadoras de telefonia móvel não eram sujeitos passivos na relação jurídico-tributária relativa ao ICMS incidente sobre a prestação de serviços de telefonia internacional, no átimo da alegada ocorrência dos fatos geradores, uma vez que apenas disponibilizavam as suas redes à prestação do serviço de discagem direta internacional, bem assim realizavam o serviço de faturamento, arrecadação e cobrança das chamadas internacionais efetuadas pelos clientes, repassando os pagamentos às operadoras de telefonia de longa distância — EMBRATEL e INTELIG.

As mesmas conclusões foram aplicadas ao julgamento do Agravo Regimental no Recurso Especial nº 1.157.106/MT,[515] no qual a Corte manteve decisão monocrática do Ministro BENEDITO GONÇALVES, que declarara a ilegitimidade passiva tributária das teles locais que disponibilizam suas redes para as operadoras de longa distância prestarem o serviço telefônico internacional.

Portanto, não há que se falar em exigência do ICMS incidente sobre ligações internacionais das operadoras locais, não detentoras de autorização para prestar os aludidos serviços. Essas empresas apenas realizam atividades-meio (disponibilização da rede local, faturamento e cobrança dos valores devidos pelas ligações internacionais nas contas telefônicas), mas o serviço-fim – este sim tributado pelo ICMS – é a comunicação possibilitada pela operadora de longa distância

---

[515]. STJ, Primeira Turma, Agravo Regimental no Recurso Especial nº 1.157.106/MT, relator Ministro BENEDITO GONÇALVES, DJe 05.08.2011.

internacional[516]. Como as legislações estaduais não preveem a responsabilidade solidária das "teles" locais pelo recolhimento do ICMS devido nas ligações internacionais, o tributo não pode ser delas exigido.

7.7.4. Não incidência de ICMS sobre a locação de equipamentos utilizados na prestação do serviço de comunicação

Outra questão que suscita diversas controvérsias entre Fiscos e contribuintes é a da possibilidade de exigência de ICMS-comunicação sobre os valores percebidos pelas empresas de telecomunicações a título de locação de equipamentos utilizados na consecução de sua atividade-fim.

Sobre os serviços de comunicação, é cediço que incide o ICMS, por expressa disposição do art. 155, II, da CR/88 e do art. 2º, III, da Lei Complementar nº 87/96, já analisados à saciedade neste trabalho.

Entretanto, alguns Fiscos estaduais continuam exigindo o ICMS das empresas de telecomunicação sobre valores percebidos em decorrência da locação de bens móveis. Isso porque, em diversos contratos celebrados pelas prestadoras de serviços de telecomunicação, oferece-se como facilidade para o cliente a opção de alugar o equipamento a ser utilizado, como o *cable modem* (na Internet a cabo), o aparelho portátil de radiocomunicação (nos serviços dessa natureza), o decodificador de sinais (na televisão a cabo), o PABX (na telefonia), o aparelho celular (no SMP), dentre outros.

---

516. EDUARDO BOTTALLO bem sintetizou o problema:
"Em suma, não se pode tomar as partes pelo todo: somente podem sofrer a incidência do ICMS as prestações de serviços de telecomunicações realizadas como fim em si mesmas." (BOTTALLO, Eduardo D. ICMS e Serviços de Comunicação Internacional. *Revista Dialética de Direito Tributário*, nº 61. São Paulo: Dialética, out.2000, p. 22).

A TRIBUTAÇÃO DOS SERVIÇOS DE COMUNICAÇÃO

A título de exemplo, confira-se a seguinte cláusula do contrato-padrão de locação de equipamentos usualmente celebrado pelas operadoras com seus clientes:

> CONTRATO DE LOCAÇÃO DE EQUIPAMENTO(S) A SEREM CONECTADOS AO SERVIÇO MÓVEL ESPECIALIZADO – "SME".
>
> 1. DO OBJETO.
>
> 1.1. O objeto do presente Contrato é a disponibilização para uso dos Equipamento(s) de propriedade da [empresa de telecomunicações], a título de Locação, sendo assegurada, nas situações contempladas neste instrumento, a boa utilização, reparo e reposição dos Equipamento(s), relacionados na(s) Nota(s) Fiscal(is) a ser(em) emitida(s) e que farão parte como Anexo I, para que a Locatária os utilize no desenvolvimento de sua atividade habitual, pelo prazo estabelecido no Cláusula Segunda do presente Contrato, conectados ao Serviço Móvel Especializado – SME, prestado pela [empresa de telecomunicações], sendo vedado à Locatária a cessão deste contrato, bem como, a sublocação, cessão ou empréstimo do(s) Equipamento(s).

Como se dessume, o objeto da contratação é a mera cessão de direito de uso de equipamento utilizado na prestação do serviço de telecomunicação, mediante remuneração. O serviço em si é contratado em outro instrumento (ou, em alguns casos, no mesmo contrato, mas sempre remunerado de forma apartada da locação).

Não obstante, consoante asseverado, os Fiscos estaduais têm exigido ICMS sobre as quantias relativas à locação de equipamentos, ao argumento de que essa disponibilização remunerada de aparelhos seria parte integrante do serviço de telecomunicação, logo tributável pelo imposto estadual (nesse sendeiro, cite-se, dentre outros, a Decisão Normativa CAT/SP nº 5, de 02.12.2004).

Ora, a locação de equipamentos não é e nunca foi serviço de comunicação. Ao contrário, sequer é serviço, consoante já assentou o Pleno do STF no julgamento do RE nº 116.121/SP (que declarou inconstitucional a tributação, pelo ISS, da locação de bens móveis, por não estar configurada prestação de serviço na hipótese, mas apenas cessão de direito de uso de bem ou produto). Confira-se, para tanto, o seguinte excerto do voto do Ministro CELSO DE MELLO:[517]

> Cabe advertir, neste ponto, que a locação de bens móveis não se identifica e nem se qualifica, para efeitos constitucionais, como serviço, pois esse negócio jurídico – considerados os elementos essenciais que lhe compõem a estrutura material – não envolve a prática de atos que consubstanciam um *praestare* ou um *facere*.

A orientação do Pleno tornou-se guia para as Turmas daquela Corte, como se infere de diversos julgados: Agravo Regimental no Agravo de Instrumento nº 485.707/DF,[518] Agravo Regimental no Recurso Extraordinário nº 446.003/PR,[519] Agravo Regimental no Recurso Extraordinário nº 602.295/RJ,[520] Agravo Regimental no Recurso Extraordinário nº 623.226/RJ,[521] Recurso Extraordinário nº 626.706/SP[522] e Agravo Regimental no Recurso Extraordinário nº 758.697/RJ.[523]

A consolidação jurisprudencial a respeito da matéria deu origem à Súmula Vinculante nº 31[524] que, fundamentada na

---

517. STF, Pleno, RE nº 116.121/SP, relator Min. MARCO AURÉLIO, DJ 25.05.2001, p. 17.

518. STF, 2ª Turma, AgR no AI nº 485.707/DF, relator Min. CARLOS VELLOSO, DJ 10.12.2004, p. 44.

519. STF, Segunda Turma, Agravo Regimental no Recurso Extraordinário nº 446.003/PR, relator Ministro CELSO DE MELLO, DJ 04.08.2006.

520. STF, Primeira Turma, Agravo Regimental no Recurso Extraordinário nº 602.295/RJ, relator Ministro ROBERTO BARROSO, DJe 23.04.2015.

521. STF, Primeira Turma, Agravo Regimental no Recurso Extraordinário nº 623.226/RJ, relator Ministro MARCO AURÉLIO, DJe 11.03.2011.

522. STF, Pleno, Recurso Extraordinário nº 626.706/SP, relator Ministro GILMAR MENDES, DJe 24.09.2010.

523. STF, Segunda Turma, Agravo Regimental no Recurso Extraordinário nº 758.697/RJ, relator Ministro JOAQUIM BARBOSA, DJe 07.05.2010.

524. Cf. BICHARA, Luiz Gustavo A. S.; MARQUES, Thiago de Mattos. "Locação de

qualificação da locação como negócio jurídico que objetiva uma obrigação de dar, nega a incidência do ISS sobre o referido contrato:

> É inconstitucional a incidência do imposto sobre serviços de qualquer natureza – ISS sobre operações de locação de bens móveis.[525]

De todo modo, ainda que a locação de equipamentos fosse serviço (o que não é), não seria serviço de *comunicação*. Somente este é objeto de tributação pelo ICMS, como se dessume da letra da Constituição e da LC nº 87/96.

Ora, é essencial, para se falar em ICMS-comunicação, que haja uma fonte emissora, uma fonte receptora e uma mensagem transmitida pelo prestador do serviço. Sem isso, não há comunicação; sem comunicação, não há ICMS-comunicação.

A locação de aparelhos não satisfaz tais requisitos, uma vez que não há qualquer transmissão de mensagem quando o usuário aluga um equipamento, inexistindo, via de consequência, as fontes transmissora e receptora. Toda a cadeia necessária à ultimação do serviço de comunicação (mensagem, transmissor, receptor e prestador do serviço que levará a mensagem do transmissor ao receptor) se encontra ausente nessa atividade (que sequer pode ser considerada serviço, de acordo com a jurisprudência do STF).

A locação de equipamentos é, aliás, dispensável quando o usuário já tiver o aparelho ou optar pela sua compra (o que é perfeitamente factível, ocorrendo em diversos casos, nos quais nenhum valor é devido à prestadora a título de locação de equipamentos).

---

estruturas sob a perspectiva da Súmula Vinculante nº 31". LIMA, Maurício Rodrigues, *et alii*. (org.). *Tributação em Telecomunicações. Temas Atuais.* São Paulo: Quartier Latin, 2013.

525. STF, Pleno, Súmula Vinculante nº 31, DJ 06.06.2007.

Sobre a atividade-fim, certamente, incidirá o ICMS. Contudo, atividades-meio (mormente aquelas dispensáveis e cobradas em separado, como acima visto) não se confundem com a atividade-fim. O serviço de comunicação é tributado pelo imposto estadual, mas o mesmo não ocorre com a disponibilização de equipamentos para ultimação do mesmo.

Nessa toada, vale conferir o seguinte trecho do acórdão no já citado Recurso Especial nº 402.407/MG:[526]

> A Lei faz incidir o ICMS sobre 'serviços de comunicação, em cujo conceito se inserem os de telecomunicações. A interpretação do art. 2º, III, da LC 87/96, indica que só há incidência de ICMS nos serviços de comunicação "stricto sensu", onde não se incluem os serviços meramente acessórios ou preparatórios à comunicação propriamente dita.

As razões de decidir do STJ no precedente citado se aplicam ao presente caso, posto que a locação de equipamentos consiste tão somente em atividade preparatória para que o usuário possa utilizar-se do serviço de comunicação (remunerado de forma apartada e autônoma, por óbvio). Essa cessão de direito de uso, entretanto, não se confunde em hipótese nenhuma com o serviço de comunicação, que atrai a incidência do ICMS.

O desenvolvimento da matéria na Corte Superior impôs, como não poderia deixar de ser, o reconhecimento da não incidência do imposto estadual sobre o serviço de locação, como se pode depreender da ementa abaixo:

> TRIBUTÁRIO. ICMS COMUNICAÇÃO. ATIVIDADE MEIO. NÃO INCIDÊNCIA. ENTENDIMENTO FIRMADO EM RECURSO REPETITIVO. RESPS PARADIGMAS 1.176.753/RJ E 816.512/PI. LOCAÇÃO DE APARELHO CELULAR. ATIVIDADE MEIO. SÚMULA 83/STJ.

---

526. STJ, 1ª Turma, Recurso Especial nº 402.047/MG, relator Ministro HUMBERTO GOMES DE BARROS, DJ 09.12.2003, p. 214.

> 1. A jurisprudência do STJ, firmada em recurso repetitivo (art. 543-C do CPC) no julgamento do REsp 1.176.753/RJ, Rel. Min. Mauro Campbell Marques, reiterou entendimento no sentido de que o ICMS somente incide sobre o serviço de telecomunicação propriamente dito, e não sobre as atividades meio e serviços suplementares.
>
> 2. Não incide ICMS sobre a locação de aparelho celular, por configurar atividade preparatória/acessória à prestação do serviço de telecomunicação. Súmula 83/STJ. Agravo regimental improvido.[527]

O julgado apreendeu, com acuidade, a distinção entre serviço de comunicação e outras atividades a ele preparatórias (*in casu*, o aluguel de aparelhos). Sendo assim, resta insofismável a conclusão de que a locação de equipamentos não é fato gerador do ICMS-comunicação, seja porque não é sequer serviço, seja porque é atividade preparatória, que não envolve prestação de serviço de comunicação (mas apenas cessão de direito de uso de equipamento).

---

[527]. STJ, Segunda Turma, Agravo Regimental no Recurso Especial nº 1.429.581/GO, relator Ministro HUMBERTO MARTINS, DJe 21.11.2014.

8. O ICMS-COMUNICAÇÃO E O ISSQN: CONFLITOS DE COMPETÊNCIA

8.1. As razões do estudo

Nos capítulos precedentes, a hipótese de incidência do ICMS-comunicação foi delimitada à luz da Constituição, da jurisprudência dos Tribunais Superiores e da legislação infraconstitucional. Outrossim, foi levada a cabo a análise de serviços conexos aos de telecomunicações (atividades-meio, SVAs, serviços suplementares e facilidades adicionais) sobre os quais o imposto estadual não pode ser cobrado.

Contudo, uma análise do fato gerador do ICMS-comunicação não seria completa caso não fosse abordada a temática dos conflitos impositivos entre Estados e Municípios. Em diversos casos, o ICMS e o ISSQN têm sido exigidos sobre os mesmos serviços, ocasionando uma ilegítima superposição contributiva.

No âmbito da Constituição, pode-se dizer que não há qualquer possibilidade de conflito de competência: se o serviço for de comunicação, será tributado tão somente pelo ICMS, excluindo-se qualquer outra incidência por força do disposto nos arts. 155, II, 155, §3º e 156, III, da CR/88.

Entretanto, existem situações específicas que, por se encontraram no limiar entre a hipótese de incidência de um e outro tributo, têm ensejado a cobrança de impostos tanto pelos Estados como pelos Municípios. É da análise de tais casos que cuida este capítulo.

8.2. A repartição constitucional de competências tributárias. Impossibilidade de superposição contributiva

8.2.1. Definição de competência tributária

Por competência tributária deve-se entender a capacidade que o ente político possui de instituir, por lei, os tributos que lhe são atribuídos pela Constituição. O art. 6º, *caput*, do CTN a define como "competência legislativa plena" para criação de tributos, salientando ainda que estes não poderão contrariar a CR/88, as Constituições Estaduais, as Leis Orgânicas do Distrito Federal e dos Municípios e o próprio Código Tributário.[528]

---

528. BARROS CARVALHO assevera ainda que não é somente o legislador que possui competência tributária. Segundo o autor, são também detentores da mesma – no sentido mais amplo da palavra "competência" – o Executivo (ao editar decretos sobre normas tributárias), o Judiciário e outros partícipes da relação jurídico-tributária. Confira-se:
"A competência tributária, em síntese, é uma das parcelas entre as prerrogativas legiferantes de que são portadoras as pessoas políticas, consubstanciada na possibilidade de legislar para a produção de normas jurídicas sobre tributos.
Mas essa é apenas uma entre as várias proporções semânticas com que a expressão se manifesta (...). Não podemos deixar de considerar que têm, igualmente, *competência tributária* o Presidente da República, ao expedir um decreto sobre IR, ou seu ministro ao editar a correspondente instrução ministerial; o magistrado e o tribunal que vão julgar a causa; o agente da administração encarregado de lavrar o ato de lançamento, bem como os órgãos que irão participar da discussão administrativa instaurada com a peça impugnatória (...)." (CARVALHO, Paulo de Barros. *Curso de Direito Tributário*, 16ª ed. São Paulo: Saraiva, 2004, p. 214).

A competência tributária possui algumas notas características, que são assim descritas e enumeradas por SPAGNOL:[529]

(a) privatividade ou exclusividade: ao se atribuir competência a um ente federado, ao mesmo tempo em que ele se torna habilitado para exercê-la, os demais ficam obrigados a respeitá-la e a não utilizá-la no exercício de seu poder impositivo;

(b) indelegabilidade: a competência tributária é indelegável (por outro lado, a capacidade tributária ativa pode ser delegada);[530]

(c) incaducabilidade: mesmo não sendo exercida, a competência tributária não deixa de existir com o tempo;

(d) inalterabilidade: a legislação infraconstitucional não pode restringir ou ampliar a competência atribuída pela Lei Maior;[531]

(e) facultatividade: o ente político não é obrigado a exercer sua competência tributária. A exceção, contudo, é o ICMS, uma vez que, para manter a harmonia fiscal na Federação, é vedado ao Estado-membro deixar de editar lei instituindo o tributo[532] (em matéria de ICMS, todas as isenções e benefícios fiscais devem ser previamente aprovados pelo CONFAZ, nos termos art. 155, §2º, XII, g, da CR/88).

---

529. SPAGNOL, Werther Botelho. *Curso de Direito Tributário*. Belo Horizonte: Del Rey, 2004, pp. 87-8.

530. MISABEL DERZI assevera que, "embora a competência seja indelegável, a pessoa estatal pode conferir a outra as funções de cobrar, arrecadar e fiscalizar tributos, portanto, a sua capacidade tributária ativa". (BALEEIRO, Aliomar. *Direito Tributário Brasileiro*, 11ª ed., atualizado por MISABEL ABREU MACHADO DERZI. Rio de Janeiro: Forense, 2001, p. 81).

531. No que pertine à impossibilidade de se restringir a competência tributária por lei infraconstitucional, já se anotou que "as normas de atribuição de competência tributária são normas originárias, não derivadas e dotadas de eficácia imediata, *observadas as limitações que a própria Constituição impõe*". (BALEEIRO, Aliomar. *Direito Tributário Brasileiro*, 11ª ed., atualizado por MISABEL ABREU MACHADO DERZI. Rio de Janeiro: Forense, 2001, p. 76, destaques nossos).

532. CARVALHO, Paulo de Barros. *Curso de Direito Tributário*, 16ª ed. São Paulo: Saraiva, 2004, pp. 219-25.

O cuidado com a repartição da competência impositiva justifica-se especialmente no Brasil, posto que – diferentemente de outras Federações – aqui os Municípios possuem poder de tributar.[533]

8.2.2. A repartição de competências na CR/88 e a teoria dos tributos vinculados e não vinculados a uma atuação estatal

Como leciona SACHA CALMON,[534] a repartição constitucional de competências na CR/88 (que seguiu o modelo adotado desde a EC nº 18/65) foi feita com base na teoria dos tributos vinculados e não vinculados a uma atuação estatal.[535]

De acordo com a citada teoria, os tributos podem ser vinculados a uma atuação estatal (caso das taxas e contribuições de melhoria) ou não vinculados a uma atuação estatal (caso dos impostos).[536]

As taxas somente são devidas se houver um sobresforço estatal relativamente à pessoa do contribuinte, consistente na prestação de um serviço público específico e divisível (*v.g.*, taxa cobrada pela coleta domiciliar de lixo) ou no exercício

---

533. MARTINS, Ives Gandra da Silva. *Sistema Tributário na Constituição de 1988.* São Paulo: Saraiva, 1990, p. 21.

534. COÊLHO, Sacha Calmon Navarro. *Curso de Direito Tributário Brasileiro*, 7ª ed. Rio de Janeiro: Forense, 2004, pp. 71-2.

535. Sobre o tema, vide: ATALIBA, Geraldo. *Hipótese de Incidência Tributária*, 6ª ed. São Paulo: Malheiros, 2001.

536. SACHA CALMON salienta que tanto as contribuições para a seguridade social (à exceção das previdenciárias sinalagmáticas) como os empréstimos compulsórios ostentam a natureza de impostos afetados a finalidades específicas (COÊLHO, Sacha Calmon Navarro. *Curso de Direito Tributário Brasileiro*, 7ª ed. Rio de Janeiro: Forense, 2004, pp. 75-6).
A seu turno, SPAGNOL sustenta que as contribuições para a seguridade social e os empréstimos compulsórios são espécies tributárias autônomas, apesar de também fazerem parte da categoria dos tributos não vinculados a uma atuação estatal. (SPAGNOL, Werther Botelho. *Curso de Direito Tributário*. Belo Horizonte: Del Rey, 2004, p. 90).

regular do poder de polícia (caso da taxa de fiscalização de estabelecimento comercial pela vigilância sanitária). Já na contribuição de melhoria, a atuação do Estado em prol do contribuinte se dá mediante a realização de obra pública que valorize o imóvel do particular.

Os impostos, a seu turno, são devidos pela mera prática do fato gerador, independentemente de qualquer atuação do Estado em benefício do pagante. Desde que o contribuinte pratique o fato econômico descrito na norma, estará obrigado ao pagamento do tributo.

A CR/88 atribui de forma geral à União, Estados e Municípios o poder de instituir e cobrar taxas e contribuições de melhoria. Por outro lado, especifica os impostos de competência de cada um dos entes federados, segregando-os de modo a evitar a superposição contributiva.[537]

A previsão genérica para cobrança de taxas e contribuições de melhoria não traz qualquer problema relativamente ao exercício da competência tributária, visto que o ente somente pode cobrar a exação na medida de sua atuação em benefício do pagante. Já a discriminação rígida dos fatos geradores dos impostos é essencial para evitar conflitos de competência. Afinal, os impostos tornam-se devidos com a mera prática do

---

537. Assim dispõe o artigo que inaugura o capítulo do Sistema Tributário Nacional na CR/88:
"Art. 145. A União, os Estados, o Distrito Federal e os Municípios poderão instituir os seguintes tributos:
I – impostos;
II – taxas, em razão do exercício do poder de polícia ou pela utilização, efetiva ou potencial, de serviços públicos específicos e divisíveis, prestados ao contribuinte ou postos a sua disposição;
III – contribuição de melhoria, decorrente de obras públicas.
§ 1º. Sempre que possível, os impostos terão caráter pessoal e serão graduados segundo a capacidade econômica do contribuinte, facultado à administração tributária, especialmente para conferir efetividade a esses objetivos, identificar, respeitados os direitos individuais e nos termos da lei, o patrimônio, os rendimentos e as atividades econômicas do contribuinte.
§ 2º. As taxas não poderão ter base de cálculo própria de impostos."

fato gerador, independentemente de qualquer sobresforço do ente federado em relação à pessoa do contribuinte.

Nos termos da CR/88, cumpre à União instituir os impostos previstos no art. 153 (II, IE, IR, IPI, IOF, ITR e imposto sobre grandes fortunas), aos Estados o ITCMD, o ICMS e o IPVA (art. 155) e aos Municípios o IPTU, o ITBI e o ISSQN (art. 156). As únicas possibilidades de criação de impostos cujos fatos geradores não estejam previstos na Lei Maior são as constantes do art. 154, I e II da CR/88, que dispõe:

> Art. 154. A União poderá instituir:
>
> I — mediante lei complementar, impostos não previstos no artigo anterior, desde que sejam não cumulativos e não tenham fato gerador ou base de cálculo próprios dos discriminados nesta Constituição;
>
> II — na iminência ou no caso de guerra externa, impostos extraordinários, compreendidos ou não em sua competência tributária, os quais serão suprimidos, gradativamente, cessadas as causas de sua criação.

Ou seja: a CR/88 reparte a competência tributária para instituição de impostos, em rol taxativo, entre União, Estados e Municípios. Entretanto, autoriza à União:

(a) a instituição, mediante lei complementar, de imposto residual, desde que a exação seja não cumulativa e não tenha fato gerador e/ou base de cálculo próprios dos demais impostos previstos na Constituição. Com isso, o Constituinte afasta qualquer possibilidade de invasão de competência alheia por parte do legislador federal quando da criação de eventuais impostos residuais;

(b) a criação, por lei ordinária, de impostos extraordinários em caso de guerra externa ou sua iminência. Estes impostos poderão superpor-se àqueles de competência da própria União, dos Estados ou dos Municípios. O prazo de vigência dos mesmos, contudo, está condicionado à manutenção das causas que ensejaram sua criação.

Dessume-se, portanto, que na CR/88 existe uma autorização extraordinária para "invasão" de competência tributária alheia, em razão da previsão dos impostos de guerra federais. Essa constatação levou alguns autores a concluir que somente a União possui impostos privativos e exclusivos, visto que os tributos de guerra podem recair sobre fatos geradores de impostos estaduais ou municipais. Não obstante, entendemos que a *excepcionalidade* conferida pela CR/88 aos impostos de guerra (acertadamente denominados "extraordinários") não desautoriza a assertiva – pelo contrário, reafirma-a – de que a sistemática adotada pelo Constituinte foi a de discriminação, de modo *privativo*, dos impostos de competência da União, dos Estados e dos Municípios. Alinhamo-nos, portanto, com SACHA CALMON,[538] para quem a CR/88 outorgou competência para instituição de impostos "de forma privativa sobre fatos específicos determinados". À exceção dos residuais e de guerra, o rol de impostos é *numerus clausus*, impedindo a criação de novas exações sobre *fattispecie* diversa daquela atribuída pelo Constituinte ao ente federado.

De todo modo, o fato é que a rígida discriminação constitucional das competências tributárias autoriza a conclusão de que, no âmbito da CR/88, *não há que se falar em conflitos de competência impositiva*.

Assim, a denominação "conflito de competência", que usualmente se dá a situações em que mais de um ente exige imposto sobre o mesmo fato gerador, não significa que haja – no plano constitucional – qualquer conflito. Quer-se apenas

---

538. Averba SACHA CALMON:
"No campo dos impostos, o constituinte *dá nome à exação já indicando a área econômica reservada*: renda, circulação de mercadorias, propriedade predial e territorial urbana, propriedade de veículos automotores, transmissão de bens imóveis e de direitos a eles relativos etc. Em seguida, declina que pessoa política *pode instituí-lo e efetivamente cobrá-lo* com exceção das demais (competência privativa). Isto dito, verifica-se que o sistema brasileiro de repartição de competências tributárias, cientificamente elaborado, é extremamente objetivo, rígido e exaustivo, quase perfeito." (COÊLHO, Sacha Calmon Navarro. *Curso de Direito Tributário Brasileiro*, 7ª ed. Rio de Janeiro: Forense, 2004, p. 74).

dizer que, em um mesmo acontecimento fático, os entes federados vislumbram – sob óticas obviamente distintas – a prática de um fato gerador cuja competência impositiva lhes é outorgada pela Constituição.

Não há conflito de competência, por exemplo, entre Municípios e União no que tange à instituição e cobrança do imposto de renda. Nenhum Município poderá tributar a renda de seus cidadãos sob a égide da CR/88, que discrimina a "renda e proventos de qualquer natureza" como fatos geradores do imposto de titularidade da União (art. 153, III).

Da mesma forma – e já adentrando o tema que nos interessa – a tributação dos serviços de comunicação é de competência exclusiva dos Estados-membros (art. 155, II, da CR/88). Os Municípios somente podem instituir o ISSQN sobre serviços não previstos no art. 155, II e que estejam dispostos em lei complementar. Essa é a regra posta no art. 156, III da CR/88, *in verbis*:

> Art. 156. Compete aos Municípios instituir impostos sobre:
>
> (...)
>
> III – serviços de qualquer natureza, não compreendidos no art. 155, II, definidos em lei complementar. (redação dada pela EC n° 03/93)

Entretanto, existem algumas atividades específicas que geram dúvidas acerca de sua caracterização como serviço de comunicação ou como outro serviço de natureza diversa.

Tomem-se os exemplos da TV por assinatura e do serviço de radiochamada. Ambos são tributados pelos Estados, que neles vislumbram – com acerto – a prestação de serviços de comunicação, mas também o são pelos Municípios, que entendem – equivocadamente – haver a predominância de atividades que se subsumem aos itens da lista de serviços alcançados pelo ISSQN.

Outrossim, os serviços conexos (atividades-meio, SVAs, serviços suplementares e facilidades adicionais) também são alvo de dupla imposição tributária. Os Estados insistem em cobrar o ICMS relativamente a essas atividades (sem razão, como demonstrado nos capítulos precedentes), ao passo que os Municípios exigem o ISSQN sobre os mesmos.

No caso dos serviços conexos, como não são serviços de comunicação (o que afasta de plano a incidência do ICMS), há – em tese – a possibilidade de cobrança do ISSQN. Contudo, deve haver autorização expressa na lista editada pela lei complementar (não obstante, há aqueles que pregam que a própria definição em lei complementar é desnecessária, visto que os Municípios possuem competência tributária autônoma, que não pode ser condicionada à atuação legiferante do Congresso Nacional).[539]

Assim, antes de descer à análise da incidência ou não do ICMS ou do ISSQN sobre as atividades que têm ensejado conflitos de competência tributária, é necessário que se determine o alcance do fato gerador do imposto municipal sobre serviços e, consequentemente, a abrangência da lista referida no art. 156, III, da CR/88.

É o que se fará a seguir.

8.3. O ISSQN: hipótese de incidência e taxatividade da lista de serviços

8.3.1. Evolução constitucional e legislativa do ISSQN

O imposto municipal sobre serviços de qualquer natureza (ISSQN) foi criado pela EC nº 18/65, em conjunto com o ICM.

---

539. Nesse sentido: CHIESA, Clélio. A Tributação dos Serviços de Internet Prestados pelos Provedores: ICMS ou ISS? Revista dos Tribunais – *Cadernos de Direito Tributário e de Finanças Públicas*, nº 27. São Paulo: Revista dos Tribunais, abr.-jun.1999, p. 26.

A intenção do constituinte foi estabelecer um imposto sobre mercadorias e produtos, de competência dos Estados, e outro sobre bens imateriais (serviços), afetado aos Municípios.

O ISSQN veio suceder o antigo imposto de indústrias e profissões (IIP). A figura do IIP foi extirpada de nosso ordenamento jurídico visto que sua ampla hipótese de incidência – o exercício de atividade lucrativa – gerava constantes conflitos de competência tributária.[540] A incidência do ISSQN foi prevista – na EC nº 18/65 – de forma meramente residual sobre as atividades lucrativas, pois alcançava somente aquelas não abarcadas pelo ICM, pelo IOF (atividades financeiras) e pelos serviços submetidos à competência tributária dos Estados e da União (à União cabia instituir impostos sobre transportes e comunicações interestaduais e intermunicipais – o ISSC e o ISTR – ficando reservada aos Municípios a competência para tributação desses serviços quando prestados no âmbito de uma única localidade).[541]

A EC nº 18/65 exigia ainda a edição de lei complementar para *estabelecimento de critérios de distinção entre os serviços tributáveis pelo ISSQN e as operações de circulação de mercadorias sujeitas ao ICM*. Menos de um ano depois, foi editado o Código Tributário Nacional – lei de normas gerais de direito tributário – que regulou, em seus arts. 71 a 73 (posteriormente

---

540. Nesse sentido, confira-se a conclusão da Comissão Especial da reforma tributária de 1965, que opinou pela extinção do IIP e sua substituição pelo ISSQN:
"(...) A Comissão entende que o imposto de indústrias e profissões converteu-se num exemplo flagrante daquela interpenetração dos campos tributários privativos, a que de início fez referência, exacerbando assim os defeitos inerentes à sua condição de tributo falho de base econômica real, pois o mero exercício de qualquer atividade – que configura o seu fato gerador – justificará, quando muito, uma presunção de capacidade contributiva, mas nunca fornecerá a medida dessa capacidade. Justifica-se, pois, a propositura de sua substituição por um imposto sobre serviços." (COMISSÃO DE REFORMA DO MINISTÉRIO DA FAZENDA. *Reforma da Discriminação Constitucional de Rendas (anteprojeto)* – Fundamentos da Reforma, 1ª ed, v. 6. Rio de Janeiro: FGV, 1965, p. 33, *apud* MORAES, Bernardo Ribeiro de. *Doutrina e Prática do ISS*. São Paulo: Revista dos Tribunais, 1984, p. 60).

541. Sobre o alcance do ISSQN na EC nº 18/65, vide: MORAES, Bernardo Ribeiro de. *Doutrina e Prática do ISS*. São Paulo: Revista dos Tribunais, 1984, p. 60.

revogados pelo DL nº 406/68), o novo imposto municipal (estabelecendo sua hipótese de incidência, sua base de cálculo e seu sujeito passivo).

Com o advento da CR/1967, foi atribuída ao legislador complementar a função de *definir os serviços tributáveis* pelo ISSQN (a função constitucional da LC se restringia, até então, a estabelecer *critérios de distinção* entre as atividades submetidas ao ISSQN e aquelas alcançadas pelo ICM). É ver:

> Art. 24. Compete aos municípios instituir imposto sobre:
>
> (...)
>
> II – serviços de qualquer natureza não compreendidos na competência tributária da União ou dos Estados, *definidos em lei complementar*. (destaques nossos)

As disposições da CR/1967 (mantidas pela EC nº 01/69) operaram uma profunda mudança no ISSQN. Ao *definir* os serviços alcançados pela exação municipal, o DL nº 406/68 adotou a sistemática de listá-los em uma relação *numerus clausus*. A taxatividade da lista prevista no DL nº 406/68 era confirmada pela redação de seu art. 8º (dispositivo posteriormente revogado pela LC nº 116/03), que assim dispunha:

> Art. 8º. O imposto, de competência dos Municípios, sobre serviços de qualquer natureza, tem como fato gerador a prestação, por empresa ou profissional autônomo, com ou sem estabelecimento fixo, de *serviço constante da lista anexa*.
>
> §1º. Os serviços incluídos na lista ficam sujeitos apenas ao imposto previsto neste artigo, ainda que sua prestação envolva fornecimento de mercadorias.
>
> §2º. *O fornecimento de mercadorias com prestação de serviços não especificados na lista fica sujeito ao Imposto sobre Circulação de Mercadorias.* (destaques nossos)

Como se vê, somente eram tributáveis pelo ISSQN os serviços *constantes da lista*. Caso houvesse fornecimento de mercadoria acompanhado de prestação de serviço *não especificado*, toda a operação (fornecimento de mercadoria + prestação de serviço não listado) sujeitava-se ao ICM.[542]

A listagem inicialmente trazida pelo DL nº 406/68 gerou muitas dúvidas no que tange ao seu âmbito de aplicação, o que ensejou a edição do DL nº 834, de 08 de setembro de 1969, que trouxe nova relação de serviços tributáveis. Posteriormente, em 15 de dezembro de 1987, uma outra lista de serviços foi publicada por meio da Lei Complementar nº 56, em substituição àquela constante do DL nº 834/69.

Com a CR/88, a competência dos Municípios para tributação dos serviços de qualquer natureza *definidos em lei complementar* foi mantida, excepcionando-se aqueles compreendidos no art. 155, II, a saber:

(a) transporte intermunicipal e interestadual;

(b) comunicações.

O DL nº 406/68 (acrescido das modificações citadas) vigorou até o advento da Lei Complementar nº 116, de 31 de julho de 2003, que é a atual lei de normas gerais do ISSQN. A LC nº 116/03 trouxe nova lista de serviços sujeitos ao imposto municipal, ressaltando a sua taxatividade ao dispor, em seu art. 1º, que o fato gerador da exação é "a prestação de serviços constantes da lista".

8.3.2. A taxatividade da lista e a possibilidade de interpretação extensiva

A edição do DL nº 406/68, que adotou a sistemática de discriminar, um a um, os serviços tributáveis pelos Municípios

---

542. Essa disposição gerou críticas por parte da doutrina, como a formulada por AIRES BARRETO. Para o autor, como a competência genérica para tributação de serviços foi atribuída tão somente ao Município, não é lícito autorizar-se o Estado a tributar outros serviços – além dos de transporte e comunicação – pelo mero fato daqueles acompanharem o fornecimento de mercadorias. (BARRETO, Aires F. *ISS na Constituição e na Lei*, 2ª ed. São Paulo: Dialética, 2005, pp. 37-40).

(de resto mantida pela LC nº 116/03), deu ensejo a duas discussões:

(a) poderia o legislador complementar (que, em última instância, é o Congresso Nacional) limitar – pela edição de uma lista – o exercício da competência impositiva dos Municípios, a qual, nos termos da Constituição, autorizava a tributação de todo e qualquer serviço, desde que não fosse fato gerador de impostos federais e/ou estaduais?

(b) caso fosse válida, a lista de serviços tributáveis admitiria integração por analogia ou, ao menos, interpretação extensiva?

Tratemos, inicialmente, do primeiro questionamento.

Ao analisar o DL nº 406/68, HENRY[543] asseverou que "os serviços tributados pelos Municípios são os constantes da Lista de Serviços, nominalmente discriminados, com a nota característica de relação exaustiva e compreensiva". RIBEIRO DE MORAES[544] perfilou o mesmo entendimento, igualmente esposado por IVES GANDRA DA SILVA MARTINS[545] e

---

543. HENRY, Eduardo Y. *Do Imposto sobre Serviços de Qualquer Natureza.* São Paulo: Saraiva, 1972, p. 4.

544. Segundo RIBEIRO DE MORAES, "uma regra é indiscutível: a lista de serviços do legislador ordinário municipal pode ser igual ou menor do que a lista baixada por lei complementar, mas jamais poderá ser maior, abrangendo mais serviços do que os previstos na legislação complementar". (MORAES, Bernardo Ribeiro de. *Doutrina e Prática do ISS.* São Paulo: Revista dos Tribunais, 1984, p. 157).

545. IVES GANDRA assim fundamenta seu ponto de vista:
"Os municípios brasileiros têm competência impositiva outorgada pela Constituição Federal, privilégio que nenhum município das Federações dos países desenvolvidos possui (Canadá, Estados Unidos, Alemanha, Austrália). Sua competência, todavia, adstringe-se a dois impostos, ou seja, o IPTU e o ISS.
O ISS aparentemente, pela leitura superficial, surge como uma espécie de imposto residual e incidente sobre todos os serviços que não forem tributados pela União e pelos Estados. Afirmando o constituinte que apenas os serviços 'não compreendidos em outras competências' seriam outorgados à incidência municipal, a análise superficial do dispositivo poderia permitir a interpretação de que haveria níveis de tributação, sendo a dos Estados e da União mais relevantes e cabendo ao Município tributar o que sobrasse.
Nada é mais distante da realidade do que tal raciocínio. O discurso constitucional se complementa com a dicção 'definidos em lei complementar'.
(...)

ALIOMAR BALEEIRO.[546] Para esses autores, dessarte, a edição de uma lista pelo legislador complementar, com caráter taxativo, era perfeitamente válida, devendo os Municípios observá-la quando da instituição do ISSQN.

Entretanto, outros sustentaram ser a lista uma indevida ingerência do legislador complementar na competência constitucionalmente outorgada aos entes municipais. SOUTO MAIOR[547] salientou, já sob a égide da CR/88, que, se a Constituição autoriza aos Municípios a instituição de imposto sobre serviços de qualquer natureza, não pode a lei complementar restringir – mediante uma estipulação taxativa de atividades – a possibilidade de cobrança de tributos pela municipalidade. Nessa linha de raciocínio, a *definição* em lei complementar dos serviços tributáveis referida pela CR/88 não deveria corresponder à listagem dos mesmos de modo taxativo, mas sim à concepção genérica de *serviço tributável* (abrindo espaço para que o legislador municipal tribute – em consonância com a *definição geral* posta pelo legislador complementar – serviços de *qualquer natureza*). Esse

---

A lei complementar, portanto, não define os tributos para facultar a imposição, em nível didático, aos Municípios, mas define-os (sic) para evitar conflitos de competência e a possibilidade de invasão de áreas tributáveis por outros entes federativos.
(...)
Assim, sendo, não há como entender simplesmente exemplificativa, inútil e inócua a lista de serviços, cuja veiculação se exige por lei complementar.
Ela é taxativa e assim decidiu o STF, não por superficial exegese, mas por justa e lógica interpretação do texto constitucional." (MARTINS, Ives Gandra da Silva. *Prestação de Serviços não Incluídos na Lista do Decreto-lei 834/69 – Impossibilidade de Acréscimo àquela Lista, por Lei Municipal, de Outros Serviços para Efeitos de Incidência do ISS – Parecer*. Direito Tributário e Econômico – Pareceres sobre a Nova Ordem Econômica. São Paulo: Resenha Tributária, 1987, pp. 235-44).

546. BALEEIRO, Aliomar. *Direito Tributário Brasileiro*, 11ª ed., atualizado por MISABEL ABREU MACHADO DERZI. Rio de Janeiro: Forense, 2001, pp. 500-1.

547. BORGES, José Souto Maior. *Aspectos Fundamentais da Competência Municipal para Instituir o ISS (do Decreto-lei nº 406/68 à LC nº 116/03)*, v. 2. TÔRRES, Heleno Taveira (org.). Imposto sobre Serviços – ISS na Lei Complementar nº 116/03 e na Constituição. São Paulo: Manole, 2004, pp. 12-4.

entendimento foi também adotado por SACHA CALMON,[548] MISABEL DERZI,[549] ATALIBA,[550] AIRES BARRETO,[551] SOARES DE MELO[552] e CHIESA.[553]

A posição assentada pela jurisprudência, contudo, foi pela validade da lista de serviços constante da lei complementar.[554]

O segundo questionamento, como visto, pressupunha o caráter taxativo da lista (reconhecido pelos Tribunais) e referia-se à possibilidade de emprego da analogia ou, ao menos, da interpretação extensiva para fins de cobrança do ISSQN sobre serviços não expressamente arrolados pelo legislador

---

548. COÊLHO, Sacha Calmon Navarro. *Curso de Direito Tributário Brasileiro*, 7ª ed. Rio de Janeiro: Forense, 2004, pp. 430-2.

549. BALEEIRO, Aliomar. *Direito Tributário Brasileiro*, 11ª ed., atualizado por MISABEL ABREU MACHADO DERZI. Rio de Janeiro: Forense, 2001, p. 502.

550. ATALIBA, Geraldo. *ISS – Lista de Serviços Tributáveis – Falácia da sua Exaustividade*. Estudos e Pareceres de Direito Tributário, vol. 3. São Paulo: Revista dos Tribunais, 1980, pp. 181-221.

551. BARRETO, Aires F. *ISS na Constituição e na Lei*, 2ª ed. São Paulo: Dialética, 2005, p. 107.

552. Para SOARES DE MELO, "não há nenhum sentido jurídico no fato da arrecadação tributária ficar submetida aos interesses do Congresso na medida em que as listas sejam mais ou menos abrangentes da gama significativa de serviços", o que o leva a concluir que "a prodigalidade, a benevolência, ou a omissão do Congresso Nacional é que irão determinar o alcance da competência dos Municípios, o que não tem nenhuma sustentação constitucional". (MELO, José Eduardo Soares de. *ISS – Aspectos Teóricos e Práticos*, 3ª ed. São Paulo: Dialética, 2003, p. 51).

553. CHIESA, Clélio. A Tributação dos Serviços de Internet Prestados pelos Provedores: ICMS ou ISS? Revista dos Tribunais – *Cadernos de Direito Tributário e de Finanças Públicas*, nº 27. São Paulo: Revista dos Tribunais, abr.-jun.1999, p. 26.

554. AIRES BARRETO reconhece que a tese da impossibilidade de limitação da competência do Município pelo legislador complementar restou vencida nos Tribunais:
"Independentemente de nossa posição doutrinária sobre os limites da lei complementar e sua compatibilidade com os princípios da rigidez constitucional, o certo é que o Poder Judiciário consagrou a interpretação que conclui, não só, ser a lista de serviços harmônica com a Constituição Federal, como, também, que ela é exaustiva, taxativa. Portanto, segundo a sólida e firme jurisprudência sobre a matéria, somente podem ser tributados pelo ISS os serviços que constarem da lista editada pela lei complementar." (BARRETO, Aires F. ICMS e ISS – Estremação da Hipótese. *Revista Dialética de Direito Tributário*, nº 71. São Paulo: Dialética, ago.2001, p. 18).

complementar. Para logo, é importante apreender-se a distinção entre interpretação extensiva e integração por analogia, que não se confundem.

A analogia é um dos métodos de autointegração do ordenamento jurídico (o outro é o recurso aos princípios gerais do direito), consistente em aplicar a um caso não regulamentado a mesma solução legislativa existente para outro caso, regulamentado. Sua função, portanto, é a de preencher lacunas eventualmente existentes na lei. A utilização da analogia, contudo, somente é autorizada caso haja uma semelhança entre ambos os casos (o regulamentado e o não regulamentado). E essa semelhança deve ser relevante, devendo consistir, nas palavras de BOBBIO,[555] em "uma qualidade comum a ambos e que seja ao mesmo tempo a razão suficiente pela qual ao caso regulamentado foram atribuídas aquelas e não outras consequências". O citado autor dá o seguinte exemplo de analogia: uma lei penal americana é editada proibindo a venda de livros obscenos. Pode o jurista entender, por analogia, que os livros policiais e os discos obscenos também estão abarcados pela proibição? No caso dos livros policiais não, pois o simples fato de ser livro não é o *leitmotiv* que levou o legislador a veicular a norma proibitiva. Entretanto, por analogia, pode-se entender que os discos obscenos também estão abarcados pela proibição (pois esta se volta contra a comercialização de material obsceno).

Vê-se, portanto, que a analogia é possível no ordenamento jurídico desde que, entre o caso regulamentado e o não regulamentado, exista uma semelhança relevante, que autorize a conclusão de que a *ratio legis* é a mesma para ambos.[556]

---

555. BOBBIO, Norberto. *Teoria do Ordenamento Jurídico*, 10ª ed. Brasília: UnB, 1999, p. 153.

556. MAXIMILIANO esclarece que a analogia pressupõe:
"1º) uma hipótese *não prevista*, senão se trataria apenas de *interpretação extensiva*; 2º) a relação contemplada no texto, embora diversa da que se examina, deve ser semelhante, ter com ela um elemento de identidade; 3º) este elemento não pode ser qualquer, e, sim, *essencial, fundamental,* isto é, o fato jurídico que deu origem ao dispositivo." (MAXIMILIANO, Carlos. *Hermenêutica e Aplicação do Direito*, 19ª ed.

Já a interpretação extensiva (método interpretativo) não se confunde com a analogia (método de integração do ordenamento jurídico). Para que haja analogia, é imprescindível que exista uma hipótese não prevista em lei. Na interpretação extensiva, a regra já está plasmada na lei – sua aplicação é apenas estendida para um caso não expressamente mencionado pelo legislador. O exemplo de BOBBIO[557] é novamente esclarecedor: se o Código Civil define como mediador "aquele que coloca em contato duas ou mais partes para a conclusão de um negócio", pode-se concluir – utilizando-se da interpretação extensiva – que mediador é também "aquele que induz à conclusão do negócio depois que as partes iniciaram os contatos por si ou por meio de outro mediador". Ou seja: estende-se o sentido de uma regra já existente para abarcar um caso não expressamente previsto nela. Na analogia, ao contrário, parte-se da constatação de que duas situações – uma regulamentada e outra não – possuem uma qualidade comum relevante. A analogia pressupõe a falta de regulamentação, ao passo que a interpretação extensiva parte justamente da regulamentação.[558]

Nos termos do assentado pelo STF e pelo STJ, a lista de serviços tributáveis pelo ISSQN é taxativa, trazendo um rol *numerus clausus* não passível de ampliação pelo legislador

---

Rio de Janeiro: Forense, 2005, p. 173).

557. BOBBIO, Norberto. *Teoria do Ordenamento Jurídico*, 10ª ed. Brasília: UnB, 1999, p. 155.

558. Novamente, vale recorrer à lição de MAXIMILIANO:
"A analogia ocupa-se com uma lacuna do Direito Positivo, com hipótese não prevista em dispositivo nenhum, e resolve esta por meio de soluções estabelecidas para casos afins; a interpretação extensiva completa a norma existente, trata de espécie já regulada pelo Código, enquadrada no sentido de um preceito explícito, embora não se compreenda na letra deste.
(...)
Em resumo: a interpretação revela o que a regra legal exprime, o que da mesma decorre diretamente, se a examinam com inteligência e espírito liberal; a analogia serve-se dos elementos de um dispositivo e com o seu auxílio formula preceito novo, quase nada diverso do existente, para resolver hipótese não prevista de modo explícito, nem implícito, em norma alguma." (MAXIMILIANO, Carlos. *Hermenêutica e Aplicação do Direito*, 19ª ed. Rio de Janeiro: Forense, 2005, p. 175).

municipal. Contudo, admite-se sua interpretação extensiva, podendo haver incidência do imposto sobre serviços que se assemelhem aos constantes da relação legal. Já o recurso à analogia é vedado, por força da "determinação conceitual específica" que vigora no direito tributário. Esse é o posicionamento que foi adotado, dentre outros, nos Recursos Extraordinários nºs 78.927/RJ,[559] 91.737/MG,[560] 103.909/MG[561] e 114.354/RJ.[562]

O STJ tem seguido a mesma orientação, assentando pela taxatividade da lista – vedando, portanto, a analogia –, mas permitindo sua interpretação extensiva. É o que se dessume dos julgados nos Agravos Regimentais em Recursos Especiais nºs 631.563/MG,[563] 73.913/MG[564] e 260.859/PR,[565] bem como nos Recursos Especiais nºs 656.918/PR,[566] 586.598/PR[567] e 121.428/RJ.[568] Esta última decisão foi assim ementada:

---

559. STF, Primeira Turma, Recurso Extraordinário nº 78.927/RJ, relator Ministro ALIOMAR BALEEIRO, DJ 04.10.1974.

560. STF, Segunda Turma, Recurso Extraordinário nº 91.737/MG, relator Ministro DÉCIO MIRANDA, DJ 27.03.1981, p. 2.535.

561. STF, Segunda Turma, Recurso Extraordinário nº 103.909/MG, relator Ministro MOREIRA ALVES, DJ 24.05.1985, p. 7.984.

562. STF, Segunda Turma, Recurso Extraordinário nº 114.354/RJ, relator Ministro CARLOS MADEIRA, DJ 04.12.1987, p. 27.644.

563. STJ, Primeira Turma, Agravo Regimental no Recurso Especial nº 631.563/MG, relator Ministro JOSÉ DELGADO, DJ 13.12.2004, p. 240.

564. STJ, Segunda Turma, Agravo Regimental no Recurso Especial nº 73.913/MG, relatora Ministra LAURITA VAZ, DJ 14.04.2003, p. 206.

565. STJ, Primeira Turma, Agravo Regimental no Recurso Especial nº 260.859/PR, relator Ministro JOSÉ DELGADO, DJ 02.05.2000, p. 123.

566. STJ, Primeira Turma, Recurso Especial nº 656.918/PR, relator Ministro JOSÉ DELGADO, DJ 16.11.2004, p. 211.

567. STJ, Segunda Turma, Recurso Especial nº 586.598/PR, relatora Ministra ELIANA CALMON, DJ 06.09.2004, p. 238.

568. STJ, Segunda Turma, Recurso Especial nº 121.428/RJ, relator Ministro CASTRO MEIRA, DJ 16.08.2004, p. 156.

> TRIBUTÁRIO. RECURSO ESPECIAL. ISS. LISTA DE SERVIÇOS. TAXATIVIDADE. INTERPRETAÇÃO EXTENSIVA. POSSIBILIDADE.
>
> 1. Embora taxativa, em sua enumeração, a lista de serviços admite interpretação extensiva, dentro de cada item, para permitir a incidência do ISS sobre serviços correlatos àqueles previstos expressamente. Precedentes do STF e desta Corte.
>
> 2. Esse entendimento não ofende a regra do art. 108, § 1º, do CTN, que veda o emprego da analogia para a cobrança de tributo não previsto em lei. Na hipótese, não se cuida de analogia, mas de recurso à interpretação extensiva, de resto autorizada pela própria norma de tributação, já que muitos dos itens da lista de serviços apresentam expressões do tipo "congêneres", "semelhantes", "qualquer natureza", "qualquer espécie", dentre outras tantas.
>
> 3. Não se pode confundir analogia com interpretação analógica ou extensiva. A analogia é técnica de integração, vale dizer, recurso de que se vale o operador do direito diante de uma lacuna no ordenamento jurídico. Já a interpretação, seja ela extensiva ou analógica, objetiva desvendar o sentido e o alcance da norma, para então definir-lhe, com certeza, a sua extensão. A norma existe, sendo o método interpretativo necessário, apenas, para precisar-lhe os contornos.
>
> 4. Recurso especial improvido.

Vê-se, dessarte, que a interpretação extensiva é permitida em razão da existência de itens da lista de serviço de cunho genérico, como os que fazem referência a "congêneres". É o caso dos itens 1.03 ("processamento de dados e congêneres") e 17.02 ("datilografia, digitação, estenografia, expediente, secretaria em geral, resposta audível, redação, edição, interpretação, revisão, tradução, apoio e infraestrutura administrativa e congêneres"), previstos na LC nº 116/03 e utilizados pelos Municípios para autuação de diversos serviços conexos aos de telecomunicações, como se verá *infra*.

Importa ainda ressaltar que, eventualmente, os tribunais denominam a interpretação extensiva de "interpretação analógica". Contudo, não se trata de uma referência ao método de integração do ordenamento jurídico (analogia), mas sim ao processo interpretativo. De fato, a analogia, enquanto método de integração, é terminantemente vedada em Direito Tributário. O princípio da legalidade estrita (do qual é corolário a especificidade conceitual fechada, impropriamente denominada "tipicidade")[569] é verdadeiro dogma que não pode ser menoscabado. Desnecessariamente, mas bem a propósito, o Código Tributário Nacional assim dispõe em seu art. 108, §1º:

> Art. 108. (...).
> §1º. O emprego da analogia não poderá resultar na exigência de tributo não previsto em lei.

Nessa linha, as decisões do STF e do STJ, acima transcritas, são corretas quando vedam o recurso à analogia para fins de cobrança de tributos sobre serviços não constantes da lista da lei complementar. Outrossim, nossas Cortes Superiores também laboram com acerto, a nosso sentir, ao permitir a utilização da interpretação extensiva para os itens em que haja previsão genérica dos serviços potencialmente tributáveis (indicados pela expressão "congêneres" e outras assemelhadas).

8.3.3. A hipótese de incidência do ISSQN

Restando suficientemente aclarada a forma de interpretação da lista de serviços tributáveis, cumpre-nos definir a hipótese de incidência do ISSQN, bem como os aspectos de sua consequência endonormativa.

8.3.3.1. Aspecto material

O ISSQN pode ser cobrado sobre serviços de qualquer natureza, previstos em lei complementar (atualmente a LC nº 116/03). Contudo, não há incidência do imposto sobre (art. 2º

---

[569]. Sobre a impropriedade da utilização do termo "tipo" para designação de conceitos fechados e determinados, confira-se a nota de rodapé nº 406, *retro*.

da LC nº 116/03):

(a) exportações de serviços para o exterior (exceto se o resultado do serviço se verificar no Brasil, hipótese na qual o será tributável);

(b) prestações de serviços em relações de emprego, por trabalhadores avulsos, por diretores e membros de conselho consultivo ou de conselho fiscal de sociedades e fundações, por sócios-gerentes e gerentes delegados;

(c) valores relativos a operações de crédito realizadas por instituições financeiras (ações, depósitos, juros e acréscimos moratórios etc.).

8.3.3.2. Aspecto espacial

O serviço é considerado prestado no local do estabelecimento prestador ou, na falta deste, no domicílio do prestador, salvo as hipóteses expressamente previstas nos incisos I a XXII do art. 3º da LC nº 116/03 (nesses casos, o imposto é devido no local da prestação do serviço). Há também incidência de ISSQN sobre serviço proveniente do exterior ou cuja prestação se tenha iniciado no exterior do País (art. 1º, §1º, da LC nº 116/03).

8.3.3.3. Aspecto temporal

Considera-se ocorrido o fato gerador no momento da prestação do serviço.

8.3.3.4. Aspecto pessoal

Contribuinte do imposto é o prestador do serviço (art. 5º da LC nº 116/03).

8.3.3.5. Base de cálculo e alíquota

A base de cálculo do ISSQN é o preço do serviço (art. 7º, *caput*, da LC nº 116/03). Sua alíquota mínima é de 2% (art. 88 do ADCT, incluído pela EC nº 37/02) e a máxima de 5% (art. 8º, II, da LC nº 116/03).

8.4. Serviços sujeitos ao ICMS

Sendo tributável pelo ICMS, o serviço de comunicação não enseja a incidência do ISSQN, por força da competência atribuída aos Estados para instituição do imposto estadual que, a seu turno, exclui automaticamente a possibilidade de cobrança de tributo pelos Municípios (art. 155, II c/c art. 156, III da CR/88).

Entretanto, em algumas atividades, têm surgido dúvidas quanto à incidência do ICMS ou do ISSQN, pois os Estados vislumbram nelas serviços de comunicação, ao passo que os Municípios entendem estar diante de atividades que atraem a incidência do imposto sobre serviços de qualquer natureza. Os dois exemplos modelares desse conflito impositivo – no qual os Municípios laboram em equívoco – são os serviços de radiochamada e de TV por assinatura.

Confira-se.

8.4.1. Radiochamada

O Serviço Especial de Radiochamada[570] destina-se a transmitir mensagens unidirecionais para receptores móveis, por meio de radiofrequência.[571] O interessado em enviar uma

---

570. Apesar do Serviço Especial de Radiochamada já se encontrar em desuso, imprescindível se faz a dedicação de um tópico para discorrer sobre o mesmo, diante a sua importância histórico-doutrinária.

571. ESCOBAR, J. C. Mariense. *O Novo Direito de Telecomunicações*. Porto Alegre: Livraria do Advogado, 1999, p. 173.

mensagem para o usuário do serviço liga para uma central, que anota o recado e o envia ao aparelho móvel (denominado *bip* ou *pager*) do receptor. Quando a mensagem chega ao *bip*, considera-se prestado o serviço de comunicação.

Os Municípios manifestaram, repetidamente, a intenção de cobrar o ISSQN sobre a radiochamada, alegando a existência do serviço de secretaria em geral, consistente no recebimento do recado pela central e seu posterior encaminhamento (item 17.02 da lista da LC nº 116/03[572] e item 29 da lista da LC nº 56/87).[573] Vale conferir, nesse sentido, a seguinte manifestação da Procuradoria do Município de Curitiba:

> As operadoras funcionam como uma grande central a que o público em geral se dirige, por via telefônica, a fim de que através dela – onde atuam funcionários treinados com vistas à captação de recados e ao seu repasse, de forma digitalizada, para os aparelhos receptores em poder do destinatário – se faça chegar a determinado usuário certo comunicado. São, pois, serviços característicos de secretaria, arrolados no item 29 da referida lista e sujeitos ao ISS (...).[574]

Sob a égide da LC nº 56/87, sustentavam os Municípios a possibilidade de tributação das atividades realizadas pelas empresas de radiochamada também com base no item 79 da lista ("locação de bens móveis"). De fato, é possível que essa locação efetivamente ocorra, uma vez que as empresas concedem ao usuário a faculdade de comprar o aparelho de radiochamada ou então de alugar o mesmo. A seguinte resposta

---

572. LC nº 116/03:
"17.02. Datilografia, digitação, estenografia, expediente, secretaria em geral, resposta audível, redação, edição, interpretação, revisão, tradução, apoio e infraestrutura administrativa e congêneres."

573. LC nº 56/87:
"29. Datilografia, estenografia, expediente, secretaria em geral e congêneres."

574. Parecer da Procuradoria do Município de Curitiba aviado nos autos do Processo nº 046.351/97, *apud* ARZUA, Cláudia de Souza. *Conflitos de Competência entre ISS e ICMS*. MARINS, James (org.). Direito Tributário Atual. Curitiba: Juruá, 2000, pp. 437-8.

do Município de Belo Horizonte à consulta formulada por um contribuinte adota esse entendimento:

> ISSQN. SERVIÇOS DE RECEPÇÃO E RETRANSMISSÃO DE MENSAGENS PARTICULARES E DE LOCAÇÃO DE APARELHOS 'BEEP' REALIZADOS PELAS EMPRESAS DE RADIOCHAMADA. INCIDÊNCIA.
> Constitui fato gerador do ISSQN a prestação pelas empresas operadoras de radiochamada dos serviços de recepção e envio de mensagens particulares aos usuários do sistema; incide também o imposto relativamente à locação de aparelhos receptores – "beep" – dessas mensagens.[575]

Com o advento da LC nº 116/03, na qual o dispositivo autorizativo da incidência de ISSQN sobre a locação de bens móveis foi vetado,[576] esse fundamento para cobrança do aludido imposto sobre o aluguel do aparelho de radiochamada deixou de existir. Assim, o valor da locação do equipamento não pode mais ser tributado pelo imposto municipal (e tampouco pelo ICMS, visto que não encerra serviço de comunicação, mas mera cessão do direito de uso de bem móvel – o ICMS somente incide sobre o valor da mensalidade que remunera o serviço efetivo de comunicação prestado pela central de radiochamada, consistente no encaminhamento ao usuário de mensagens de terceiros).

Não obstante o entendimento dos Municípios, a radiochamada encerra típico serviço de comunicação unidirecional.[577] Estão presentes, na hipótese, os elementos da relação comunicativa (emissor – receptor – mensagem – código – meio), que

---

575. Resposta à consulta nº 098/96 da Secretaria Municipal da Fazenda de Belo Horizonte, *apud* ARZUA, Cláudia de Souza. *Conflitos de Competência entre ISS e ICMS*. MARINS, James (org.). Direito Tributário Atual. Curitiba: Juruá, 2000, p. 430.

576. Item 3.01, vetado em razão da decisão prolatada pelo STF nos autos do Recurso Extraordinário nº 116.121/SP, que julgou inconstitucional a incidência do ISSQN sobre a locação de bens móveis.

577. Como visto no terceiro capítulo, a bidirecionalidade na comunicação não é requisito para configuração do fato imponível do ICMS.

é viabilizada por um terceiro (prestador do serviço), atraindo a incidência do ICMS, e não do ISSQN.[578] Os valores pagos pelo usuário à empresa de radiochamada remuneram a prestação do serviço de comunicação, e não serviços de secretaria e expediente (a locação de bens móveis, como já salientado, não é serviço, sobretudo serviço de comunicação, logo não pode ser incluída na base de cálculo do ICMS).

Corroborando este entendimento, o Superior Tribunal de Justiça já assentou pela subsunção do serviço em tela ao ICMS-comunicação, em decisão assim ementada:

> ICMS. Serviço de comunicação. Radiochamada. ("bip"). Incide o ICMS sobre a prestação de serviço de comunicação de radiochamada. Afasta-se a incidência do tributo municipal sobre serviços listados de secretaria e de aluguel de equipamento, eis que não constituem substancialmente o serviço prestado, mas instrumentos da atividade-fim de comunicação.[579]

A decisão, contudo, peca no ponto em que determina a incidência de ICMS sobre os valores pagos à empresa de radiochamada para remunerar a locação do aparelho[580] (uma vez que não há serviço de comunicação nessa hipótese – se o usuário possuir equipamento próprio, não precisará pagar pela locação, mas o serviço será prestado da mesma forma).

Arrimando-se na decisão citada, a Consultoria Tributária do Estado de São Paulo também concluiu pela incidência do

---

578. CARRAZZA leciona que a radiochamada "é um serviço de comunicação típico, perfeitamente tributável por meio de ICMS. Deveras, cobra-se, do assinante, pela prestação deste serviço, que vai permitir que ele receba mensagens de terceiros. Configuram-se, neste caso, não só a chamada *relação comunicativa* como a efetiva prestação do serviço em tela". (CARRAZZA, Roque Antonio. *ICMS*, 9ª ed. São Paulo: Malheiros, 2002, p. 195).

579. STJ, Primeira Turma, AI nº 63.963/RS, Relator Ministro MILTON LUIZ PEREIRA, DJ 02.05.1995, pp. 11555-11556.

580. Sobre a não incidência de ICMS na locação de equipamentos utilizados na prestação dos serviços de comunicação, vide item 7.6.4, *retro*.

ICMS sobre a atividade em apreço.[581]

Julgando o Recurso Especial nº 848.490/RJ,[582] o Superior Tribunal de Justiça destacou, novamente, a incidência do ICMS sobre o serviço de radiochamada, além de indicar a intributabilidade da locação de *pagers* por quaisquer dos impostos discutidos no caso (ICMS e ISS). Tratava-se da interposição simultânea de recursos especiais pelo Estado do Rio de Janeiro e pelo Município do Rio de Janeiro, os quais se insurgiram contra aresto do Tribunal de Justiça que determinara o recolhimento do tributo estadual sobre "as receitas de radiochamadas, nelas computadas o valor relativo ao custo das atividades de secretariado (anotação de recados e digitação das mensagens), atividade-meio" e o municipal sobre a locação de equipamentos para a prestação do serviço.

O Governo Estadual demandava o reconhecimento da incidência do ICMS sobre o montante referente à locação de *pagers*, ao passo que a Municipalidade pretendia exigir o ISS sobre a atividade de secretariado, que, a seu ver, amoldava-se ao item nº 29 da lista anexa ao DL nº 406/68.[583] Nesse sentido, a Relatora, Ministra ELIANA CALMON, fixou a seguinte questão para apreciação pela Corte: na prestação de serviços de radiochamadas, mediante a locação de *pagers* e a utilização

---

581. Resposta à Consulta nº 177/89:
"11. Ora, se telecomunicações 'é nome genérico das comunicações à distância, por fio ou por ondas hertzianas' (Dicionário Contemporâneo da Língua Portuguesa, Caldas Aulete) podemos concluir, sem margem de dúvidas, que a consulente, ao desenvolver sua atividade (serviço de transmissão de sinais) está prestando serviço de comunicação, que é onerado, como se viu, pelo ICMS.
(...)
13. Assim, é devido o ICMS sobre o serviço de transmissão de sinais codificado pela Central do BIP (Serviço Especial de Radiochamada) executado pela consulente. A base de cálculo é o preço do serviço, nos termos do art. 24, inciso VII, da Lei nº 6.374/89." (BENATTI, Jair. *ICMS – Consultoria Tributária*, v. I. Campinas: Bookseller, 2002, pp. 122-3).

582. STJ, Segunda Turma, Recurso Especial nº 848.490/RJ, relatora Ministra ELIANA CALMON, DJe 21.10.2008.

583. Item nº 29 da lista de serviços do DL nº 406/68: "29. Datilografia, estenografia, expediente, secretaria em geral e congêneres".

de serviços de secretariado, deve incidir o ICMS sobre a totalidade do valor desses serviços, ou, ao contrário, deve incidir o ISS sobre os serviços de secretaria e sobre a locação?

Em primeiro lugar, a Relatora destacou a jurisprudência consolidada da Corte no sentido de restringir a incidência do ICMS aos serviços de comunicação *strictu sensu*, "não sendo possível, pela tipicidade fechada do direito tributário, estender-se a outros serviços meramente acessórios ou preparatórios àqueles, e tampouco aos não essenciais à prestação do serviço". Desse modo, ilegítima é a cobrança do imposto estadual sobre a locação de *pagers* e pelo serviço de secretariado, porquanto não incorporadas ao conceito de serviço de comunicação.

À sua vez, ao Município falecia a competência para exigir o ISS sobre o serviço de secretariado, vez que este traduz atividade-meio à prestação do serviço de radiochamada, de modo que aplicável o entendimento da Corte de que somente a atividade-fim pode atrair a incidência tributária. No que concerne à locação de coisas móveis, há de se observar a iterativa jurisprudência do STF a respeito da impossibilidade da subsunção da norma de incidência do ISS sobre os contratos de locação de coisas móveis.

No entanto, tendo em vista que somente os entes tributantes interpuseram recursos na espécie, e levando em consideração a regra da *ne reformatio in pejus*, as conclusões da Relatora não encontraram aplicabilidade nos autos, de modo que restaram negados ambos os apelos, com a consequente manutenção do aresto do Tribunal de Justiça do estado do Rio de Janeiro:

> PROCESSUAL CIVIL E TRIBUTÁRIO. CPC/73, ART. 535. AUSÊNCIA DE VIOLAÇÃO. SERVIÇO DE "RADIOCHAMADA" (PAGERS). LOCAÇÃO DE APARELHO. ATIVIDADE DE SECRETARIA. ICMS E ISS. ÁREA DE INCIDÊNCIA.
>
> 1. Não ocorre violação ao art. 535, II, do CPC/73, se o Tribunal de origem aprecia expressamente a questão suscitada nos embargos de declaração.

> 2. A jurisprudência do STJ encontra-se pacificada no sentido de que o disposto no art. 2º, III, da LC 87/96, só contempla o ICMS sobre os serviços de comunicação *stricto sensu*, não sendo possível, pela tipicidade fechada do direito tributário, estender-se aos serviços meramente acessórios ou preparatórios. Precedentes.
>
> 3. De igual maneira, é firme a orientação de que não incide o ISS sobre a atividade-meio utilizada na prestação do serviço, como é o caso da atividade de secretaria (anotação de recados e digitação de mensagens) envolvida na prestação de serviços de "radiochamada" por intermédio de pagers.
>
> 4. Impossibilidade de modificação do acórdão recorrido, dada a ausência de recurso especial do contribuinte e em razão do princípio da *non reformatio in pejus*.
>
> 5. Recursos especiais não providos.

Em parecer juntado aos autos do Recurso Extraordinário nº 660.970/RJ, com repercussão geral reconhecida,[584] a Procuradoria Geral da República rechaçou a incidência do ISS sobre as operações de secretariado, apontando, na linha já exposta, que a atividade não possui autonomia em relação ao serviço de radiochamada, o que impede o exercício da competência tributária municipal.

Dessarte, as pretensões municipais de cobrança do ISSQN sobre a radiochamada não se sustentam após uma análise mais detida do serviço efetivamente prestado na hipótese, cuja natureza é eminentemente de comunicação. De igual modo, ilegítima é a pretensão municipal de cobrar o referido imposto sobre o serviço de secretariado, o qual integra o serviço de radiochamada.

8.4.2. Serviço de comunicação audiovisual de acesso condicionado – SeAC

Criado pela Lei nº 12.485, de 12 de setembro de 2011, o serviço de comunicação audiovisual de acesso condicionado

---

[584]. Tema de Repercussão Geral nº 507:
"Imposto a incidir sobre as operações de secretariado por radiochamada".

– SeAC – objetiva ao "complexo de atividades que permite a emissão, transmissão e recepção, por meios eletrônicos quaisquer, de imagens, acompanhadas ou não de sons, que resulta na entrega de conteúdo audiovisual exclusivamente a assinantes" (art. 2º, VI). Ainda segundo a referida lei, (art. 2º, XXIII), o SeAC é

> serviço de telecomunicações de interesse coletivo prestado no regime privado, cuja recepção é condicionada à contratação remunerada por assinantes e destinado à distribuição de conteúdos audiovisuais na forma de pacotes, de canais nas modalidades avulsa de programação e avulsa de conteúdo programado e de canais de distribuição obrigatória, por meio de tecnologias, processos, meios eletrônicos e protocolos de comunicação quaisquer.

Em última instância, o SeAC é o resultado da união das diferentes modalidades de TV por assinatura: a TV a cabo, Distribuição de Sinais de Televisão e de Áudio por Assinatura, via Satélite – DTH, a Distribuição de Sinais Multiponto Multicanais – MMDS e o Serviço Especial de Televisão por Assinatura – TVA.

O serviço de TV a cabo, previsto na Lei nº 8.977/95, é serviço de telecomunicações, não aberto à correspondência pública, consistente na distribuição de sinais de vídeo e/ou áudio a assinantes, mediante transporte por meios físicos.[585]

Já o serviço de Distribuição de Sinais de Televisão e de Áudio por Assinatura via Satélite (DTH) é um serviço especial de telecomunicações que objetiva a distribuição de sinais de TV e/ou áudio a assinantes localizados na área de prestação do serviço, por meio de satélites.[586] A diferença essencial entre a TV a cabo e a DTH é, portanto, o meio através do qual os sinais são enviados ao domicílio dos assinantes: na TV a cabo,

---

585. ESCOBAR, J. C. Mariense. *O Novo Direito de Telecomunicações*. Porto Alegre: Livraria do Advogado, 1999, p. 175.

586. ESCOBAR, J. C. Mariense. *O Novo Direito de Telecomunicações*. Porto Alegre: Livraria do Advogado, 1999, p. 171.

utilizam-se meios físicos (cabos de fibra ótica) e na DTH, a transmissão via satélite (que é captada por antenas especiais instaladas nas residências dos assinantes).

O serviço de Distribuição de Sinais Multiponto Multicanais – MMDS - é também um serviço especial de telecomunicações, ao teor do Decreto nº 2.196, de 8 de abril de 1997, consistente na transmissão de sinais por faixa de micro-ondas (2500 – 2686 MHz) a usuários localizados dentro da área de prestação.[587] Nessa modalidade, o sinal satelital é enviado à central da operadora, de onde parte para os assinantes.

Por fim, o Serviço Especial de Televisão por Assinatura é "o serviço de telecomunicações, destinado a distribuir sons e imagens a assinantes, por sinais codificados, mediante utilização de canais do espectro radioelétrico, permitida, a critério do poder concedente, a utilização parcial sem codificação" (Decreto nº 95.744, de 23 de fevereiro de 1988, art. 2º do respectivo Regulamento). Em síntese, trata-se de uma versão do MMDS, que se particulariza pela codificação do sinal.

Como os prestadores do serviço de TV por assinatura disponibilizam, para seus assinantes, a programação de diversas emissoras em "pacotes" com preços diferenciados (conforme o maior ou menor número de canais disponibilizados), sustentou-se que haveria prestação do serviço de agenciamento e intermediação, tributável pelo ISSQN.

Entretanto, o SeAC possui todos os elementos autorizativos da incidência do ICMS-comunicação. O tomador do serviço é o próprio destinatário da mensagem, que paga uma quantia mensal para recebê-la em seu domicílio[588] (a men-

---

587. Cf. Norma nº 002/94, conforme redação dada pela Portaria Ministério das Comunicações nº 254, de 16 de abril de 1997.

588. BRITO MACHADO comunga de entendimento semelhante, ao asseverar que "é razoável (...) entender-se que o imposto incide [sobre a prestação do serviço de TV por assinatura], porque se trata de comunicação onerosa, ou remunerada". (MACHADO, Hugo de Brito. "O ICMS e a Radiodifusão". *Revista Dialética de Direito Tributário*, nº 23. São Paulo: Dialética, ago.1997, p. 60).

sagem é criada pelas produtoras de programas televisivos, sendo posteriormente transmitida pela empresa de TV por assinatura para o destinatário, viabilizando a relação comunicativa tributável pelo imposto estadual).

Esposando esse raciocínio, a Consultoria Tributária de São Paulo, em resposta à Consulta nº 1.356/90, de 20 de dezembro de 1994, procedeu à diferenciação entre serviço de TV por assinatura via satélite e serviço de radiodifusão (vez que este último era, à época, isento do imposto no Estado de São Paulo)[589] para, ao final, concluir pela incidência do ICMS sobre a TV por assinatura.[590]

---

589. O art. 2º da Lei nº 6.374, de 1º de março de 1989, ostentava a seguinte redação (posteriormente, o dispositivo foi modificado pela Lei nº 10.619/00, que revogou a isenção até então concedida aos serviços de radiodifusão):
"Art. 2º. Ocorre o fato gerador do imposto:
(...)
IX – na geração, emissão, transmissão, retransmissão, repetição, ampliação ou recepção de comunicação de qualquer natureza, por qualquer processo, ainda que iniciada ou prestada no exterior, exceto radiodifusão (vetado); (...)."

590. Confira-se a aludida resposta à Consulta nº 1.356/90, em trecho no qual cita (e adota para si) as conclusões do Parecer SR-93, de 21.06.1989, da Consultoria Geral da República:
"Observe-se que o Código Brasileiro de Telecomunicações (Lei nº 4.117, de 27.8.62), distingue as telecomunicações, quanto aos fins a que se destinam, dentre outras modalidades, em serviço de radiodifusão, destinado a ser recebido direta e livremente pelo público em geral, compreendendo a radiodifusão sonora e televisão (art. 6º, *d*) e serviço especial 'relativo a determinados serviços de interesse geral não abertos a correspondência pública e não incluídos nas definições anteriores' (art. 6º, *f*).
O serviço especial TVA também se destina à transmissão de sons e imagens, mas apenas em favor de assinantes do serviço por meio de sinais especialmente codificados (...) permitida, a critério do poder concedente, a utilização parcial sem codificação especial (...).
Assim, enquanto o serviço de radiodifusão de sons e imagens destina-se a ser recebido, livremente, pelo público em geral, o serviço especial de TVA é elitista na medida em que só é acessível a quem por ele possa pagar, inclusivamente quanto ao uso e manutenção do decodificador de sinais.
Inconfundíveis, pois, o serviço de radiodifusão de sons e imagens e o serviço especial de televisão por assinatura (...)." (LARANJEIRA, Álvaro Reis e SERRANO, Nelson Aparecido Sanchez (org.). *ICM/ICMS – Respostas da Consultoria Tributária*, v. 4. São Paulo: LTr, 1997, p. 140).

Já foi sustentado, contudo, que o serviço de televisão por assinatura não seria tributável pelo ICMS, pois não envolve a transmissão de mensagem de terceiro pelo prestador, mas sim o envio de mensagem própria da empresa de TV por assinatura, titular do direito de difusão da programação que adquire. Assim, concluiu-se que não haveria prestação de serviço de comunicação na hipótese, mas mera cessão de direito autoral, pois "a operadora do serviço de TV por assinatura adquire os direitos autorais da programação de terceiros, para posteriormente transmiti-la aos seus assinantes".[591]

Contudo, o fato de a programação ser adquirida de terceiro não transmuda a natureza de serviço de comunicação do SeAC. Isso porque, de todo modo, aquela mensagem (programa televisivo) criada pelo terceiro (que pode ser uma outra rede de televisão ou mesmo um anunciante), para ser difundida pelos canais pagos, é, de fato, mensagem de terceiro (e não do prestador do serviço de TV por assinatura, que tão somente disponibiliza o meio – mediante remuneração – para que a mesma chegue aos domicílios de seus assinantes). E mais: existem canais cuja titularidade não é adquirida pela emissora de TV por assinatura, visto que são públicos e gratuitos (como a TV Senado e a TV Justiça). Nesses casos, a assertiva de que estaria ocorrendo mera cessão de direito autoral tampouco é válida (inexiste, na hipótese, a aquisição prévia de um direito para ser posteriormente cedido).[592]

---

591. CEZAROTI, Guilherme. *A Não Incidência do ICMS sobre o Serviço de TV por Assinatura*. BORGES, Eduardo de Carvalho (org.). *Tributação nas Telecomunicações*. São Paulo: Quartier Latin, 2005, p. 228.

592. Corroborando o entendimento pela incidência de ICMS no serviço de TV por assinatura, vale trazer à colação as seguintes ponderações:
"Logo, configurada está na prestação de serviços de 'TV a cabo e DTH' a relação comunicativa necessária para a incidência do ICMS, qual seja: existe um contrato oneroso entre o assinante e a operadora, sendo que esta oferece condições materiais para que ocorra a comunicação (fornecendo os serviços de instalação e manutenção dos equipamentos necessários à recepção dos sinais de vídeo e/ou áudio), mediante programação previamente estipulada.
Concluindo que os serviços de 'TV a Cabo e DTH' são serviços típicos de telecomunicações, reconhece-se que estes encontram-se (*sic*) no campo de incidência do ICMS, conforme estabelece o art. 155, inc. II, da Constituição Federal." (NEME,

Pelo que foi exposto, pode-se concluir que o serviço de TV por assinatura é tipicamente de comunicação, atraindo a incidência do ICMS e afastando, dessarte, a tributação pelo ISSQN.

8.5. Serviços sobre os quais não incide o ICMS

Como restou demonstrado nos dois capítulos precedentes, existem diversos serviços que não atraem a incidência do ICMS-comunicação. São os serviços de valor adicionado, as atividades-meio, os serviços suplementares, as facilidades adicionais e os outros serviços conexos aos de telecomunicações.

Em todos esses casos, a incidência do ISSQN é possível, desde que a atividade esteja prevista na lista de serviços tributáveis, que admite interpretação extensiva nos itens em que há menção a "congêneres" (ou outros termos assemelhados). Analisemos, assim, a possibilidade de cobrança do ISSQN nessas hipóteses.

8.5.1. Serviços de valor adicionado: advertência prévia

Os serviços de valor adicionado, como já visto, são aqueles que se utilizam da rede de telecomunicações para serem prestados, agregando a esta alguma utilidade relacionada ao acesso, armazenamento, apresentação, movimentação ou recuperação de informações (art. 61 da LGT).

A primeira consideração que se deve fazer acerca da incidência do ISSQN sobre os SVAs é que, na maioria das vezes, tais serviços não são prestados pelas operadoras de telefonia. Estas se limitam a fornecer a rede de telecomunicações para que os serviços sejam prestados por um terceiro e a efetuar a

---

Márcia de Freitas Castro e NASRALLAH, Amal Ibrahim. A Tributação das Operações Envolvendo "TV a Cabo" e "Direct to Home", "Internet" e "Paging" – ICMS x ISS. Revista dos Tribunais – *Cadernos de Direito Tributário e Finanças Públicas*, nº 26. São Paulo: Revista dos Tribunais, jan.-mar.1999, p. 48).

cobrança dos mesmos na conta telefônica, repassando posteriormente os valores ao efetivo prestador.

Logo, a conclusão pela eventual tributabilidade de um serviço de valor adicionado não significa que o ISSQN poderá ser exigido da empresa de telecomunicação. Contribuinte do imposto é o prestador do serviço,[593] e é somente este que pode responder pelo ISSQN, salvo quando existente lei atributiva de responsabilidade a terceiro relacionado com o fato gerador (art. 128 do CTN).

8.5.1.1. Auxílio à lista, hora certa, despertador e 0900

O ISSQN tem sido exigido sobre a prestação dos serviços de auxílio à lista, hora certa, despertador e 0900 com fundamento no item 17.01 da lista da LC nº 116/03, que assim dispõe:

> "17.01. Assessoria ou consultoria de qualquer natureza, não contida em outros itens desta lista; análise, exame, pesquisa, coleta, compilação e fornecimento de dados e informações de qualquer natureza, inclusive cadastro e similares."

O dispositivo equivale aos itens 22 e 24 da antiga lista da LC nº 56/87.[594]

Tais serviços, apesar de estarem praticamente em desuso por decorrência da popularização dos smartphones, merecem ser comentados, tendo em vista de sua importância doutrinária sobre o tema trabalhado neste capítulo. No caso do auxílio à lista (102), a cobrança do imposto é legítima. De fato, o

---

593. Tanto o art. 5º da LC nº 116/03 como o art. 10º do DL nº 406/68 predizem que o contribuinte do ISSQN é o prestador do serviço.

594. LC nº 56/87 (posteriormente revogada pela LC nº 116/03):
"22. Assessoria ou consultoria de qualquer natureza, não contida em outros itens desta lista, organização, programação, planejamento de dados, consultoria técnica, financeira ou administrativa.
(...)
24. Análises, inclusive de sistemas, exames, pesquisas e informações, coleta e processamento de dados de qualquer natureza; (...)."

objetivo desse serviço é prestar assessoria ao usuário da rede de telecomunicações que deseje saber o número do telefone de determinado assinante. Como a previsão do item 17.02 é genérica (assessoria e consultoria "de qualquer natureza"), forçoso é concluir pela tributabilidade do serviço de auxílio à lista pelo ISSQN.[595]

O mesmo raciocínio é também aplicável ao serviço que informa a hora certa, pois ele fornece "dados e informações de qualquer natureza", tal como prevê o item 17.02 da LC nº 116/03.

Contudo, o serviço despertador (chamada teleprogramada) não pode ser enquadrado no aludido item da lista da LC nº 116/03 (e tampouco em qualquer outro dispositivo dela). Na hipótese, não há fornecimento de informação ao usuário do serviço, tratando-se de mera facilidade disponibilizada através do uso da rede de telefonia. Como essa facilidade não é prevista na relação de serviços tributáveis, não há como sustentar-se a incidência do ISSQN nesse caso.[596]

---

[595]. Há, todavia, acórdão do STJ que aplica ao serviço de auxílio à lista a tese de que somente a atividade-fim da empresa atrai a cobrança de ISS, de modo que o imposto municipal não seria devido pelas operadoras de telecomunicação. No entanto, é necessário salientar que, no caso, a qualificação da referida prestação como atividade-meio ao serviço de telecomunicação ocorreu nas instâncias ordinárias, tendo-se cristalizado em virtude da Súmula STJ nº 07. Nesse sentido, cf. STJ, Primeira Turma, Agravo Regimental no Recurso Especial nº 1.331.306/AM, relator Ministro SÉRGIO KUKINA, DJe 06.09.2013.

[596]. Vale destacar que o Superior Tribunal de Justiça já decidiu, sem analisar especificamente as características da atividade, que o serviço "despertador" constitui atividade-meio ao serviço de telecomunicação, o que impede a incidência do ISS: "TRIBUTÁRIO. ISS. SERVIÇOS. ATIVIDADE-MEIO. NÃO INCIDÊNCIA.
1. Não incide o ISS sobre serviços prestados que caracterizam atividades-meio para atingir atividades-fim, no caso a exploração de telecomunicações.
2. Marcelo Caron Baptista, em 'ISS - Do Texto à Norma', editada pela Quartier Latin, p. 692, doutrina: 'A prestação de serviço tributável pelo ISS é, pois, entre outras coisas, aquela em que o esforço do prestador realiza a prestação-fim, que está no centro da relação contratual, e desde que não sirva apenas para dar nascimento a uma relação jurídica diversa entre as partes, bem como não caracteriza prestação do serviço de transporte interestadual, intermunicipal ou de comunicação, cuja tributação se dará pela via do ICMS'.
3. São serviços-meio para o alcance dos serviços-fim de telecomunicações os de

Com relação ao serviço 0900, a advertência feita anteriormente merece ser revisitada, pois esses serviços são, na quase totalidade das vezes, prestados por terceiros (e não pelas operadoras). Dessarte, se devido, o ISSQN não poderá ser exigido das empresas de telecomunicações, que se limitam a cobrar, na conta telefônica, os valores que são posteriormente repassados aos efetivos prestadores do SVA.

E quando será devido o ISSQN no disque-0900? Por exemplo, nos casos em que o serviço configurar um verdadeiro fornecimento de informações ao usuário (item 17.02 da lista da LC nº 116/03) ou algum outro tipo de prestação de serviço definida na lista anexa à LC nº 116/03.

Anote-se que os serviços ora analisados estavam previstos no Projeto de Lei que foi posteriormente convertido na LC nº 116/03. Entretanto, foram retirados do texto quando da conversão do projeto em lei, o que constitui mais um indicativo da não incidência do ISSQN sobre as atividades.[597]

---

secretaria, datilografia, habilitação, mudança e religação de aparelhos, despertador, processamento de dados, entre outros. Não incidência de ISS.
4. O STF tem jurisprudência consolidada no sentido de não incidir ISS sobre locação de bens móveis. Reconhece, também, proteção de imunidade tributária para a edição e publicidade das listas telefônicas.
5. Seguimento da orientação do Supremo Tribunal Federal.
Reconhecimento de ser inaplicável legislação infraconstitucional interpretada em desacordo com a jurisprudência da Corte Maior.
6. Recurso especial provido." (STJ, Primeira Turma, Recurso Especial 883.254/MG, relator Ministro JOSÉ DELGADO, DJ 28/02/2008, p. 74)

597. Assim dispunha a lista de serviços tributáveis pelo ISSQN do Substitutivo da Câmara dos Deputados ao Projeto de Lei Complementar nº 1-A, de 1991, do Senado Federal (PLS Nº 161/89 – Complementar na Casa de origem):
"41.07 – personalização de toque musical, personalização de ícones, fornecimento de informações e notícias, sistema de busca, auxílio à lista telefônica, serviço de despertador, hora certa, horóscopo, resultado de loterias, tele-emprego e congêneres."

8.5.1.2. Provimento de acesso à Internet e hospedagem de *sites* (*web hosting*)

As atividades dos provedores de acesso à Internet e dos hospedeiros de *sites*, consoante visto no capítulo 6, não se enquadram na hipótese de incidência do ICMS-comunicação. Isso possibilita, em tese, a cobrança do ISSQN, desde que haja previsão na lista.

A LC nº 116/03 elenca os seguintes serviços de informática[598] sujeitos ao tributo municipal:

> 1. Serviços de informática e congêneres.
>
> 1.01. Análise e desenvolvimento de sistemas.
>
> 1.02. Programação.
>
> 1.03. Processamento de dados e congêneres.
>
> 1.04. Elaboração de programas de computadores, inclusive de jogos eletrônicos.
>
> 1.05. Licenciamento ou cessão de direito de uso de programas de computação.
>
> 1.06. Assessoria e consultoria em informática.
>
> 1.07. Suporte técnico em informática, inclusive instalação, configuração e manutenção de programas de computação e bancos de dados.

---

598. Vale conferir a definição de informática ofertada por DINIZ, com esforço em conceitos de autores diversos:
"1. Ciência do tratamento lógico e automático da informação, compreendendo-se as técnicas e os meios relativos à coleta, tratamento e difusão de informações (García Márquez). 2. Parte da cibernética que trata dos sistemas dinâmicos determinísticos, com vistas à sua execução em um computador eletrônico, estudando também o modo pelo qual é possível seu processamento por ele (Antônio S. Limongi França). 3. Ramo da Ciência voltado ao tratamento automático da informação, baseando-se em processamento de dados e empregando computador eletrônico para sua coleta, processamento, conservação, recuperação e disseminação. 4. Ciência do uso da informação ligada a um computador (Liliana M. Paesani)." (DINIZ, Maria Helena. *Dicionário Jurídico*, v. 2. São Paulo: Saraiva, 1998, p. 837, *apud* PISCITELLI, Tathiane dos Santos e IZELLI, Anna Flávia de Azevedo. Os Serviços de Provedores de Acesso à Internet e a LC nº 116/2003. TÔRRES, Heleno Taveira (org.). *Imposto sobre Serviços – ISS na Lei Complementar nº 116/03 e na Constituição*, v. 2. São Paulo: Manole, 2004, p. 482).

1.08. Planejamento, confecção, manutenção e atualização de páginas eletrônicas.

As atividades constantes dos itens 1.01, 1.02, 1.03 e 1.04 referem-se à prestação de serviços de desenvolvimento de sistemas, programas e processamento de dados.

O item 1.05 trata do licenciamento de programas para utilização pelo público.

Os itens 1.06 e 1.07 referem-se à prestação de serviços de assessoria e suporte técnico em informática.

Em nenhum desses, portanto, podem ser enquadradas – nem mesmo com base em interpretação extensiva do item 1.03, que se refere a processamento de dados e *congêneres* – as atividades dos provedores de acesso à Internet e dos provedores de hospedagem na rede.

Os provedores de acesso disponibilizam um meio (endereço IP e roteadores) para que o usuário tenha acesso à Internet. Já os provedores de hospedagem armazenam as *web pages* (*sites*) para acesso por parte de terceiros. Não há, em nenhum dos dois casos, a prática de qualquer das atividades previstas nos itens 1.01 a 1.07 da LC nº 116/03.

Por fim, o item 1.08 autoriza a incidência do ISSQN sobre o planejamento, confecção, manutenção e atualização de páginas eletrônicas. Como as atividades dos provedores de acesso à Internet não envolvem tais serviços, dessume-se que se encontram fora do campo de incidência do ISSQN. Já as atividades dos provedores de hospedagem, poderão, *eventualmente*, ser tributáveis pelo imposto municipal, à luz do item 1.08.

Em sua forma clássica, a função do provedor de hospedagem assemelha-se a de um armazém-geral, como já anotou EDUARDO BOTTALLO,[599] pois tão somente armazenam as

---

599. BOTTALLO, Eduardo D. e TURCZYN, Sidnei. A Atividade de Hospedagem de Sites e seu Regime Tributário. TÔRRES, Heleno Taveira (org.). *Direito Tributário das Telecomunicações*. São Paulo: IOB Thomson: Abetel, 2004, p. 505.

informações da *web page*. No entanto, isso não significa que a atividade se amolde ao item 11.04 da lista da LC nº 116/03,[600] porquanto o dispositivo não tem em vista a guarda de dados virtuais, e sim bens materiais.

Por outro lado, existem variações do serviço de *web hosting* nas quais o prestador, além de hospedar a *home page*, pode desenvolvê-la, efetuar sua manutenção ou simplesmente atualizá-la. Nessas hipóteses, será possível a exigência do imposto (com fulcro no aludido item 1.08).

Dessarte, pode-se concluir que:

(a) o serviço de provimento de acesso à Internet não se sujeita ao ISSQN, visto que os serviços de informática referidos na LC nº 116/03 não abarcam o acesso à rede mundial de computadores;[601]

(b) o serviço de hospedagem de *site* não é, a princípio, tributável pelo imposto municipal. Entretanto, caso o hospedeiro crie a página eletrônica que irá posteriormente armazenar ou modifique o conteúdo dela, estará prestando serviço alcançado pelo ISSQN (item 1.08 da lista da LC nº 116/03).

Ressalte-se, por fim, que na LC nº 56/87 (posteriormente revogada pela LC nº 116/03) havia apenas uma previsão genérica para incidência do ISSQN sobre serviços de processamento de dados, o que afasta a possibilidade de tributação dos provedores de acesso e de hospedagem sob a sua égide.

---

600. LC nº 116/03:
"11.04 – Armazenamento, depósito, carga, descarga, arrumação e guarda de bens de qualquer espécie".

601. Nesse mesmo sentido, confira-se também: MARTINS, Ives Gandra da Silva e RODRIGUES, Marilene Talarico. O ISS e a Lei Complementar nº 116/2003 – Aspectos Relevantes. ROCHA, Valdir de Oliveira (org.). *O ISS e a LC 116*. São Paulo: Dialética, 2003, pp. 199-201; MELO, José Eduardo Soares de. *ISS – Aspectos Teóricos e Práticos*, 3ª ed. São Paulo: Dialética, 2003, pp. 57-9.

8.5.2. Serviços suplementares, facilidades adicionais e outros serviços

A tributação pelo ISSQN dos serviços suplementares, facilidades adicionais e demais serviços conexos aos de telecomunicações era prevista no Projeto de Lei Complementar,[602] que originou a LC nº 116/03. Confira-se:

- Serviços suplementares e facilidades adicionais:

> 41.03. Transferência temporária de chamadas (siga-me), chamada em espera, bloqueio controlado de chamadas, conversação simultânea (teleconferência), vídeo-texto, serviço "não perturbe", serviço de criptografia, de sindicância em linha telefônica, serviços de agenda, interceptação de chamada a assinante deslocado, correio de voz, caixa postal, identificador de chamada, bloqueio e desbloqueio do aparelho ou equipamento, inspeção telefônica e congêneres.

- Outros serviços:

> 41.02. Emissão e reemissão de contas e vias de contratos, cancelamento de serviços, escolha de número, troca de aparelho, transferência permanente ou temporária de assinatura, mudança de número ou de endereço, troca de plano tarifário, reprogramação, aviso de mensagem, troca de senha e congêneres.

Entretanto, essas disposições foram retiradas da lista pouco antes da conversão do projeto em lei, em face das pressões exercidas pelos Estados-membros, que tencionam cobrar o ICMS sobre ditas atividades. Não obstante, o fato de terem constado do projeto e de não terem sido aproveitadas na redação final da lei é, no mínimo, um indício de que essas atividades não são tributáveis à luz da atual lista do ISSQN.

À falta de previsão específica, os Municípios têm exigido o ISSQN sobre esses serviços com fundamento nos itens

---

602. Substitutivo da Câmara dos Deputados ao Projeto de Lei Complementar nº 1-A, de 1991, do Senado Federal (PLS Nº 161/89 – Complementar na Casa de origem).

1.03 e 17.02 da lista da LC nº 116/03[603] (que admitem interpretação extensiva, por conterem a expressão "congêneres"). Confira-se:

> 1.03. Processamento de dados e *congêneres*.
>
> (...)
>
> 17.02. Datilografia, digitação, estenografia, expediente, *secretaria em geral*, resposta audível, redação, edição, interpretação, revisão, tradução, apoio e infraestrutura administrativa e *congêneres*. (destaques nossos)

Cumpre analisar, inicialmente, o item 1.03, que trata de processamento de dados e se encontra inserido no título 1 da lista: informática e congêneres.

A nosso ver, pretender-se enquadrar, *v.g.*, a *mudança de endereço do usuário* em "serviço de processamento de dados" é ir muito além da mera interpretação extensiva.

Na verdade, nem mesmo com base na analogia (vedada em matéria tributária) essa inclusão seria possível, pois nela deve existir um elemento comum relevante a ambos os casos analisados.

Na hipótese, não há esse elemento comum entre o serviço prestado pela operadora de telefonia para modificação do endereço do usuário no seu sistema e o serviço de processamento de dados, pois este é em regra prestado por uma empresa de informática (em última análise, tudo que é feito por meio de computadores envolve processamento de dados. O processador é o principal componente de um computador. É ele que executa as instruções – comandos – que lhe são passadas

---

603. Os dispositivos equivalem, de certo modo, aos itens 22 e 29 da lista da LC nº 56/87 (posteriormente revogada pela LC nº 116/03):
"22. Assessoria ou consultoria de qualquer natureza, não contida em outros incisos desta lista, organização, programação, planejamento, assessoria, processamento de dados, consultoria técnica, financeira ou administrativa.
(...)
29. Datilografia, estenografia, expediente, secretaria em geral e congêneres;"

pelo usuário. Como o título 1 da lista da LC nº 116/03 – no qual se encontra inserido o item 1.03 – refere-se à informática e congêneres, é razoável entender-se que serviço de processamento de dados tributável é aquele prestado por empresa constituída para esse fim específico, do ramo da informática. Do contrário, toda atividade que envolvesse o uso de um computador poderia ser considerada "processamento de dados", atraindo a incidência do ISSQN).

As mesmas conclusões aplicam-se aos serviços suplementares e facilidades adicionais, como os serviços de "chamada em espera" e de "agenda". O simples fato de essas prestações envolverem a utilização de computadores para ser ultimados – como de resto ocorre com praticamente todos os serviços atualmente – não permite o seu enquadramento como serviços de processamento de dados, seja com base em interpretação extensiva (autorizada na hipótese), seja com base na analogia (vedada).

A seu turno, o item 17.02 (secretaria em geral e congêneres) autoriza a cobrança do ISSQN sobre alguns serviços prestados pelas operadoras, como a reemissão de contas e vias de contratos. Nesses casos, são prestados serviços verdadeiramente administrativos, não vinculados diretamente à prestação do serviço-fim (telecomunicação). Assim, como esses serviços têm autonomia própria, possuindo um fim em si mesmos, são tributáveis pelo ISSQN.

O mesmo, contudo, não se pode dizer daquelas atividades que consistem apenas em um meio para a prestação do serviço de comunicação (mudança de endereço, mudança de número etc.). Nesses casos, inexiste a autonomia necessária para serem submetidos à tributação pelo ISSQN. As atividades-meio não são alcançadas pela exação municipal. É o serviço final que será – consoante determinação legal – tributado (na hipótese, como o serviço-fim é a telecomunicação, o imposto a incidir será o ICMS, e não o ISSQN).

Há muito, o STJ decide que os serviços acessórios – isto é, prestados como meios necessários à consecução da atividade-fim da empresa – não são tributáveis pelo ISSQN. Os primeiros precedentes – que registramos na primeira edição – referem-se aos serviços executados por instituições financeiras:

> TRIBUTÁRIO. ISS. SERVIÇOS ACESSÓRIOS PRESTADOS POR BANCOS. NÃO INCIDÊNCIA. LISTA ANEXA AO DECRETO-LEI N° 406/68. TAXATIVIDADE.
>
> Os serviços de datilografia, estenografia, secretaria, expediente etc., prestados pelos bancos não possuem caráter autônomo, pois inserem-se (sic) no elenco das operações bancárias originárias, executadas de forma acessória, no propósito de viabilizar o desempenho das atividades-fim inerentes às instituições financeiras.
>
> A lista de serviços anexa ao Decreto-Lei n° 406/68 é taxativa, não se admitindo, em relação a ela, o recurso a analogia, visando a alcançar hipóteses de incidência diversas das ali consignadas.
>
> Precedentes. Recurso improvido, sem discrepância.[604]

> ISS. SERVIÇOS BANCÁRIOS ACESSÓRIOS.
>
> Os serviços de datilografia, estenografia, secretaria e expediente inserem-se no procedimento ordinário das operações bancárias, sendo serviços auxiliares e acessórios, não revestidos de autonomia necessária para caracterização de serviço individualizável e gerador do tributo municipal.
>
> Precedentes do C. STF.
>
> Recurso improvido.[605]

Neste último acórdão, o seguinte trecho do voto do relator deixa claro que a tributação pelo ISSQN foi afastada por se tratar de atividade-meio, ainda que a mesma seja exercida

---

604. STJ, Primeira Turma, Recurso Especial n° 69.986/SP, relator Ministro DEMÓCRITO REINALDO, DJ 30.10.1995, p. 36.734.

605. STJ, Primeira Turma, Recurso Especial n° 13.802/SP, relator Ministro GARCIA VIEIRA, DJ 23.03.1992, p. 3.433.

de forma onerosa (como de resto o são os serviços conexos aos de telecomunicações). Confira-se:

> Os "outros serviços administrativos e similares prestados sob remuneração", de que fala o auto de infração (...), estão compreendidos nas operações bancárias e não passam de serviços acessórios e auxiliares, sem autonomia.

Evidentemente, a tese encontra plena aplicabilidade aos serviços acessórios aos de telecomunicações, como se pode observar dos seguintes julgados:

> TRIBUTÁRIO. AGRAVO REGIMENTAL NO RECURSO ESPECIAL. ISS. SERVIÇOS DE TELECOMUNICAÇÕES. ATIVIDADE-MEIO. TRIBUTAÇÃO. IMPOSSIBILIDADE. PRECEDENTES.
>
> 1. Este Superior Tribunal de Justiça já consolidou o entendimento no sentido de que os serviços de atividade-meio indispensáveis ao alcance da atividade-fim, prestados pelas companhias telefônicas, não são passíveis da incidência do ISS. Precedentes: AgRg nos EDcl no AREsp 48.665/PR, Rel. Ministro Castro Meira, Segunda Turma, julgado em 7/2/2012, DJe 16/2/2012; AgRg no REsp 1.192.020/MG, Rel. Ministro Humberto Martins, Segunda Turma, julgado em 19/10/2010, DJe 27/10/2010; e REsp 883.254/MG, Rel. Ministro José Delgado, Primeira Turma, julgado em 18/12/2007, DJ 28/2/2008, p. 74.
>
> 2. Agravo regimental a que se nega provimento.[606]
>
> TRIBUTÁRIO. AFASTAMENTO DA SÚMULA 7/STJ. MATÉRIA DE DIREITO. ISS. SERVIÇO DE TELECOMUNICAÇÃO. ATIVIDADE-MEIO. NÃO INCIDÊNCIA.
>
> 1. Preliminarmente, cumpre afastar a incidência da Súmula 7/STJ no caso sob análise, porquanto a sentença proferida em primeiro grau deixa claro tratar-se de matéria apenas de direito.
>
> 2. "Não incide ISS sobre serviços prestados que caracterizam atividade-meio para atingir atividades-fim, no caso a exploração de telecomunicações" (REsp 883254/MG, Rel. Min. José Delgado, Primeira Turma, julgado em 18.12.2007, DJ 28.2.2008 p. 74).

---

606. STJ, Primeira Turma, Agravo Regimental no Recurso Especial nº 1.331.306/AM, relator Ministro SÉRGIO KUKINA, DJe 06.09.2013

3. Neste julgado, em voto-vista proferido pelo Min. Luiz Fux, o entendimento foi corroborado ao firmar que "(...) as atividades enquadradas como de secretaria, expediente e processamento de dados, instalação e atividades enquadradas como manutenção e conserto de aparelhos telefônicos são notoriamente atividades-meio em confronto com a atividade-fim, que é a telecomunicação em si, porquanto não criam relação jurídica diversa." Agravo regimental provido.[607]

No mesmo sentido é a já citada decisão no Recurso Especial nº 883.254/MG.[608]

O STF não discrepa, como se dessume da seguinte ementa:

> TRIBUTÁRIO. IMPOSTO SOBRE SERVIÇOS. ATIVIDADES BANCÁRIAS. CUSTÓDIA DE TÍTULOS, ELABORAÇÃO DE CADASTRO, EXPEDIENTE. *SERVIÇOS SEM AUTONOMIA PRÓPRIA, INSEPARÁVEIS DA ATIVIDADE FINANCEIRA, QUE NÃO SUSCITAM O IMPOSTO MUNICIPAL SOBRE SERVIÇOS.*[609] (destaques nossos)

Dessarte, os serviços conexos aos de telecomunicações que não possuem autonomia própria e não têm um fim em si mesmo, consistindo em meras etapas para a prestação do serviço-fim, não podem ser alcançados pelo ISSQN.

Por fim, anote-se que os denominados serviços suplementares e as facilidades adicionais não se enquadram no item 17.02 da lista da LC nº 116/03. Isso porque não há nenhum serviço administrativo (de "secretaria") quando se adiciona uma utilidade ao serviço de telecomunicação, como ocorre, *v.g.*, nas atividades de caixa postal e conversação simultânea.

---

607. STJ, Segunda Turma, Agravo Regimental no Recurso Especial nº 1.192.020/MG, relator Ministro HUMBERTO MARTINS, DJe 27.10.2010.

608. STJ, Primeira Turma, Recurso Especial 883.254/MG, relator Ministro JOSÉ DELGADO, DJ 28/02/2008, p. 74

609. STF, Segunda Turma, Recurso Extraordinário nº 97.804/SP, relator Ministro DÉCIO MIRANDA, DJ 31.08.1984, p. 13.937.

A *ratio* do legislador ao prever a incidência do ISSQN sobre serviços de "secretaria e congêneres" foi alcançar aqueles serviços administrativos, de caráter autônomo, prestados com um fim em si mesmo. Os serviços suplementares e as facilidades adicionais não são administrativos e somente têm razão de existir em virtude da prestação de um outro serviço, o de telecomunicação (enquadrando-se também como atividades-meio, o que afasta a incidência do imposto municipal, como visto). Assim, faltam-lhes os requisitos necessários para que sejam enquadrados como serviços de "secretaria e expediente", inviabilizando a incidência do ISSQN na hipótese.

8.5.3. Outras atividades-meio

O Projeto[610] que resultou na LC nº 116/03 continha ainda a previsão de tributação dos seguintes serviços pelo ISSQN:

> 41.01. Habilitação de aparelhos e equipamentos, inclusive a sua suspensão, cancelamento ou alteração.
>
> (...)
>
> 41.04. Ligação, religação, restauração e manutenção de pontos e redes de energia elétrica, comunicação, água, esgoto, gás e congêneres.

Como ocorreu com as demais atividades conexas à de telecomunicação, essas disposições não foram mantidas quando da conversão do Projeto em lei.

De todo modo, os serviços acima descritos não atraem a incidência do ISSQN, pois não possuem a autonomia necessária para tanto. São meras atividades-meio, assim como o são a assinatura mensalmente paga pelo usuário à empresa de telefonia e a instalação de terminais de telefonia fixa no domicílio do assinante.

---

610. Substitutivo da Câmara dos Deputados ao Projeto de Lei Complementar nº 1-A, de 1991, do Senado Federal (PLS Nº 161/89 – Complementar na Casa de origem).

Não obstante, os Municípios têm buscado tributar essas atividades (habilitação, assinatura, instalação, ligação, religação, cancelamento) com base nos seguintes itens da lista de serviços da LC n° 116/03:

> 14.01. Lubrificação, limpeza, lustração, revisão, carga e recarga, conserto, restauração, blindagem, manutenção e conservação de máquinas, veículos, aparelhos, equipamentos, motores, elevadores ou de qualquer objeto (exceto peças e partes empregadas, que ficam sujeitas ao ICMS).
>
> 14.06. Instalação e montagem de aparelhos, máquinas e equipamentos, inclusive montagem industrial, prestados ao usuário final, exclusivamente com material por ele fornecido.[611]

A instalação (que é o equivalente, na telefonia fixa, à habilitação do telefone celular), ligação e religação de terminais não se subsumem às hipóteses previstas nos itens 14.01 ou 14.06. Somente seria possível a cobrança do ISSQN caso essas atividades fossem realizadas com material fornecido exclusivamente pelo usuário (item 14.06). Na telefonia, entretanto, tais serviços são prestados sempre com material da própria operadora, o que afasta a incidência do imposto municipal (ressalte-se ainda que o mero repasse dos custos do material ao usuário não torna este o seu "fornecedor exclusivo").

A assinatura, a seu turno, é paga para que o usuário possa ter o serviço de comunicação à sua disposição, sempre que necessário. Com a remuneração percebida pelo pagamento da assinatura, a operadora deverá manter em funcionamento a sua rede. Entretanto, os pagamentos feitos a esse título não são para *manutenção* da rede, mas sim para ter-se a

---

611. Os dispositivos equivalem aos seguintes itens da lista da LC n° 56/87 (posteriormente revogada pela LC n° 116/03):
"69. Conserto, restauração, manutenção e conservação de máquinas, veículos, motores, elevadores ou de qualquer objeto (exceto o fornecimento de peças e partes, que fica sujeito ao ICM).
(...)
74. Instalação e montagem de aparelhos, máquinas e equipamentos, prestados ao usuário final do serviço, exclusivamente com material por ele fornecido."

disponibilidade de um serviço (não havendo que se falar em enquadramento da mesma no item 14.01 ou no 14.06 da lista da LC nº 116/03).

Já na habilitação de telefones celulares, há tão somente uma programação do telefone para que o mesmo possa entrar em operação. Logo, é impossível enquadrá-la nos itens 14.01 e 14.06 da LC nº 116/03 (inexiste instalação ou manutenção de qualquer espécie na habilitação do celular). Nessa toada, são os já mencionados precedentes do STJ que afastaram a incidência do ISS sobre as atividades-meio ao serviço de telecomunicação: Agravo Regimental no Recurso Especial nº 1.331.306/AM, Agravo Regimental no Recurso Especial nº 1.192.020/MG e Recurso Especial 883.254/MG.

Ainda, merece registro o acórdão do Tribunal de Justiça de Minas Gerais, que julgara que a habilitação não é serviço tributável pelo ISSQN por ausência de previsão específica na lista da lei complementar (à época vigorava ainda a LC nº 56/87, mas o *status quo* relativamente à habilitação – ou seja, a falta de previsão na lista – foi mantido mesmo após o advento da LC nº 116/03):

> MANDADO DE SEGURANÇA. TRIBUTÁRIO. SERVIÇO DE HABILITAÇÃO DE TELEFONES CELULARES. ISSQN. LISTA DE SERVIÇOS TRIBUTÁVEIS.
>
> Em razão de ser taxativa a lista de serviços subordinados ao recolhimento do ISSQN, resulta que nenhuma coação sofre ou está na iminência de sofrer aquele que executa serviço ali não previsto e não recolhe tal tributo. Face à inexistência ou iminência de prática de ato de autoridade administrativa, passível de cessação por meio de ação mandamental, resultam insatisfeitos os requisitos necessários ao pleito.[612]

Do voto do relator, extraímos os seguintes trechos:

---

612. TJMG, Terceira Câmara Cível, Apelação Cível nº 000.193.267-2/00, relator Desembargador LUCAS SÁVIO GOMES, DJ 30.03.2001.

Com efeito, conforme se vê da inicial, a impetração aviada pela apelante objetivava concessão de segurança contra possível ato do Diretor do Departamento de Rendas do Município, de exigência de tributo relativo à atividade de habilitação de telefones celulares por ela praticada que, embora não constando da Lista de Serviços submissos ao ISSQN, estava a recolhê-lo.

Ora, a toda evidência que não só se faz inexistente qualquer ato da apontada autoridade coatora passível de cessação por meio do presente *writ*, como também não se vislumbra a possibilidade de materialização do mesmo, na forma delineada pela apelante, de eventual exigência do tributo, caso passe a não recolhê-lo.

Isto, por um simples motivo, qual seja, de inexistência de previsão de tributação do serviço praticado pela recorrente de habilitação de telefones celulares, o que implica, ao meu inteligir, na impossibilidade de exigência do referido tributo, até que a lei o estabeleça.

Mesmo sob a égide da LC nº 116/03, as assertivas do TJMG permanecem válidas. Não há dispositivo que autorize a cobrança do ISSQN sobre habilitação de telefones celulares.

8.6. A questão das placas e painéis para "comunicação visual". ISSQN ou ICMS-circulação de mercadorias?

Problema que também suscita debates é o das placas e painéis utilizados para comunicação visual (veiculação de publicidade e propaganda).[613]

De acordo com o entendimento do STJ, a venda das placas, painéis, *outdoors* e assemelhados configura operação de circulação de mercadorias, tributável pelo ICMS.

Contudo, os Municípios entendem possível a cobrança do ISSQN sobre essa atividade, alegando tratar-se de serviço de

---

613. Sobre a tributação dos serviços de "comunicação visual", confira-se também a doutrina de ROSSI, Carlos Alberto Del Papa. Serviços de Propaganda Visual ("Comunicação Visual") – Tributação. *Revista Dialética de Direito Tributário*, nº 72. São Paulo: Dialética, set.2001, pp. 7-17.

publicidade e propaganda.

De fato, na LC nº 56/87 (posteriormente revogada pela LC n 116/03), havia previsão para cobrança do ISSQN sobre serviços de propaganda e publicidade, inclusive elaboração de desenhos, textos e demais materiais publicitários. Entretanto, o item 85 da lista da LC nº 56/87 excepcionava expressamente a incidência do imposto municipal sobre a *impressão, reprodução ou fabricação* do aludido material. Ao analisar o dispositivo, o STJ concluiu que o fornecimento de placas, painéis, *outdoors* e assemelhados para comunicação visual era tributável pelo ICMS-circulação de mercadorias. Para o Superior Tribunal de Justiça, como o ISSQN não incidia sobre a *impressão, reprodução ou fabricação* do material publicitário, tais atividades se subsumiam ao disposto no art. 8º, §2º do DL nº 406/68, segundo o qual "o fornecimento de mercadorias com prestação de serviços não especificados na lista fica sujeito ao ICMS". É o que se dessume da ementa a seguir, em acórdão prolatado à unanimidade:

> ICMS. PLACAS DE PAINÉIS. COMUNICAÇÃO VISUAL.
>
> A nova redação da lista de serviços anexa do Decreto-lei nº 406/68, pelo Decreto-lei nº 834/69 e pela Lei Complementar nº 56 de 15 de dezembro de 1987 [posteriormente revogada pela LC nº 116/03], item 35, passou a ser 85, *excetuou a impressão, reprodução e fabricação de material publicitário, restringindo a incidência do ISS.*
>
> Recurso provido para julgar improcedente a ação declaratória e inverter a sucumbência.[614]

No mesmo sendeiro, foram os julgamentos dos Recursos Especiais nºs 81.881/SP,[615] 114.171/SP[616] e 198.436/SP.[617]

---

614. STJ, Primeira Turma, Recurso Especial nº 30.296/SP, relator Ministro GARCIA VIEIRA, DJ 05.04.1993, p. 5.818.

615. STJ, Primeira Turma, Recurso Especial nº 81.881/SP, relator Ministro DEMÓCRITO REINALDO, DJ 07.10.1996, p. 37.594.

616. STJ, Primeira Turma, Recurso Especial nº 114.171/SP, relator Ministro HUMBERTO GOMES DE BARROS, DJ 25.08.1997, p. 39.300.

617. STJ, Primeira Turma, Recurso Especial nº 198.436/SP, relator Ministro GAR-

Dessarte, no período de vigência da LC nº 56/87, a venda de *outdoors*, faixas e assemelhados consistia em fornecimento de mercadoria com prestação de serviço não tributável pelo ISSQN, atraindo a incidência do ICMS-circulação de mercadorias.

Ressalte-se, entretanto, que o serviço consistente na criação do material publicitário era tributável pelo ISSQN (item 85 da LC nº 56/87). Tal atividade é geralmente executada por uma agência publicitária. Esta posteriormente encaminha a arte para uma terceira empresa que irá produzir, sob encomenda, as faixas, os painéis etc., havendo a incidência do ICMS-circulação de mercadorias nessa segunda etapa.

Com o advento da LC nº 116/03, a situação se modificou. A incidência do ISSQN sobre a publicidade e propaganda foi autorizada *sem que houvesse a exclusão, do âmbito do imposto municipal, dos serviços de impressão, reprodução ou fabricação do material publicitário*. É ver:

> 17.06. Propaganda e publicidade, inclusive promoção de vendas, planejamento de campanhas ou sistemas de publicidade, elaboração de desenhos, textos e demais materiais publicitários.

Dessarte, a partir do início da vigência da LC nº 116/03, o serviço personalizado de confecção de painel ou faixa publicitária passou a ser abarcado pelo ISSQN, uma vez que a atual lei não exclui a impressão, reprodução ou fabricação do material publicitário do âmbito de incidência do imposto municipal (ao contrário do que fazia a LC nº 56/87).

De fato, a autorização para cobrança do ISSQN sobre os serviços de publicidade e propaganda prevista na LC nº 116/03 assemelha-se à do antigo DL nº 834/69 (item 35).[618] Nas

---

CIA VIEIRA, DJ 20.09.1999, p. 39.

618. DL nº 834/69 (revogado pela LC nº 56/87, a seu turno revogada pela atual LC nº 116/03):
"Item 35. Propaganda e publicidade, inclusive planejamento de campanhas ou sistemas de publicidade; elaboração de desenhos, textos e demais materiais

decisões que assentaram pela incidência do ICMS sobre o fornecimento de placas, faixas e painéis publicitários, o STJ pugnou que o ISSQN somente deixou de ser devido sobre essas atividades quando do advento da LC nº 56/87 [posteriormente revogada pela LC Nº 116/03], que modificou o item 35 do DL nº 834/69, renumerando-o para 85 e dele excluindo – expressamente – as atividades de impressão, reprodução e fabricação do material publicitário. Confira-se o seguinte trecho do voto do Ministro GARCIA VIEIRA, na decisão transcrita linhas atrás:

> Com a nova redação imprimida à lista de serviços anexa ao Decreto-lei nº 406/68, pelo Decreto-lei nº 834/69 e pela Lei Complementar nº 56 de 15 de dezembro de 87, item 35 passou a ser o de nº 85 e com a seguinte redação:
>
> "Propaganda e publicidade, inclusive promoção de vendas, planejamento de campanhas ou sistemas de publicidade, elaboração de desenhos, textos e demais materiais publicitários (exceto sua impressão, reprodução ou fabricação)."
>
> Como se vê, *esta nova redação excetuou, expressamente, a impressão, reprodução e a fabricação de material publicitário de um modo geral, restringindo a incidência do ISS.* Com razão a recorrente, quando acentua, em seu recurso que:
>
> "Portanto, *a nova redação, excetuando a impressão, a reprodução e a fabricação de materiais publicitários em geral, restringiu o campo de incidência do ISS à criação, concepção, execução, planejamento da propaganda e administração do gasto publicitário. Se antes era possível, consoante jurisprudência, a interpretação ampliativa, agora não é mais admissível."*[619] (destaques nossos)

---

publicitários; divulgação de textos, desenhos e outros materiais de publicidade, por qualquer meio."

619. STJ, Primeira Turma, Recurso Especial nº 30.296/SP, relator Ministro GARCIA VIEIRA, DJ 05.04.1993, p. 5.818.

Dessarte, o motivo que levou o STJ a decidir pela incidência do ICMS-circulação de mercadorias no fornecimento de material para comunicação visual, feito sob encomenda, foi a restrição operada pela LC nº 56/87 na hipótese de incidência do ISSQN. Como a LC nº 116/03 não trouxe essa limitação, a jurisprudência do STJ que determina a tributação pelo ICMS-circulação de mercadorias do fornecimento de material publicitário sob encomenda não lhe é aplicável.

Por fim, ressalte-se que em nenhuma decisão o STJ entendeu que o serviço denominado "comunicação visual" seria serviço de comunicação. De fato, essa atividade consiste na divulgação de material publicitário e não na prestação do serviço de comunicação.[620] Prepondera o intuito de difundir a terceiros o anúncio de um determinado produto ou serviço, afastando a incidência do ICMS-comunicação e atraindo a do ISSQN, com as nuanças que acabamos de ver.

8.7. Publicidade e propaganda na internet[621]

A inserção de material publicitário em meios de mídia é serviço que atraía, sob a vigência do DL nº 406/68, a incidência do Imposto sobre Serviços de Qualquer Natureza – ISSQN, de competência municipal. No entanto, com a entrada em vigor da Lei Complementar nº 116/03, deixou-se de mencionar a

---

620. Cf. ÁVILA, Humberto. "Imposto sobre a Prestação de Serviços de Comunicação. Conceito de Prestação de Serviço de Comunicação. Intributabilidade das Atividades de Veiculação de Publicidade e Painéis e Placas. Inexigibilidade de Multa". *Revista Dialética de Direito Tributário, nº 143*. São Paulo: Dialética, ago.2007, pp. 116-34; HENRIQUES, Elcio Fiori. "O fato gerador do ICMS-comunicação e o serviço de veiculação de imagens por outdoor". *Revista Dialética de Direito Tributário, nº 164*. São Paulo: Dialética, mai.2009, pp. 14-31; BERGAMINI, Adolpho. "ICMS – não incidência sobre os serviços de veiculação de publicidade em outdoors e via internet". *Revista Dialética de Direito Tributário, nº 201*. São Paulo: Dialética, jun.2012, pp. 7-18.

621. Sobre o tema, cf. MOREIRA, André Mendes. TEIXEIRA, Alice Gontijo Santos. "Veiculação de publicidade e propaganda na internet. Portais de notícias e assemelhados. Serviço de Valor Adicionado. Não incidência de ICMS-Comunicação". *Revista Dialética de Direito Tributário, nº 240*. São Paulo: Dialética, set.2015, pp. 24-35.

atividade na lista de serviços tributáveis pelo referido imposto, por decorrência do veto presidencial ao item 17.07:[622]

> O dispositivo em causa, por sua generalidade, permite, no limite, a incidência do ISS sobre, por exemplo, mídia impressa, que goza de imunidade constitucional (cf. alínea 'd' do inciso VI do art. 150 da Constituição de 1988). Vale destacar que a legislação vigente excepciona – da incidência do ISS – a veiculação e divulgação de textos, desenhos e outros materiais de publicidade por meio de jornais, periódicos, rádio e televisão (cf. item 86 da Lista de Serviços anexa ao Decreto-Lei nº 406, de 31 de dezembro de 1968, com a redação da Lei Complementar nº 56, de 15 de dezembro de 1987), o que sugere ser vontade do projeto permitir uma hipótese de incidência inconstitucional. Assim, ter-se-ia, *in casu*, hipótese de incidência tributária inconstitucional. Ademais, o ISS incidente sobre serviços de comunicação colhe serviços que, em geral, perpassam as fronteiras de um único município. Surge, então, competência tributária da União, a teor da jurisprudência do STF, RE nº 90.749-1/BA, Primeira Turma, Rel.: Min. Cunha Peixoto, DJ de 03.07.1979, ainda aplicável a teor do inciso II do art. 155 da Constituição de 1988, com a redação da Emenda Constitucional nº 3, de 17 de março de 1993.

Desde então, Estados e Municípios concorrem pela competência para tributar o serviço de publicidade: o primeiro grupo alega que a atividade implica serviço de comunicação, tributável pelo ICMS;[623] ao passo que o último se movimenta para a inclusão do item na lista anexa à LC nº 116/03.

As razões do veto presidencial à inclusão da analisada atividade na lista de serviços tributáveis podem ser resumidas em dois pontos: (i) a potencial violação à imunidade tributária do papel, livros e periódicos (art. 150, VI, *d*, da Constituição) e da radiodifusão sonora e de sons e imagens de recepção livre

---

622. LC nº 116/03:
"17.07. Veiculação e divulgação de textos, desenhos e outros materiais de propaganda e publicidade, por qualquer meio."

623. Visando a reduzir a resistência ao pagamento do ICMS-comunicação, o CONFAZ editou o Convênio nº 45/14, que autorizou a redução da base de cálculo do imposto, de modo que sua alíquota efetiva chegasse a 5% e as empresas, portanto, se sentissem estimuladas a recolher o ICMS ao invés de litigar.

e gratuita (art. 155, § 2º, X, d, da Constituição); e (ii) a competência da União para tributar serviços de comunicação que vão além das fronteiras de uma única municipalidade.

Quanto ao primeiro fundamento, a aparente antinomia entre a norma de incidência do ISS e a imunidade se resolveria na correta e sistemática aplicação da regra tributária, não fazendo sentido vetar o item pela mera eventualidade de cobrança ilegítima do tributo. De fato, o intérprete há de partir da unidade e ordenação do sistema jurídico,[624] a fim de concluir a respeito do significado sistemático do texto normativo, verificando, assim, a relação entre a regra e a sua exceção.[625] Existem, evidentemente, outros meios de mídia além dos impressos e da radiodifusão, de modo que restava campo de incidência largo o suficiente para justificar a inclusão da atividade na lista da LC nº 116/03.

No que concerne ao segundo fundamento, evidente é a sua debilidade, visto que a competência federal para tributar serviços de comunicação intermunicipal foi extinta pela Constituição de 1988, a qual somou essa materialidade ao campo de incidência do ICMS.

De todo modo, buscando interpretar o conteúdo da mensagem de veto, podemos dizer que a razão a ela subjacente é a de que a veiculação de publicidade e propaganda

---

624. PERELMAN, Chaïm. *Lógica jurídica:* nova retórica. Trad. Virgínia K. Pupi. São Paulo: Martins Fontes, 1998, p. 80.

625. MAXIMILIANO, Carlos. Hermenêutica e Aplicação do Direito, 19ª ed. Rio de Janeiro: Forense, 2005, p. 105. Nesse sentido, pronuncia-se BARROSO:
"O método interpretativo disputa com o teleológico a primazia no processo interpretativo. O direito objetivo não é um aglomerado aleatório de disposições legais, mas um organismo jurídico, um sistema de preceitos coordenados e subordinados, que convivem harmonicamente. A interpretação sistemática é fruto da ideia de unidade do ordenamento jurídico. Através dela, o intérprete situa o dispositivo a ser interpretado dentro do contexto normativo geral e particular, estabelecendo as conexões internas que enlaçam as instituições e as normas jurídicas. Em bela passagem, registrou Capograssi que a interpretação não é senão a afirmação do todo, da unidade diante da particularidade e da fragmentaridade dos comandos singulares" (BARROSO, Luís Roberto. *Interpretação e aplicação da Constituição.* 3. ed. São Paulo: Saraiva, 1999, p. 127).

é serviço de comunicação, conforme precedente do Supremo Tribunal Federal sobre a matéria, prolatado ainda sob a égide da Constituição pretérita.[626] Ocorre que o precedente do STF mencionado trata de hipótese na qual a veiculação de anúncios por emissoras de rádio e TV foi considerada serviço de comunicação – o que não se disputa. Afinal, nesses casos, o veiculador do anúncio é também transmissor da mensagem, via radiodifusão, classificando-se como prestador do serviço de comunicação.

Contudo, sendo a publicidade veiculada por outros meios (físicos ou virtuais), cada um merecerá análise própria. O próprio STF, ao analisar o caso da veiculação de publicidade em jornais impressos, concluiu que estes não prestam serviço de comunicação. Os periódicos impressos, de fato, fazem a simples inserção de anúncios em suas páginas, hipótese que passa ao largo da prestação de serviço de comunicação segundo a Suprema Corte.[627]

De qualquer modo, a inserção de conteúdo publicitário em meios de mídia é inconfundível com a prestação de serviço de comunicação, visto que não se ocupa com a efetiva disponibilização de meios para o tráfego de dados entre um emissor e um destinatário.

É importante notar que o Superior Tribunal de Justiça[628] já decidiu que, a despeito da ausência de previsão específica para a analisada atividade na lista anexa à LC nº 116/03, a

---

626. Confira-se a ementa do aresto:
"ISS. SERVICOS DE PROPAGANDA E PUBLICIDADE ATRAVES DE CANAL DE TELEVISÃO CUJAS IMAGENS ULTRAPASSAM OS LIMITES DE UM MUNICÍPIO. NÃO INCIDÊNCIA, DADA A COMPETÊNCIA TRIBUTÁRIA DA UNIÃO. RECURSO EXTRAORDINÁRIO NÃO CONHECIDO." (STF, Pleno, Recurso Extraordinário nº 90.749/BA, relator Ministro Cunha Peixoto, DJ 03.07.1979, p. 5.154).

627. STF, Pleno, Recurso Extraordinário nº 87.049/SP, relator p/ acórdão Ministro Cunha Peixoto, j. 13.04.1978, RTJ 87/608-12.

628. STJ, Segunda Turma, Embargos de Declaração no Agravo Regimental no Agravo em Recurso Especial nº 464.154/SP, relator Ministro HUMBERTO MARTINS, j. 14.10.2014, DJe 24.10.2014.

incidência do ISS é possível com base em interpretação extensiva dos itens 10 (serviço de intermediação e congêneres) e 10.08 (Agenciamento de publicidade e propaganda, inclusive o agenciamento de veiculação por quaisquer meios), impedindo, assim, a tributação pelo ICMS-comunicação:

> Com efeito, observo que, quanto à inserção da atividade de veiculação e divulgação de materiais de publicidade (atividade da ora recorrente) no rol de serviços sujeitos ao ISS, a LC 116/03 traz em seus itens 10 (Serviços de intermediação e congêneres) e 10.08 (Agenciamento de publicidade e propaganda, inclusive o agenciamento de veiculação por quaisquer meios) — grifo nosso —; conceitos que, ainda que se entenda como taxativo o rol legal, comporta interpretação extensiva, a fim de abarcar serviços correlatos àqueles previstos expressamente, uma vez que, se assim não fosse, ter-se-ia, pela simples mudança de nomenclatura de um serviço, a incidência ou não do ISS.

No caso, analisava-se a incidência de ISS ou ICMS sobre a divulgação de conteúdo publicitário em *outdoors*, restando evidente que a prestação não se amoldava ao conceito de serviço de comunicação. Do mesmo modo, a inserção de material de propaganda em mídia transmitida por redes de telecomunicação não implica a exigência do imposto estadual,[629] visto que se trata de mero serviço de provimento de conteúdo, o qual é ontologicamente distinto do serviço de comunicação.

Como visto, a Lei Geral de Telecomunicações define, em seu art. 61, que os serviços de valor adicionado (dentre eles, o de provimento de conteúdo)[630] são inconfundíveis com os de comunicação, sendo os prestadores daqueles meros usuários destes. Dando aplicação à regra legal, os tribunais superiores colecionam julgados que afastam a incidência do ICMS sobre

---

629. Cf. ÁVILA, Humberto. "Veiculação de material publicitário em páginas na internet. Exame da competência para instituição do imposto sobre serviços de comunicação. Ausência de prestação de serviço de comunicação". *Revista Dialética de Direito Tributário, nº 173.* São Paulo: Dialética, fev.2010, pp. 153-64.

630. A Norma nº 004/95 do Ministério das Comunicações descreve o serviço de provimento de informação como a disponibilização de conteúdo e utilidades aos usuários da internet, ou seja, qualificando-o como um serviço de valor adicionado.

serviços que não impliquem o efetivo tráfego de dados pelos meios disponibilizados pela operadora de telecomunicação.[631]

De todo modo, as Fazendas estaduais insistem em cobrar o ICMS-comunicação sobre a veiculação de material publicitário na internet. A título de ilustração, registre-se recente acórdão do Tribunal de Impostos e Taxas do estado de São Paulo que julgou improcedente recurso especial administrativo aviado pela empresa Microsoft que tratava justamente da matéria sob análise.[632] A Câmara Superior do TIT/SP entendeu, por maioria, que o contribuinte praticava o fato gerador do imposto estadual, na medida em que disponibilizava espaço em seu sítio virtual para a realização de publicidade. Nesse sentido, a decisão arrimou-se na Solução de Consulta nº 186/2005, elaborada pela SEF-SP:

> 1. A Consulente, que pretende se dedicar à "exploração de serviços de publicidade e comunicação via internet", informa que em seu estabelecimento não ocorrerão "entradas ou saídas de mercadorias próprias ou de terceiros para o exercício da atividade, exceto aquelas destinadas ao consumo pelo estabelecimento ou entrada de equipamentos para integração ao seu ativo fixo".
>
> 2. Em face do exposto, questiona se está sujeita à inscrição no Cadastro de Contribuintes do ICMS e, em caso positivo, se "incide algum imposto estadual sobre sua atividade."
>
> 3. De acordo com o disposto no artigo 155, II, da Constituição Federal, compete aos Estados e ao Distrito Federal instituir o imposto sobre "operações relativas à circulação de mercadorias e sobre prestações de serviços de transporte interestadual e intermunicipal e de comunicação."
>
> 4. O artigo 2º, III, da Lei Complementar 87/96, por sua vez, explicita que o ICMS incide sobre 'prestações onerosas de serviços de

---

631. Cf., nesse sentido, STF, Plenário, Recurso Extraordinário nº 572.020/DF, relator Ministro MARCO AURÉLIO, relator para o acórdão Ministro LUIZ FUX, DJe 13.10.2014; STJ, Primeira Seção, Recurso Especial nº 1.176.753/RJ, relator Ministro NAPOLEÃO NUNES MAIA FILHO, relator para o acórdão Ministro MAURO CAMPBELL MARQUES, DJe 18.04.2013.

632. Tribunal de Impostos e Taxas do Estado de São Paulo, Câmara Especial, Processo nº 622158, AIIM 3.154.111-2, relator Juiz CELSO B. JULIAN, publicação em 20.10.2015.

comunicação, por qualquer meio, inclusive a geração, a emissão, a recepção, a transmissão, a retransmissão, a repetição e a ampliação de comunicação de qualquer natureza'.

5. A atividade publicitária visa tornar públicas informações que pretendem influenciar mercados consumidores, através dos diversos veículos de comunicação, sendo, portanto, uma atividade comunicativa. E, se for veiculada publicidade na forma de serviço, mediante contraprestação de terceiros, ocorre prestação de serviço de comunicação.

6. Dessa forma, as atividades de veiculação ou divulgação de publicidade de terceiros na internet, desde que realizadas onerosamente, são prestações de serviços de comunicação e se sujeitam à incidência do ICMS, por força do disposto nos citados artigos 155, II, da CF e do artigo 2º, III, da LC 87/96.

7. Por outro lado, de acordo com o artigo 156, III, da Constituição Federal, compete aos Municípios instituir o imposto sobre 'serviços de qualquer natureza, não compreendidos no artigo 155, II, definidos em lei complementar'.

8. Especificamente em relação à atividade de publicidade e propaganda, o ISS incide sobre as prestações de serviços relativas à 'promoção de vendas, planejamento de campanhas ou sistemas de publicidade, elaboração de desenhos, textos e demais materiais publicitários', conforme dispõe o item 17.06 da Lista de Serviços anexa à Lei Complementar nº 116/03.

9. Em síntese, a veiculação ou divulgação de publicidade, por qualquer meio, são prestações de serviço de comunicação e, como tal, estão reservadas à tributação pelo ICMS, competindo aos Municípios tributar a criação da propaganda, a elaboração artística, o planejamento da divulgação, enfim, tudo o que, relativo à propaganda e à publicidade, não diz respeito à veiculação e à divulgação.

10. A Consulente, portanto, é contribuinte do ICMS, e deve obrigatoriamente efetuar a sua inscrição no Cadastro de Contribuintes desse imposto antes do início de suas atividades, conforme dispõe o artigo 19 do RICMS/2000.

Dentro desse cenário, aguarda-se a aprovação do Projeto de Lei Complementar nº 366, de 2013,[633] que inclui, na lista

---

633. Projeto de Lei Complementar disponível em: <http://goo.gl/UN1iq2>. Acesso em: 02 mar. 2016.

anexa à LC nº 116/03, o item 17.25:

> 17.25 – Inserção de textos, desenhos e outros materiais de propaganda e publicidade, em qualquer meio (exceto em livros, jornais, periódicos e nas modalidades de serviço de radiodifusão sonora e de sons e imagens na recepção livre e gratuita).

Percebe-se que a redação do item se preocupou em afastar questionamentos a respeito da incidência do ISS sobre situações imunes: (i) veiculação em livros, jornais e periódicos (art. 150, VI, *d*, da Constituição) e (ii) na radiodifusão sonora ou de sons e imagens (art. 155, § 2º, X, *d*, da Constituição). É salutar a expressa exceção, haja vista o zelo exagerado demonstrado no veto presidencial ao item 17.07 da LC nº 116/03.

9. EPÍLOGO

Ao longo do presente trabalho, buscou-se demonstrar a não incidência do ICMS sobre atividades que não compreendem uma efetiva prestação do serviço de comunicação.

No primeiro capítulo, as telecomunicações no Brasil foram analisadas sob uma perspectiva histórica, constitucional e regulatória. Esse introito fez-se necessário na medida em que os serviços de comunicação possuem características próprias, sendo importante para o leitor compreendê-las antes de adentrar no estudo do fato jurígeno do ICMS-comunicação.

Em seguida, foram examinados, no capítulo 2, os fatos geradores do ISSC-federal e do ISSQN-municipal, que incidiam sobre os serviços de comunicação à luz das Constituições pretéritas. Dessa análise, extraiu-se que:

(a) sob a égide da EC nº 18/65 e da CR/67-69, o ISSQN incidia sobre as comunicações intramunicipais e o ISSC-federal sobre os serviços de comunicação que trespassassem os limites da municipalidade;

(b) não obstante a inexistência de limitação nesse sentido (seja na Constituição ou na legislação do ISSQN), o STF entendeu que os serviços de telefonia locais não poderiam ser tributados pelo imposto municipal, uma vez que as concessões das empresas prestadoras desses serviços eram de âmbito nacional, o que desnaturaria – no entender do Supremo Tribunal – o caráter estritamente municipal da atividade. O entendimento do STF foi posteriormente seguido pelo STJ, em que pese, contudo, a oposição da doutrina, que ponderava – com acerto, a nosso ver – que o ISSQN poderia incidir sobre qualquer prestação de serviço de comunicação intramunicipal, desde que o emissor e o receptor se encontrassem na mesma localidade, independentemente da abrangência da concessão outorgada ao prestador.

A hipótese de incidência do ICMS-comunicação foi analisada no terceiro capítulo, no qual foi assentada a principal premissa para os questionamentos que adviriam ao longo do trabalho: o fato gerador do ICMS em tela na CR/88 é a efetiva prestação de serviço de comunicação. Para que este ocorra, é necessário que um terceiro preste, mediante remuneração, serviço que possibilita a formação da relação comunicativa, composta por cinco elementos: emissor, receptor, mensagem, código e meio de transmissão.

Foi visto ainda que a bidirecionalidade (possibilidade de o receptor responder a mensagem pelo mesmo meio em que a recebeu) e a determinação do destinatário da comunicação são requisitos desnecessários para que se concretize a hipótese de incidência do ICMS-comunicação. Tais premissas foram adotadas pelo STF para concluir que os serviços de radiodifusão sonora e de sons e imagens seriam tributáveis pelo ICMS. Contudo, divergimos desse posicionamento, pois entendemos que a remuneração percebida pelas emissoras de rádio e TV para veiculação de anúncios publicitários configura fato gerador do ISSQN. De todo modo, a discussão sobre a incidência ou não do ICMS nessas atividades restou superada com o advento da EC nº 42/03, que imunizou do imposto estadual as "prestações de serviço de comunicação nas modalidades de radiodifusão sonora e de sons e imagens de recepção livre e gratuita".

Descendo à análise das normas gerais do ICMS-comunicação (capítulo 4), foi possível concluir que:

(a) o ICMS não incide no tráfego entrante (prestação de serviço de comunicação por operadora brasileira para operadora estrangeira), por força de isenção constante da LC nº 87/96 e, posteriormente, de imunidade introduzida na CR/88 pela EC nº 42/03;

(b) o ICMS incide no tráfego sainte (prestação de serviço de comunicação internacional por operadora brasileira para usuário situado no País), visto que a isenção da LC nº 87/96 é apenas para a exportação de serviços, não configurada nessa hipótese;

(c) as regras relativas à alíquota interestadual do ICMS não se aplicam à tributação dos serviços de comunicação, em face de suas nuanças próprias (o prestador e o tomador do serviço situam-se, em regra, no mesmo Estado; nas poucas hipóteses em que isso não ocorre, a LC nº 87/96 considera o serviço prestado no local de sua cobrança ou no domicílio do utente, afastando a alíquota interestadual);

(d) a ocorrência do fato gerador do ICMS em tela se dá no momento da efetiva prestação do serviço de comunicação, e não quando da prática de atos preparatórios ao mesmo. Assim, a tributação dos cartões indutivos quando de sua venda ao usuário final, *v.g.*, fere as disposições constitucionais que tratam do fato gerador do ICMS-comunicação.

Em seguida (capítulo 5), a Lei Geral de Telecomunicações foi contrastada com a hipótese de incidência do ICMS definida na CR/88 e na LC nº 87/96, tendo-se concluído que a LGT não operou nenhuma modificação no fato gerador do imposto em tela, em que pese ter estipulado que serviço de telecomunicação é "o conjunto de atividades que possibilita a oferta de telecomunicação". Isso porque:

(a) se a definição da hipótese de incidência do ICMS-comunicação posta na CR/88 não pode ser modificada sequer pela legislação complementar, menos ainda pode sê-la por lei ordinária;

(b) a regra-matriz constitucional do imposto deixa claro que somente a efetiva prestação do serviço pode ser tributada, sendo inalcançáveis pelo imposto estadual as atividades-meio ("conjunto de atividades" referido na LGT) que apenas viabilizam a consecução do serviço de comunicação;

(c) a LGT é norma meramente regulatória, não se prestando à definição de hipótese de incidência de imposto (e nem mesmo à determinação de conceitos de direito privado de observância obrigatória pelo legislador tributário, posto que veicula normas de direito público).

Outrossim, os serviços de valor adicionado previstos na LGT foram analisados em face da hipótese de incidência do ICMS-comunicação, tendo sido demonstrado que essas atividades não constituem fatos geradores do imposto estadual. No sexto capítulo, foram analisados especificamente os SVAs de auxílio à lista, hora certa, despertador (chamada teleprogramada), bem como os serviços de provimento de acesso à Internet e de hospedagem de *sites*, concluindo-se pela impossibilidade de cobrança do ICMS sobre essas atividades.

No capítulo 7, foi demonstrado – à luz das premissas anteriormente construídas – que o ICMS não incide sobre:

(a) a habilitação de telefones e a assinatura mensal;

(b) serviços suplementares e facilidades adicionais às telecomunicações;

(c) outras atividades conexas, tais como: serviços de mudança de endereço, desligamento, substituição de número e assemelhados; transporte de sinais de telecomunicações por satélite; suporte operacional, oferecido pelas operadoras locais, para prestação do serviço de telefonia internacional por outra empresa; locação de equipamentos utilizados na prestação do serviço de comunicação.

Nenhuma dessas atividades se subsume ao fato gerador constitucional do ICMS delineado nos capítulos precedentes, não podendo prosperar, dessarte, as tentativas do Fisco de cobrar o imposto sobre as mesmas.

Por derradeiro, o capítulo 8 tratou dos conflitos de competência entre ICMS e ISSQN relativamente aos serviços mencionados ao longo do livro. Na medida em que o serviço não é tributável pelo ICMS, abre-se a possibilidade de incidência do ISSQN, desde que ele esteja previsto nalista de serviços tributáveis, que é taxativa, mas admite interpretação extensiva nos itens que se referem a "congêneres" e assemelhados. Não obstante, caso haja prestação de serviço de comunicação, somente o ICMS poderá ser cobrado, restando afastada qualquer possibilidade de exigência do ISSQN nessa hipótese. Em face disso, foi assentado que:

(a) os serviços de radiochamada e TV por assinatura são eminentemente de comunicação, atraindo a incidência do ICMS e repelindo a do ISSQN;

(b) os SVAs, serviços suplementares, facilidades adicionais e outros serviços conexos aos de telecomunicações, por não serem tributáveis pelo ICMS (como visto no decorrer deste estudo), podem ser objeto de cobrança do ISSQN, desde que:

(b.1) estejam previstos na lista editada pela lei complementar;

(b.2) não consistam em atividades-meio necessárias à prestação do serviço de comunicação (a jurisprudência do STF e do STJ impede a cobrança do ISSQN sobre serviços que não possuam autonomia própria).

Por força da denominação que lhes é conferida (a qual pode gerar dúvidas quanto à incidência tributária) foram analisados os denominados "serviços de comunicação visual", que atraem a cobrança do ISSQN, nos termos da LC nº 116/03. Já no período anterior a esta, quando vigorava a LC nº 56/87, a criação da propaganda veiculada em faixas, cartazes e *outdoors* (usualmente feita por uma agência de publicidade) era tributável pelo imposto municipal, ao passo que a fabricação sob encomenda do material publicitário consistia em fato gerador do ICMS-circulação de mercadorias. Ao cabo, apurou-se a tributação do serviço de veiculação de publicidade da internet, concluindo-se pela não incidência do ICMS – haja vista não se tratar de serviço de comunicação – e do ISSQN – por ausência de previsão na lista anexa à LC nº 116/03.

REFERÊNCIAS

AGÊNCIA NACIONAL DE TELECOMUNICAÇÕES. (www.anatel.gov.br).

_____. *Relatório Anual - 2014*. Brasília: ANATEL, 2015. Disponível em: <https://goo.gl/NPJ6s8>. Acesso em: 02 mar. 2016.

_____. *Estudo Comparativo de Modelos Regulatórios Nacionais*. Brasília: ANATEL, 2007, p. 3. Disponível em: <http://goo.gl/gd13ER>. Acesso em: 02 mar. 2016.

ALBI IBÁÑEZ, Emilio e GARCÍA ARIZNAVARRETA, J. L. *Sistema Fiscal Español*, 11ª ed. Barcelona: Ariel, 1996.

AMARAL, Antonio Carlos Rodrigues do e KAWASAKY, Sérgio. "Direito Tributário e Internet". MARTINS, Ives Gandra da Silva (org.). *Tributação na Internet*. São Paulo: Revista dos Tribunais, 2001, pp. 296-319.

ANDRADE, Alberto Guimarães e BATISTA JR., Onofre Alves. "Provedor de Internet e o ICMS". *Revista Dialética de Direito Tributário*, nº 112. São Paulo: Dialética, jan. 2005, pp. 95-105.

ARZUA, Cláudia de Souza. "Conflitos de Competência entre ISS e ICMS." MARINS, James (org.). *Direito Tributário Atual*. Curitiba: Juruá, 2000, pp. 413-42.

ATALIBA, Geraldo. *Hipótese de Incidência Tributária*, 6ª ed. São Paulo: Malheiros, 2001.

_____. "ISS – Lista de Serviços Tributáveis – Falácia da sua Exaustividade". *Estudos e Pareceres de Direito Tributário*, vol. 3. São Paulo: Revista dos Tribunais, 1980, pp. 181-221.

ÁVILA, Humberto. "O Imposto sobre Serviços e a Lei Complementar nº 116/03". ROCHA, Valdir de Oliveira (org.). *O ISS e a LC 116*. São Paulo: Dialética, 2003, pp. 165-84.

_____. *Sistema Constitucional Tributário*. São Paulo: Saraiva, 2004.

_____. "Imposto sobre a Circulação de Mercadorias e Prestação de Serviços de Comunicação – ICMS. Contratação de assinatura telefônica sem franquia de minutos. Conceito constitucional de serviço de comunicação Atividade-meio e serviço preparatório. Ausência de prestação de serviço de comunicação. Precedente do Supremo Tribunal Federal. Vinculação material. Segurança jurídica". *Parecer*. São Paulo, 2015.

_____. "Imposto sobre a Prestação de Serviços de Comunicação. Conceito de Prestação de Serviço de Comunicação. Intributabilidade das Atividades de Veiculação de Publicidade e Painéis e Placas. Inexigibilidade de Multa". *Revista Dialética de Direito Tributário*, nº 143. São Paulo: Dialética, ago.2007, pp. 116-34.

_____. "Veiculação de material publicitário em páginas na internet. Exame da competência para instituição do imposto sobre serviços de comunicação. Ausência de prestação de serviço de comunicação". *Revista Dialética de Direito Tributário*, nº 173. São Paulo: Dialética, fev.2010, pp. 153-64.

_____. "ICMS como imposto sobre o consumo. Inocorrência de prestação onerosa de serviço de comunicação no caso de inadimplemento do consumidor". *Revista Dialética de Direito Tributário*, nº 186. São Paulo: Dialética, mar.2011, pp. 110-25.

ASSOCIAÇÃO BRASILEIRA DE TELEVISÃO POR ASSINATURA – ABTA. *Dados do setor*. Disponível em: <http://goo.gl/ll5Hol>. Acesso em: 02 mar. 2016.

AZULAY NETO, Messod e LIMA, Antonio Pires de. *O Novo Cenário das Telecomunicações no Direito Brasileiro*. Rio de Janeiro: Lumen Juris, 2000.

BALEEIRO, Aliomar. *Direito Tributário Brasileiro*, 11ª ed., atualizado por MISABEL ABREU MACHADO DERZI. Rio de Janeiro: Forense, 2001.

_____. *Limitações Constitucionais ao Poder de Tributar*, 7ª ed., atualizado por MISABEL ABREU MACHADO DERZI. Rio de Janeiro: Forense, 2001.

BARRETO, Aires F. "ICMS e ISS – Estremação da Hipótese". *Revista Dialética de Direito Tributário*, nº 71. São Paulo: Dialética, ago.2001, pp. 7-18.

_____. *ISS na Constituição e na Lei*, 2ª ed. São Paulo: Dialética, 2005.

BARROSO, Luís Roberto. *Interpretação e Aplicação da Constituição*, 3ª ed. São Paulo: Saraiva, 1999.

BASTOS, Celso Ribeiro. *Curso de Direito Financeiro e de Direito Tributário*. São Paulo: Saraiva, 1991.

BASTOS, Celso Ribeiro. "Tributação na Internet". MARTINS, Ives Gandra da Silva (org.). *Tributação na Internet*. São Paulo: Revista dos Tribunais, 2001, pp. 71-83.

BATISTA, Luiz Rogério Sawaya. "A Prestação de Serviço de Comunicação, a Cessão de Direitos e a Locação de Meios Físicos". *Revista Dialética de Direito Tributário*, nº 75. São Paulo: Dialética, dez.2001, pp. 117-26.

BATISTA JR., Onofre Alves e ANDRADE, Alberto Guimarães. "Provedor de Internet e o ICMS". *Revista Dialética de Direito Tributário*, nº 112. São Paulo: Dialética, jan.2005, pp. 95-105.

BECHARA, Carlos Henrique Tranjan; CARVALHO, João Rafael L. Gândara. "A Tributação pelo ICMS do Serviço Móvel Pessoal Pré-Pago e as Inconstitucionalidades e Ilegalidades do Convênio ICMS nº 55/2005 na Tributação de Outras Utilidades Disponibilizadas ao Usuário". LIMA, Maurício Rodrigues, et alii. (org.). *Tributação em Telecomunicações. Temas Atuais*. São Paulo: Quartier Latin, 2013.

BECKER, Alfredo Augusto. *Teoria Geral do Direito Tributário*, 3ª ed. São Paulo: Lejus, 1998.

BENATTI, Jair. *ICMS – Consultoria Tributária*, v. I. Campinas: Bookseller, 2002.

BERGAMINI, Adolpho. "ICMS – não incidência sobre os serviços de veiculação de publicidade em outdoors e via internet". *Revista Dialética de Direito Tributário*, nº 201. São Paulo: Dialética, jun.2012, pp. 7-18.

BEVILÁQUA, Clóvis. *Código Civil dos Estados Unidos do Brasil Commentado*, v. IV, 3ª ed. Rio de Janeiro: Livraria Francisco Alves, 1930.

BICHARA, Luiz Gustavo A. S.; MARQUES, Thiago de Mattos. "Locação de estruturas sob a perspectiva da Súmula Vinculante nº 31". LIMA, Maurício Rodrigues, *et alii*. (org.). *Tributação em Telecomunicações. Temas Atuais*. São Paulo: Quartier Latin, 2013.

BIERBAUM, Deborah R. e KRATOCHVILL, James P. *Introduction to Telecommunications Taxation*. BIERBAUM, Deborah R. e KRATOCHVILL, James P. (org.). Telecommunications: Taxation of Services, Property and Providers. Chicago: CCH Incorporated, pp. 1-7.

BOBBIO, Norberto. *Teoria do Ordenamento Jurídico*, 10ª ed. Brasília: UnB, 1999.

BORGES, José Souto Maior. "Aspectos Fundamentais da Competência Municipal para Instituir o ISS (do Decreto-lei nº 406/68 à LC nº 116/03)". TÔRRES, Heleno Taveira (org.). *Imposto sobre Serviços – ISS na Lei Complementar nº 116/03 e na Constituição*, v. 2. São Paulo: Manole, 2004, pp. 3-51.

BOTELHO, Fernando Neto. "Tributação do Serviço de Provimento da Internet". TÔRRES, Heleno Taveira (org.). *Direito Tributário das Telecomunicações*. São Paulo: IOB Thomson: Abetel, 2004, pp. 561-89.

BOTTALLO, Eduardo. "ICMS e Serviços de Comunicação Internacional". *Revista Dialética de Direito Tributário*, nº 61. São Paulo: Dialética, out.2000, pp. 19-25.

_____; TURCZYN, Sidnei. "A Atividade de Hospedagem de Sites e seu Regime Tributário". TÔRRES, Heleno Taveira (org.). *Direito Tributário das Telecomunicações*. São Paulo: IOB Thomson: Abetel, 2004, pp. 497-510.

BRAGA, Waldir Luiz; BARRETO, Paulo Ayres. "ICM – Irremediável inconstitucionalidade do regime de substituição tributária". *Revista de Direito Tributário*, nº 32. São Paulo: Malheiros, abr./jun.1985, pp. 258-65.

BRANCO, Carlos Augusto Coelho. "Tributação sobre os Serviços Conexos aos Serviços de Telecomunicação". *Revista Dialética de Direito Tributário*, nº 63. São Paulo: Dialética, dez.2000, pp. 29-41.

BRIGAGÃO, Gustavo A. M. "Aspectos Tributários dos Negócios Relacionados à Internet". TÔRRES, Heleno Taveira (org.). *Direito Tributário das Telecomunicações*. São Paulo: IOB Thomson: Abetel, 2004, pp. 591-613.

_____; FERREIRA, Rodrigo Damázio. "ICMS e o fornecimento de cartões, fichas ou assemelhados. Aspectos espacial e temporal". MOREIRA, André Mendes, et alii (org.). *Direito das telecomunicações e tributação*. São Paulo: Quartier Latin, 2006.

CARRAZZA, Roque Antonio. *ICMS*, 9ª ed. São Paulo: Malheiros, 2002.

_____. "ICMS – sua Não Incidência sobre Prestações de Serviços de Telecomunicação Internacional (Serviços de Longa Distância Internacional), bem como sobre os Serviços que os Viabilizam (Serviços Auxiliares)." *Revista Dialética de Direito Tributário*, nº 60. São Paulo: Dialética, pp. 99-119.

_____. "ICMS. Sua não incidência em serviços correlatos à comunicação". SOUZA, Priscila de (coord.). *Sistema Tributário Nacional e a Estabilidade da Federação Brasileira*. São Paulo: Noeses, 2012.

CARUSO, Elisabetta. *Il Diritto Privato delle Telecomunicazioni*. Milano: Giuffrè Editore, 2000.

CARVALHO, Paulo de Barros. "A Definição da Base de Cálculo como Proteção Constitucional do Contribuinte". ASOREY, Rubén O. (org.). *Protección Constitucional de Los Contribuyentes*. Madrid: Marcial Pons, 2000, pp. 65-70.

_____. *A Regra-matriz do ICM*. Tese de Livre-Docência. São Paulo: PUC, 1981.

_____. *Curso de Direito Tributário*. São Paulo: Saraiva, 1985.

_____. *Curso de Direito Tributário*, 16ª ed. São Paulo: Saraiva, 2004.

_____. *Direito Tributário – Fundamentos Jurídicos da Incidência*, 2ª ed. São Paulo: Saraiva, 1999.

_____. "Não incidência do ICMS na Atividade dos Provedores de Acesso à Internet". TÔRRES, Heleno Taveira (org.). *Direito Tributário das Telecomunicações*. São Paulo: IOB Thomson: Abetel, 2004, pp. 487-96.

_____. "O ICMS e os Regimes Especiais". *Revista Dialética de Direito Tributário*, nº 8. São Paulo: Dialética, mai.1996, pp. 94-8.

_____. *Teoria da Norma Tributária*. São Paulo: Max Limonad, 1998.

CEZAROTI, Guilherme. "A Não Incidência do ICMS sobre o Serviço de TV por Assinatura". BORGES, Eduardo de Carvalho (org.). *Tributação nas Telecomunicações*. São Paulo: Quartier Latin, 2005, pp. 221-33.

CHIESA, Clélio. "A Tributação dos Serviços de Internet Prestados pelos Provedores: ICMS ou ISS?" *Revista dos Tribunais – Cadernos de Direito Tributário e Finanças Públicas*, nº 27. São Paulo: Revista dos Tribunais, abr.-jun.1999, pp. 14-27.

_____. *ICMS – Sistema Constitucional Tributário – Algumas Inconstitucionalidades da LC 87/96*. São Paulo: LTr, 1997.

COÊLHO, Sacha Calmon Navarro. *Comentários à Constituição de 1988 – Sistema Tributário*, 8ª ed. Rio de Janeiro: Forense, 1999.

_____. *Curso de Direito Tributário Brasileiro*, 7ª ed. Rio de Janeiro: Forense, 2004.

_____. "Fatos e Fundamentos sobre a Ilegalidade do FNT". *Revista da Amagis*, v. 6. Belo Horizonte, 1985, pp. 81-93.

_____. *Teoria Geral do Tributo e da Exoneração Tributária*, 2ª ed. Belo Horizonte: Del Rey, 1999.

_____. "Tributação na Internet". MARTINS, Ives Gandra da Silva (org.). *Tributação na Internet*. São Paulo: Revista dos Tribunais, 2001.

_____; DERZI, Misabel Abreu Machado. *Direito Tributário Aplicado: Estudos e Pareceres*. Belo Horizonte: Del Rey, 1997.

_____; MANEIRA, Eduardo e SANTIAGO, Igor Mauler. "Inconstitucionalidade da Lei nº 9.718/98, na Parte em que Alargou a Base de Cálculo da Cofins – Uma Abordagem de Direito Intertemporal". *Revista Dialética de Direito Tributário*, nº 73. São Paulo: Dialética, out.2001, pp. 126-35.

_____; MOREIRA, André Mendes. "Reflexos do Novo Código Civil no Direito Tributário". GRUPENMACHER, Betina Treiger (org.). *Direito Tributário e o Novo Código Civil*. São Paulo: Quartier Latin, 2004, pp. 195-248.

CORAZZA, EDISON AURÉLIO. "Provimento de Acesso à Internet. Caracterização como Prestação de Serviços de Comunicação ou de Outra Natureza". BORGES, Eduardo de

Carvalho (org.). *Tributação nas Telecomunicações*. São Paulo: Quartier Latin, 2005, pp. 113-50.

CORNILS, Patrícia e DIAS, Lia Ribeiro. *Alencastro: o General das Telecomunicações*. São Paulo: Plano Editorial, 2004.

CORREIA, Armênio Lopes e PONTES, Helenilson Cunha. "Da Inexistência da Cobrança do ICMS no Adicional de Deslocamento nos Serviços de Telefonia Móvel". TÔRRES, Heleno Taveira (org.). Direito Tributário das Telecomunicações. São Paulo: IOB Thomson: Abetel, 2004, pp. 463-9.

COSTA, Alcides Jorge. "Algumas Considerações a Respeito do Imposto sobre Prestação de Serviços de Comunicação". BORGES, Eduardo de Carvalho (org.). *Tributação nas Telecomunicações*. São Paulo: Quartier Latin, 2005, pp. 17-21.

COSTA, Regina Helena. *Imunidades Tributárias – Teoria e Análise da Jurisprudência do STF*. São Paulo: Malheiros, 2001.

DERZI, Misabel Abreu Machado. "A Necessidade da Instituição do IVA no Sistema Constitucional Tributário Brasileiro". BALTHAZAR, Ubaldo César (org.). *Reforma Tributária e Mercosul – a Instituição do IVA no Direito Brasileiro*. Belo Horizonte: Del Rey, 1999, pp. 17-30.

_____. *Construindo o Direito Tributário na Constituição – Uma Análise da Obra do Ministro Carlos Mário Velloso*. Belo Horizonte: Del Rey, 2004.

DERZI, Misabel Abreu Machado. *Direito Tributário, Direito Penal e Tipo*. São Paulo: Revista dos Tribunais, 1988.

_____. *Do Imposto sobre a Propriedade Predial e Territorial Urbana*. São Paulo: Saraiva, 1982.

_____; COÊLHO, Sacha Calmon Navarro. *Direito Tributário Aplicado: Estudos e Pareceres*. Belo Horizonte: Del Rey, 1997.

DIAS, Lia Ribeiro e CORNILS, Patrícia. *Alencastro: o General das Telecomunicações*. São Paulo: Plano Editorial, 2004.

DODD, Annabel Z. *The Essential Guide to Telecommunications*, 3ª ed. Upper Saddle River: Prentice Hall PTR, 2002.

DODD, Joseph A. e MILLIGAN, Peter. *Taxation of Prepaid Calling Services*. BIERBAUM, Deborah R. e KRATOCHVILL, James P (org.). Telecommunications: Taxation of Services, Property and Providers. Chicago: CCH Incorporated, pp. 145-160.

EIRA, Luiz Antonio Souza e NETTO, João da Silva Medeiros. *Tributação sobre Telecomunicações*. Estudo da Consultoria Legislativa da Câmara dos Deputados. Brasília, 2002.

ESCOBAR, J. C. Mariense. *O Novo Direito de Telecomunicações*. Porto Alegre: Livraria do Advogado, 1999.

FANUCCHI, Fábio. *Curso de Direito Tributário Brasileiro*, v. II, 3ª ed. São Paulo: Resenha Tributária, 1975.

FARACO, Alexandre Ditzel. *Regulação e Direito Concorrencial – as Telecomunicações*. São Paulo: Livraria Paulista, 2003.

FERNANDES, Fábio Tadeu Ramos. "As Operações Internacionais de Comunicação e o ICMS (Tráfegos 'Sainte' e 'Entrante')". BORGES, Eduardo de Carvalho (org.). *Tributação nas Telecomunicações*. São Paulo: Quartier Latin, 2005, pp. 185-90.

FERREIRA, Aurélio Buarque de Holanda. *Dicionário Eletrônico, Século XXI, versão 3.0*. Rio de Janeiro: Nova Fronteira, 1999.

FERREIRO LAPATZA, Jose Juan; CLAVIJO HERNANDEZ, Francisco; PEREZ ROYO, Fernando; TEJERIZO LOPEZ, Jose Manuel. *Curso de Derecho Tributario – Parte Especial. Sistema Tributario: los Tributos en Particular*, 12ª ed. Madrid: Marcial Pons, 1996.

FIORATI, Jete Jane. *As Telecomunicações nos Direitos Interno e Internacional: o Direito Brasileiro e as Regras da OMC*. Rio de Janeiro: Renovar, 2004.

FRANCIULLI NETTO, Domingos. ICMS sobre Operações Eletrônicas (Provedores de Acesso à Internet). *Revista Fórum de Direito Tributário*, nº 1. Belo Horizonte: Fórum, 2003, pp. 9-20.

FREGONESI, Maucir. "ICMS e as Atividades-meio da Prestação de Serviços de Comunicação". BORGES, Eduardo de Carvalho (org.). *Tributação nas Telecomunicações*. São Paulo: Quartier Latin, 2005, pp. 263-78.

GARCÍA ARIZNAVARRETA, J. L. e ALBI IBÁÑEZ, Emilio. *Sistema Fiscal Español*, 11ª ed. Barcelona: Ariel, 1996.

GARCÍA NOVOA, Cesar. "Apuntes sobre la Tributación de las Telecomunicaciones en España". TÔRRES, Heleno Taveira (org.). *Direito Tributário das Telecomunicações*. São Paulo: IOB Thomson: Abetel, 2004, pp. 109-65.

GRECO, Joseph F. e SEIBEL, JoAnne D. "Taxation of Internet Services". BIERBAUM, Deborah R. e KRATOCHVILL, James P (org.). *Telecommunications: Taxation of Services, Property and Providers*. Chicago: CCH Incorporated, pp. 199-211.

GRECO, Marco Aurélio. *Internet e Direito*. São Paulo: Dialética, 2000.

_____; LORENZO, Anna Paola Zonari de. "ICMS – Materialidade e Princípios Constitucionais". MARTINS, Ives Gandra da Silva (org.). *Curso de Direito Tributário*, 2ª ed., v. 2. Belém: Cejup, 1993, p. 155.

GUERREIRO, Rutnéa Navarro. "Tributação em Telecom – Serviço de Valor Adicionado". TÔRRES, Heleno Taveira (org.). *Direito Tributário das Telecomunicações*. São Paulo: IOB Thomson: Abetel, 2004, pp. 649-62.

HENRY, Eduardo Y. *Do Imposto sobre Serviços de Qualquer Natureza*. São Paulo: Saraiva, 1972.

HENRIQUES, Elcio Fiori. "O fato gerador do ICMS-comunicação e o serviço de veiculação de imagens por outdoor". *Revista Dialética de Direito Tributário*, n° 164, mai.2009, pp. 14-31.

HERRERA, Alejandra. *Introdução ao Estudo da Lei Geral de Telecomunicações do Brasil*. São Paulo: Singular, 2001.

ICHIHARA, Yoshiaki. *Imunidades Tributárias*. São Paulo: Atlas, 2000.

IZELLI, Anna Flávia de Azevedo e PISCITELLI, Tathiane dos Santos. "Os Serviços de Provedores de Acesso à Internet e a LC n° 116/2003". TÔRRES, Heleno Taveira (org.). *Imposto sobre Serviços – ISS na Lei Complementar n° 116/03 e na Constituição*, v. 2. São Paulo: Manole, 2004, pp. 473-87.

JARACH, Dino. *Curso Superior de Derecho Tributario*. Buenos Aires: Liceo Profesional Cima, 1969.

JARACH, Dino. *El Hecho Imponible – Teoría General del Derecho Tributario Sustantivo*. Buenos Aires: Abeledo-Perrot, 1971.

KAWASAKY, Sérgio e AMARAL, Antonio Carlos Rodrigues do. "Direito Tributário e Internet". MARTINS, Ives Gandra da Silva (org.). *Tributação na Internet*. São Paulo: Revista dos Tribunais, 2001, pp. 296-319.

KELSEN, Hans. *Teoria Geral do Direito e do Estado*, 3ª ed. Tradução de LUÍS CARLOS BORGES. São Paulo: Martins Fontes, 2000.

KRATOCHVILL, James P. e BIERBAUM, Deborah R. "Introduction to Telecommunications Taxation". BIERBAUM, Deborah R. e KRATOCHVILL, James P. (org.). *Telecommunications: Taxation of Services, Property and Providers*. Chicago: CCH Incorporated, pp. 1-7.

LARANJEIRA, Álvaro Reis e SERRANO, Nelson Aparecido Sanchez (org.). *ICM/ICMS – Respostas da Consultoria Tributária*, v. 4. São Paulo: LTr, 1997.

LIMA, Antonio Pires de e AZULAY NETO, Messod. *O Novo Cenário das Telecomunicações no Direito Brasileiro*. Rio de Janeiro: Lumen Juris, 2000.

LOBO TÔRRES, Ricardo. *Curso de Direito Financeiro e Tributário*, 2ª ed. Rio de Janeiro: Renovar, 1995.

LOPES, Vera Maria de Oliveira Nusdeo. *O Direito à Informação e as Concessões de Rádio e Televisão*. São Paulo: Revista dos Tribunais, 1998.

LORENZO, Anna Paola Zonari de e GRECO, Marco Aurélio. ICMS – "Materialidade e Princípios Constitucionais". MARTINS, Ives Gandra da Silva (org.). *Curso de Direito Tributário*, 2ª ed., v. 2. Belém: Cejup, 1993.

MACHADO, Hugo de Brito. "A Imunidade Tributária do art. 155, §3º da Constituição Federal e os Conceitos de Operação e de Faturamento". *Revista Dialética de Direito Tributário*, nº 36. São Paulo: Dialética, set.1998, pp. 59-62.

MACHADO, Hugo de Brito. *Aspectos fundamentais do ICMS*. São Paulo: Dialética, 1997.

_____. *Curso de Direito Tributário*, 3ª ed. Rio de Janeiro: Forense, 1985.

_____. *Curso de Direito Tributário*, 11ª ed. São Paulo, Malheiros, 1996.

_____. *Curso de Direito Tributário*, 20ª ed. São Paulo: Malheiros, 2002.

_____. O ICMS e a Radiodifusão. *Revista Dialética de Direito Tributário*, nº 23. São Paulo: Dialética, ago.1997, pp. 58-60.

_____. Tributação na Internet. MARTINS, Ives Gandra da Silva (org.). *Tributação na Internet*. São Paulo: Revista dos Tribunais, 2001, pp. 84-101.

MANEIRA, Eduardo; COÊLHO, Sacha Calmon Navarro e SANTIAGO, Igor Mauler. "Inconstitucionalidade da Lei nº 9.718/98, na Parte em que Alargou a Base de Cálculo da Cofins – uma Abordagem de Direito Intertemporal". *Revista Dialética de Direito Tributário*, nº 73. São Paulo: Dialética, out.2001, pp. 126-35.

MANEIRA, Eduardo e MOREIRA, André Mendes. "Da Não incidência de ICMS sobre a Habilitação de Telefones – Ilegitimidade do Convênio ICMS nº 69/98". TÔRRES, Heleno Taveira (org.). *Direito Tributário das Telecomunicações*. São Paulo: IOB Thomson: Abetel, 2004, pp. 631-48.

MARTÍNEZ, Soares. *Direito Fiscal*. 9ª ed. Almedina: Coimbra, 1997.

MARTINS, Ives Gandra da Silva. "Prestação de Serviços não Incluídos na Lista do Decreto-lei 834/69 – Impossibilidade de Acréscimo àquela Lista, por Lei Municipal, de Outros Serviços para Efeitos de Incidência do ISS – Parecer". *Direito Tributário e Econômico – Pareceres sobre a Nova Ordem Econômica*. São Paulo: Resenha Tributária, 1987, pp. 235-44.

_____. "Serviços de Telecomunicações Iniciados no Brasil e Concluídos no Exterior. Hipótese de Não Imposição do ICMS". *Temas Atuais de Direito Tributário*. São Paulo: Elevação, 2001.

_____. *Sistema Tributário na Constituição de 1988*. São Paulo: Saraiva, 1990.

_____. "Tributação na Internet". MARTINS, Ives Gandra da Silva (org.). *Tributação na Internet*. São Paulo: Revista dos Tribunais, 2001.

_____; RODRIGUES, Marilene Talarico. "O ISS e a Lei Complementar nº 116/2003 – Aspectos Relevantes". ROCHA, Valdir de Oliveira (org.). *O ISS e a LC 116*. São Paulo: Dialética, 2003, pp. 185-215.

MATOS, Tácito Ribeiro de. "Aspectos Tributários do Roaming, em Especial do Roaming Internacional". TÔRRES, Heleno Taveira (org.). *Direito Tributário das Telecomunicações*. São Paulo: IOB Thomson: Abetel, 2004, pp. 443-61.

MAXIMILIANO, Carlos. *Hermenêutica e Aplicação do Direito*, 19ª ed. Rio de Janeiro: Forense, 2005.

MELO, José Eduardo Soares de. *ICMS – Teoria e Prática*, 4ª ed. São Paulo: Dialética, 2000.

_____. *Imposto sobre Serviço de Comunicação*, 2ª ed. São Paulo: Malheiros, 2003.

_____. *ISS – Aspectos Teóricos e Práticos*, 3ª ed. São Paulo: Dialética, 2003.

_____. *Tributação na Internet*. MARTINS, Ives Gandra da Silva (org.). Tributação na Internet. São Paulo: Revista dos Tribunais, 2001, pp. 234-59.

MENDRONI, Fernando Batlouni. "A Prestação de Serviço de Comunicação como Hipótese de Incidência do ICMS". *Revista Tributária e de Finanças Públicas*, nº 38. São Paulo: Revista dos Tribunais, mai.-jun.2001, pp. 59-78.

MENEZES, Mario Celso Santiago. "Incidência de ICMS sobre os Serviços de Valor Agregado". TÔRRES, Heleno Taveira (org.). *Direito Tributário das Telecomunicações*. São Paulo: IOB Thomson: Abetel, 2004, pp. 663-88.

MILLIGAN, Peter e DODD, Joseph A. "Taxation of Prepaid Calling Services". BIERBAUM, Deborah R. e KRATOCHVILL, James P. (org.). *Telecommunications: Taxation of Services, Property and Providers*. Chicago: CCH Incorporated, pp. 145-60.

MINISTÉRIO DAS COMUNICAÇÕES. *Diretrizes Gerais para a Abertura do Mercado de Telecomunicações*, vol. I. Brasília, 1997.

MIRANDA, Damasceno Borges de. "A Regra-Matriz do ICMS e sua Incidência sobre os Serviços de Comunicação". *Revista Tributária e de Finanças Públicas*, nº 46. São Paulo: Revista dos Tribunais, set.-out.2002, pp. 153-8.

MONTEIRO, Washington de Barros. *Curso de Direito Civil – Direito das Obrigações*, 2ª parte, 34ª ed. Atualizado por

CARLOS ALBERTO DABUS MALUF e REGINA BEATRIZ TAVARES DA SILVA. São Paulo: Saraiva, 2003.

MORAES, Bernardo Ribeiro de. *Doutrina e Prática do ISS*. São Paulo: Revista dos Tribunais, 1984.

MOREIRA, André Mendes e COÊLHO, Sacha Calmon Navarro. "Reflexos do Novo Código Civil no Direito Tributário". GRUPENMACHER, Betina Treiger (org.). *Direito Tributário e o Novo Código Civil*. São Paulo: Quartier Latin, 2004, pp. 195-248.

_____; MANEIRA, Eduardo. "Da Não incidência de ICMS sobre a Habilitação de Telefones – Ilegitimidade do Convênio ICMS nº 69/98". TÔRRES, Heleno Taveira (org.). *Direito Tributário das Telecomunicações*. São Paulo: IOB Thomson: Abetel, 2004, pp. 631-48.

_____; ESTANISLAU, César Vale. "ISSQN x ICMS: a tributação do serviço de comunicação multimídia (SCM)". PINTO, Sergio Luiz de Moraes; MACEDO, Alberto; ARAÚJO, Wilson José de. (Org.). *Gestão tributária municipal e tributos municipais*, v. 4. São Paulo: Quartier Latin, 2014, pp. 67-81.

_____; ELER, Tuanny Campos. "Inconstitucionalidade casuística do adicional de ICMS para o Fundo Estadual de Combate à Pobreza". *Revista Dialética de Direito Tributário*, nº 236. São Paulo: Dialética, mai.2015, pp. 30-40.

_____; TEIXEIRA, Alice Gontijo Santos. "Veiculação de publicidade e propaganda na internet. Portais de notícias e assemelhados. Serviço de Valor Adicionado. Não incidência de ICMS-Comunicação". *Revista Dialética de Direito Tributário*, nº 240. São Paulo: Dialética, set.2015, pp. 24-35.

_____; MIRANDA, Tiago Câmara. "Direito à compensação do PIS/Cofins incidentes sobre receitas não auferidas por inadimplência definitiva – uma releitura do RE nº 586.482/RS". *Revista Dialética de Direito Tributário,* nº 223. São Paulo: Dialética, abr.2014, pp. 25-37.

MOSQUERA, Roberto Quiroga; AMARAL, Antônio Carlos Rodrigues do. "Princípios Constitucionais Tributários". MARTINS, Ives Gandra da Silva (org.). *Direito Tributário. Artigos em homenagem aos 40 anos do Centro de Extensão Universitária,* v. 1. São Paulo: Revista dos Tribunais, 2012.

MUELLER, Milton. "Convergence: a reality check". GÉRADIN, D.; LUFF, D. *The WTO and Global Convergence in Telecommunications and Audio-visual Services.* Nova York: Cambridge University Press, 2004.

NASRALLAH, Amal Ibrahim e NEME, Márcia de Freitas Castro. "A Tributação das Operações Envolvendo 'TV a Cabo' e 'Direct to Home', 'Internet' e 'Paging' – ICMS x ISS". *Revista dos Tribunais – Cadernos de Direito Tributário e Finanças Públicas,* nº 26. São Paulo: Revista dos Tribunais, jan.-mar.1999, pp. 46-52.

NATIONAL COMMUNICATIONS SYSTEM – TECHNOLOGY AND STANDARDS DIVISION. (Federal Standard 1037C). *Telecommunications: Glossary of Telecommunication Terms.* (www.its.bldroc.gov/fs-1037/).

NEGROPONTE, Nicholas. *Being Digital.* Londres: Hodder and Stoughton, 1995.

NEME, Márcia de Freitas Castro e NASRALLAH, Amal Ibrahim. "A Tributação das Operações Envolvendo 'TV a Cabo' e 'Direct to Home', 'Internet' e 'Paging' – ICMS x ISS". *Revista dos Tribunais – Cadernos de Direito Tributário e Finanças Públicas,* nº 26. São Paulo: Revista dos Tribunais, jan.-mar.1999, pp. 46-52.

NETTO, João da Silva Medeiros e EIRA, Luiz Antonio Souza. *Tributação sobre Telecomunicações*. Estudo da Consultoria Legislativa da Câmara dos Deputados. Brasília, 2002.

NISHIOKA, Alexandre Naoki e WALD, Arnoldo. "Da Definição de Serviços de Comunicação para Efeitos de Incidência do ICMS: o Caso da Habilitação de Telefone Móvel Celular". *Revista Dialética de Direito Tributário*, n° 102. São Paulo: Dialética, mar.2004, pp. 22-32.

NOGUEIRA, Ruy Barbosa. *Curso de Direito Tributário*, 9ª ed. São Paulo: Saraiva, 1989.

OLIVEIRA, Júlio Maria de. *Internet e Competência Tributária*. São Paulo: Dialética, 2001.

PANDOLFO, Rafael. "Tributação do Serviço de Provimento de Acesso à Internet e Serviços Correlatos". *Repertório de Jurisprudência IOB*, n° 18, v. I – Tributário, Constitucional e Administrativo. São Paulo: IOB, 2ª quinzena de set.2003, pp. 644-55.

PERELMAN, Chaïm. *Lógica jurídica: nova retórica*. Trad. Vergínia K. Pupi. São Paulo: Martins Fontes, 1998.

PISCITELLI, Tathiane dos Santos e IZELLI, Anna Flávia de Azevedo. "Os Serviços de Provedores de Acesso à Internet e a LC n° 116/2003". TÔRRES, Heleno Taveira (org.). *Imposto sobre Serviços – ISS na Lei Complementar n° 116/03 e na Constituição*, v. 2. São Paulo: Manole, 2004, pp. 473-87.

PONTES, Helenilson Cunha e CORREIA, Armênio Lopes. "Da Inexistência da Cobrança do ICMS no Adicional de Deslocamento nos Serviços de Telefonia Móvel". TÔRRES, Heleno Taveira (org.). *Direito Tributário das Telecomunicações*. São Paulo: IOB Thomson: Abetel, 2004, pp. 463-9.

RABELO FILHO, Antonio Reinaldo. *Alguns Aspectos sobre a Tributação dos Serviços de Telecomunicações*. Monografia. Salvador: IBET e Fundação Orlando Gomes, 2000.

RAMOS, José Nabantino e VERGUEIRO, Vera Damiani. *Imposto sobre Serviços: Direito Constitucional e Federal (legislação, doutrina e jurisprudência)*. São Paulo: Revista dos Tribunais, 1975.

REZENDE, Condorcet e SOUZA, Alisson Carvalho de. "O Imposto sobre Circulação de Mercadorias e Serviços – ICMS e os Serviços de Comunicação Destinados ao Exterior". TÔRRES, Heleno Taveira (org.). *Direito Tributário das Telecomunicações*. São Paulo: IOB Thomson: Abetel, 2004, pp. 371-84.

RIBEIRO, Ricardo Lodi. "As operações de locação de bens acompanhada de prestação de serviços e a Súmula Vinculante nº 31 do STF". *Revista Fórum de Direito Tributário*, nº 72, nov./dez.2014, pp. 105-22.

_____. "Os Conceitos Indeterminados no Direito Tributário". *Revista Dialética de Direito Tributário*, nº 149. São Paulo: Dialética, fev.2008, pp. 63-76.

RODRIGUES, Marcelo de Carvalho. "ICMS sobre Provimento de Capacidade de Satélite". BORGES, Eduardo de Carvalho (org.). *Tributação nas Telecomunicações*. São Paulo: Quartier Latin, 2005, pp. 235-62.

RODRIGUES, Marilene Talarico e MARTINS, Ives Gandra da Silva. "O ISS e a Lei Complementar nº 116/2003 – Aspectos Relevantes". ROCHA, Valdir de Oliveira (org.). *O ISS e a LC 116*. São Paulo: Dialética, 2003, pp. 185-215.

ROQUE, André; GAJARDONI, Fernando; TOMITA, Ivo Shigueru; DELLORE, Luiz; DUARTE, Zulma. *Novo CPC – Anotado e Comparado*. Indaiatuba: Ed. Foco, 2015.

ROSSI, Carlos Alberto Del Papa. "Serviços de Propaganda Visual (Comunicação Visual) – Tributação". *Revista Dialética de Direito Tributário*, n° 72. São Paulo: Dialética, set.2001, pp. 7-17.

SANDVINE. *Global Internet Phenomena. Latin America & North America*. Waterloo: Sandvine. Disponível em: <https://goo.gl/CQenVq>. Acesso em: 02 mar. 2016.

SANTIAGO, Igor Mauler; COÊLHO, Sacha Calmon Navarro e MANEIRA, Eduardo. *Inconstitucionalidade da Lei n° 9.718/98, na Parte em que Alargou a Base de Cálculo da Cofins – Uma Abordagem de Direito Intertemporal*. Revista Dialética de Direito Tributário, n° 73. São Paulo: Dialética, out.2001, pp. 126-35.

SCHOUERI, Luís Eduardo (org.). *Internet – o Direito na Era Virtual*. Rio de Janeiro: Forense, 2001.

_____. "A Legalidade e o Poder Regulamentar do Estado. Atos da Administração como Condição para Aplicação da Lei". TÔRRES, Heleno Taveira, et alii. *Estudos de Direito Tributário em homenagem ao Professor Roque Antônio Carrazza*, v.1. São Paulo: Malheiros, 2014.

_____. *Direito Tributário*. São Paulo: Saraiva, 2011.

_____. "A Lei Complementar e a Repartição de Competências Tributárias". SOUZA, Priscila de (coord.). *Sistema Tributário Nacional e a Estabilidade da Federação Brasileira*. São Paulo: Noeses, 2012.

SECRETARIA DE ESTADO DA FAZENDA DO RIO DE JANEIRO. (www.receita.rj.gov.br).

SEIBEL, JoAnne D. e GRECO, Joseph F. "Taxation of Internet Services". BIERBAUM, Deborah R. e KRATOCHVILL, James P (org.). *Telecommunications: Taxation of Services, Property and Providers*. Chicago: CCH Incorporated, pp. 199-211.

SERRANO, Nelson Aparecido Sanchez e LARANJEIRA, Álvaro Reis (org.). *ICM/ICMS – Respostas da Consultoria Tributária*, v. 4. São Paulo: LTr, 1997.

SILVA, De Plácido e. *Vocabulário Jurídico*, 15ª ed. Rio de Janeiro: Forense, 1998.

SILVA, José Afonso da. *Curso de Direito Constitucional Positivo*, 15ª ed. São Paulo: Malheiros, 1998.

SILVA, Sérgio André Rocha Gomes da. "Não incidência do ISS nas prestações de serviços gratuitos à luz da recente manifestação do Superior Tribunal de Justiça". *Revista Dialética de Direito Tributário*, nº 66. São Paulo: Dialética, mar.2001, pp. 95-102.

SILVEIRA, Raquel Dias da. *O Regime Jurídico dos Serviços de Telefonia Fixa no Brasil, Após a Lei nº 9.472/97*. Dissertação de mestrado. Belo Horizonte: UFMG, 2002.

SOUZA, Alisson Carvalho de e REZENDE, Condorcet. "O Imposto sobre Circulação de Mercadorias e Serviços – ICMS e os Serviços de Comunicação Destinados ao Exterior". TÔRRES, Heleno Taveira (org.). *Direito Tributário das Telecomunicações*. São Paulo: IOB Thomson: Abetel, 2004, pp. 371-84.

SPAGNOL, Werther Botelho. *Curso de Direito Tributário*. Belo Horizonte: Del Rey, 2004.

STOBBE, A.; JUST, T. "IT, Telecoms and New Media: The dawn of technological convergence". *Deutsche Bank Research*, n. 56, p. 3. Disponível em: <http://goo.gl/DJzBuI>. Acesso em: 02 mar. 2016.

SUNDFELD, Carlos Ari. *Parecer inédito* (sem título). São Paulo, 2004.

SUPERIOR TRIBUNAL DE JUSTIÇA. (www.stj.gov.br).

SUPREMO TRIBUNAL FEDERAL. (www.stf.gov.br).

TELEBRASIL. *O Desempenho do Setor de Telecomunicações no Brasil Séries Temporais 2015*. Rio de Janeiro: Telebrasil, agosto de 2015. Disponível em: <http://goo.gl/ECfVp7>. Acesso em: 02 mar. 2016.

TELECOMUNICAÇÕES BRASILEIRAS S/A. Sistema de Documentação Telebrás. *Prática "Serviços 0900"*. Brasília, 1995.

TÔRRES, Heleno Taveira. Parecer inédito (sem título). São Paulo, 2015.

_____. "Tributação da exploração internacional de satélites e do provimento de capacidade espacial". *Revista del Instituto Peruano de Derecho Tributario*, n° 45, mar.2007, pp. 117-96.

_____. "Tributação das telecomunicações internacionais – base de cálculo do tráfego sainte e a aplicação do tratado de Melbourne no direito brasileiro". PANZARINI FILHO, C., *et alii* (org.). *Revista de Direito Internacional*, n° 1. São Paulo: Quartier Latin, 2005.

_____. "ICMS sobre Comunicação e os Serviços de Valor Adicionado: O Princípio de Exploração Eficiente". *Revista Internacional de Direito Tributário*, n° 9, jan./jun.2008, pp. 177-222.

_____. "Assinatura Básica de Telefonia e o Tratamento Cumulativo das Contribuições do PIS-COFINS". *Direito Tributário em Questão*, n° 1, 2008, pp. 57-74.

TURCZYN, Sidnei e BOTTALLO, Eduardo. "A Atividade de Hospedagem de Sites e seu Regime Tributário". TÔRRES, Heleno Taveira (org.). *Direito Tributário das Telecomunicações*. São Paulo: IOB Thomson: Abetel, 2004, pp. 497-510.

UNIÃO EUROPEIA. Comissão Europeia. *Green Paper on the Convergence of the Telecommunications, Media and Information Technology Sectors, and the Implications for Regulation*. Bruxelas: Comissão Europeia, 1997. 34 p. Disponível em: <http://goo.gl/F0Txl7>. Acesso em: 02 mar. 2016.

UNIÃO INTERNACIONAL DAS TELECOMUNICAÇÕES. *ICT facts and figures: the world in 2015*. Genebra: União Internacional das Telecomunicações, 2015, 6 p. Disponível em: <https://goo.gl/bEoTHK>. Acesso em: 02 mar. 2016.

UTUMI, Ana Cláudia Akie. "A Tributação dos Serviços Internacionais de Telecomunicações". BORGES, Eduardo de Carvalho (org.). *Tributação nas Telecomunicações*. São Paulo: Quartier Latin, 2005, pp. 23-45.

_____. "A Incidência de ICMS sobre minutos pagos mas não utilizados na assinatura mensal". MOREIRA, André Mendes, *et alii*. *Direito das telecomunicações e tributação*. São Paulo: Quartier Latin, 2006.

VERGUEIRO, Vera Damiani e RAMOS, José Nabantino. *Imposto sobre Serviços: Direito Constitucional e Federal (legislação, doutrina e jurisprudência)*. São Paulo: Revista dos Tribunais, 1975.

WALD, Arnoldo e NISHIOKA, Alexandre Naoki. "Da Definição de Serviços de Comunicação para Efeitos de Incidência do ICMS: o Caso da Habilitação de Telefone Móvel Celular". *Revista Dialética de Direito Tributário*, n° 102. São Paulo: Dialética, mar.2004, pp. 22-32.

XAVIER, Alberto Pinheiro. *Os Princípios da Legalidade e da Tipicidade da Tributação*. São Paulo: Revista dos Tribunais, 1998.

XAVIER, Helena de Araújo Lopes. "O Conceito de Comunicação e Telecomunicação na Hipótese de Incidência do ICMS". *Revista Dialética de Direito Tributário*, n° 72. São Paulo: Dialética, set.2001, pp. 72-87.

_____. *O regime especial da concorrência das telecomunicações*. Rio de Janeiro: Forense, 2003, p. 25.

Impressão e acabamento
Intergraf Ind. Gráfica Eireli.